Recht zu erben – Pflicht zu teilen

Studien zum Öffentlichen Recht, Völker- und Europarecht

Herausgegeben von Prof. Dr. Eckart Klein

Band 10

PETER LANG
Frankfurt am Main · Berlin · Bern · Bruxelles · New York · Oxford · Wien

Stefanie Klein

Recht zu erben – Pflicht zu teilen

Das Grundrecht Angehöriger auf Nachlaßteilhabe

Zugleich ein Beitrag zur Dogmatik des Verfassungserbrechts

PETER LANG
Europäischer Verlag der Wissenschaften

Bibliografische Information Der Deutschen Bibliothek
Die Deutsche Bibliothek verzeichnet diese Publikation in der Deutschen Nationalbibliografie; detaillierte bibliografische Daten sind im Internet über <http://dnb.ddb.de> abrufbar.

Zugl.: Freiburg (Breisgau), Univ., Diss., 2005

D 25
ISSN 1437-2037
ISBN 3-631-54810-9

www.peterlang.de

In Liebe meinen Eltern,

in deren Fußstapfen zu treten mir im Sinne dieses Buches dereinst ein Teures sein wird.

Vorwort

Das Manuskript für die vorliegende Arbeit wurde im Oktober 2004 abgeschlossen und im Sommersemester 2005 von der Rechtswissenschaftlichen Fakultät der Albert-Ludwigs-Universität Freiburg als Dissertation angenommen. Für die Drucklegung wurden Rechtsprechung und Literatur teilweise bis einschließlich Oktober 2005 berücksichtigt. Nicht mehr eingegangen werden konnte auf die allseits mit Spannung erwartete Entscheidung des Bundesverfassungsgerichts zum Pflichtteilsrecht (Beschl. v. 19.4.2005 – 1 BvR 1644/00 und 1 BvR 188/03, BVerfGE 112, 332 = NJW 2005, S. 1561; erste Besprechungen u.a. von *Kleensang*, ZEV 2005, S. 277 ff., und *Stüber*, NJW 2005, S. 2122). Sie birgt indes nichts Spektakuläres und bestätigt im Wesentlichen den Befund der Arbeit.

Mein erster Dank gilt meinem Doktorvater Prof. Dr. Andreas Voßkuhle, der mir einerseits insbesondere zu Beginn der Arbeit wertvolle Hinweise gegeben, andererseits aber große Freiheit gelassen hat, mein eigenes Buch zu schreiben. Zu Dank verpflichtet bin ich auch Prof. Dr. Dr. h.c. Dieter Leipold für die überaus rasche Abfassung des Zweitgutachtens. Herzlich danke ich auch meinem Schwiegervater Prof. Dr. Eckart Klein für die umgehende Zusage zur Aufnahme in die vorliegende Reihe sowie für verfeinernde Hinweise.

Ingo Braun hat mir mit der Anregung zu dieser Arbeit eine mühevolle Themensuche erspart, Dr. Sebastian Seith erhellende Starthilfe zu Art. 14 GG gegeben und Wiebke Robrecht mit mir das Doppelleben zwischen Justiz und Uni geteilt. Ihnen sei ebenso gedankt wie meinen Eltern Christel und Reinhard Schulz für nächtliches Korrekturlesen.

Das nun endlich vorliegende Buch ist Resultat eines mehr als drei Jahre währenden Ringens um tagtäglich in Berufstätigkeit zerrinnende Zeit. Es darf als gesichert gelten, dass es ohne die gleichermaßen unermüdliche Unterstützung wie selbstlose Rücksichtnahme des mir am nächsten Stehenden nicht zur Vollendung gelangt wäre. Nicht nur seines offenen Ohres für inhaltliche Fragen wegen – verbunden mit der Korrektur des Manuskripts – gebührt mein gewichtigster Dank deshalb meinem Mann Dr. Oliver Klein.

Freiburg, im Dezember 2005 *Stefanie Klein*

Inhaltsübersicht

INHALTSVERZEICHNIS

ABKÜRZUNGSVERZEICHNIS

AcP	Archiv für die civilistische Praxis
ADR	Akademie für Deutsches Recht
AgrarR	Agrar- und Umweltrecht
Anh.	Anhalt
AöR	Archiv des öffentlichen Rechts
Arch.	Archiv
BAG	Bundesarbeitsgericht
BFH	Bundesfinanzhof
BGB	Bürgerliches Gesetzbuch
BGBl.	Bundesgesetzblatt
BGH	Bundesgerichtshof
BK	Bonner Kommentar
BSHG	Bundessozialhilfegesetz
BStBl	Bundessteuerblatt
Bürgerl.R.	Bürgerliches Recht
BVerfG	Bundesverfassungsgericht
BVerfGG	Gesetz über das Bundesverfassungsgericht
BVerwG	Bundesverwaltungsgericht
CERD	Internationales Übereinkommen zur Beseitigung jeder Form von Rassendiskriminierung
DNotZ	Deutsche Notarzeitschrift
DGWR	Deutsches Gemein- und Wirtschaftsrecht
DJT	Deutscher Juristentag
DJZ	Deutsche Juristen-Zeitung
DR	Deutsches Recht
DVBl.	Deutsches Verwaltungsblatt
EGBGB	Einführungsgesetz zum Bürgerlichen Gesetzbuch
EGMR	Europäischer Gerichtshof für Menschenrechte
EMRK	Konvention zum Schutze der Menschenrechte und Grundfreiheiten in Europa
EuGH	Europäischer Gerichtshof
EuGRZ	Europäische Grundrechte Zeitschrift
FPR	Familie Partnerschaft Recht
FamRZ	Zeitschrift für das gesamte Familienrecht
FF	FORUM Familien- und Erbrecht

FGG	Gesetz über die Angelegenheiten der freiwilligen Gerichtsbarkeit
FS	Festschrift, Festgabe, Gedächtnisschrift
GG	Grundgesetz
HdbDStR	Handbuch des Deutschen Staatsrechts
HFR	Höchstrichterliche Finanzrechtsprechung
HGr	Handbuch der Grundrechte
HStR	Handbuch des Staatsrechts
HVerfR	Handbuch des Verfassungsrechts
IPBPR	Internationaler Pakt über bürgerliche und politische Rechte
JÖR	Jahrbuch des Öffentlichen Rechts
JR	Juristische Rundschau
Jura	Juristische Ausbildung
JuS	Juristische Schulung
JZ	Juristenzeitung
LPartG	Lebenspartnerschaftsgesetz
LPK	Lehr- und Praxiskommentar
LVerf	Landesverfassung
NJW	Neue Juristische Wochenschrift
NVwZ	Neue Zeitschrift für Verwaltungsrecht
ÖJZ	Österreichische Juristen-Zeitung
RdA	Recht der Arbeit
Rechtspfl.	Rechtspfleger
Sächs.	Sächsisch
SGB	Sozialgesetzbuch
Thür.	Thüringen
VerwArchiv	Verwaltungsarchiv
VVDStRL	Veröffentlichungen der Vereinigung deutscher Staatsrechtslehrer
WM	Wertpapier-Mitteilungen

WRV	Weimarer Reichsverfassung
ZAP	Zeitschrift für die Anwaltspraxis
ZBlFG	Zentralblatt für Freiwillige Gerichtsbarkeit, Notariat und Zwangsvollstreckung
ZEV	Zeitschrift für Erbrecht und Vermögensnachfolge
ZRP	Zeitschrift für Rechtspolitik
ZStW	Zeitschrift für die gesamte Staatswissenschaft
Zerb	Zeitschrift für die Steuer- und Erbrechtspraxis

§ 1 Problemstellung und Gang der Untersuchung

Als man auf dem Deutschen Juristentag 1972 über die Frage der Beibehaltung, Änderung oder Abschaffung des Pflichtteilsrechts diskutierte, wurde der Erbrechtsgarantie des Grundgesetzes die Rolle der dreizehnten Fee zuteil: nicht geladen[1]. Der auch damals nicht neue[2] Ruf nach erblasserfreundlicher Umgestaltung der Erbfolge der Angehörigen – insbesondere nach Einschränkung oder Abschaffung des Pflichtteilsrechts – hallte in der Vergangenheit auf verfassungsrechtlicher Ebene weit überwiegend als Frage der *in die Testierfreiheit eingreifenden Mindestbeteiligung am Nachlaß* und ihrer Rechtfertigung wider. Seltener dagegen erklang er mit einer verfassungsrechtlichen Untermalung, die eine solche Umgestaltung umgekehrt auch als möglichen *Eingriff in grundrechtlich geschützte Positionen der Angehörigen als potentieller Erben* versteht. Wenngleich zwar eine von Art. 14 Abs. 1 S. 1 GG[3] geschützte „Familiengebundenheit" des Nachlasses durchaus angesprochen wird, so kann dennoch bislang von zufriedenstellender Klärung oder grundlegender Aufarbeitung der geschützten Rechte Angehöriger am Nachlaß keine Rede sein.

Eine grundsätzliche Ursache hierfür mag darin liegen, daß die Erbrechtsgarantie als Ganzes gemessen an anderen grundrechtlichen Gewährleistungen relativ wenig Aufmerksamkeit erfahren hat: Vermögensverfassungsrechtliche Fragen waren stets von solchen um die ausgesprochen konfliktträchtige und ebenfalls in Art. 14 Abs. 1 S. 1 GG festgeschriebene Eigentumsgarantie dominiert – sie stand und steht im Mittelpunkt handfester wirtschaftlicher und rechtspolitischer Interessen. Erstmals aber seit dem Zweiten Weltkrieg wird in letzter Zeit eine Generation zu Erblassern, die kontinuierlich Vermögen in oftmals nicht unbeträchtlicher Höhe erwirtschaften konnte. Mit dem immensen Wachstum dieser zur Vererbung gelangenden Vermögensmassen deutet sich denn auch eine steigende Relevanz erbrechtlicher Fragen insgesamt an. Stehen dabei einerseits unter dem Blickwinkel des in Krisenzeiten nach Finanzquellen suchenden Staatshaushaltes die Erbschaftssteuer sowie auch ein durch Abkürzung der Verwand-

[1] Vgl. *Stöcker*, WM 1979, S. 214.

[2] So wurde das Pflichtteilsrecht bereits auf dem 14. Deutschen Juristentag zu Jena 1878 kritisch hinterfragt, vgl. insbesondere *Meyersburg*, 14. DJT, Bd. I (Gutachten), Heft 1, S. 50 (62).

[3] Sofern sich aus dem Kontext nichts anderes ergibt, ist mit der Garantie des „Art. 14 Abs. 1 S. 1 GG" stets die Erbrechtsgarantie gemeint.

tenerbfolge erreichbares Staatserbrecht im Raum, so sind es andererseits gewandelte familiäre Verhältnisse, die die Grundfesten von gesetzlichem Erb- und Pflichtteilsrecht erschüttern[4]. Obwohl hinsichtlich der Beteiligung Angehöriger am Nachlaß – und zwar gerade der Beteiligung gegen den Erblasserwillen – schon des längeren das Rad *zivilrechtlicher* Diskussion nicht stillsteht[5], ist eine dezidierte Befassung mit *verfassungsrechtlichen* Fragen der Nachlaßbindung an Angehörige gleichwohl nach wie vor kaum zu erkennen[6]. Ohne Klarheit über die diesbezüglichen verfassungsrechtlichen Vorgaben, ohne daß also feststeht, ob und inwiefern die Teilhabe Angehöriger am Nachlaß auf grundrechtlich abgesichertem Fundament beruht, können die betreffenden einfachrechtlichen Gestaltungsfragen um das gesetzliche Erb- und Pflichtteilsrecht jedoch schon auf keiner eindeutigen Grundlage diskutiert werden.

Zur Schaffung einer solchen Grundlage und für künftige Debatten auf diesem Gebiet will die vorliegende Arbeit einen Beitrag leisten. Dabei wählt sie in konzeptioneller Hinsicht – soviel sei einstweilen nur angedeutet – einen bislang sel-

---

[4] Vgl. die Kleine Anfrage der Abgeordneten Rainer Funke, Sibylle Laurischk, Daniel Bahr (Münster), weiterer Abgeordneter und der Fraktion der FDP (BT-Drucks. 15/3768) und die Antwort der Bundesregierung vom 8.10.2004 (BT-Drucks. 15/3899).

[5] Einen umfassenden Überblick über die betreffende Literatur auch nur des vergangenen Jahrzehnts zu verschaffen, ist kaum möglich. Stellvertretend verwiesen sei etwa auf *Otte*, Um die Zukunft des Pflichtteilsrechts, ZEV 1994, S. 193 ff.; *Schiemann*, Die Renaissance des Erbrechts, ZEV 1995, S. 197 ff.; *Kick*, Ist das Pflichtteilsrecht noch zeitgemäß?, Jahrbuch Junger Zivilrechtswissenschaftler 1996, S. 167 ff.; *Strätz*, Rechtspolitische Gesichtspunkte des gesetzlichen Erbrechts und Pflichtteilsrechts nach 100 Jahren BGB, FamRZ 1998, S. 1553 ff.; *Huber*, Das Pflichtteilsrecht aus positivrechtlicher, rechtsvergleichender und rechtspolitischer Sicht 1999; *Schlüter*, Die Änderung der Rolle des Pflichtteilsrechts im sozialen Kontext, in: FS 50 Jahre BGH 2000, S. 1047 ff.; *Dauner-Lieb*, Bedarf es einer Reform des Pflichtteilrechts?, DNotZ 2001, S. 460 ff.; *Henrich*, Familienerbrecht und Testierfreiheit im europäischen Vergleich, DNotZ 2001, S. 441 ff.; *Martiny*, Unterhalts- und erbrechtliches Teilgutachten für den 64. Deutschen Juristentag 2002; *Otte*, Das Pflichtteilsrecht – Verfassungsrechtsprechung und Rechtspolitik, AcP 202 (2002), S. 317 ff.; *Herzog*, Die Pflichtteilsentziehung – ein vernachlässigtes Institut 2003.

[6] Wenn auch das Interesse daran in den letzten Jahren zugenommen hat, vgl. das Pflichtteilsrecht betreffend etwa *Scheer*, Die Pflicht zum Pflichtteil, ZRP 1994, S. 40; *Kuhla*, Testierfreiheit und Pflichtteil, FS Bezzenberger 2000, S. 497 ff.; *Mayer*, Zur Pflichtteilsentziehung und zur Verfassungsmäßigkeit des Pflichtteilsrechts, ZEV 2000, S. 447; *Dauner-Lieb*, Pflichtteilsrecht und Pflichtteilsentziehung auf dem Prüfstand, FF 2001, S. 78 ff.; *Leisner*, Pflichtteilsentziehungsgründe nach §§ 2333 ff. BGB verfassungswidrig?, NJW 2001, S. 126 f.; darüberhinaus *Quebe*, Die Erbrechtsgarantie 1993; Befassung mit verfassungsrechtlichen Grundlagen auch bei *Rauscher*, Reformfragen des gesetzlichen Erb- und Pflichtteilsrechts 1990; *Leipold*, Erbrecht 1995, JZ 1996, S. 287 ff. ; *Maletzky*, Erbrecht des Fiskus 2001; *Vyas*, Der Schutzbereich der Erbrechtsgarantie, ZEV 2002, S. 1 ff.; *Stüber*, Zusammenspiel von Erbrechtsgarantie und dem Schutz von Ehe und Familie, JR 2002, S. 359 ff.

ten beschrittenen Weg: Wie die Erbrechtsgarantie des Art. 14 Abs. 1 S. 1 GG als Ganzes, so ist auch die verfassungsrechtliche Gewährleistung von gesetzlichem Erb- und Pflichtteilsrecht herkömmlich überwiegend unter dem Blickwinkel einer *Institutsgarantie* betrachtet worden. Zurückgehend aber auf die Erkenntnis, daß Grundrechte in erster Linie subjektive Abwehrrechte gegen den Staat sind, wird vorliegend die Frage nach dieser Verfassungsgarantie im Kern als die nach einem *individuellen Grundrecht Angehöriger zu erben* gestellt.

Der solchermaßen aufgeworfenen Frage geht die Arbeit in zwei Teilen nach. Der erste dient der Grundlegung, indem er die Erbrechtsgarantie vorstellt und den theoretischen Unterbau für die Zusammenhänge von Erbgrundrecht, gesetzlichem Erbrecht und Pflichtteilsrecht schafft. Im zweiten Teil folgt hierauf aufbauend dann die praktische Umsetzung: Begründung und Umfang des Grundrechts zu erben sowie die Garantie von gesetzlichem Erb- und Pflichtteilsrecht werden konkret geklärt.

Zur Einführung im ersten Teil soll zunächst die Erbrechtsgarantie als Ganzes in den Kontext der grundgesetzlichen Vermögensverfassung gesetzt und auf ihre Nähe zur Eigentumsgarantie in inhaltlicher wie in struktureller Hinsicht eingegangen werden (§ 2). Schwerpunkt wird dabei die Thematik eines unantastbaren Kernbereichs sein. In diesem Zusammenhang wird vertieft auch der Frage auf den Grund zu gehen sein, warum die Erbrechtsgarantie ein deutlich weniger bearbeitetes Feld als die Eigentumsgarantie ist. Außerdem werden die von Rechtsprechung und Literatur entwickelten Bestandteile der Erbrechtsgarantie als Ganzes vorgestellt (§ 3). Dabei soll zunächst die institutsrechtliche Sicht zur Sprache kommen – dies in erster Linie zur potentiellen Verortung von gesetzlichem Erbrecht und Pflichtteilsrecht innerhalb des bekannteren institutionellen Kernbestandes. Ein Blick auf die – wenigen – bislang erforschten individualrechtlichen Gehalte der Erbrechtsgarantie schließt dann diese Übersicht über die Erbrechtsgarantie als Ganzes in ihrer herkömmlichen Darstellung.

Sodann folgen die wesentlichen Weichenstellungen für den Fortgang der Arbeit: Den Fokus auf die *Erben*seite richtend wird die Frage nach einem Grundrecht *zu* erben zum zentralen Ausgangspunkt; sowohl die institutionelle Sicht als auch Individualrechte des *Erblassers* treten von nun an in den Hintergrund. Dazu werden zunächst (§ 4) einige Fallen entschärft, denen die bisherige Diskussion um die Verfassungsgarantie von gesetzlichem Erbrecht und Pflichtteilsrecht erlegen zu sein scheint. Anschließend (§ 5) wird die grundlegende Idee der Arbeit vorgestellt, aus der sich auch begründet, warum dem individualrechtlichen Blickwinkel der Vorzug zu geben ist: In den Mittelpunkt rückt die Thematik der staatlichen Schutzpflicht und es werden die Grundlagen eines Modells entwikkelt, anhand dessen später im zweiten Teil ein Grundrecht zu erben konkret ermittelt werden kann. Dafür wird zunächst abstrakt zu erarbeiten sein, daß Ausgangspunkt aller Überlegungen ein staatsgerichtetes Freiheitsgrundrecht zu erben – als der grundrechtlich garantierten Aussicht Angehöriger auf den Nachlaß – sein muß, und die Frage der Verfassungsgarantie von gesetzlichem Erb- und Pflichtteilsrecht eine nach der Pflicht des Staates zum Schutz dieses Grundrechts ist. Während Fragen des gesetzlichen Erbrechts dabei um ein nur zweipoliges Verhältnis von Erbe und Staat kreisen, nimmt die Konstellation des Pflichtteilsrechts den Erblasser mit auf und wird so zum dreipoligen: Er, der von seiner grundrechtlich ebenfalls geschützten Testierfreiheit in einer seine Angehörigen nicht berücksichtigenden Weise Gebrauch macht, wird zum privaten Freiheitsverletzer, gegen dessen grundrechtsbeeinträchtigendes Verhalten der Staat zum Schutz und zum Ausgleich zweier Grundrechte aufgerufen sein kann.

Eine Zusammenfassung (§ 6) schließlich wird den ersten Teil abrunden, die aufgeworfenen Probleme auf wenige Kernfragen zuspitzen und damit zum zweiten Teil überleiten.

An dessen Kopf (§ 7) wird eine Vergewisserung der hermeneutischen Arbeitsmittel stehen: Zum einen kann so einiges des umfangreich zur Verfügung stehenden Materials schon vorab infolge Unergiebigkeit aussortiert werden. Zum anderen wird schwerpunktmäßig – schließlich ist das Erbrecht eine lange vor dem Inkrafttreten der grundgesetzlichen Erbrechtsgarantie schon einfachgesetzlich geregelte Materie – das Wechselspiel von Verfassungsrecht und einfachem Recht fruchtbar zu machen sein. Außerdem wird unter dem Interpretationsaspekt des Gesamtgefüges der Verfassung Gelegenheit sein, eine systematische Vorgehensweise zur Ermittlung erbrechtlicher Garantiegehalte aus Art. 14 Abs. 1 S. 1 GG einerseits und Art. 6 Abs. 1 GG andererseits zu entwerfen. Im nächsten Abschnitt (§ 8) wird das solchermaßen zusammengetragene Material der konkreten Erforschung des Freiheitsrechts zu erben aus Art. 14 Abs. 1 S. 1 GG zugeführt: Nachdem zunächst zu klären ist, ob die subjektiv-rechtliche Aussicht auf den Nachlaß überhaupt Gegenstand der Erbrechtsgarantie sein kann, sind die einzelnen Träger dieses Grundrechts beziehungsweise die jeweilige Bezogenheit des Grundrechts auf bestimmte Angehörigennachlässe zu ermitteln. Entscheidendes (Eingrenzungs-)kriterium wird bei dieser Auseinandersetzung eine Analyse der verschiedenen Beziehungen des Erblassers zu seinen Angehörigen sein. Denn sie wird erweisen, daß einige wenige dieser Beziehungen vom Grundgesetz besonders anerkannte Züge aufweisen, andere hingegen nicht. Hieran anschließend (§ 9) stellt sich die Frage nach dem Schutz dieses Freiheitsrechts aus Art. 14 Abs. 1 S. 1 GG, und zwar – bezogen auf das gesetzliche Erbrecht Angehöriger – zunächst im bipolaren Verhältnis Erbe-Staat, sodann – bezogen auf das Pflichtteilsrecht – im tripolaren Verhältnis Erbe-Staat-Erblasser. Hinsichtlich letzteren ist insbesondere die Testierfreiheit des Erblassers in die Überlegungen miteinzubeziehen. Erst zum Schluß (§ 10) wird zu beleuchten sein, welche Direktiven Art. 6 Abs. 1 GG hinsichtlich des gesetzlichen Erbrechts und Pflichtteilsrechts zu entnehmen sind – und es wird sich zeigen, daß diese nach all dem bereits Erwogenen und Geklärten nahezu auf der Hand liegen.

Ein letzter Abschnitt (§ 11) wird zunächst den Gang der Untersuchung des ersten Teiles revue passieren lassen und abschließend das Ermittlungsergebnis zusammentragen, indem er die in § 6 aufgeworfenen Kernfragen thesenartig beantwortet.

ERSTER TEIL

GRUNDLEGUNG: EINFÜHRUNG IN DIE ERBRECHTSGARANTIE UND ENTWURF EINES SCHUTZPFLICHTENORIENTIERTEN MODELLS

§ 2 Erbrecht und Eigentum

I. Inhaltlicher und struktureller Gleichlauf – Die „Zwillingsgarantien[7]“ des Art. 14 Abs. 1 S. 1 GG

„Das Eigentum und das Erbrecht“ zu gewährleisten, verspricht die schlichte Aussage des Art. 14 Abs.1 Satz 1 GG. Das Grundgesetz regelt Eigentum und Erbrecht damit – anders als noch die Weimarer Reichsverfassung[8] – in ein- und demselben Artikel, mehr noch: in ein- und demselben Satz. Dieser syntaktische Zusammenhang ist durchaus berechtigt, verleiht er doch der Tatsache Ausdruck, daß Eigentum und Erbrecht ein enges inhaltliches, gewissermaßen natürliches Band miteinander verknüpft. Darüberhinaus führt gerade dieses Nebeneinander der beiden Garantien in Satz 1 des Art. 14 Abs. 1 GG zu einer auch äußeren Parallele, nämlich der Unterwerfung beider unter dieselbe besondere Schrankendogmatik des Art. 14 Abs. 1 S. 2 GG mit den entsprechenden strukturell-dogmatischen Konsequenzen. Diese also gleich zweifache Verbundenheit von Eigentum und Erbrecht soll im folgenden ausgeführt werden.

1. Inhaltlich: Perpetuierung des Eigentums durch das Erbrecht

Die Eigentumsgarantie des Art. 14 Abs.1 S.1 GG sichert dem Grundrechtsträger einen Freiheitsraum im vermögensrechtlichen Bereich, indem sie das Privateigentum als materielle Grundlage eigenverantwortlicher Lebensgestaltung und Persönlichkeitsentfaltung garantiert[9]. Gekennzeichnet durch Privatnützigkeit und grundsätzliche Verfügungsbefugnis soll das Eigentum in der Hand seines Inhabers diesem „von Nutzen“[10] sein und zur autonomen und eigenverantwortlichen Mitgestaltung der Sozial- und Wirtschaftsordnung anregen[11].

---

[7] Begriff: *Leisner*, in: HStR VI, § 150 Rn. 3.

[8] Art. 153 WRV regelte das Eigentum, Art. 154 WRV das Erbrecht.

[9] Vgl. BVerfGE 30, 292 (334); 53, 257 (290); 68, 193 (222); 79, 292 (304); 83, 201 (208). Zur grundsätzlichen Bedeutung der Eigentumsgarantie, der hier nicht nachgegangen werden kann, s. die Ausführungen etwa von *Wendt*, in: Sachs, GG, Art. 14 Rn. 1-20c, oder *Depenheuer*, in: v.Mangoldt/Klein/Starck, GG, Art. 14 Rn. 1-10.

[10] Vgl. BVerfGE 61, 82 (108); *Wendt*, in: Sachs, GG, Art. 14 Rn. 6.

[11] Hierzu statt vieler *Wendt*, in: Sachs, GG, Art. 14 Rn. 7 und 12.

Doch wäre dieses Bekenntnis des Grundgesetzes zum Eigentum, diese der Eigentumsgarantie innewohnende „Wertentscheidung ... von besonderer Bedeutung“[12] am Ende viel wert, wenn das Eigentum mit dem Tod seines Inhabers gänzlich unterginge? Sicherlich – zu Lebzeiten würde es dem Einzelnen zunächst in gleichem Maße nutzen. Aber ohne die Möglichkeit der Weitervererbung und damit der Erhaltung des geschaffenen Vermögens würde jede auf Dauer angelegte Bildung privaten Vermögens weitgehend sinnlos, der weit verbreitete und wirtschaftlich außerordentlich bedeutende Spar- und Vermögenswille gebrochen[13]. Rechtlich bliebe letztlich vom Eigentumsrecht nicht mehr als ein „lebenslanger Nießbrauch“[14] und die tatsächlichen gesamtwirtschaftlichen Auswirkungen einer solchen Reduktion des Eigentumsrechtes wären gravierend[15]. An genau dieser Stelle gewinnt das Erbrecht seine besondere Bedeutung für die Vermögensordnung des Grundgesetzes: Indem es maßgeblichen Anreiz setzt für die Schaffung und Erhaltung des Schutzgutes der Eigentumsgarantie, des Eigentums Privater[16], begründet es die stetige Perpetuierung vorhandenen Vermögens. Die Gewährleistung des Eigentums allein führt noch zu keiner unbefristeten und ununterbrochenen Geltung von Eigentumsrechten und -befugnissen. Erst die sie ergänzende Erbrechtsgarantie begründet die generelle Zeitunabhängigkeit von Eigentum[17], den steten Fortbestand privater, gewisser-

[12] BVerfGE 14, 263 (277).

[13] *Leisner*, in: HStR VI, § 150 Rn. 1. Die Richtigkeit dieser Annahme beweist schon der mit Dekret vom 27.4.1918 durchgeführte und „grandios fehlgeschlagene“ (*Stöcker*, WM 1979, 214 [218]) Versuch in der Sowjetunion, das private Erbrecht abzuschaffen: Er wurde wegen seiner unerwünschten Folgen trotz entgegenstehender ideologischer Zielsetzungen im Zuge der Neuen Ökonomischen Politik stufenweise von 1922 bis 1945 rückgängig gemacht, um die Kapitalbildung durch Vermehrung der Einlagen bei den öffentlichen Sparkassen wieder anzukurbeln, die Verarmung wenigstens nächster Familienangehöriger zu verringern und damit auch die öffentlichen Kassen zu entlasten, s. dazu *Bartholomeyczik/Schlüter*, Erbrecht, S. 9, und *Maurach*, Handbuch der Sowjetverfassung, S. 74 f. Entsprechend wendet sich die Erbrechtsgarantie nach *Badura*, in: HVerfR, § 10 Rn. 29, auch „hauptsächlich gegen Gesetze, mit denen der Erbgang unter Privaten im Interesse globaler Umverteilungsziele ausgehöhlt wird (...)“.

[14] *Leisner*, in: HStR VI, § 150 Rn. 1.

[15] Zu diesen Folgen soeben das Beispiel aus der Sowjetunion; a. A. *Beyer*, Grundprobleme, S. 105 f., der aber übersieht, daß das Wachstum privaten Vermögens gerade gestoppt würde durch die dauerhafte Entziehung des zu Erblasserlebzeiten Geschaffenen durch den Staat, weil jeglicher Wille zur Bildung solchen Vermögens zermürbt würde. Gegen *Beyer* auch *Leisner*, in: HStR VI, § 150 bei und in Fn. 5.

[16] BVerfGE 61, 82 (108f.)

[17] Vgl. *Savigny*, System des heutigen Römischen Rechts, Bd. 1, S. 379 ff.; *ders*., a. a. O. Bd. 8, S. 379: „Die Natur mancher Rechte ist auf eine endlose Dauer eingerichtet, wie das Eigenthum vermittelst des Erbrechts“; *Pabst*, JuS 2001, S. 1145; *Timm*, Eigentumsgarantie und Zeitablauf, S. 34 f., die aber gleichzeitig klarstellt, daß die grundsätzliche Zeitunabhängigkeit des Eigentums nicht bedeutet, daß der Gesetzgeber dieses nicht ausnahmsweise in verfassungsgemäßer Art und Weise zeitlich einschränken dürfe (S. 39 f.).

maßen „unsterblicher“[18] Eigentumspositionen. Nur und erst durch das Erbrecht „wird die Eigentumsverteilung zur dauerhaften Ordnung, so allein wiederum kann die Eigentumsordnung den Kern der staatsunabhängigen Gesellschaftsordnung mitbilden“ [19]. Gerade in der Erkenntnis, daß in der Gewährleistung des Erbrechts „auch ein Stück Eigentumsschutz liegt“, wurden beide Gewährleistungen denn auch in denselben Artikel aufgenommen[20]. Umgekehrt ist ein Erbrecht ohne Eigentum von vorneherein schon undenkbar, gleichsam sinnentleert. Nur zusammen bilden deshalb Eigentum und Erbrecht die essentiellen Kernelemente unserer auf Privatautonomie gründenden Gesellschafts- und Vermögensordnung[21].

2. Strukturell: Die Institutsgarantie als „innerste Verteidigungslinie“[22] gegen gesetzgeberisches Handeln - unantastbarer Kernbereich trotz Normgeprägtheit

Art. 14 Abs. 1 S. 2 GG stellt für seine beiden Schutzgüter Eigentum und Erbrecht eine Grundrechtsschranke ganz besonderer Art auf, die in ihrer Formulierung im gesamten Grundgesetz einmalig ist[23]. Dem Gesetzgeber soll nicht erst ein Schranken-, sondern schon ein Inhaltsbestimmungsrecht[24] zukommen, darü-

---

[18] *Timm*, Eigentumsgarantie und Zeitablauf, S. 32 f., mit Hinweis darauf, daß der Fortbestand des Erblassereigentums in der Hand des Erben nicht immer eine Selbstverständlichkeit war: So wurde in alten Kulturen das Hab und Gut des Verstorbenen diesem als Ausdruck der engen Verbundenheit als Grabbeigabe mitgegeben und bestanden auch in der französischen Revolution von insbesondere Robespierre initiierte Tendenzen, beim Tod des Eigentümers einen Rückfall seines Eigentums an den Staat oder die Gemeinschaft zu befürworten, s. ausführlich dazu *Negro*, Das Eigentum, S. 70.

[19] *Leisner*, Erbschaftsbesteuerung, S. 54; vgl. auch *Menger*, Volksklassen, S. 229: Es sei nicht zu verkennen, „dass das Erbrecht nichts ist als eine Ausdehnung des Privateigentums über die engen Grenzen des menschlichen Lebens, und dass deshalb das Schicksal dieser beiden grundlegenden Einrichtungen nicht getrennt werden kann“.

[20] So der Abgeordnete *v.Mangoldt* als Berichterstatter über die Beratungen des Hauptausschusses zum Grundgesetz für das Plenum, in: Parlamentarischer Rat, Schriftlicher Bericht, S. 1 (11 f.); den „Gleichklang“ der Gewährleistungen hervorhebend auch *P. Kirchhof*, Das Grundeigentum 2001, S. 990 (992).

[21] Vgl. BVerfGE 91, 346 (358); *Depenheuer*, in: v.Mangoldt/Klein/Starck, GG, Art. 14 Rn. 517; *Papier*, in: Maunz/Dürig, GG, Art. 14 Rn. 295. Dementsprechend ging in der Geschichte die Forderung nach der Abschaffung des Eigentums immer mit der nach der Abschaffung des Erbrechts einher, so vor allem zu Zeiten der Jakobinerherrschaft in Frankreich, in *Marx'* und *Engels'* Manifest der Kommunistischen Partei (Kap.II Pkt. 3 [S.16]) und im oben erwähnten sowjetrussischen Dekret vom 27.4.1918.

[22] Begriff: *Leisner*, in: HStR VI, § 149 Rn. 15.

[23] Vgl. *Leisner*, in: HStR VI, § 149 Rn. 60

[24] Vor allem im neueren Schrifttum wird zum Teil zwischen Inhaltsbestimmung und Schrankenbestimmung unterschieden. Denkbar ist eine solche Unterscheidung in zeitlicher Hinsicht einerseits (so z. B. *Ehlers*, VVDStRL 51 [1992] 225) und unter materiellen Aspekten andererseits (so z. B. *Leisner*, in: HStR VI, § 149 Rn. 134; *Wendt*, in: Sachs, GG, Art. 14 Rn. 55;

berhinaus: ein *Auftrag*[25] wird dem Gesetzgeber erteilt, Eigentum und Erbrecht auszugestalten, ihnen einfachgesetzlich „Leben einzuhauchen". Diese im Wortsinne eigen-artige Regelung des Art.14 GG stiftet Verwirrung – denn wie soll Art. 14 Abs. 1 S. 1 GG Eigentum und Erbrecht gegen den Gesetzgeber schützen, wenn er gerade die Bestimmung dessen, was Eigentum und was Erbrecht ist, diesem einfachen Gesetzgeber überläßt? Führt Art. 14 GG damit nicht sein eigenes Schutzgut ad absurdum?

a. Anerkennung eines unantastbaren Kernbestandes

Hinsichtlich des Eigentums hat sich um dieses Ausgestaltungsrecht des Gesetzgebers und die ihm gesetzten Grenzen eine Debatte nahezu unübersehbaren Ausmaßes entwickelt[26]; die Nachzeichnung der verschiedenen Positionen oder gar ein Einstieg in Einzelheiten müssen hier zwingend unterbleiben[27]. Es kann aber, und nur darauf kommt es hier an, inmitten dieses Kardinalstreits der Eigentumsdogmatik jedenfalls ein kleiner, wenn auch sehr kleiner gemeinsamer Nenner aller Positionen in Schrifttum und Rechtsprechung verzeichnet werden: Die – mittlerweile nicht mehr bezweifelte – Anerkennung der Tatsache, daß die Bestimmung dessen, was Eigentum ist, *jedenfalls nicht vollumfänglich* dem Gesetzgeber überlassen ist[28]. Trotz des weitgefaßten Wortlautes von Art. 14 Abs. 1

---

ders., Eigentum, S. 147 ff.). Es ist fraglich, ob eine solche Differenzierung sinnvoll ist, zumal eine rechtliche oder praktische Relevanz nicht gegeben sein dürfte (so auch *Wieland*, in: Dreier, GG, Art. 14 Rn. 74; *Papier*, in: Maunz/Dürig, GG, Art. 14 Rn. 307; *Bryde*, in: von Münch/Kunig, GG, Art. 14 Rn. 51 m. w. N.) und zumindest jede Inhaltsbestimmung denknotwendig auch Schranken zieht (vgl. dazu *Häberle*, Wesensgehaltgarantie, S. 179, der auch umgekehrt in jeder Schrankenbestimmung eine Inhaltsbestimmung sieht). Das Bundesverfassungsgericht hat sich dieser Unterscheidung bislang nicht angeschlossen und definiert eine Inhalts- und Schrankenbestimmung einheitlich als „generelle und abstrakte Festlegung von Rechten und Pflichten durch den Gesetzgeber hinsichtlich solcher Rechtsgüter, die als Eigentum im Sinne der Verfassung zu verstehen sind" (BVerfGE 72,66 [76]).

[25] Statt vieler *Wendt*, in: Sachs, GG, Art.14 Rn. 54.

[26] Vgl. dazu nur die Kommentarliteratur, z. B. *Wendt*, in: Sachs, GG, Art. 14 Rn. 60 ff.; *Leisner*, in: HStR VI, § 149 Rn. 54 ff.; *Papier*, in: Maunz/Dürig, GG, Art. 14 Rn. 35 ff.; *Kimminich*, in: BK, Art. 14 Rn. 11 und 133 ff.; *Depenheuer*, in: v.Mangoldt/Klein/Starck, GG, Art. 14 Rn. 29 ff.

[27] Auf diese Problematik in eigentumsrechtlicher Hinsicht umfassend einzugehen, würde den Rahmen vorliegender Arbeit bei weitem sprengen; auch ist eine vertiefte Aufarbeitung der Eigentumsgarantie nicht gesetztes Ziel dieser Abhandlung. Augenmerk kann der Eigentumsgarantie hier wie im folgenden nur insoweit gelten, als ihr hinsichtlich möglicher struktureller Parallelen zur Erbrechtsgarantie Bedeutung für die Auslegung im Hinblick auf eine Nachlaßteilhabesicherung zugemessen werden kann. Auch dann werden die eigentumsverfassungsrechtlichen Probleme aber natürlich nur angerissen werden können.

[28] Zu dieser Übereinstimmung explizit auch *Kimminich*, in: BK, Art. 14 Rn. 135; *Leisner*, in: HStR VI, § 149 Rn. 58. Wenn *Depenheuer*, in: v.Mangoldt/Klein/Starck, GG, Art. 14 Rn. 35 ff. unter der Überschrift „Gegenposition: Eigentum nach Gesetz" davon spricht, nach „herrschender Dogmatik" gewinne die Eigentumsgarantie – anders als nach der von ihm zuvor

S. 2 GG ist die dem Gesetzgeber verliehene Ausgestaltungsbefugnis eben nicht schrankenlos[29], sondern es gibt einen – wie auch immer in Umfang und Inhalt gearteten, wie auch immer zu bestimmenden, wandelbaren oder feststehenden – Bereich, der jeglicher gesetzgeberischen Verfügungsgewalt qua verfassungsrechtlicher Festschreibung entzogen ist[30]. Dogmatisch richtungsweisend dabei ist nach der Eigentumsrechtsprechung des Bundesverfassungsgerichts die Verbürgung der Garantie des Art. 14 Abs. 1 S. 1 GG nicht nur als Individualrecht[31], sondern auch als Rechtsinstitut[32]: Die entscheidende Bedeutung der Institutsgarantie für das Inhaltsbestimmungsrecht des Gesetzgebers erkennt das Gericht darin, daß sie „einen Grundbestand von Normen, die als Eigentum im Sinne dieser Grundrechtsbestimmung bezeichnet werden“[33], sichert. Dem Spielraum des

---

(Rn. 29 ff.) vertretenen Position – keinen Selbstand, bezieht er sich damit jedenfalls nicht auf den kernbestandssichernden Charakter der Institutsgarantie, den auch er von der herrschenden Dogmatik gewahrt sieht.

[29] „Äußere“ Schranken gesetzgeberischen Tuns ergeben sich natürlich schon aus außerhalb von Art. 14 angesiedelten allgemeinen verfassungsrechtlichen Grundsätzen – insbesondere dem Grundsatz der Verhältnismäßigkeit, dem Gleichheitssatz, dem Vertrauensschutzprinzip und dem Abwägungsgebot –, um die es aber vorliegend nicht geht; ins Blickfeld gerückt werden hier vielmehr die „inneren“ Schranken des Art.14 GG.

[30] Zur Bezeichnung dieses Bereiches werden verschiedenste Begrifflichkeiten bemüht: „ typusbestimmende Grundstrukturen“, „institutsbewahrende Leitlinien“; „elementarer Bestand grundrechtlich geschützter Betätigung im vermögensrechtlichen Bereich“ (alle von *Papier*, in: Maunz/Dürig, GG, Art. 14 Rn. 12 und 13); „Art Wesensgehaltsgarantie“ (*Kimminich*, in: BK, Art. 14 Rn. 124); „den Gesetzgeber bindende Prägestrukturen“ (*Depenheuer*, in: v.Mangoldt/Klein/Starck, GG, Art. 14 Rn. 33); „Kernbestand“ (*Bryde*, in: von Münch/Kunig, GG, Art.14 Rn. 32); „strikt zu beachtendes Untermaßverbot“ (*Ehlers*, VVDStRL 51 [1992], 211 [216]); „ genuin verfassungsrechtliches Schutzobjekt“ (*Leisner*, in: HStR VI, § 149 Rn. 58); „Selbstand“ (*ders.*, Verfassungsmäßigkeit der Gesetze, S. 8).

[31] Dies ist beim Eigentum die Bestands- oder Rechtsstellungsgarantie, seltener in Ausnahmefällen eine Eigentumswertgarantie (str.), vgl. *Jarass*, in: Jarass/ Pieroth, GG, Art. 14 Rn. 2; *Wendt*, in: Sachs, GG, Art. 14 Rn. 9. Das Verhältnis von Bestands- und Institutsgarantie ist dabei dahingehend herausgearbeitet worden, daß die Institutsgarantie einen gewissen Bestand an Normen fordert und sichert, die individuelle Eigentumsrechte nach sich ziehen und damit in den Bereich der Bestandsgarantie fallen. Ohne Institutsgarantie ist die Bestandsgarantie also wirkungslos; die Wahrnehmung der von der Institutsgarantie gestellten Aufgabe an den Gesetzgeber, eigentumsrelevante Normen zu schaffen, ist konstitutive Voraussetzung für die Wirkkraft der Bestandsgarantie. Außerhalb des durch dic Institutsgarantie gesicherten Kernbestandes bestimmt also der Gesetzgeber, gebunden nur durch die allgemeinen verfassungsrechtlichen Schranken, was zum Schutzgut des eigentumsrechtlichen Individualrechts werden kann, s. zum Ganzen *Seith*, Urheber, S. 106 ff. *W. Böhmer*, in: Baur (Hrsg.), Eigentum, S. 39, 62 spricht insofern von der Notwendigkeit, eine „rechtliche Infrastruktur“ zu schaffen.

[32] BVerfGE 24, 367 (389); 58, 300 (339).

[33] BVerfGE 24, 367 (389). St. Rspr., vgl. auch BVerfGE 21, 73 (82); 50, 290 (339). In kritischer Auseinandersetzung mit dieser Rechtsprechung jedoch *Papier*, in: Maunz/Dürig, GG, Art.14 Rn 38 ff.: Der Eigentumsbegriff werde „entgegen allen Beteuerungen“ vom Bundesverfassungsgericht zunehmend „zu einem Begriff nach Maßgabe der einfachen Gesetzge-

Gesetzgebers sind also Grenzen gesetzt; in einem „letzten" muß das Eigentum doch „inviolable" bleiben[34].

Dementsprechend hat das Bundesverfassungsgericht auch bei der Erbrechtsgarantie immer wieder betont, der Gesetzgeber müsse „bei der näheren Ausgestaltung des Erbrechts [...] den *grundlegenden Gehalt* der verfassungsrechtlichen Gewährleistung wahren"[35] (Hervorhebung d. Verf.) und damit klargestellt, daß auch die Erbrechtsgarantie nicht der freien Verfügungsgewalt des einfachen Gesetzgebers unterliegt. Wie beim Eigentum schützt auch hier die Institutsgarantie bestimmte konstitutive (Erbrechts-) Strukturen vor dem erbrechtsgestaltenden Gesetzgeber, indem sie ihm den Zugriff auf diese verwehrt[36]. Auch das Erbrecht ist also nicht nach Gutdünken durch einfaches Gesetz ausgestaltbar, formbar oder gar entziehbar, sondern durch die Institutsgarantie in einem eng begrenzten Kernbereich, einem Wesensgehalt[37] geschützt, der Disposition des Gesetzgebers mithin entzogen[38].

---

bung" degradiert und „die Existenz einer dem Gesetzgeber von Verfassungs wegen vorgegebenen und von ihm zu beachtenden Eigentumsinstitutsgarantie [werde] insgesamt fraglich", jedenfalls sei deren Inhalt derzeit „ziemlich offen". Siehe zum Ganzen – weniger besorgt – auch *Kimminich*, in: BK, Art. 14 Rn. 23 ff.

[34] *Leisner*, in: HStR VI, § 149 Rn. 59 unter Bezugnahme auf die Universelle Menschenrechtserklärung von 1789.

[35] BVerfGE 67, 329 (340); 91, 346 (360); 93, 165 (173); 97, 1 (7).

[36] Vgl. *Wendt*, in: Sachs, GG, Art. 14 Rn. 195; *Depenheuer*, in: v.Mangolt/Klein/Starck, GG I, Art. 14 Rn. 521; *Leisner*, in: HStR VI, § 150 Rn. 9; *Papier*, in: Maunz/Dürig, GG, Art. 14 Rn. 299; *Kimminich*, in: BK, Art. 14 Rn. 128; *Zopfs*, ZEV 1995, S. 309 (311); *Vyas*, ZEV 2002, S. 1 f.; *Ruffert*, Vorrang der Verfassung, S. 392 f.

[37] Ob es sich hierbei konkret um den von Art. 19 Abs. 2 GG garantierten Wesensgehalt handelt, ist fraglich, letztlich aber nicht entscheidend, weil sich der von der Institutsgarantie abgesicherte und der von Art. 19 Abs. 2 GG geschützte Bereich jedenfalls decken dürften (so auch *Huber*, in: v.Mangoldt/Klein/Starck, GG, Art. 19 Rn. 132 ff., unter Heranziehung von BVerfGE 39, 1 [43] und 57, 295 [323]; *Wendt*, Eigentum, S. 279, mit Verweis auf S. 183 ff.; *Lerche*, Übermaß und Verfassungsrecht, S. 241; wohl auch *Herzog*, in: FS W. Zeidler II, S. 1415 [1423 ff.]; mit anderer Konzeption *Bryde*, in: von Münch/Kunig, GG, Art. 14 Rn. 32, der wegen des durch Art. 19 Abs. 2 GG ohnehin geschützten Garantiegehaltes der Institutsgarantie einen über eine absolute Schranke hinausgehenden Gehalt zuteil werden lassen will). Die Existenz eines gesetzgebungsresistenten Kernbestandes *muß* also nicht Art. 19 Abs. 2 GG entnommen werden, die Institutsgarantien können insofern als spezialgesetzliche Wesensgehaltssicherung verstanden werden; nach a. A. *kann* sie ihm nicht entnommen werden: Art. 19 Abs. 2 GG sei auf Art. 14 GG mangels Gesetzesvorbehaltes überhaupt nicht anwendbar (*Schmidt-Bleibtreu*, GG, Art. 14 Rn. 11; Kimminich, in: BK, Art. 14 Rn. 147). Zur dogmengeschichtlichen Entwicklung der Problematik von Einrichtungsgarantie und Wesensgehaltsgarantie s. *Schmidt-Jortzig*, Einrichtungsgarantie, S. 59 ff. m. w. N.

[38] Ernsthafte Zweifel am Bestehen eines solchen Kernbestandes von Eigentums- und Erbrechtsgarantie verbieten sich schon deshalb, weil die Verbürgung eines unantastbaren Bereiches – das scheint in der umfangreichen dogmatischen Auseinandersetzung bisweilen in Vergessenheit zu geraten – bereits eine grundgesetzliche Selbstverständlichkeit ist. Die Aufnah-

b. Wandelbarkeit dieses Kernbestandes

Bei beiden Garantien darf dieser Kernbereich trotz seines strikten Schutzcharakters jedoch nicht als festzementierte, erstarrte Größe verstanden werden – was er schützt, ist nicht etwa einer in den Beratungen zum Grundgesetz vorbereiteten und am 23. Mai 1949 für die Ewigkeit gerahmten Momentaufnahme zu entnehmen. Nur eine Grundrechtsgewährleistung, die in ihrer bewahrenden Schutzfunktion gleichzeitig fähig ist, auf geänderte gesellschaftliche Verhältnisse, Lebensformen und Anschauungen einzugehen, kann dem an sie gestellten Anspruch dauerhafter Maßstabssetzung und Orientierung gerecht werden[39]. Eigentums- und Erbrechtsgarantie sind deshalb stets, wenn auch langsam, im Wandel, sie sind entwicklungsoffene Garantien[40]. Mit anderen Worten: „Was heute zum elementaren Bestand zu rechnen sein mag, muß [...] gestern nicht dazugehört haben und auch morgen nicht mehr dazugehören."[41]

c. Auswirkungen auf das Normprogramm von Art. 14 GG

Das Spannungsfeld von gesetzgeberischer Gestaltungbefugnis einerseits und grundrechtlicher Kerngewährleistung andererseits gibt schließlich auch noch den Blick frei auf eine weitere konstruktiv-strukturell parallele Besonderheit von Eigentums- und Erbrechtsgarantie im Verhältnis zu anderen grundgesetzlichen Freiheitsgewährleistungen: Es gibt aus institutsrechtlicher Sicht keinen Schutzbereich im herkömmlichen Sinne, in den Eingriffe zwar möglich, aber gegebenenfalls zu rechtfertigen sind[42]. Der gedankliche Dreisprung von Schutzbereich,

---

me inhaltsleerer, da aushöhlbarer Garantien würde den Vätern des Grundgesetzes gerade mit Blick auf Art. 19 Abs. 2 GG und Art. 1 Abs. 3 GG ungerechtfertigt Konzeptionslosigkeit und mit Blick auf die Erfahrungen der Weimarer Zeit Naivität, ja Blindheit unterstellen. *Wendt*, in: Sachs, GG, Art.14 Rn. 56 spricht dementsprechend auch schlicht von einem „*grundrechtstypischen* Anspruch auf eine Sphäre *grundsätzlich unantastbarer Gewährleistung*" (Hervorhebungen d. Verf.); *Leisner*, in: HStR VI, § 149 Rn. 63 beruft sich diesbezüglich richtig auf das allgemein-systematische Verständnis des Grundgesetzes.

[39] Ähnlich *Schmidt-Jortzig*, Einrichtungsgarantien, S. 37 f., der bei unwandelbarem Garantiegehalt die Verfassung insgesamt belastet sähe; ebenso *Scholz*, NVwZ 1982, 337 (349): „Wandlungsfähigkeit und -bedürftigkeit des verfassungsrechtlichen Eigentums"; *Wendt*, Eigentum, S. 188.

[40] So *Weber*, in: Neumann/Nipperdey/Scheuner (Hrsg.), Grundrechte, Bd. II, S. 331, 356; *Stern*, Staatsrecht III/1, S. 868; *Kimminich*, in: BK, Art. 14 Rn. 30 („offene Eigentumsgarantie"); *Papier*, in: Maunz/Dürig, GG, Art. 14 Rn. 309.

[41] *Seith*, Urheber, S. 110.

[42] *Abel*, Bedeutung der Einrichtungsgarantien, S. 72 spricht von der Nichtexistenz „relativer Schranken" bei der Institutsgarantie; ähnliches klingt an bei *W. Böhmer*, in: Baur (Hrsg.), Eigentum, S. 39 (78), der die „bisher noch nie begründete Auffassung" angreift, „Art. 14 Abs. 1 S. 2 GG sei ein ‚Gesetzesvorbehalt', der den Gesetzgeber ‚ermächtige', in das ‚vorgegebene' Eigentum einzugreifen".

Eingriff und Rechtfertigung wird bei den Institutsgarantien von Art. 14 Abs. 1 S. 1 GG hinfällig und reduziert sich stattdessen auf ein striktes „Entweder-oder-Programm“. Denn entweder der Gesetzgeber agiert in dem ihm entzogenen (Kern-)bereich, dann ist jede Rechtfertigung von vorneherein ausgeschlossen. Oder die gesetzgeberische Tätigkeit findet außerhalb dieses Bereiches statt, dann liegt schon begrifflich kein Eingriff vor, weil Art. 14 Abs. 1 S. 2 GG diesen jenseits der Institutsgarantien gelegenen (bloßen Regelungs-) Bereich gerade gesetzgeberischer Tätigkeit überläßt[43,44].

Für die Garantie von Familienerbfolge und Pflichtteilsrecht läßt sich damit einstweilen festhalten: Zur Klärung der Frage nach ihrem Verfassungsrang

---

[43] Diese Konzeption schafft gedankliche Klarheit, wenn auch der praktische Unterschied zu einer Schutzbereich-Eingriff-Rechtfertigung-Konzeption gering sein dürfte: Zwar wird die Institutsgarantie häufig als ein absolut schützender Bereich betrachtet. Ob aber ein bestimmtes gesetzgeberisches Handeln – das die Schwelle zur vollständigen Abschaffung des Institutes noch nicht überschreitet – die Institutsgarantie verletzt, kann konkret nur unter Verhältnismäßigkeitsgesichtpunkten ermittelt werden. So hängt es z. B. vom Grad der Verwandtschaft und damit also von Abwägungsgesichtspunkten ab, ob eine 80%-ige Erbschaftssteuer das Institut der Privaterbfolge anficht oder nicht. Ob zunächst ein enger Kreis absolut zu schützender Gehalte gezogen wird und der Umkreis Verhältnismäßigkeitsgesichtspunkten unterliegt (zur Vorstellung zweier konzentrischer Kreise *Schmidt-Jortzig*, Einrichtungsgarantie, S. 37 f.; ähnlich *Steinbeiß-Winkelmann*, Freiheitsordnung, S. 101) oder die Frage nach dem Betroffensein des Instituts graduell durch Abwägung ermittelt wird, stellt letztlich nur zwei unterschiedliche Ansätze ein- und desselben Gedankenganges dar. Denn einmal werden bestimmte Institute oder Institutsteile absolutem Schutz unterstellt (deren Ermittlung gar nicht ohne Berücksichtigung von Umständen, Zielen, Zwecken, betroffenen Personen etc., kurz also: von Abwägungsfaktoren geschehen kann) und ein weiterer „weniger wichtiger“ Kreis von Instituten Verhältnismäßigkeitsaspekten unterworfen, und anders wird die Betroffenheit des innersten Kreises ausdrücklich und zuerst unter Verhältnismäßigkeitsaspekten ermittelt, so daß sich dann alles außerhalb dieses Kreises stehende in einem Gebiet befindet, in dem gesetzgeberisches Handeln jedenfalls unter dem Blickwinkel der Garantien des Art. 14 Abs. 1 S. 1 GG keiner Rechtfertigungsbedürftigkeit mehr unterliegt.

[44] Aus individualrechtlicher Sicht erscheint es hingegen durchaus möglich, wenn nicht sogar zwingend, am herkömmlichen Arbeits- und Prüfprogramm festzuhalten. Die Individualrechtsgarantie gesteht dem einzelnen unter Umständen mehr zu als die nur grundlegendste Strukturen absichernde Institutsgarantie, beim Eigentum z. B. den Bestand aller zu einem bestimmten Zeitpunkt vorhandenen Vermögenspositionen. Dem widerspricht auch nicht die oben in Fn. 31 dargestellte Abhängigkeit der Bestands- von der Institutsgarantie. Daß der Gesetzgeber in Ausführung der Institutsgarantie erst einen bestimmten Bestand von Normen schaffen muß, bevor die Bestandsgarantie ihre Wirkung entfalten kann, hindert nicht die Sichtweise, daß sich der Inhalt der Bestandsgarantie ab der Schaffung eigentumsrelevanter Normen gegenüber der Institutsgarantie verselbständigen, also weiter sein kann. Eingriffe in solch einen „vor- oder außer-institutionell“ garantierten Bereich sowie deren Rechtfertigung anhand der üblichen Kriterien sind deshalb durchaus denkbar; a. A. zumindest teilweise *Seith*, Urheber, S. 110 (Fn. 483 a. E).

kommt es aus institutsrechtlicher Sicht darauf an, ob sie in den Genuß der Zugehörigkeit zum „grundlegenden Gehalt“, zum begrenzten Kernbestand verfassungsrechtlicher Gewährleistung, kommen. Dem einfachen Gesetzgeber wäre dann versagt, eine gesetzliche Nachlaßteilhabe sowie ihre Sicherung gegen den Erblasser und zugunsten eines bestimmten Personenkreises gänzlich abzuschaffen. Darüberhinaus stieße auch sein Ausgestaltungsrecht an verfassungsgesetzte Grenzen.

II. Defizitäre Aufarbeitung des Erbrechts im Verhältnis zum Eigentum

Eigentum und Erbrecht scheinen also Hand in Hand zu gehen – sind sie inhaltlich doch eng miteinander verwoben und weisen strukturell denselben besonderen Bauplan auf. Schon ein flüchtiger Blick in die gängige Kommentarliteratur zeigt aber, daß sich die beiden zunächst zwillingshaft anmutenden Garantien in einem ganz offensichtlichen Punkt erheblich voneinander unterscheiden: Während die Eigentumsgarantie zu den gründlichst und umfänglichst erörterten Grundrechten gehört, bleibt die Aufarbeitung der Erbrechtsgarantie dagegen einerseits an Umfang deutlich zurück[45] und verharrt andererseits inhaltlich häufig im gar nur Skizzenhaften[46]. Gerade aus den Hintergründen dieser so unterschiedlichen Bearbeitungsdichte können möglicherweise Schlüsse für die weitere Bearbeitung der Frage nach verfassungsrechtlicher Gewährleistung einer Nachlaßteilhabe gezogen werden – vielleicht gibt das Erbrecht per se weniger Anlaß zu Streit, was sich auch auf die Interpretation der Verfassungsgarantie auswirkt? Eine Gegenüberstellung der Diskussionspunkte beider Garantien und einige Gedanken zu deren jeweiligen Usprüngen erscheinen durchaus angebracht.

1. Gegenüberstellung von Eigentums- und Erbrechtsgarantie

Hinsichtlich der Eigentumsgarantie wurde und wird in Literatur wie Rechtsprechung nachhaltig und kontrovers um den Begriff „Eigentum“ gerungen. In institutsrechtlicher Hinsicht ist insbesondere heftig umstritten, wo im einzelnen die Grenzen gesetzgeberischer Tätigkeit verlaufen, was genau Inhalt des Kernbe-

---

[45] Vgl. statt vieler hierzu z. B. *Depenheuer*, in: v.Mangoldt/Klein/Starck, GG, Art. 14, Rn. 1 ff.: 216 Seiten sind dem Eigentum gewidmet, lediglich 7 dagegen dem Erbrecht; mit ähnlicher Gewichtung auch *Wendt*, in: Sachs, GG, Art. 14: 45 Seiten Eigentum gegenüber 3 Seiten Erbrecht; allerdings spielt hierbei auch eine Rolle, daß hinsichtlich der beide Garantien betreffenden Strukturgesichtspunkte häufig auf die Eigentumsgarantie verwiesen wird. Ob diese – die Unterschiede zwischen den beiden Garantien nivellierenden, wenn nicht gar negierenden – Verweisungen allerdings immer sachgerecht sind und eine ausführlichere Befassung mit der Erbrechtsgarantie entbehrlich machen, mag hier dahinstehen.

[46] So z. B. bei *Kimminich*, in: BK, Art. 14 Rn.125-128.

reichs der Eigentumsgarantie sein soll, wie dieser sich bestimmt und wie stark das bürgerliche Recht jene Kernstrukturen geprägt hat. Grundlage des hier bestehenden Interpretations- und Diskussionsbedarfes ist in dogmatischer Hinsicht die Erkenntnis, daß es keinen absoluten Eigentumsbegriff gibt[47] und nach überwiegender Ansicht auch kein natürliches Eigentum[48]. Als maßgebliche Bestandteile des traditionsbezogenen, weil vom bürgerlich-rechtlichen Eigentumsbegriff entscheidend (mit-)geprägten Garantiegehaltes werden jedenfalls Privatnützigkeit und Disponibilität[49] anerkannt, wobei im einzelnen streitig ist, welche Spuren diese Prägung konkret hinterlassen hat und ob der Kernbestand sich auch aus anderen Elementen speist[50]. Darüberhinaus wirft die Eigentumsgarantie Fragen in bestandsrechtlicher Hinsicht auf[51]: Welchen Anforderungen muß eine konkrete Rechtsposition genügen, um als Eigentum von Art. 14 Abs. 1 S. 1 geschützt zu werden? Weitgehende Einigkeit besteht hier nur insoweit, wie das Vorhandensein eines spezifisch verfassungsrechtlichen Eigentumsbegriffs bejaht wird, eines Eigentumsbegriffes also, der nicht nur bürgerlich-rechtliches Eigentum erfaßt[52], sondern über dieses hinausgeht[53] und „aus der Verfassung selbst" gewonnen werden muß[54]. Ob und wie sehr aber dieses Verfassungseigentum durch das

---

[47] BVerfGE 20, 350 (355), st. Rspr.

[48] *Depenheuer*, in: v.Mangoldt/Klein/Starck, GG, Art. 14 Rn. 29 ff.; *W. Böhmer*, in: Baur (Hrsg.), Eigentum, S. 39 (62); a. A. *Leisner*, in: HStR VI, § 149 Rn. 66 ff.

[49] St. Rspr., vgl. BVerfGE 100, 226 (241); aus der Literatur statt vieler *Papier*, in: Maunz/Dürig, GG, Art. 14 Rn. 13 f.; *Wendt*, in: Sachs, GG, Art. 14 Rn. 5 und 10.

[50] Vgl. etwa *Wendt*, in: Sachs, GG, Art. 14 Rn. 11: funktionsbezogener Garantiegehalt; anders noch *Wolff*, Reichsverfassung und Eigentum, in: FS für Kahl, S. 6: Inhaltsbestimmung nur durch „die Normen des geltenden objektiven Privatrechts" (für Art. 153 WRV unter Bezugnahme auf eine Entscheidung des Schweizerischen Bundesgerichts).

[51] Die Frage nach den Kernbestandselementen einerseits und der Zuordnung bestimmter vermögenswerter Rechte zum Kreis der allgemein als „Schutzbereich der Eigentumsgarantie" bezeichneten Rahmen andererseits sind grundsätzlich gedanklich voneinander zu trennen. Inhaltlich hängen sie aber miteinander zusammen und beeinflussen sich mindestens dahingehend, daß die als Elemente der Institutsgarantie erkannten Strukturen (wie Privatnützigkeit und Disponibilität) auch charakteristisch sein müssen für diejenigen vermögensrechtlichen Positionen, die dem Schutzbereich der Bestandsgarantie unterfallen sollen. Ebenso erscheint es umgekehrt durchaus möglich, einzelne bestandsrechtlich gesicherte Positionen auch insgesamt als Elemente der Institutsgarantie anzuerkennen, z. B. das Grundeigentum.

[52] Die meisten vermögenswerten Privatrechte, die dem Berechtigten zu privatem Nutzen und freier Verfügbarkeit zugeordnet sind, fallen unter den Schutz der Eigentumsgarantie. Streit besteht aber z. B. im Blick auf das Vermögen als ganzes und Rechte an Unternehmen (im einzelnen *Bryde*, in: von Münch/Kunig, GG, Art. 14 Rn. 23. ff und 18 ff.).

[53] So sind auch Positionen des öffentlichen Rechts erfaßt, str.; vgl. dazu *Bryde*, in: von Münch/Kunig, GG, Art. 14 Rn. 11 und 25 ff.

[54] BVerfGE 58, 300 (335); dabei soll sich der von Art. 14 Abs. 1 S. 1 gewährleistete Bestandsschutz „aus der Gesamtheit der verfassungsmäßigen Gesetze (ergeben), die den Inhalt des Eigentums bestimmen"(S. 336). Statt vieler aus der Literatur etwa *Leisner*, in: HStR VI, § 149 Rn. 72 ff. m. w. N.; *Bryde*, in: von Münch/Kunig, GG, Art. 14 Rn. 11 m. w. N.; *Papier*,

historisch überkommene bürgerliche Sach- und Grundeigentum geprägt ist[55] und welche der stets wachsenden Vielzahl konkreter und potentiell der Eigentumsgarantie unterfallenden Rechtspositionen tatsächlich den Schutz des Art. 14 Abs.1 S.1 GG genießen[56] ist höchst umstritten. Wegen des Ineinandergreifens der verschiedenen Problempunkte einerseits und dem strukturell schwer zu fassenden Nebeneinander von Institutsgarantie und individualrechtlicher Verbürgung andererseits erscheint die Eigentumsgarantie auf den ersten Blick als ein Schmelztigel schwer verständlicher Streitpunkte ohne klare Strukur.

Ganz anders dagegen die Erbrechtsgarantie. „Sie hat unter dem Grundgesetz nicht annähernd die Bedeutung der Eigentumsgarantie erlangt“[57], es gibt kein „Erbrecht des Bundesverfassungsgerichts“[58] und „über die verfassungsrechtlichen Eckdaten des Erbrechtsschutzes in Art. 14 Abs. 1 S. 1 GG besteht im wesentlichen Konsens“[59] – und zwar sowohl im verfassungsrechtlichen wie im zivilrechtlichen Schrifttum als auch in der Rechtsprechung. Im den meisten Abhandlungen wird im allgemeinen kurz der Zusammenhang von Eigentums- und Erbrechtsgarantie betont[60] und die Verbürgung von Individualrechten des Erblassers wie der Erben[61] sowie die Existenz der Institutsgarantie[62] festgestellt. Ein „verfassungsrechtlicher Erbrechtsbegriff“ wird dabei kaum thematisiert, vielmehr wird einhellig davon ausgegangen, daß institutionell die Kernelemente des deutschen Erbrechts verbürgt seien. Hierzu werden einstimmig das Institut der

---

in: Maunz/Dürig, GG, Art. 14 Rn. 35 ff., der auf die Gefahr heute zunehmender Interpretation des verfassungsrechtlichen Eigentumsbegriffes „nach Maßgabe des einfachen Rechts“ hinweist; a. A. *Wieland*, in: Dreier, GG, Art. 14 Rn. 25 ff.

[55] So z. B. *Depenheuer*, in: v.Mangoldt/Klein/Starck, GG, Art. 14 Rn. 33 f.: „Neuartige, gesetzlich geprägte vermögenswerte Rechtspositionen müssen mit diesem Leitbild des [BGB-] Sacheigentums ‚strukturkompatibel‘ sein, um als Eigentum i. S. v. Art. 14 GG geschützt werden zu können“.

[56] Diese wachsende Vielzahl der potentiellen Schutzobjekte der Eigentumsgarantie führt letztlich dann auch dazu, daß im Anwendungsbereich der Eigentumsgarantie nicht mehr eine einheitliche, sondern verschiedene Rechtsinstitutsgarantien entwickelt werden müssen; dazu und kritisch zu dieser steten Ausdehnung des Schutzbereichs der Eigentumsgarantie *Papier*, in: Maunz/Dürig, GG, Art. 14 Rn. 40. Zur Zuordnung einzelner Positionen zur Bestandsgarantie vgl. auch *Seith*, Urheber, S. 106 (Fn. 457) m. w. N.

[57] *Ruffert*, Vorrang der Verfassung, S. 392.

[58] *Ruffert*, Vorrang der Verfassung, S. 392. Hingegen gibt es einen Eigentumsbegriff des Bundesverfassungsgerichts, zu seinen Bestandteilen s. *Nierhaus*, AöR 1991, 72 (99).

[59] *Ruffert*, Vorrang der Verfassung, S. 392.

[60] Hierzu mit entsprechenden Nachweisen schon oben § 2 I 1.

[61] Statt vieler aus dem verfassungsrechtlichen Schrifttum *Depenheuer*, in: v.Mangoldt/Klein/Starck, GG, Art. 14 Rn. 519 f. m. w. N.; aus dem zivilrechtlichen Schrifttum *Lange/Kuchinke*, Erbrecht, § 2 IV 2 b; aus der Rechtsprechung BVerfGE 93, 165 (174).

[62] Statt vieler aus dem verfassungsrechtlichen Schrifttum *Papier*, in: Maunz/Dürig, GG, Art. 14 Rn. 299 f. m. w. N.; aus dem zivilrechtlichen Schrifttum *Lange/Kuchinke*, Erbrecht, § 2 IV 2 b ; aus der Rechtsprechung BVerfGE 19, 202 (206).

Testierfreiheit gerechnet, fast einstimmig das Verwandtenerbrecht und überwiegend noch die Privaterbfolge[63]. Zwar eingestandene, aber zu keinen der Eigentumsgarantie vergleichbaren Auseinandersetzungen führende Uneinigkeit herrscht im wesentlichen hinsichtlich der Verbürgung von Gesamtrechtsnachfolge und Pflichtteilsrecht, die als weitere Bestandteile der Institutsgarantie in Betracht kommen. Leise klingt vor allem in der neueren Literatur eine Auseinandersetzung mit der individualrechtlichen Seite der Erbrechtsgarantie an[64].

2. *Vom Zwilling zum Anhängsel: Leitfunkion der Eigentums-, Annexfunktion der Erbrechtsgarantie*

Wie erklärt sich dieser auffällige Konsens bei der Erbrechtsgarantie, wo sie doch so viele Parallelen zur Eigentumsgarantie aufweist? Und wie erklärt sich, daß auch die wenigen bestehenden Streitpunkte nur spärlich zur Sprache kommen?

a. Determinierte Gestaltungsmöglichkeiten

Eine entscheidende Antwort findet sich zunächst in der Tatsache, daß beim Erbrecht verschiedene rechtliche wie tatsächliche Faktoren ineinandergreifen, die zusammengenommen die Gestaltungsmöglichkeiten des Gesetzgebers von vorneherein limitieren. Das Erbrecht setzt erst an einem Punkt an, an dem nur noch – linear – Vererbungsmodalitäten rechtlich relevanter Positionen zu regeln sind, deren grundsätzliche Zuordnung zur Person des Erblassers bereits geklärt ist. *Was* also potentiell zur Vererbung in Betracht kommt, entscheidet sich immer schon auf einer dem Erbrecht vorgelagerten Ebene, auf der die vermögensrechtliche Zuordnung bestimmter Positionen an den Erblasser stattfindet, die dann beim Erbfall samt und sonders auf den Erben übergehen[65]. Hinsichtlich des sich

---

[63] Unausgesprochen wird also von der Verbürgung *mehrerer* Rechtsinstitutsgarantien ausgegangen und nicht von einem einheitlichen Institut.

[64] So zum Beispiel bei *Vyas*, ZEV 2002, 1 ff., deren Mutmaßung allerdings, die Erbrechtsgarantie sei aufgrund von Definitionsschwierigkeiten des durch Art. 14 Abs. 1 GG geschützten Bereichs bislang so wenig bearbeitet worden, gerade im Vergleich mit der Eigentumsgarantie wohl nicht den Kern der Sache trifft.

[65] Allerdings steht dies nicht einer Festlegung einzelner Rechtspositionen als unvererblich entgegen. So bestimmt im geltenden Recht z. B. § 1061 S. 1 BGB die Unvererblichkeit des Nießbrauchs, § 1615 Abs. 1 BGB die der Unterhaltsansprüche aus Verwandtschaft. Die Frage der Vererbbarkeit einzelner Rechtspositionen kann zwar durchaus Anlaß zu grundrechtsdogmatischen Auseinandersetzungen geben (vgl. BVerfGE 19, 202 ff. – Unvereblichkeit von Rentenansprüchen, die der Versicherte selbst bei Lebzeiten nicht geltend gemacht hat). „Jedoch läßt sich" nach *Marotzke*, in: Staudinger, § 1922 Rn. 53, „aus der Verwendung der Worte ‚Vermögen als Ganzes' schließen, daß das BGB die Vererblichkeit als Regel und die Unvererblichkeit als (begründungsbedürftige) Ausnahme verstanden wissen will". Da wegen dieser zivilrechtlich angeordneten Gesamtrechtsnachfolge in der Regel das gesamte Vermö-

anschließenden *Wie* der Vererbung erweisen sich dann aber maßgebliche Wertentscheidungen des Grundgesetzes auf der einen und tatsächliche Notwendigkeiten auf der anderen Seite als Begrenzungsfaktoren. Denn eine Rechtsordnung, die sich für Privatautonomie entscheidet, eine Eigentumsordnung, die auf den Grundsteinen von Privatnützigkeit und grundsätzlicher Disponibilität beruht, kann kein Erbrecht ohne Testierfreiheit dulden; ein Erbrecht, das dem Eigentümer nicht auch und gerade „im letzten" die freie Entscheidungsgewalt über seine Vermögensangelegenheiten überantwortet, ist in diesem Rahmen undenkbar. Ebensowenig kann ein Staat, der durch die Entscheidung zu einer privaten Vermögensordnung und einer freien Marktwirtschaft den Umgang mit Wirtschaftsgütern zum eigenen Wohl und im Interesse seiner Bürger diesen überläßt, im Falle fehlender letztwilliger Verfügung sich selbst zum primären Erben einsetzen. Korrespondierend zum Schutz des Eigentums Privater gegen staatliche Eingriffe hat er eine gesetzliche *Privat*erbfolge zu schaffen, die den grundsätzlichen Verbleib des Vermögens in der Hand Privater sichert. Und wen schließlich könnte der Gesetzgeber denn zu gesetzlichen Erben einsetzen, wenn nicht Verwandte und Ehegatten? Ob dies nun einem echten Recht zu erben der Angehörigen entspringt oder nicht, ob es als potentieller Erblasserwille betrachtet werden kann oder nicht – Tatsache ist, daß sich andere zwischenmenschliche Beziehungen als die mittels Geburt oder Heirat festgelegten verwandtschaftlichen beziehungsweise ehelichen viel schwerer typisieren lassen[66]. Schon deswegen kommen in erster Linie Verwandte und Ehegatten als Subjekte gesetzlicher Erbfolge in Betracht[67].

Es bestehen bei der Erbrechtsgarantie also jedenfalls hinsichtlich der drei Grundsäulen Testierfreiheit, Privaterbfolge und Verwandtenerbrecht von vorneherein nur geringfügig disponible und deshalb äußerst konsensfähige Strukuren, die auch hier nicht grundsätzlich infrage gestellt werden sollen. Das Erbrecht ist damit per se schon eine weniger „normprägungsoffene" Rechtsmaterie als das Eigentum mit seiner „Vielzahl theoretisch denkbarer Eigentumskonkretisierungen"[68].

---

gen auf den Erben übergeht, bietet sich Anlaß für Streit aus Erbensicht nur dort, wo die Vererbbarkeit einzelner Positionen ausnahmsweise durch den Gesetzgeber oder die Verwaltung entzogen ist. Anders als bei der Eigentumsgarantie wird deshalb kein breiter „Zuordnungsstreit" hinsichtlich jeder einzelnen Position geführt. – Zur Unvererblichkeit von Rechtsstellungen im einzelnen umfassend *Marotzke*, a. a. O., Rn. 113 ff.

[66] Dabei entspräche es sicherlich nicht selten eher der Lebenswirklichkeit des Erblassers, wenn Personen aus solchen „sich frei konstituierenden" Verbindungen – etwa nahestehende Freunde oder Pflegepersonen – gesetzliche Erben würden. Gerade deshalb steht es dem Erblasser auch offen, eigene letztwillige Verfügungen zu treffen. Der Gesetzgeber hingegen ist auf Abstraktheit, Verallgemeinerungsfähigkeit und Typisierbarkeit angewiesen.

[67] Ähnlich *Depenheuer*, in: v.Mangoldt/Klein/Starck, GG, Art. 14 Rn. 524 und 526.

[68] *Depenheuer*, in: v.Mangoldt/Klein/Starck, GG, Art. 14 Rn. 32.

b. Rechtspolitisch begrenzte Bedeutung

Die zweite maßgebliche Ursache liegt schließlich darin, daß dem Erbrecht rechtspolitisch bislang eine im Verhältnis zum Eigentum geringe Bedeutung zukommt[69]. Der Streit um die Verteilung von eigentumsrechtlichen Kompetenzen und um die Qualifizierung einer stetig wachsenden Fülle von Wirtschaftsgütern als Eigentum, der sich an der Frage des Verhältnisses von Verfassung und Gesetz entzündet, ist wirtschaftlich und politisch hochbrisant – wieviel darf der Gesetzgeber regeln, wieviel darf er, gegebenenfalls entschädigungslos, entziehen, an wieviel verfassungsrechtliches Eigentum ist er gebunden? Der Urgrund dieses „Zentralproblems der Eigentumsdogmatik"[70] erschließt sich dabei nur in größerem verfassungspolitischen und historischen Kontext: Die Eigentumsgarantie ist das „geradezu die Staatsform konstituierende Grundrecht"[71], die Auseinandersetzung mit ihr eine Auseinandersetzung um die grundsätzliche (Um-) Gestaltung der Eigentumsordnung[72]. Dieser eigentumsrechtliche Verteilungskampf, der ein Kampf um die Macht im Staat ist, betrifft die Erbrechtsgarantie allenfalls mittelbar, weil sie wie gezeigt einen anderen, nur nachgelagerten Bereich regelt[73]. Zum anderen wird erst in letzter Zeit eine Generation zu Erblassern, die kontinuierlich ohne Unterbrechung durch Kriege und Wirtschaftskrisen Vermögen ansammeln konnte. Mit diesen zur Vererbung anstehenden steigenden Vermögensmassen ist denn auch zu erwarten, daß die politische Bedeutung des Erbrechts zunehmen wird[74]. Standen hier in der verfassungsrechtlichen Dis-

[69] Die oben § 2 I 1, erkannte wirtschaftliche Bedeutung des Erbrechts wird hierdurch nicht in Frage gestellt.

[70] *Leisner*, in: HStR VI, § 149 Rn. 54.

[71] *Leisner*, DVBl 1983, S. 61; zum Ganzen auch *Berg*, VVDStRL 51 (1992), 46 (50 ff. et passim).

[72] *Depenheuer*, in: v.Mangoldt/Klein/Starck, GG, Art. 14 Rn. 37 ff. bezeichnet die sich gegenüberstehenden Pole als liberales, abstraktes Eigentumsverständnis einerseits und konkretes, pflichtgebundenes andererseits. Vgl. auch *Podlech*, Der Staat 15 (1976) S. 31 ff.: „Eigentum – Entscheidungsstruktur der Gesellschaft". Weiterführend etwa *Kimminich*, in: BK, Art. 14 Rn. 13 ff.

[73] *Rittstieg*, in: AK-GG, Art. 14 Rn. 144 ff. verweist zur Verdeutlichung der begrenzten individuellen und gesellschaftlichen Funktion des Erbrechts auf das von *Renner*, Rechtsinstitute, S. 164, ins Gedächtnis gerufene Gegenbeispiel der mittelalterlichen Feudalordnungen, in denen fast alle wesentlichen gesellschaftlichen Positionen bis hin zu öffentlichen Ämtern vererblich waren; außerdem seien auch die gestiegene Lebenserwartung und die Tendenz, Vermögen schon zu Lebzeiten teilweise an die potentiellen Erben zu verteilen, Faktoren gesunkener Bedeutung des Erbrechts. Ähnlich, wenn auch zurückhaltend, *Kipp/Coing*, Erbrecht, § 1 I 4: Auch durch Herausbildung der staatlichen Fürsorge hätten sich „bedeutende Vermögenswerte entwickelt (Sozialvermögen, Arbeitsvermögen), die außerhalb des Erbrechts stehen".

[74] So hat der Abgeordnete *Pfeiffer* bezeichnenderweise in den Beratungen zum Grundgesetz im Grundsatzausschuß anläßlich der 6. Sitzung vom 5. 10. 1948 festgestellt, obgleich das Erbrecht gegenwärtig für das Individuum nicht so bedeutend sei, könne es möglicherweise in ei-

kussion bislang Fragen des Höferechts und des Erbschaftssteuerrechts im Vordergrund, dürften sich künftig neben diesen vermehrt Fragen auch um das Familienerbrecht und das Pflichtteilsrecht stellen; hinsichtlich der Pflichtteilsentziehungsgründe ist eine solche Entwicklung bereits im Gange[75]. In gleichem Maße wie auf der tatsächlichen Ebene die genannnten und möglicherweise auch neue Themenkomplexe an politischer und gesellschaftlicher Bedeutung gewinnen werden, so werden auch Notwendigkeit und Interesse an dogmatischer Auseinandersetzung mit der Erbrechtsgarantie steigen.

Für den Beitrag, den diese Arbeit hierzu leisten will, muss dabei stets die aus obiger Gegenüberstellung gewonnene Erkenntnis im Blick behalten werden, daß das Erbrecht offenbar verbindlichere, weniger variable Strukturen besitzt als das Eigentum. Die Frage nach der Prägung des Verfassungs(erb-)rechts durch das bürgerliche (Erb-)recht wird auch und gerade vorliegend eine zentrale Rolle spielen; es werden diesbezüglich zur eigentumsrechtlichen Diskussion Parallelen gezogen werden können. Andererseits aber trennt die beiden Garantien des Art. 14 Abs. 1 S. 1 GG doch Erhebliches voneinander, so daß eigentumsrechtliche Direktiven auf die erbrechtliche Diskussion nur begrenzt übertragbar sein dürften[76].

---

nigen Jahren auch wieder etwas bedeuten (zitiert bei *v.Doemming/Füßlein/Matz*, JÖR 1, 145). Dazu auch *Schiemann*, ZEV 1995, S. 197 ff: „Renaissance des Erbrechts".

[75] Vgl. dazu die jüngsten Beschlüsse des BVerfG v. 30.8.2000 (NJW 2001, 141 – Nichtannahme mangels grundsätzlicher verfassungsrechtlicher Bedeutung gem. § 93a II BVerfGG sowie wegen fehlender Entscheidungserheblichkeit gem. § 93 a II b BVerfGG) und v. 10.10.2000 (1 BvR 1644/00 – Erlaß einer einstweiligen Anordnung gem. § 32 Abs.1 BVerfGG zur Verhinderung der Zwangsvollstreckung aus einem möglicherweise gem. § 2333 Nr.1 BGB entzogenen Pflichtteilsanspruch; die Hauptsacheentscheidung des Ersten Senats erging nach Abschluss des Manuskripts am 19.4.2005 [NJW 2005, S. 1561 ff.]).

[76] Ein übriges tut hierzu die Erkenntnis, daß es sich neben den erkannten inhaltlichen Divergenzen bei „Eigentum" und „Erbrecht" um gänzlich verschiedene Begrifflichkeiten handelt: Während „Eigentum" als monostruktierter Begriff einer einzigen Definition, nämlich im Sinne einer Zuordnung von Sachen an Personen, zugänglich ist, kann „Erbrecht" schon begrifflich alles mögliche bezeichnen, so mindestens ein „Recht (des einzelnen) zu erben", einen beliebigen oder den Normenkomplex des BGB, der sich mit dem Übergang von Vermögen von Todes wegen befaßt, oder ein Recht, ganz allgemein Erb(lasser)rechte wahrzunehmen. Darüberhinaus beschreibt „Eigentum" einen Zustand, wohingegen Ausgangspunkt für das Erbrecht grundsätzlich ein Vorgang ist. Die Parallel*stellung* in Art. 14 Abs. 1 S. 1 GG verleitet zu einer also nur scheinbar möglichen umfassenden Parallel*behandlung* der beiden Garantien.

§ 3 Der Inhalt des Verfassungserbrechts nach herkömmlicher Auslegung: Bestandsaufnahme in objektiv- und subjektivrechtlicher Hinsicht

Es ist heute gesicherte Erkenntnis, daß sich in Art. 14 Abs. 1 S. 1 GG eine Garantie in doppelter Hinsicht verbirgt – Individualrechte des Erblassers wie des Erben werden ebenso geschützt wie das Institut als solches[77]. Die Garantie individueller Grundrechte von Erblasser und Erbe betrifft dabei das Verhältnis Staat - Bürger: Als Freiheitsrecht schützt sie letzteren gegen Eingriffe durch alle drei Gewalten. Die Institutsgarantie – von ihrer Funktion war bereits die Rede[78] – richtet sich dagegen in erster Linie an den Gesetzgeber[79]: *Von* diesem fordert sie für den Fall des Ablebens einer Person Normen, die die Ausübung eben dieser Individualgrundrechte ermöglichen, *gegen* diesen sichert sie die struktur- und typusbestimmenden Bestandteile, den unantastbaren Kern der Einrichtung Erbrecht. Beide Seiten der Erbrechtsgarantie stehen daher nicht beziehungslos nebeneinander, die Anerkennung einer Einrichtungsgarantie zieht etwa immer auch subjektive Rechte nach sich[80]. In diesem Abschnitt wird zunächst weder mit dem Verhältnis der beiden Seiten – ein bei der Erbrechtsgarantie selten hinterfragter Aspekt – noch mit deren Inhalten im einzelnen eine vertiefte Auseinandersetzung stattfinden. Vielmehr soll die folgende Darstellung lediglich einen Überblick über die anerkannten respektive diskutierten Inhalte der Erbrechtsgarantie als Ganzes verschaffen. Gesichtspunkte des Verhältnisses von Individualrechts- und Institutsgarantie werden dann später noch aufzugreifen sein[81]. Eine dezidierte Befassung in inhaltlicher Hinsicht wird hingegen entsprechend dem Ziel der Arbeit auch nachfolgend nur hinsichtlich des *Individualrechts* des *Erben* stattfinden – institutionelle Gesichtspunkte oder gar individuelle Rechte des Erblassers werden dann nur noch insoweit Erwähnung finden, als sie für dieses Individualrecht von Bedeutung sind.

Der Übersichtlichkeit halber bietet es sich an, zunächst eine Skizzierung aus institutsrechtlicher Sicht vorzunehmen. Die einzelnen Kernelemente der Erbrechtsgarantie können so detailliert aufgeschlüsselt, der potentielle Standort einer möglicherweise verfassungsrechtlich abgesicherten Nachlaßteilhabe innerhalb der Institutsgarantie schon hier transparent gemacht werden. In Vorberei-

[77] Statt vieler etwa *Papier*, in: Maunz/Dürig, GG, Art. 14 Rn. 295 m. w. N.
[78] Oben § 2 I 2.
[79] *Stern*, in: HStR V, § 109 Rn. 54, *Leisner*, in: HStR VI, § 150 Rn. 9.
[80] Vgl. *Leisner*, Erbschaftsbesteuerung, S. 43; ebenso *Stern*, in: HStR V, § 109 Rn. 54. Daß zwischen der individualrechtlichen und der institutionellen Verbürgung Beziehungen, sogar Abhängigkeiten bestehen, und deshalb in inhaltlicher Hinsicht auch Überschneidungen stattfinden, entbindet nicht von der Aufgabe, beide Aspekte der Erbrechtsgarantie getrennt zu beleuchten, a. A. – mit schwerlich nachvollziehbarer Begründung – *Quebe*, Erbrechtsgarantie S. 29 f.
[81] Unten §§ 4 und 5.

tung zu den im zweiten Teil nachfolgenden Ausführungen wird der Schwerpunkt natürlich schon hier auf der Familiengebundenheit des Erblasservermögens liegen. Der individualrechtliche Blickwinkel kann sich dann an die institutsrechtliche Betrachtung anschließen und wird auf die vertiefte Auseinandersetzung mit dem Grundrecht des Erben (zu erben) vorbereiten.

I. Die anerkannten institutsrechtlichen Gehalte

Die Konkretisierung dessen, was die Erbrechtsgarantie unter institutionellem Aspekt verbürgt, ist zuvörderst auf *Gustav Boehmer* zurückzuführen, der sich unter der Weimarer Reichsverfassung grundlegend mit der Erbrechtsgarantie befaßte, die Grundsäulen des privaten Erbrechts als ihren „Wesensgehalt" erarbeitete und seine 1930 zu Art. 154 WRV aufgestellten Thesen[82] 1954 mit identischer Grundaussage für Art. 14 GG weiterentwickelte[83]. An seinen Erkenntnissen über die Institutsgarantie wird in Rechtsprechung wie Literatur bis heute festgehalten – der Bauplan des Instituts Erbrecht trägt nach wie vor seine Handschrift, auf seinem Entwurf baut jedes heutige Verständnis der Erbrechtsgarantie auf.

1. Testierfreiheit

Die Verbürgung der Testierfreiheit in Satz 1 des Art. 14 Abs.1 GG ist dem Grunde nach unbestritten. Allerdings kommt ihr die Rolle eines Grenzgängers zwischen den beiden Garantien des S.1 zu – der Rechtsmaterie Erbrecht zugehörig, sichert sie doch gleichzeitig die Gewährleistung, daß jeder Erblasser als Eigentümer „ein letztes Mal" mit seinem Hab und Gut nach freiem Willen verfahren können muß. Dementsprechend gibt es Stimmen, die die Testierfreiheit ausschließlich als Element der Eigentumsgarantie erkennen[84] – eine Zuordnung, die

---

[82] *Boehmer*, in: Nipperdey, Grundrechte und Grundpflichten III , S. 250 ff.

[83] *Boehmer*, in: Neumann/Nipperdey/Scheuner, Die Grundrechte II, S. 401 ff.

[84] So beispielsweise *Stöcker*, WM 1979, S. 214 (217), der unter Berufung auf § 165 Abs.1 S.1 Paulskirchenverfassung zwar nicht explizit, aber seiner Argumentation nach wohl nicht nur das Individualrecht des Erblassers, sondern auch die Testierfreiheit als Institut aus der Erbrechtsgarantie ausnimmt: Es soll sich bei der Erbrechtsgarantie ausschließlich um die Garantie eines Rechtes zu erben handeln, schon vom Wortlaut her könnten Erblasserrechte gar nicht Gegenstand der Erbrechtsgarantie sein. Dies allerdings dem Wortlaut „Erbrecht" entnehmen zu wollen, erscheint angesichts der geschilderten Bedeutungsbreite (oben Fn. 76) dieses Begriffes höchst zweifelhaft. Es dürfte auf der Hand liegen, daß hier der Wortlaut allein wenig Aussagekraft in die eine oder andere Richtung hat. S. hierzu auch *dens.*, AgrarR 1985, S. 42 f. *Rauscher*, Reformfragen I, S. 33 f., will dagegen unter – schwerlich nachvollziehbarer – Berufung auf BVerfGE 67, 329 (341) die Testierfreiheit als Institut der Erbrechtsgarantie, als Individualrecht dagegen der Eigentumsgarantie zuordnen, s. dazu auch unten II 1 in diesem

unter keinem Aspekt sinnvoll oder gar geboten erscheint. Denn es mag zwar durchaus sein, daß die Testierfreiheit bei Fehlen einer das Erbrecht betreffenden Garantie auch von der Eigentumsgarantie erfaßt sein könnte[85]. Das Grundgesetz sieht aber für eigentumsrechtliche Vorgänge *von Todes wegen* in der Erbrechtsgarantie gerade eine spezielle Regelung vor und es besteht keine Notwendigkeit, die Gesamtheit der diese Vorgänge betreffenden grundgesetzlichen Garantieelemente auseinanderzureißen. Institutioneller Bestandteil der Erbrechtsgarantie ist deshalb auch und gerade die Testierfreiheit[86]. Sie verlangt vom Gesetzgeber, „dem Eigentümer für Verfügungen von Todes wegen geeignete und praktikable

---

Abschnitt. Ganz anders *Lange/Kuchinke*, Erbrecht (2. Aufl. 1978), § 2 IV 2 b: Die Testierfreiheit sei Art. 2 Abs. 1 GG zu entnehmen.

[85] *Leisner*, in: HStR VI, § 150 Rn. 1 f. nimmt die Zuordnungsmöglichkeit der Testierfreiheit zur Eigentumsgarantie zum Anlaß, die – dann doch verneinte –Frage zu stellen, ob die Erbrechtsgarantie überhaupt einen eigenen Schutzbereich habe oder nur ein Unterfall der Eigentumsgarantie sei. *Bryde*, in: von Münch/Kunig, GG, Art. 14 Rn. 45 scheint einer solchen Sichtweise unter Berufung auf Art. 60 rh.-pf. Verf. („Das Recht der Verfügung [über das Eigentum] schließt das Recht der Vererbung und Schenkung ein.") zugeneigt zu sein: Das Erblasserrecht, Vermögen zu vererben müßte bei Fehlen einer Spezialgarantie ohnehin als Bestandteil der Eigentumsgarantie angesehen werden. Rechte des Erben *nach* dem Erbfall seien ebenfalls eigentumsrechtlich geschützt und *vor* dem Erbfall sei das Recht, Erbe zu werden, bloße Hoffnung, während echte Anwartschaften wiederum unter die Eigentumsgarantie fielen. Diese Argumentation scheint bestechend, greift aber zu kurz: Zum einen ist mit der Erbrechtsgarantie nun einmal eine Spezialgarantie geschaffen worden. Zum anderen übersieht diese Sichtweise, daß die Erbrechtsgarantie nicht nur Erblasserrechte, sondern auch und gerade Erbenrechte zum Gegenstand hat. Die Argumentation der „bloßen Hoffnung" vermischt insofern außerdem privatrechtliche und verfassungsrechtliche Ebene, s. dazu noch unten § 4 III. Ähnlich *Papier*, in: Maunz/Dürig, GG, Art. 14 Rn. 295 zu Art. 60 Abs. 1 rh.-pf. Vf. mit Hinweis auf die Unzulänglichkeiten dieser Gewährleistung. Auch die Zusammenlegung der Erbrechts- mit der Eigentumsgarantie im Grundgesetz im Gegensatz zu den getrennten Art. 153, 154 WRV sollte allenfalls die Nähe beider Garantien betonen, nicht aber die Eigenständigkeit der Erbrechtsgarantie aufheben, vgl. *Leisner*, in: HStR VI, § 150 Rn. 2 f. Für die Eigenständigkeit beider Gewährleistungen spricht schließlich auch, daß in den Beratungen zum Grundgesetz verschiedenste Fassungen des Art. 14 Abs. 1 S. 1 GG diskutiert wurden, und in der zweiten Lesung des Hauptausschusses (44. Sitzung vom 19. 1. 1949) der Abgeordnete *Greve* den heute geltenden Wortlaut von Abs. 1 S. 1 beantragte, um anzudeuten, daß das Erbrecht gleichberechtigt neben dem Eigentum steht. Dieser Antrag wurde einstimmig angenommen (zitiert bei *v.Doemming/Füßlein/Matz*, JÖR 1, S. 148). Zum Ganzen auch *Otte*, in: Staudinger, Einl. zu §§ 1922 ff. Rn. 64.

[86] So die ganz überwiegende Meinung, vgl. BVerfGE 58, 377 (398); *Boehmer*, in: Neumann/Nipperdey/Scheuner, Die Grundrechte II, S. 401 (419); *Leisner*, Erbschaftsbesteuerung, S. 50; *Papier*, in: Maunz/Dürig, GG, Art. 14 Rn. 302; *Wendt*, in: Sachs, GG, Art. 14 Rn. 195; *Bryde*, in: von Münch/Kunig, GG, Art. 14 Rn. 47. Keine andere als diese Vorstellung bestand auch beim Abgeordneten *v. Mangoldt* bei den Beratungen im Grundsatzausschuß anläßlich der 6. Sitzung vom 5. 10. 1948, zitiert bei *v.Doemming/Füßlein/Matz*, JÖR 1, S. 145.

rechtliche Gestaltungsmöglichkeiten bereitzustellen“ [87], die ihn befähigen, sein umfassendes Erbenbestimmungs- wie Erbteilungs- und -übertragungsrecht auszuüben[88]. Schon wegen des engen Zusammenhangs mit dem Eigentumsrecht ist der Gesetzgeber verpflichtet, dem Erblasser einen in höchstem Maße variablen und vielschichtigen Umgang mit seinem Vermögen von Todes wegen zu ermöglichen[89].

2. Privaterbfolge als Sperre der Staatsbeteiligung

Gewährleistet die Erbrechtsgarantie einerseits also die umfassende Freiheit des testierenden Erblassers, so stellt sie andererseits auch für den Fall ausbleibenden Testaments, den sogenannten Intestatfall, eindeutige Anforderungen an den Gesetzgeber. Schon oben[90] wurde der enge Zusammenhang zwischen Eigentums- und Erbrechtsgarantie herausgestellt und geklärt, daß die Zuweisung der Erbschaft an Private zwingendes Element der Vermögensordnung des Grundgesetzes ist. Ein ausschließliches oder auch nur weit in die Privaterbfolge hineingreifendes Staatserbrecht würde die Perpetuierungsfunktion des Erbrechts aushebeln und die durch die Eigentumsgarantie gewollte und gesicherte freie Entfaltung des Einzelnen im vermögensrechtlichen Bereich schlicht unterlaufen[91].

Nicht zuletzt ein Blick in die Entstehungsgeschichte der Erbrechtsgarantie zeigt, daß der Privaterbfolgegrundsatz mit seiner freiheitssichernden Funktion unzweifelhaft eines ihrer konstitutiven Elemente ist: Das Erbrecht wurde gerade zu ei-

---

[87] *Depenheuer*, in: v.Mangoldt/Klein/Starck, GG, Art. 14 Rn. 523. Dazu gehören insbesondere Regelungen über die Bestimmung von Erben und Erbanteilen sowie die Ausschließung einzelner Erben von der gesetzlichen Erbfolge, BVerfGE 58, 377 (398).

[88] Erfaßt vom Institut der Testierfreiheit ist auch die Realisierung des gewollten Erbganges beim Erben. Dieses „Ankommen“ der Erbschaft beim ausgewählten Erben betrifft die *Erben*seite zwar reflexartig, ist und bleibt aber im Rahmen der Testierfreiheit eine die *Erblasser*seite betreffende Garantie. Zumindest mißverständlich ist es daher, insofern von einem Erwerbsrecht des Erben zu sprechen, das von der Testierfreiheit geschützt werde; so aber *Leisner*, Erbschaftsbesteuerung, S. 50; *Quebe*, Erbrechtsgarantie S. 43; *Nohl*, Vermögensredistribution S. 142.

[89] Selbstverständlich kann der Gesetzgeber die Testierfreiheit unter Wahrung ihres Kerngehaltes einschränken mittels Regelungen über Form, Testierfähigkeit, Anfechtungs- und Widerrufsmöglichkeiten u. a., s. *Leisner*, Erbschaftsbesteuerung, S. 50 f. Eine vertiefte Auseinandersetzung dahingehend, welche Gestaltungsmöglichkeiten dem Erblasser im einzelnen zur Verfügung gestellt werden müssen und wann das Fehlen konkreter Gestaltungsmöglichkeiten zur Verletzung des Instituts der Testierfreiheit führt, welchen Inhalt im einzelnen die Institutsgarantie also hat, ist dagegen bislang nicht vorgenommen worden.

[90] § 2 I 1.

[91] Unproblematisch sowohl aus praktischer wie aus verfassungsrechtlicher Sicht ist es dagegen, dem Staat zur Vermeidung herrenloser Erbschaften ein nachrangiges Erbrecht zuzuweisen wie im BGB derzeit einfachgesetzlich in § 1936 vorgesehen. Eine reale Bedrohung der Privaterbfolge besteht heute vielmehr unter dem Gesichtspunkt der Erbschaftssteuer.

nem Zeitpunkt in den Stand einer Verfassungsgarantie erhoben, als sich die unbegrenzte Verwandtenerbfolge[92] als Garant konstanter Weiterleitung an Private durch den Ruf nach einem Staatserbrecht[93] massiven Angriffen ausgesetzt sah.

Bereits in der Entstehungsgeschichte des BGB[94] ist die im gemeinen Recht und etlichen Landeskodifizierungen überlieferte unbegrenzte Verwandtenerbfolge hart umkämpft[95]. Widerpart der Begründung von freiem Eigentum und Erbrecht des Liberalismus[96] ist dabei die seit Mitte des 19. Jahrhunderts lancierte Forderung nach Einschränkung der Verwandtenerbfolge aus ausdrücklich sozialpoliti-

---

[92] Vgl. § 1929 BGB: „die entfernteren Voreltern des Erblassers und deren Abkömmlinge".

[93] Von der Problematik der Begrenzung an sich zu trennen ist die Frage danach, wer konkret Begünstigter eines wann auch immer einsetzenden Staatserbrechts sein soll. Art. 138 EGBGB ermöglicht, statt des Bundes- oder Landesfiskus durch landesgesetzliche Regelung eine Körperschaft, Anstalt oder Stiftung des öffentlichen Rechts einzusetzen, in Betracht kommen insofern etwa Heimatgemeinden oder eigens eingerichtete Fonds; hierzu im einzelnen *Maletzky*, Erbrecht des Fiskus, S. 65 ff. Das Heimfallsrecht des Staates kann außerdem verschieden ausgestaltet sein, insbesondere stehen sich hier ein echtes Erbrecht und ein Okkupationsrecht gegenüber, vgl. *Leipold*, in: MünchKomm, § 1936 Rn. 18. Der im folgenden verwendete Begriff des Staatserbrechts schließt jeglichen Heimfall an in Betracht kommende Träger öffentlicher Gewalt im weitesten Sinne ein, die aufgezeigten Differenzierungsmöglichkeiten sind in verfassungsrechtlicher Hinsicht vorliegend nicht von Relevanz.

[94] Ausführlich *Mertens*, Entstehung, S. 3 ff.

[95] Als der königlich bayrische Ministerialrat *Gottfried v.Schmitt* 1874 vom Vorsitzenden der Ersten Kommission Pape zum Redaktor für das Erbrecht bestimmt wird, blickt die unbegrenzte Verwandtenerbfolge als Determinante des Staatserbrechts auf eine lange Tradition zurück: Während die Zwölf Tafeln des römischen Rechts im Intestatfall von einem Erbrecht der Agnaten und dann der Gentilen ausgingen, setzte *Justinian* das Cognationsprinzip (Erbberechtigung der Blutsverwandten) durch und schuf damit den Grundstein für die unbegrenzte Verwandtenerbfolge, sie gilt deshalb als sein Kind. In den erblosen Nachlaß hatte der Staat bereits seit *Augustus* nach der lex Julia et Papia Poppaea ein Sukzessionsrecht, nachdem im frühen Römischen Recht das Erbe ohne Testaments- oder Intestatserben (bona vacantia) herrenlos gewesen war und der Aneignung durch die cives zur Verfügung gestanden hatte, was aus Rechtssicherheitsgründen insbesondere hinsichtlich der Gläubiger Bedenken hervorrief. Auch das Deutsche Recht kannte bei erblosem Gut ein Heimfallsrecht zunächst der Volksgenossen, später des Königs bzw. Kaisers, der Grafschaft, Gemeinde oder Stadt. Dieses setzte aber früher ein als im römischen Recht, in den meisten Volksrechten war die Verwandtenerbfolge auf die fünfte bis siebte Generation begrenzt. Ausnahmen waren etwa der Sachsenspiegel oder das lübische Recht. Die dann vor Inkraftreten des BGB geltenden vielfachen landesrechtlichen Kodifikationen kannten teilweise eine Begrenzung der Verwandtenerbfolge mit der vierten bis sechsten Parentel oder dem sechsten bis zwölften Grad, zahlreiche bedeutende aber auch gar keine Begrenzung, so etwa das Preußische Allgemeine Landrecht von 1794, das sächsische BGB von 1863, das Gesetz der Stadt Lübeck von 1862. Keine Begrenzung sah auch das Gemeine Recht vor. Aufgabe *Schmitts* war es nun, dieses geltende Recht kodifizierend zusammenzufassen. – Wegen der Einzelheiten s. *Maletzky*, Erbrecht des Fiskus; zur Auseinandersetzung um ein Staatserbrecht im Entstehungsprozeß des BGB außerdem *Mertens*, Entstehung, S. S. 3 ff., 53 ff et passim.

[96] Vertieft *Klippel*, Zeitschrift der Savigny-Stifung, Germ. Abt. Bd. 101 [1984], S. 166.

schen Gründen[97]. Diese macht auch vor dem ersten Entwurf[98] zu einem BGB-Erbrecht, der von einem liberalen Standpunkt[99] ausgehend die unbegrenzte Verwandtenerbfolge vorsieht, nicht Halt: Der Entwurf offenbare eine „rein individualistische" Haltung, das „soziale Wesen" des Erbrechts komme nicht „zum Durchbruch"[100]. Um pragmatisch die Wogen zu glätten, nicht aber aus der Überzeugung sozialpolitisch gebotener Regelung[101], sieht der zweite Entwurf[102] dann eine Begrenzung der Erbfolge vor[103]. Er vermag sich aber nicht durchzusetzen, die Reichstagskommission[104] lehnt jegliche Einschränkung der Verwandtenerbfolge ab, und zwar mit Hinweis auf das von staatlichem Eingriff freizuhaltende Prinzip des privaten Erbrechts[105]. Bereits die Entscheidung des BGB-Gesetzgebers ist damit richtungsweisend, steht hinter ihr doch „die Furcht, dem Staat mehr Eingang in das Privatrecht zu schaffen als unbedingt notwendig"[106].

Erste dunkle Wolken über der Privaterbfolge des noch jungen BGB ziehen jedoch bereits 1908 auf, als die Reichsregierung einen Gesetzentwurf für ein er-

---

[97] Zu den sozialpolitischen und volkswirtschaftlichen Forderungen, die bereits im Vorfeld des ersten Entwurfs an das Erbrecht gestellt wurden vgl. *v.Scheel*, Annalen des Deutschen Reichs, Jahrgang 1877 (Teilbd. I), S. 97 ff.; Motive V, S. 366 m. w. N.

[98] Ausgearbeitet von der *1. Kommission* auf Grundlage des von *v.Schmitt* gefertigten Teilentwurfs zum Erbrecht, wegen der Einzelheiten s. *Jakobs/Schubert* (Hrsg.), Die Beratung des BGB, Einführung, Biographien, Materialien, S. 27-50.

[99] *Mertens*, Entstehung, S. 60; vgl. außerdem S. 62: Schon der Architekt des BGB-Erbrechts *v.Schmitt* habe sich gegenüber Forderungen nach einer Begrenzung auf den Grundsatz des Privaterbrechts berufen.

[100] *Gierke*, Entwurf eines bürgerlichen Gesetzbuchs, S. 505, 506; weitere Kritik aus sozialpolitischer und volkswirtschaftlicher Richtung etwa bei *dems.* a. a. O., S. 531 f.; *Bingner*, Sächs. Archiv für Bürg. R. und Prozeß, Bd. 1 (1891), S. 6 (182); *Stolterfoth*, Beurtheilung, S. 89 f.; *Zoll*, Grünhuts Zeitschrift, Bd. 17 (1890), S. 497 (551) m. w. N.; *Petersen*, Berufung zur Erbschaft, S. 83 f.; *Vollert*, Blätter für die Rechtspfl. in Thür. und Anh., Bd. 16 neue Folge (1889), S. 193 (201); *Wilke*, Gutachten aus dem Anwaltsstande, S. 975 (985); *Bähr*, Arch.f. das bürg. R. Bd. 3 (1890), S. 141 (194 f.); *Menger*, Volksklassen, S. 229 f.: eine Regelung nach „Anschauungen der obersten Zehntausend". Stellvertretend für das Empfinden, es sei gerechter und dem Erblasserwillen eher entsprechend, die Allgemeinheit statt entfernter Verwandter erben zu lassen, etablierte sich das Wort vom „lachenden Erben", vgl. *Petersen*, a. a. O., S. 84 oder *Bamberger*, DJZ 1907, S. 632.

[101] Vgl. *Mertens*, Entstehung, S. 61 f.

[102] Von 1895, erarbeitet von der 2. Kommission, dic 1890 mit *Planck* als Generalreferent eingesetzt wird. Einzelheiten auch hier bei *Jakobs/Schubert* (Hrsg.), Die Beratung des BGB, Einführung, Biographien, Materialien, S. 50-64.

[103] Auf die ersten vier Ordnungen und die Voreltern des Erblassers, vgl. Protokolle V, S. 470; *Maletzky*, Erbrecht des Fiskus, S. 23.

[104] XII. Kommission des Reichstags.

[105] Und dem Hinweis auf die Kodifikationen Preußens, Sachsens und Bayerns, vgl. *Maletzky*, Erbrecht des Fiskus, S. 24 f.

[106] *Mertens*, Entstehung, S. 63; vgl. auch *dens.* a. a. O.: „Ausdruck einer äußerst liberalen Staatsauffassung".

weitertes Staatserbrecht vorlegt[107] in dem Bestreben, dem Staatshaushalt zum Ausgleich gestiegener Ausgaben mehr Einnahmen zu verschaffen[108]. Die von Anfang an vorhandenen kritischen Stimmen gegen diesen Entwurf[109] mehren sich noch, als während der Beratungen im Reichstag Äußerungen aus dem linken Parteienspektrum einen eindeutig ideologisch motivierten Willen zu einem gesellschaftspolitisch tiefgreifenden, freiheitsbegrenzenden Umverteilungsprozeß in vermögensrechtlicher Hinsicht offenbaren: Ein Erbrecht des Staates habe eine „gesellschaftliche, soziale Berechtigung"[110] und der vorgelegte Entwurf sei ein willkommener Anfang, den Besitz, den die arbeitende Klasse geschaffen habe, auch wieder an diese zurückzuführen"[111]. Viele der Abgeordneten erkennen, daß es hier um einen „Eingriff in hochbedeutsame Prinzipien des ... Bürgerlichen Gesetzbuchs", nämlich des Rechts der „privaten Erben"[112], geht und daß „ein gefährlicher Anfang"[113] gemacht werden soll, eine „grundsätzliche Abneigung gegen Privateigentum und Erbrecht"[114] legislatorisch in Form zu gießen. Das Mißtrauen in die Errichtung eines Staatserbrechts ist spätestens jetzt geweckt[115], das Bewußtsein um die Bedeutung des freiheitssichernden Charakters

---

[107] Abgedruckt und erörtert bei *Maletzky*, Erbrecht des Fiskus, S. 93; Anlage 1, S. 215 ff. Nach diesem Entwurf sollte die Verwandtenerbfolge nach der 3. Ordnung abgeschnitten und auch den Großeltern nur ein Vorerbrecht zugebilligt werden.

[108] Verhandlungen des Reichstags, Anlagen zu den stenographischen Berichten 1909, Band 248, Nr. 998, Seite 10.

[109] Vgl. hierzu im einzelnen *Maletzky*, Erbrecht des Fiskus, S. 93 ff.

[110] So der SPD-Abgeordnete *Ulrich*, vgl. die Stenographischen Berichte über die Verhandlungen des Reichstags 1909, Band 237, S. 9069.

[111] SPD-Abgeordneter *Stadthagen*, Stenographische Berichte über die Verhandlungen des Reichstags 1909, Band 237, S. 9078; ähnlich der Abgeordnete *Ablaß* (Fortschrittliche Volkspartei), Stenographische Berichte über die Verhandlungen des Reichstags 1909, Band 237, S. 9075: „Der Gedanke des Gesetzes ist gut, weil die Besitzenden getroffen werden...".

[112] Äußerung des Abgeordneten *Gröber* (Zentrum), Stenographische Berichte über die Verhandlungen des Reichstags 1909, S. 9072, mit der weitergehenden Ausführung, wenn erst der Anfang bei der Beschränkung des privaten Erbrechts gemacht sei, dann „ist schließlich der Umfang des Privaterbrechts nur noch eine Zweckmäßigkeitsfrage, über die die wechselnden Mehrheiten und Mehrheitsbildungen des Reichtstags und des Bundesrats eine Bestimmung treffen können." (ebenda, S. 9074).

[113] So der Abgeordnete *Freiherr von Richthofen-Damsdorf* (Nationalliberale), der hier schon deutlich machte, daß er entgegen der überwiegenden Meinung in seiner Partei abstimmen werde, vgl. Stenographische Berichte über die Verhandlungen des Reichtstags 1909, Band 237, S. 9080. Gegen die Mehrheit seiner Fraktion auch der Abgeordnete *Mommsen* (Freisinnige Vereinigung), Stenographische Berichte über die Verhandlungen des Reichtstags 1908, Band 233, S. 5799: „Eingriff in das Privatrecht, in das Erbrecht des einzelnen", „kleiner Raub".

[114] *Maletzky*, Erbrecht des Fiskus, S. 111.

[115] Zutreffend hat *Maletzky*, Erbrecht des Fiskus, S. 113 et passim, herausgearbeitet, daß gerade der „principiis obsta"-Einwand („Wehret den Anfängen!") Grundlage der ablehnenden Haltung vieler Abgeordneter war – ein deutliches Zeichen dafür, mit welch Argusaugen die

der unbegrenzten Verwandtenerbfolge geschärft – und der Gesetzentwurf wird mit großer Mehrheit abgelehnt[116]. Nicht anders ergeht es schließlich auch einem Regierungsentwurf zur Begrenzung des Erbrechts im Jahre 1913, dessen Ziel wiederum die Erhöhung der Staatseinnahmen ist. Die Argumente für und wider eine Begrenzung entsprechen im wesentlichen denen aus dem Jahre 1908[117], und so nimmt es nicht wunder, daß auch dieser Entwurf keine Mehrheit findet: Befürchtet wird abermals ein „zu starker Eingriff in das Privateigentum" und „ ein Schritt in Richtung auf die Abschaffung des Erbrechts"[118].

Gerade in diese Zeit hinein, die auch noch geprägt ist von sowjetrussischen Versuchen, das Erbrecht gänzlich abzuschaffen, wird die Erbrechtsgarantie der Weimarer Reichsverfassung geboren – sie ist „eine von der Idee der individualistischen Wirtschafts- und Gesellschaftsordnung im Kampf gegen den Sozialismus gerettete Position[119]". Gerade die Privatheit der *gesetzlichen* Erbfolge ist das ihren Sinn konstituierende Element[120], denn die Weiterleitung an Private im *Testat*fall könnte auch schon durch die Eigentumsgarantie geschützt sein. Es ist

---

Privatheit des Erbrechts bewacht, welche grundsätzliche Bedeutung ihr beigemessen wurde und wie sensibilisiert man für ihre Anfälligkeit und die Notwendigkeit, sie gut zu hüten, war.

[116] Mit den Stimmen der Konservativen, der Freikonservativen, der Zentrumspartei und der wirtschaftlichen Vereinigung 190 Stimmen zu 136 Stimmen der Sozialdemokraten, der Nationalliberalen und der Freisinnigen, vgl. Stenographische Berichte der Verhandlungen des Reichstags 1909, Band 237, S. 9104; zu den Stimmverteilungen s. *Maletzky*, Erbrecht des Fiskus, S. 83.

[117] Konkret ging es um die Deckung der steigenden Kosten für die Wehrmacht. Erbberechtigt sollten die ersten drei Ordnungen sein, innerhalb der dritten Ordnung allerdings nur die Großeltern, vgl. *Maletzky*, Erbrecht des Fiskus, S. 114 ff., 120 ff.

[118] So der Abgeordnete *Speck* (Zentrum), Stenographische Berichte über die Verhandlungen des Reichstags, Band 289, S. 4637.

[119] *Gebhard*, Verfassung des Deutschen Reichs, Art. 154 (S. 545); ähnlich *Anschütz*, Verfassung des Deutschen Reichs, Art. 154 (S. 721) und Vorbemerkung zu Art. 151 ff. (S.697 f.): Ein gewisser Einfluß sozialistischer Lehren auf die WRV sei zwar vorhanden, mit der Gewährleistung von Vertragsfreiheit, Privateigentum und Erbrecht in den Art 152 ff. seien aber „drei Grundpfeiler der individualistischen Rechts-, Wirtschafts- und Gesellschaftsordnung, welche die Revoution wohl erschüttert, nicht aber umgestürzt hatte, aufs neue verankert und befestigt"; ähnlich *Boehmer*, in: Nipperdey, Reichsverfassung, S. 250 (266): Die Verfassung habe sich von all jenen Erwägungen bestimmen lassen, die „für die Beibehaltung der individualistischen Gesellschaftsordnung und damit der Privaterbfolge sprechen.". Zum Gesamtcharakter der WRV – unter Bezug auf die Gewährleistung von Ehe, Religionsfreiheit und Privateigentum – so auch *C. Schmitt*, HdbDStR, Bd. 2, S. 584.

[120] Ähnlich *Gebhard*, Verfassung des Deutschen Reichs, Art. 154 (S. 546) sowie *Otte*, in: Staudinger, Einl. zu §§ 1922 ff. Rn. 61: Privaterbrecht sei das Erbrecht selbst, eine Abschaffung der Privatheit des Erbrechts die Abschaffung des Erbrechts schlechthin. - Es wäre auch höchst fraglich, was der Inhalt einer Verfassungsgarantie sein sollte, die in einem Grundrechtskatalog ein privatrechtliches Institut gewährleistet, ohne dessen Privatheit an sich zu garantieren.

ein klares Bekenntnis „zu der Idee des Erbrechts“[121], obwohl die Möglichkeit, die Privaterbfolge durch einen „Anteil des Staates am Erbgut“ zu begrenzen, ausdrücklich offengehalten wird[122].

Die Gewährleistung des Grundgesetzes schließlich steht hier an nichts zurück – im Gegenteil. Nach den Jahren unerträglicher nationalsozialistischer Bestrebungen, das private Erbrecht zugunsten eines über dem einzelnen stehenden „besserwertigen Gemeinwesens“[123] zu unterminieren[124], zurrt das Grundgesetz das Band zwischen Eigentum und Erbrecht ganz fest, setzt beide als einheitlichen Garanten der privaten Vermögensordnung in denselben Artikel[125]. Auch der ausdrückliche Hinweis auf einen Staatsanteil am Erbgut findet sich nicht mehr, ein entsprechender Formulierungsantrag der KPD wird vielmehr abgelehnt[126]. Wenn auch die neue Inhalts- und Schrankenbestimmung des Art. 14 Abs. 1

---

[121] *Anschütz*, Verfassung des Deutschen Reichs, Art. 154 (S.721).

[122] Art. 154 Abs. 2 WRV ist damit das Verfassung gewordene Tauziehen der davorliegenden Jahrzehnte zwischen liberalem und sozialistisch geprägtem Lager um die einfachgesetzliche Verwandtenerbfolge, sein grundsätzliches Bekenntnis zur privaten Erbfolge ebenso wie deren vorbehaltene Einschränkbarkeit. Ohne Umschweife insofern *Gebhard*, Verfassung des Deutschen Reichs, Art. 154 (S. 546): „Konzession an die Gedankenwelt der sozialistischen Wirtschafts- und Gesellschaftsordnung“. Entsprechend glätteten sich die Wogen um das Staatserbrecht in der Weimarer Zeit wesentlich, s. im einzelnen *Maletzky*, Erbrecht des Fiskus, S. 139-145.

[123] *Rauscher*, Reformfragen II, S. 158.

[124] Bereits ab 1935 arbeiteten die Akademie für Deutsches Recht wie auch das Reichsjustizministerium an Änderungen des Erbrechts. Das von der Akademie in Angriff genommene Volksgesetzbuch sollte die „volksgenössische Lebensordnung“ (*Schubert/Schmid/Regge*, ADR 1933-1945, Bd. III 1, Volksgesetzbuch, S. 11) regeln, der Erbrechtsteil ein vor allem am Pflicht- und Gemeinschaftsgedanken orientiertes System schaffen. Das geplante Staatserbrecht sollte weniger fiskalischen Zwecken dienen als „ eine Mitberechtigung der Volksgemeinschaft an der Hinterlassenschaft darstellen“ (*Schubert/Schmid/Regge*, a. a. O., Bd. III 8, S. XXVI).
Entscheidende Entwürfe zur Begrenzung der gesetzlichen Erbfolge lieferten Heinrich *Lange* mit seiner 2. Denkschrift des Erbrechtsausschusses der ADR „Die Ordnung der gesetzlichen Erbfolge“ und Gustav *Boehmer* mit der Schrift „Vorschläge zur Neuordnung der gesetzlichen Erbfolge (§§ 1924-1936)“. Das Bewußtsein der Einmischung des Staates in die Privaterbfolge trat hinter der Ideologie „Die Volkgemeinschaft ist das Höchste, dann kommt die Blutsgemeinschaft und dann erst der Einzelne“ (*Palandt*, DGWR 1936, S. 33 [35]) zurück. – Die Arbeiten am Volksgesetzbuch wurden im August 1944 abgebrochen, es wurde niemals fertiggestellt. Zu den Einzelheiten sei verwiesen auf *Schubert/Schmid/Regge*, a. a. O., Bände III 1 und 8, wie auch *Maletzky*, Erbrecht des Fiskus, S. 145-180 m. w. N.

[125] Vgl. etwa *Papier*, in: Maunz/Dürig, GG, Art. 14 Rn. 295; *Depenheuer*, in: v.Mangoldt/Klein/Starck, GG, Art. 14 Rn. 517; *Wendt*, in: Sachs, GG, Art. 14 Rn. 193; *Kimminich*, in: BK, Art. 14 Rn. 127.

[126] Die von der KPD vorgeschlagene Formulierung, „den Anteil der öffentlichen Hand nach Maßgabe der Gesetze“ zu verankern, fand aber fast wörtlich Eingang in die Verfassung der DDR vom 7.10.1949 (Art. 22 II 2).

S. 2 GG die Errichtung eines solchen nicht von vorneherein ausschließt[127], so ist damit doch im Wortlaut der Erbrechtsgarantie eine leise, aber eindeutige Akzentsetzung im Hinblick auf die Privatheit geschehen[128].

Auch wenn damit noch keine konkrete Aussage darüber getroffen ist, wie und ob überhaupt der Staat durch einfaches Gesetz die Privaterbfolge begrenzen darf[129], kann sie damit jedenfalls als wesentlicher Gehalt der erbrechtlichen Institutsgarantie nicht infrage stehen[130].

3. Gesamtrechtsnachfolge

Weniger Klarheit herrscht hinsichtlich der Frage, ob der Gesetzgeber von Verfassungs wegen verpflichtet ist, das Vermögen des Erblassers insgesamt als Einheit – also nicht im Sinne *bestimmter* Güter – auf den Erben übergehen zu lassen[131]. Daß es sich bei diesem in § 1922 BGB niedergelegten Prinzip um einen

---

[127] Ganz überwiegend wird deshalb davon ausgegangen, daß die textliche Abweichung keine Änderung in der Sache selbst bedeutet, vgl. *Papier*, in: Maunz/Dürig, GG, Art. 14 Rn. 296; *Bryde*, in: von Münch/Kunig, GG, Art. 14 Rn. 49; *Rittstieg*, in: AK-GG, Art. 14 Rn. 139, anderer Ansicht *Boehmer*, in: Neumann/Nipperdey/Scheuner, Die Grundrechte II, S. 401 (412): Das Wort „Schranken" könne nicht mehr als Ausdruck eines rechtspolitischen Willens aufgefaßt werden, daß das grundsätzlich aufrecht erhaltene private Erbrecht sich Einengungen durch eine staatliche Anteilnahme am Erbgut gefallen lassen müsse; *Boehmer* hatte allerdings die Formulierung der WRV als eine „„grundpflichtige"", „verfassungskräftige" Verankerung des Staatserbrechts verstanden (aaO). – Die Grundgesetzmaterialien selbst geben keinen Aufschluß über die Motive der gegenüber der Weimarer Verfassung veränderten Formulierung, vgl. zum ganzen *Boehmer*, in: Neumann/Nipperdey/Scheuner, Die Grundrechte II, S. 401 (402).

[128] Eine deutliche Stärkung im Verhältnis zur Weimarer Verfassung erfährt die Gewährleistung des Privaterbrechts außerdem dadurch, daß für das Grundgesetz nicht mehr die Auffassung vertreten wird, Grundrechtsartikel, die ihr Schutzgut „nur unter den Schutz der Gesetzlichkeit stellen", seien „leerlaufend und überflüssig" – so für die Weimarer Reichsverfassung *Thoma*, Grundrechte und Polizeigewalt , in: Verwaltungsrechtliche Abhandlungen, Festgabe für das Preußische Oberverwaltungsgericht (1925), S. 183 (196).

[129] Dazu unten § 4 II 2 b.

[130] Ausdrücklich als Bestandteil der Erbrechtsgarantie bezeichnen die Privaterbfolge dementsprechend BVerfGE 67, 329 (340); BVerfGE 93, 165 (173); *Wieland*, in: Dreier, GG, Art. 14 Rn. 65; *Rittstieg*, in: AK-GG, Art. 14 Rn. 152; *Kimminich*, in: BK, Art. 14 Rn. 128; *Stein*, in: Soergel, Einl. zu §§ 1922 ff. Rn. 6; *Leipold*, in: MünchKomm, Einl. zu §§ 1922 ff. Rn. 23; *Hetmeier*, Grundlagen der Privaterbfolge, S. 60 ff. *Leisner*, Erbschaftsbesteuerung, S. 53 ff.; *Wendt*, in: Sachs, GG, Art. 14 Rn. 193; *Barnstedt*, DNotZ 1969, S.14 (16 f.).

[131] Verneint wird die institutionelle Verankerung der Gesamtrechtsnachfolge ausdrücklich von *Wieland*, in: Dreier, GG, Art. 14 Rn. 67; *Depenheuer*, in: v.Mangoldt/Klein/Starck, GG, Art. 14 Rn. 523. Vgl. allerdings *dens.*, a. a. O. Rn. 520: Ein „Grundrecht des Erben auf Gesamtrechtsnachfolge" sei garantiert. – Dieses Grundrecht befürworten auch *Papier*, in: Maunz/Dürig, GG, Art.14 Rn. 297; *Kimminich*, in: BK, Art. 14 Rn. 125. Ausdrücklich aus institutsrechtlichem Blickwinkel *Leisner*, Erbschaftsbesteuerung, S. 51 f. Gar nicht genannt im

Grundsatz des geltenden Erbrechts handelt[132], kann für eine verfassungsrechtliche Verankerung allenfalls Indizwirkung haben, zumal das einfache Recht selbst schon etliche Durchbrechungen vorsieht[133]. Andererseits wiederum aber erschwert gerade der Übergang einer undifferenzierten Gesamtvermögensmasse den staatlichen Zugriff auf einzelne Positionen, so daß hierdurch in der Tat eine Stärkung der auf Privateigentum aufbauenden Vermögensordnung des Grundgesetzes stattfindet[134]. Insofern scheint durchaus noch Klärungsbedarf zu bestehen, dem hier freilich nicht nachgegangen werden kann[135].

4. Familiengebundenheit des Erblasservermögens

„Das Gut rinnt wie das Blut" – so will es ein altes deutsches Sprichwort. Ob aber das Hab und Gut nicht nur nach alter Vorstellung, sondern auch nach heute

---

Rahmen der Verfassungsgewährleistung wird die Gesamtrechtsnachfolge hingegen z. B. von *Wendt*, in: Sachs, GG, Art. 14 Rn. 194 ff.; *Bryde*, in: von Münch/Kunig, GG, Art. 14 Rn. 45 ff.

[132] So z. B. *Brox*, Erbrecht, Rn. 25; *Lange/Kuchinke*, § 5 II 2 b („*Leitsatz* und *Grundregel*").

[133] Vgl. *Leipold*, AcP 180, S. 160 (204 ff.): Die Gesamtrechtsnachfolge sei heute im wesentlichen dispositiv, von ihr sei „nicht mehr viel übrig geblieben". Zu den wichtigsten Durchbrechungen zählen etwa die in manchen Bundesländern geltenden besonderen Gesetze für die Vererbung von landwirtschaftlichen Betrieben, die §§ 563 ff. BGB (Übergang eines Wohnraum-Mietverhältnisses auf den Ehegatten oder andere Familienangehörige) sowie die besondere Vererbung von Personengesellschaftsanteilen; im einzelnen dazu z. B. *Otte*, in: Staudinger, § 1922 Rn. 53 ff. Mit Hinweis auf diese zahlreichen Durchbrechungen wird die Kernbestandseigenschaft der Gesamtrechtsnachfolge verneint von *Rittstieg*, in: AK-GG, Art. 14 Rn. 155 (auch mit Hinweis auf rechtsvergleichende Aspekte); *Stein*, in: Soergel, Einl. zu §§ 1922 ff. Rn. 6; *Otte*, in: Staudinger, Einl. zu §§ 1922 ff. Rn. 76.

[134] Daß dagegen – wie von *Leisner*, Erbschaftsbesteuerung, S. 51 f., vorgebracht – die Gesamtrechtsnachfolge dazu dienen soll, die „Identität des Toten über sein Ableben hinaus" zu erhalten, weil das Erbgut eine Vermögenseinheit bilde, die „durch seine Persönlichkeit geprägt, durch seinen Willen als Erbgut fixiert und damit als seine den Tod überdauernde wirtschaftlich-ideelle Persönlichkeit anzusehen ist," erscheint eine etwas pathetische Überhöhung eines rechtstechnischen Ordnungsmittels. Vgl. auch *Otte*, in: Staudinger, § 1922 Rn. 46: „mystische Übersteigerungen". – Zum Nutzen der Gesamtrechtsnachfolge in wirtschaftlicher Hinsicht wegen des durch sie möglichen Gläubigerschutzes, aber „ohne deshalb (...) conditio sine qua non zu sein" auch *Däubler*, ZRP 1975, S.136 (139).

[135] Zum Erbschaftssteuerrecht hat das Bundesverfassungsgericht (E 93, 165 [174]) festgestellt, die Erbrechtsgarantie garantiere „nicht das (unbedingte) Recht, den gegebenen Eigentumsbestand von Todes wegen ungemindert auf Dritte zu übertragen"; wegen der Anknüpfung an einen Vermögensübergang seien die Möglichkeiten des Gesetzgebers zur Einschränkung „weitergehend" als die zur Einschränkung des Eigentums. Eine (negierende) Aussage zur Gesamtrechtsnachfolge als Verfassungsprinzip kann dem nicht entnommen werden, da die Erbschaftssteuer die Erbschaft nicht um einzelne Positionen, sondern in ihrer Gesamtheit schmälert. Zur Vertiefung sei verwiesen auf die Gedanken bei *Quebe*, Erbrechtsgarantie, S. 78.

geltenden rechtlichen Maßstäben unbedingt in die Hände nächster Angehöriger fallen muß, ist – es wurde bereits angedeutet – eine nicht mehr eindeutig zu beantwortende Frage. Gesichert ist dagegen zweierlei: Zum einen kommt auf keinen Fall der gesamten unbeschränkten Verwandtenerbfolge des BGB Verfassungsrang zu[136]. Zum anderen aber muß über das Sprichwort hinaus heute natürlich auch der Ehegatte neben den Blutsverwandten des Erblassers in die Diskussion um eine garantierte Teilhabe am Erblasservermögen einbezogen werden. Der vorliegende Abschnitt strebt nun noch keine Klärung dieser Fragen an, sondern will mittels eines Überblickes über bestehende Lösungsansätze auf die im zweiten Teil folgende Auseinandersetzung vorbereiten.

a. Das begriffliche Requisitarium: Problemstellung und inhaltsdifferenzierte Begriffsbestimmung als Verständigungsgrundlage

Vor allen inhaltlichen Erörterungen ist darauf einzugehen, daß die Problematik der Teilhabe Angehöriger am Nachlaß unter keinem einheitlichen Begriff diskutiert wird: Von „Verwandtenerbfolge“[137] ist die Rede ebenso wie von „Familienerbfolge“[138], auch von einer „Familiengebundenheit“[139] des Nachlasses wird gesprochen oder von einem „Verwandten-“[140] beziehungsweise „Familienerbrecht“[141]. Bisweilen kommt es auch zum Nebeneinander mehrerer dieser Bezeichnungen in ein- und demselben Text[142], was den rechtskundigen Leser einigermaßen verunsichert – ist ihm doch bewußt, daß einerseits im Sinne des BGB der Ehegatte eben nicht „Verwandter“ ist und andererseits der Familienkreis des Art. 6 Abs. 1 GG, im Gegensatz zu dem des BGB wie des allgemeinsprachlichen Verständnisses, nur die sogenannte Kernfamilie einschließt[143]. Es ist deshalb unerläßlich, im Sinne einer eindeutigen Verständigung für alle hier folgenden Erörterungen festzulegen, mit welchen Begriffen künftig gearbeitet werden soll und welche Bedeutung ihnen beigemessen wird[144].

---

[136] Allgemeine Meinung, vgl. etwa *Papier*, in: Maunz/Dürig, GG, Art. 14 Rn. 301.

[137] *Wendt*, in: Sachs, GG, Art. 14 Rn. 197.

[138] *Rittstieg*, in: AK-GG, Art. 14 Rn. 153; *Rauscher*, Reformfragen I, S. 75, der diesen Begriff ausdrücklich abgrenzt zur „Verwandtenerbfolge“ und darunter „die Erbberechtigung der Familie im Verhältnis zum Erbrecht sonstiger privater Erben“ versteht.

[139] *Otte*, in: Staudinger, Einl. zu §§ 1922 ff. Rn. 69.

[140] *Papier*, in: Maunz/Dürig, GG, Art. 14 Rn. 301; *Wieland*, in: Dreier, GG, Art. 14 Rn. 66; BVerfGE 67, 329 (341); BVerfGE 93, 165 (3. Leitsatz).

[141] BVerfGE 78, 132 (154).

[142] Vgl. BVerfGE 91, 346 (359): „Familien- und Verwandtenerbrecht“; *Wendt*, in: Sachs, GG, Art. 14 Rn. 200: „Verwandten(Familien-)erbfolge“; auch *Depenheuer*, in: v.Mangoldt/Klein/Starck, GG, Art. 14 Rn. 524 und 531.

[143] Vertiefung und Nachweise unten § 10 I 2.

[144] Nur ganz vereinzelt wird auf das Vorliegen und die Verwendbarkeit verschiedener Bezeichnungen überhaupt eingegangen, so etwa bei *Otte*, AcP 202 (2002), S. 317 (320). Wie

Gerade in diesem Kontext muß man sich zunächst vor Augen halten, daß sich die Frage nach einem Recht Angehöriger auf Nachlaßteilhabe in Wirklichkeit in zwei – wenn auch miteinander verquickte – Fragen aufspalten läßt: Ist zum einen die Pflicht des Gesetzgebers angesprochen, *im Falle des Ausbleibens einer letztwilligen Verfügung* gerade Angehörige zu gesetzlichen Erben einzusetzen, so geht es zum anderen um das Pflichtteilsrecht eines bestimmten Angehörigenkreises *im Falle existenter, aber diese übergehender letztwilliger Verfügung*[145]. Es liegt nahe, daß es sich hierbei um ein Stufenverhältnis, um zwei „Schichten" des Komplexes „Nachlaßteilhabe" handelt. Diese beiden Schichten knüpfen aber an genau gegengesetzte Fallgestaltungen an, der Dreh- und Angelpunkt zwischen beiden ist das Ausbleiben oder die Existenz testamentarischer Erbeinsetzung. Während in der zweiten Schicht der von den Angehörigen erhobene Anspruch auf Nachlaßteilhabe mit der Testierfreiheit des Erblassers ins Gehege kommt, ist die erste Schicht hiervon frei, denn es geht dort nur um die Frage, ob und welche Angehörige als *gesetzliche Erben* – also bei Ausbleiben eines Testamentes – vorrangig zwingend zu berücksichtigen sind.

Die oben genannten Wendungen werden nun zumeist im Sinne eines beide Schichten einschließenden Überbegriffes eingesetzt[146]. Wegen des erwähnten Belegtseins der Rechtsbegriffe „Verwandte" und „Familie" mit einem ihnen zivil- oder verfassungsrechtlich zugeordneten Personenkreis, der gegenüber einem ganz umfassenden Angehörigenkreis immer in die eine oder andere Richtung verkürzt ist, sind aber sämtliche dieser Wortbildungen problematisch. Denn solange gerade danach gefragt wird, *wer* als nachlaßteilhabeberechtigt zu gelten hat, dürfte der Beantwortung dieser Frage an sich nicht schon terminologisch vorgegriffen werden. Trotzdem soll im Hinblick auf die allgemeine Üblichkeit dieser Termini und zugunsten einer flüssig lesbaren Abhandlung von neuen Wortschöpfungen hier abgesehen werden. Denn zum einen ist es nicht möglich, die Begriffe „Familie" und „Verwandtschaft" konsequent zu umgehen, ohne daß neue Verständigungsschwierigkeiten auf den Plan treten. Sind aber auch neue Begriffe nicht selbsterklärend, ist im Verhältnis zu einer eindeutigen Definie-

---

leicht es bei der Vielzahl der – nicht genau definierten – Begriffe zu Mißverständnissen kommen kann, zeigt sich etwa bei *Mayer*, ZEV 2000, S. 447, der in seiner Anmerkung zu BVerfG ZEV 2000, S. 399 f. bemängelt, das Pflichtteilsrecht werde auf das „Prinzip des Verwandtenerbrechts" gestützt, welches aber ein Pflichtteilsrecht des Ehegatten nicht erfassen könne, da dieser gerade nicht Verwandter sei.

[145] Vgl. *Leisner*, in: HStR VI, § 150 Rn. 17; *ders.*, Erbschaftsbesteuerung, S. 49; BVerfGE 67, 329 (341); BVerfGE 91, 346 (359).

[146] Vgl. etwa *Papier*, in: Maunz/Dürig, GG, Art. 14 Rn. 301 f.; BVerfGE 67, 329 (341).Weil aber diesem Doppelaspekt der Nachlaßbindung schon terminologisch häufig nicht Ausdruck verliehen wird, ist oft auch eine inhaltliche Trennung zwischen den Argumenten für eine gesetzliche Verwandtenerbfolge einerseits und für ein Pflichtteilsrecht naher Angehöriger andererseits kaum zu erkennen, vgl. etwa *Wendt*, in: Sachs, GG, Art. 14 Rn. 197 und 199.

rung bereits gebrauchter Nomenklatur nichts an Klarheit gewonnen. Es spricht deshalb einiges dafür, sich des bekannten Vokabulars zu bedienen, es zuvor aber eindeutigen Bedeutungsgehalten zuzuordnen. Dies betrifft sowohl den jeweils angesprochenen Personenkreis als auch die in Rede stehende Garantieebene.

Nicht zuletzt in Anlehnung an ein allgemeines Sprachverständnis ist hinsichtlich des *Personenkreises* folgende Bestimmung sinnvoll:

– Es wird von „Angehörigen“, „Familienangehörigen“ oder von der „Familie“ schlechthin die Rede sein, wenn ein im weitesten Sinne zusammengehöriger, familiärer Personenkreis angesprochen ist; dies umfaßt in jedem Fall alle für ein Erbgrundrecht potentiell in Betracht kommenden Personen, also biologisch Verwandte, Ehegatten, Adoptierte und Partner gleichgeschlechtlicher sowie nichtehelicher Lebensgemeinschaften. Der Begriff der „Familie“ indiziert also gerade nicht eine Begrenzung auf die Kernfamilie des Art. 6 Abs. 1 GG, diese wird vielmehr ausdrücklich als „Kernfamilie“ oder als „Familie im Sinne des Art. 6 GG“ bezeichnet werden.

– Eingrenzend wird dagegen von „Verwandten“ gesprochen werden, wenn aus eben genanntem weiten Personenkreis nur die traditionellen gesetzlichen Erben gemeint sind, dies sind die biologisch Verwandten und der Ehegatte. Anders als im Sinne des BGB sind damit also grundsätzlich nicht nur die Verwandten im dortigen Sinne gemeint, sofern sich nicht aus dem Kontext oder einer eindeutigen Differenzierung nach „Verwandten“ und „Ehegatten“ anderes erschließt.

Für die Terminierung der *Garantieebenen* ergibt sich hieraus:

– Überbegrifflich für beide Ebenen wird künftig von der „Familiengebundenheit“[147] des Nachlasses oder dessen „Bindung an Angehörige“ die Rede sein; dies meint die potentielle Bindung des Nachlasses durch gesetzliche Erbfolge *und* Pflichtteilsrecht an einen noch nicht weiter eingegrenzten Angehörigenkreis im oben genannten Sinne[148].

– Ist dagegen nur die Frage nach der gesetzlichen Erbfolge, also der ersten Ebene dieser Familiengebundenheit aufgeworfen, wird grundsätzlich von der „Fa-

[147] In Anlehnung an *Gierke*, Entwurf eines bürgerlichen Gesetzbuches, S. 512 (Fn. 1), der die Wendung von der „familienrechtlichen Bindung des hinterlassenen Vermögens“ prägte. Zur Problematik der Vorstellung von einer Bindung an „die Familie“ als Kollektiv aber noch unten § 8 II 1 a bb (1).

[148] Analog zur gewählten Personenkreisbezeichnung müßte eigentlich synonym von „(Familien)angehörigengebundenheit“ die Rede sein – was zwar die Bindung an einzelne Personen statt an ein Familienkollektiv zum Ausdruck bringt, sprachlich allerdings wenig überzeugt. Zum Ganzen s. auch *Otte*, AcP 202 (2002), S. 317 (319).

milienerbfolge“ [149] die Rede sein – dies wegen des weiten personellen Bezugsrahmens immer dann, wenn begrifflich gerade keine Begrenzung auf bestimmte Angehörige impliziert ist. Da allerdings Personen außerhalb von Ehe und Blutsverwandtschaft in der Verfassungsdiskussion bislang ohnehin nicht als Garantieträger in Betracht gezogen werden, wird bei der folgenden Darstellung überwiegend von „Verwandtenerbfolge“ gesprochen werden, die entsprechend oben festgelegter Terminologie das gesetzliche Erbrecht nur von Blutsverwandten und Ehegatten betrifft.

– Die zweite Garantieebene der Familiengebundenheit, die Durchsetzung des gesetzlichen Erbrechts auch gegen den Erblasser, wird entsprechend dem allgemein üblichen Begriff als „Pflichtteilsrecht“ oder „Teilhabesicherung“ bezeichnet werden; dies trägt dabei weder eine Begrenzung auf einen bestimmten Personenkreis in sich noch eine Festlegung auf die momentan geltende zivilrechtliche Ausgestaltung[150], sondern meint ganz allgemein nur das Recht eines potentiell gesetzlichen Erben, trotz abweichender letztwilliger Verfügung irgendwie am Nachlaß beteiligt zu werden.

Zusammengefaßt gilt damit folgendes: „Angehörige“ oder „Familie“ meinen synonym einen weitgefaßten Personenkreis, „Verwandte“ hingegen einen bestimmten Ausschnitt dessen, nämlich vorbehaltlich ausdrücklicher oder dem Kontext zweifelsfrei zu entnehmender Differenzierung biologisch Verwandte und den Ehegatten. „Erbfolge“ meint stets die institutionelle Absicherung einer Intestatsbeteiligung, „Pflichtteilsrecht“ oder „Teilhabesicherung“ die verfassungsrechtlich garantierte Beteiligung auch gegen den Erblasserwillen. Überbegrifflich werden diese beiden Ebenen durch die Bezeichnung „Gebundenheit“ erfaßt.

b. Die Familiengebundenheit im Spiegel der Rechtslehre

An sich müßte die folgende Systematisierung – jedenfalls hinsichtlich der Auffassungen, die eine Familiengebundenheit in irgendeiner Form befürworten – erst die Stellungnahmen zum Verwandtenerbrecht und anschließend diejenigen zum Pflichtteilsrecht untersuchen. Denn die Frage nach einer Teilhabesicherung ist auch nicht etwa durch die Entscheidung für eine verfassungsfeste Verwandtenerbfolge vorgegeben: Wer eine solche annimmt, kann dennoch ein Pflichtteilsrecht ohne dogmatischen Bruch verneinen. Trotzdem soll von einer dement-

---

[149] Im Rahmen der Institutsgarantie erscheint es angebracht, hinsichtlich des gesetzlichen Erbrechts von einer Verwandten*erbfolge* und nicht von einem Verwandten*erbrecht* zu sprechen, da bei letzterem eher die Assoziation eines (individuellen) Grundrechts mitschwingt.

[150] Durch die Festlegung auf den Begriff „Pflichtteilsrecht“ ist damit insbesondere nichts darüber gesagt, ob es sich um eine nur schuldrechtliche oder eine dingliche Beteiligung am Nachlaß, ein sogenanntes „Noterbrecht“ handelt.

sprechend verästelten Darstellung zunächst abgesehen werden und diese unter dem Überbegriff der Familiengebundenheit stattfinden, denn bis auf wenige Vertreter der „gemischten Lösung“ folgen alle Auffassungen ohnehin einem beide Schichten gleich behandelnden Alles-oder-Nichts-Prinzip. Erst später wird also nach den beiden Schichten zu differenzieren sein.

aa. Grundsätzliche oder tendenzielle Ablehnung der Familiengebundenheit

Nur vereinzelt wird in der Literatur davon ausgegangen, daß eine Familiengebundenheit des Nachlasses dem Grundgesetz überhaupt nicht entnommen werden kann[151]. Diese ablehnende Haltung geht dabei zum einen aus einer rigorosen Verkettung von Eigentumsfreiheit und Testierfreiheit hervor: Letztere wird als „bestimmendes Element der Erbrechtsgarantie“ gesehen, das in Ermangelung eines dem Grundgesetz unbekannten Familieneigentums ebensowenig beschränkt werden könne wie die Verfügungsbefugnis zu Lebzeiten[152]. Eine Anerkennung der Familiengebundenheit des Nachlasses führe dazu, daß diese der Testierfreiheit als Gegenprinzip zugeordnet werde, was ein falsches Verständnis des Zusammenhangs von Eigentumsgarantie und Erbrechtsgarantie offenbare[153]. In der Bejahung einer verfassungsfesten Familiengebundenheit wird also gewissermaßen eine unzulässige Degradierung der Testierfreiheit erkannt. Zum anderen wird gegen ein verfassungsfestes Pflichtteilsrecht aus Art. 14 Abs. 1 S. 1 GG auch ins Feld geführt, in der Annexgarantie zum Eigentum könne nicht gleichzeitig eine Garantie seiner Einschränkungen zu sehen sein[154]. Mit dem Argument geänderter gesellschaftlicher Verhältnisse wird dann darüberhinaus auch eine Herleitung aus Art. 6 GG infrage gestellt[155].

---

[151] So aber *Wieland*, in: Dreier, GG, Art. 14 Rn. 66 ff.; *Johannsen*, Sitzungsbericht zum 49. DJT, K 41; *Kregel*, in: RGRK V 1, § 1922 Einl. 4; *Stüber*, JR 2002, S. 359 (361 f.).

[152] *Wieland*, in: Dreier, GG, Art. 14 Rn. 66.

[153] Vgl. *Wieland*, in: Dreier, GG, Art. 14 Rn. 66 f. *Wieland* geht zwar nicht ausdrücklich darauf ein, ob sich eine Familiengebundenheit des Nachlasses zwar nicht der Erbrechtsgarantie, aber vielleicht dem Familienschutzgedanken des Art. 6 Abs. 1 GG entnehmen läßt. Der Anmerkung, Unterhaltsansprüche innerhalb der Familie nötigten „keinesfalls zur Begründung eines Erbrechts der Unterhaltsberechtigten“ (*Wieland*, in: Dreier, GG, Art. 14 Rn. 67), läßt sich aber eine Ablehnung auch insofern ohne weiteres entnehmen.

[154] *Stein*, in: Soergel, Einl. §§ 1922 ff., Rn. 5.

[155] So – zumindest leise zweifelnd – *Stein*, in: Soergel, Einl. §§ 1922 ff. Rn. 7; mit grundsätzlicher Skepsis gegenüber dem Verfassungsinstitut eines Pflichtteilsrechts unter Hinweis auf die Common-Law-Rechtsordnungen und die Notwendigkeit neuer Einschätzung der sozialen Bedeutung eines Pflichtteilsrechts auch *Lange/Kuchinke*, Erbrecht, § 2 IV 3 c.

bb. Grundsätzliche Befürwortung der Familiengebundenheit

Bei den weit vorherrschenden Stimmen, die eine verfassungskräftige Familiengebundenheit bejahen, zeichnen sich hinsichtlich Begründung und Herleitung zwei Außen- und eine Mittelposition ab: Eine gewissermaßen „erbrechtliche Lösung“ sucht die Verankerung ausschließlich aus Art. 14 Abs. 1 S. 1 GG herzuleiten und eine „familienrechtliche Lösung“ will nur Art. 6 Abs. 1 GG als Ursprung anerkennen, während die meisten Autoren einer „gemischten Lösung“ folgen und in verschiedenen Spielarten beide Normen gemeinsam heranziehen.

(1) Erbrechtliche Lösung

Für eine Herleitung der Familiengebundenheit allein aus der Erbrechtsgarantie wird vor allem ein naturrechtlicher Ansatz fruchtbar gemacht – es sei eine jahrtausendealte Rechtstradition, daß Hab und Gut beim Tode eines Menschen den Angehörigen gebühre[156]. Das Pflichtteilsrecht finde seine Verankerung keineswegs in einem Familienschutzgedanken, denn das Erbrecht habe mit einem Streben nach Erhaltung des Familienvermögens oder Bedürftigkeitsgesichtspunkten nicht im geringsten zu tun. Es gehe hier ausschließlich um die Realisierung des dem Erbrecht als Wesenselement immanenten Gleichheitsgrundsatzes und damit nur um die gleichmäßige und gerechte Verteilung des Nachlasses[157]. Die verfassungsrechtliche Diskussion sei hier einerseits ungerechtfertigt wie unreflektiert einem erbrechtlichen „Familiarismus“[158] aufgesessen, andererseits dürfe aber die Testierfreiheit nicht überbetont und schon gar nicht zu einer „Herrschaft aus dem Grabe“[159] werden.

(2) Familienrechtliche Lösung

Die Gegenposition hierzu will die Garantie einer Familiengebundenheit nur Art. 6 GG, nicht aber Art. 14 GG entnehmen[160]. Wie die Stimmen, die eine Fa-

---

[156] *Stöcker*, WM 1979, S. 214 (217). Zwar ist der Ansatz *Stöckers* in erster Linie individualrechtlich ausgerichtet. Dies tut aber für die Frage nach der grundsätzlichen Verortung der Familiengebundenheit und insbesondere des Pflichtteilsrechts bei Art. 14 oder 6 GG insofern nichts zur Sache, als er die Existenz einer Institutsgarantie durchaus anerkennt und sich seine Gedanken zum Individualrecht an dieser Stelle ohne weiteres übertragen lassen. Zweifelnd an einer Herleitung aus Art. 6 Abs. 1 GG und den Schwerpunkt auf Art. 14 Abs. 1 S. 1 GG setzend auch *Haas*, in: Staudinger, Vorbem. zu §§ 2303 ff., Rn. 14 (anders dagegen *ders.*, ZEV 2000, S. 249 [253]).

[157] *Stöcker*, WM 1979, S. 214 (219 und 221 f.), wobei er klarstellt, daß es sich im Pflichtteilsfalle natürlich nur um eine „relative Gleichstellung“ handelt; ähnlich („Verteilungsgerechtigkeit“) *Schiemann*, ZEV 1995, S. 197 (199).

[158] *Stöcker*, WM 1979, S. 214 (219).

[159] *Stöcker*, WM 1979, S. 214 (222).

[160] So z. B. *Hetmeier*, Grundlagen der Privaterbfolge, S. 70 ff.; *Gerken*, Rechtspfleger 1989, S. 45 (jedenfalls hinsichtlich des Pflichtteilsrechts).

miliengebundenheit gänzlich verneinen, beruft sich auch diese Ansicht zur Ablehnung von Art. 14 GG darauf, das von Eigentums- und Testierfreiheit verfolgte Ziel freier Verfügbarkeit könne nicht in derselben Norm verankert sein wie die auf altruistischer Pflichtbindung beruhende Familiengebundenheit des Nachlasses[161]. Allein aus dem in Art. 14 Abs. 1 S. 1 GG stehenden Wort „Erbrecht" könne nicht auf eine Übereinstimmung mit dem einfachen Recht geschlossen werden, die Anerkennung als Strukturprinzip des einfachen Rechts reiche zur verfassungkräftigen Verankerung nicht aus[162]. Der zentrale Anknüpfungspunkt wird stattdessen im Beitrag der Familiengebundenheit zur Stärkung der Familie als materieller Solidargemeinschaft gesehen. Denn zum einen erhöhe sich angesichts der Gewißheit, im Todesfalle am Vermögen beteiligt zu werden, die Bereitschaft zur Unterstützung anderer Familienmitglieder. Außerdem würde aber auch der ökonomische Spielraum der gesamten Familie, der gerade die Basis ihrer Eigenständigkeit abseits staatlicher Kontrolle sei, erweitert, indem sich die für eine Zukunftssicherung notwendigen eigenen Vorsorgeaufwendungen von Kindern und Ehegatten verringern ließen. Ehe und Familie als Schutzgüter des Art. 6 Abs. 1 GG würden deshalb ganz entscheidend von der Familiengebundenheit des Nachlasses geprägt[163].

Es versteht sich von selbst, daß als von der Familiengebundenheit geschützter Personenkreis für diese Auffassung nur die Kernfamilie des Art. 6 Abs. 1 GG in Betracht kommt.

(3) Gemischte Lösung

Unter den Auffassungen schließlich, die sowohl Art. 14 Abs. 1 S. 1 als auch Art. 6 Abs. 1 GG für eine Herleitung der Familienerbfolge heranziehen, lassen sich zunächst zwei unterschiedliche Herangehensweisen ausmachen. Teilweise wird nur auf einen allgemeinen „Sinnzusammenhang" der beiden Grundrechtsartikel rekurriert[164]. Andere dagegen schichten die Fragestellung systematisch ab und lassen eine gedankliche Trennung danach erkennen, inwiefern sich eine Familiengebundenheit des Nachlasses in einem ersten Schritt aus Art. 14 und in einem zweiten Schritt aus Art. 6 herleiten läßt[165]. Dabei finden sich nicht unwesentli-

---

[161] *Hetmeier*, Grundlagen der Privaterbfolge, S. 78.

[162] *Hetmeier*, Grundlagen der Privaterbfolge, S. 77.

[163] *Hetmeier*, Grundlagen der Privaterbfolge, S. 83 ff.; es sind dabei ersichtlich sowohl die gesetzliche Erbfolge als auch das Pflichtteilsrecht gemeint.

[164] So etwa *Papier*, in: Maunz/Dürig, GG, Art. 14 Rn. 301; *Depenheuer*, in: v.Mangoldt/Klein/Starck, GG, Art. 14 Rn. 526; ebenfalls ohne Differenzierung *Pentz*, ZEV 1998, S.449 (450 f.) sowie *Brox*, Erbrecht, Rn. 27.

[165] So z. B. *Wendt*, in: Sachs, GG, Art. 14 Rn. 200; *Bryde*, in: von Münch/Kunig, GG, Art. 14 Rn. 48; *Leisner*, in: HStR VI, § 150 Rn. 20 (allerdings in umgekehrter Reihenfolge); *Rauscher*, Reformfragen I, S. 69 ff.; *Otte*, in: Staudinger, Einl. zu §§ 1922 ff. Rn. 69 – allerdings unter starker Tendenz zur rein erbrechtlichen Lösung; *ders.*, AcP 202 (2002), S. 317 (318 ff.)

che Unterschiede hinsichtlich der Funktionen, die Art. 6 zugeschrieben werden. Während einige die Familiengebundenheit an sich in Art. 14 verankert sehen und Art. 6 (nur) den geschützten Personenkreis entnehmen[166], schreiben andere Art. 6 zusätzlich einen eigenen materialen Gehalt bezüglich der Familiengebundenheit zu, leiten also nicht nur den Personenkreis, sondern auch die Familiengebundenheit selbst unmittelbar aus Art. 6 her[167]. Nach wiederum anderer Betrachtung erschließt sich auch der Personenkreis in erster Linie aus der Erbrechtsgarantie direkt und können sich die Art. 6 unterfallenden Personen darüberhinaus noch auf einen zusätzlichen Schutz berufen[168].

Argumentativ wird für die verfassungsfeste *Familiengebundenheit des Nachlasses insgesamt* vorgebracht, die Institutsgarantie des Art. 14 Abs. 1 S. 1 GG schütze die essentiellen Ordnungsprinzipien und Grundstrukturen des bürgerlichen Erbrechts, und zu diesen gehöre neben der Testierfreiheit gerade die Familiengebundenheit[169]. Dies erschließe sich daraus, daß es in Deutschland niemals ein Erbrecht ohne sie gegeben habe – das deutsche Recht habe keine Testierfreiheit, das römische diese nur zusammen mit einem Pflichtteilsrecht gekannt[170]. Wer wie erwähnt darüberhinaus die Familienerbfolge außer von Art. 14 Abs. 1

– letztlich sogar unter Offenlassung einer Entscheidung für Art. 14 oder Art. 6 GG, die ihm durch die Ablehnung des engen Familienbegriffes möglich sei (S. 322).

166 So etwa *Rittstieg*, in: AK-GG, Art. 14 Rn. 153; ähnlich wohl *Werkmüller*, Rechtspolitische und rechtsvergleichende Aspekte des geltenden Pflichtteilsrechts, S. 59 f.

167 Vgl. *Wendt*, in: Sachs, GG, Art. 14 Rn. 198 (betreffend die Verwandtenerbfolge) und Rn. 200 (betreffend das Pflichtteilsrecht); *Bryde*, in: von Münch/Kunig, GG, Art. 14 Rn. 48; *Papier*, in: Maunz/Dürig, GG, Art. 14 Rn. 301 (betreffend die Verwandtenerbfolge, unklar dagegen in Rn. 302 für das Pflichtteilsrecht: Der Personenkreis würde „vor allem" durch Art. 6 abgesteckt).

168 So *Rauscher*, Reformfragen I, S. 47 (für die Familiengebundenheit allgemein), ähnlich *Leisner*, in: HStR VI, § 150 Rn. 19 (für die Verwandtenerbfolge) und – wenn auch in der Sache unentschieden – Rn. 20 (für das Pflichtteilsrecht). – Nicht immer wird wirklich klar, welche Rolle Art. 6 GG konkret spielen soll, so z. B. bei *Depenheuer*, in: v.Mangoldt/Klein/Starck, GG, Art. 14 Rn. 524 ff.

169 Vgl. *Papier*, in: Maunz/Dürig, GG, Art. 14 Rn. 300; *Depenheuer*, in: v.Mangoldt/Klein/Starck, GG, Art. 14 Rn. 197; *Wendt*, in: Sachs, GG, Art. 14 Rn. 197; *Boehmer*, in: Neumann/Nipperdey/Scheuner, Die Grundrechte II, S. 401 (410 ff.). Ebenso wie teilweise die rein familienrechtliche Lösung geht zwar auch *Rauscher*, Reformfragen I, S. 28 ff., S. 32 f., von Unmöglichkeit der Verankerung von Testierfreiheit *und* Familiengebundenheit in der Erbrechtsgarantie aus. Er zieht aber die Konsequenz insofern anders, als er die Testierfreiheit der Eigentumsgarantie zuordnet und damit „Platz schafft" für die Familiengebundenheit in der Erbrechtsgarantie. – Zur überwiegenden Verwendung des Begriffes „Verwandtenerbfolge", der kontextbezogen keineswegs nur die gesetzliche Erbfolge, sondern die Familiengebundenheit des Vermögens insgesamt meint, oben I 4 a in diesem Abschnitt.

170 *Otte*, AcP 202 (2002), S. 317 (319); ähnlich *Leisner*, zumindest für das gesetzliche Erbrecht, in: HStR VI, § 150 Rn. 18; auch *Papier*, in: Maunz/Dürig, GG, Art. 14 Rn. 300: „traditionelle Gestaltung des deutschen Erbrechts".

S. 1 GG auch unmittelbar von Art. 6 Abs. 1 GG garantiert sieht, begründet dies damit, letzterer fordere eine familienfreundliche Gestaltung des Erbrechts[171], mithin also die Berücksichtigung familiärer Bande[172], die Förderung innerfamiliärer Solidarität[173] und die Erhaltung der wirtschaftlichen Grundlage der Familie über den Tod eines Familienmitgliedes hinaus[174]. Das Förderungsgebot des Art. 6 Abs. 1 GG beinhalte eine Unterlassungspflicht dahingehend, familienfördernde Gesetze nicht zu beseitigen oder einzuschränken[175].

Für die garantierte Einsetzung naher Verwandter zu *gesetzlichen Erben* wird über diese allgemeinen Erwägungen hinaus geltend gemacht, der Verwandtschaftsgrad sei das einzig sachgerechte Kriterium zur Bestimmung der gesetzlichen Erben[176] und außerdem am (hypothetischen) Erblasserwillen ausgerichtet[177]. Gerade und ausschließlich den Verwandten stünde das Vermögen zu, natürliche Anfallsrechte dürfe es nicht in Konkurrenz zu ihnen geben[178]. Umstritten ist die Möglichkeit, den Verwandten statt der Erbfolge einen bedarfsabhängigen Unterhaltsanspruch gegen den Staat zu gewähren. Dabei zeichnet sich, wenn auch erst bei näherem Besehen, eine recht eindeutige Argumentationsstruktur ab: Je näher die Familiengebundenheit an Art. 6 Abs. 1 GG gerückt wird, desto eher wird diese gesetzgeberische Gestaltungsbefugnis befürwortet[179]. Wo aber nur der Personenkreis Art. 6 Abs 1 entnommen, die Familiengebundenheit an sich jedoch bei Art. 14 Abs. 1 S. 1 GG angesiedelt wird, wird eine solche Variante strikt abgelehnt. Das Erbrecht sei „mehr als eine Alimentierung

---

171 *Rauscher*, Reformfragen I, S. 46.

172 *Ruffert*, Vorrang der Verfassung, S. 396 (ausdrücklich für das Pflichtteilsrecht).

173 *Otte*, in: Staudinger, AcP 202 (2002), S. 317 (321).

174 *Steffen*, DRiZ 1972, S. 263 (264).

175 *Otte*, AcP 202 (2002), S. 317 (321).

176 *Depenheuer*, in: v.Mangoldt/Klein/Starck, GG, Art. 14 Rn. 526.

177 *Depenheuer*, in: v.Mangoldt/Klein/Starck, GG, Art. 14 Rn. 524; *Kegel*, in: FS für Lange, S. 927; ähnlich *Ruffert*, Vorrang der Verfassung, S. 394. Anderer Ansicht insofern *Leipold*, JZ 1996, S. 287 f. (gegen BVerfGE 91, 346): Bei diesem Ansatz bliebe der Schutz des Familiengebundenheit auf der Strecke, denn es sei nicht ersichtlich, „wie ein Pflichtteilsrecht gegen den konkreten Willen des Erblassers gerechtfertigt werden könnte, wenn das gesetzliche Erbrecht, dessen partielle Verfestigung das Pflichtteilsrecht darstellt, allein auf dem Gedanken beruht, ersatzweise für den Erblasser eine möglichst dessen ‚Interesse' entsprechende Regelung zu treffen". Den Zuschnitt des gesetzlichen Erbrechts auf den Erblasserwillen bejaht – unter Berufung auf eine von der Bundesregierung in Auftrag gegebene und von EMNID 1971 durchgeführte Meinungsumfrage – auch *Stöcker*, FamRZ 1971, 609 (610 f.).

178 *Leisner*, Erbschaftsbesteuerung, S. 49; *ders.*, in: HStR VI, § 150 Rn. 18.

179 Ganz deutlich diese Schlußfolgerung bei *Rauscher*, Reformfragen, S. 76 f., der nach Personen differenziert: Das Erbrecht der blutsmäßigen Abkömmlinge sei primär durch Art. 14 Abs. 1 S. 1 GG garantiert und könne deshalb nicht durch einen Unterhaltsanspruch ersetzt werden, wohingegen dies beim Ehegatten möglich sei, da es sich bei dessen Erbrecht (ausschließlich) um die Realisierung des Auftrages aus Art. 6 Abs. 1 GG handle.

bedürftiger Familienangehöriger"[180] und habe deshalb „den Anfall der Erbschaft wegen der Verwandtschaft als solcher (...) zu leisten"[181].

Innerhalb dieser „gemischten Lösung" wird dann zum Teil differenziert und dem *Pflichtteilsrecht* nach und trotz Bejahung einer verfassungsfesten Verwandtenerbfolge die Anerkennung als Verfassungsbestandteil verweigert[182]. Ähnlich der die Familiengebundenheit insgesamt ablehnenden Auffassung wird auch hier das Gewicht der Testierfreiheit betont[183]. Dagegen wird größtenteils aber argumentiert, die Familiengebundenheit des Vermögens als echtes – und zwar zur Testierfreiheit diametrales – Verfassungsprinzip verlange nicht nur die Einschränkung der gesetzgeberischen Gestaltungsfreiheit, sondern gerade auch der des Erblassers[184]. Die Möglichkeit der gesetzgeberischen Ersetzung des Pflichtteilsanspruches durch einen (bedarfsabhängigen) Unterhaltsanspruch gegen die Erben oder gegen den Staat wird hier in Betracht gezogen[185]. Auch an dieser Stelle hängen die Auffassungen maßgeblich mit der schwerpunktmäßigen Zuordnung der Familiengebundenheit zu Art. 14 oder Art. 6 GG zusammen[186].

---

[180] *Papier*, in: Maunz/Dürig, GG, Art. 14 Rn. 301.

[181] *Leisner*, Erbschaftsbesteuerung, S. 49.

[182] So *Leisner*, in: HStR VI, § 150 Rn. 20 (anders, zumindest mißverständlich dagegen noch *ders.*, Erbschaftsbesteuerung, S. 49 f.), zweifelnd auch *Rittstieg*, in: AK-GG, Art. 14 Rn. 153; unentschieden wohl *Depenheuer*, in: v.Mangoldt/Klein/Starck, GG, Art. 14 Rn. 525. Nach einer ganz extremen Auffassung soll das Pflichtteilsrecht sogar verfassungswidrig sein, so *Petri*, ZRP 1993, 205 f.: Praktische Notwendigkeit für ein solches gebe es keine, eine einleuchtende Begründung erschließe sich bereits aus den Motiven zum BGB nicht und die Sozialbindung als einzige Eingrenzung von Eigentum und Erbrecht könne eine derartige Einengung der Testierfreiheit nicht rechtfertigen. *Haas*, ZEV 2000, S. 249 ff. stellt die Verfassungsmäßigkeit des Pflichtteilsrechts ebenfalls infrage, bejaht diese aber grundsätzlich und beschränkt die Verfassungswidrigkeit auf einzelne Regelungen des geltenden Pflichtteilsrechts.

[183] Vgl. *Leisner*, in: HStR VI, § 150 Rn. 20: Für das Pflichtteilsrecht spreche zwar die „dogmatische Struktur der Erbrechtsgarantie des Grundgesetzes, die auf die tragenden Grundsätze des Zivilrechts verweist", dagegen aber das heute immer stärker betonte Verfügungsrecht des Eigentümers/Erblassers, also die Testierfreiheit und „letztere stünde doch wohl näher bei der liberalen Grundrechtstradition".

[184] Vgl. *Depenheuer*, in: v.Mangoldt/Klein/Starck, GG, Art. 14 Rn. 528: Notwendigkeit des Ausgleichs im Wege praktischer Konkordanz; ähnlich *Papier*, in: Maunz/Dürig, GG, Art. 14 Rn. 302: Die Testierfreiheit finde im Pflichtteilsrecht *zwingend* eine Schranke (Hervorhebung nicht im Original). Nicht immer wird dabei wirklich deutlich, an welcher Grundrechtsnorm das Pflichtteilsrecht tatsächlich (primär) aufgehängt wird. Deutlich und differenzierend aber *Rauscher*, Reformfragen I, S. 91 (bezüglich Art. 14 GG): Im Anspruch auf Nachlaßteilhabe und der Testierfreiheit träfen sich „zwei zwar gegenläufige, aber ihrer Natur als Freiheitsrechte nach gleichartige Rechte" und S. 93: Art. 6 GG verlange im Interesse eines wirksamen Familienschutzes, auch die Testierfreiheit des Erblassers und nicht nur die Gestaltungsfreiheit des Gesetzgebers zugunsten der Familie einzuschränken.

[185] So etwa *Kick*, Jahrbuch Junger Zivilrechtswissenschaftler 1996, S. 167 (180).

[186] Vermittelnd soweit ersichtlich nur *Lange*, in: MünchKomm, § 2303 Rn. 4: Der Vorschlag, Pflichtteilsansprüche von der Unterhaltsbedürftigkeit abhängig zu machen, solle nicht von

Diejenigen, die Art. 6 Abs. 1 neben Art. 14 Abs. 1 S. 1 GG als Ursprungsquelle der Familiengebundenheit sehen, führen hier insbesondere die Unterhaltspflichten des Erblassers zu seinen Lebzeiten ins Feld, die im Pflichtteilsrecht ihre Fortsetzung nach dem Todesfall fänden[187]. Dagegen wird eingewandt, Erbrechtsgleichheit sei formale Egalität und habe mit Unterhaltsaspekten nichts zu tun. Für den Erben stünde die Durchsetzung dieses Rechts und nicht die Wahrung familienkollektiver Interessen im Vordergrund[188]. Weitgehende Einigkeit besteht dagegen darin, daß dem Pflichtteilsberechtigten nur ein irgendwie „angemessener" Anteil am Erbgut zusteht, dem Gesetzgeber aber im Blick auf die konkrete Ausgestaltung[189] ein großer Gestaltungsspielraum zukommt[190].

Der von der Familiengebundenheit geschützte *Personenkreis* wird überwiegend, und zwar sowohl hinsichtlich gesetzlichem Erbrecht wie Pflichtteilsrecht mittels Orientierung an Art. 6 Abs. 1 GG festgelegt: Geschützt sei nur die engere Familie, die dem besonderen Schutz von Ehe und Familie unterfalle[191]. Häufig werden aber trotz der Verknüpfung mit Art. 6 Abs. 1 GG „Abkömmlinge" allgemein[192] sowie zum Teil auch Erblassereltern[193] als gesetzliche Erben wie Pflichtteilsberechtigte in Betracht gezogen. Einige wollen den Kreis derer, denen von Verfassungs wegen ein gesetzliches Erbrecht zukommen muß, mit einer Begrenzung auf mehrere Parentelen weiter ziehen als den der Pflichtteilsberechtig-

---

vorneherein als Verstoß gegen Art. 14 Abs. 1 GG gebrandmarkt werden, denn dieser garantiere „keine formale Erbrechtsgleichheit, die eine Abstufung nicht erlauben würde".

[187] Vgl. *Boehmer*, in: Staudinger (11. Aufl.), Einl. zu §§ 1922 ff., § 23 Rn. 13 f.; *Kuhla*, in: FS für Gerold Bezzenberger, S. 497 (501), der hieraus sogar den Schluß zieht, das Pflichtteilsrecht sei nur dann verfassungsrechtlich garantiert, wenn zu Lebzeiten ein (konkreter) Unterhaltsanspruch gegen den Erblasser bestanden habe.

[188] *Rauscher*, Reformfragen I, S. 92 f. unter Berufung auf *Stöcker*, WM 1979, 221. Bisweilen wird auch auf ein dem Erbrecht innewohnenden Gerechtigkeitsgedanken rekurriert, der die Einschränkung der Testierfreiheit fordere, so etwa *Henrich*, DNotZ 2001, S. 441 (448). Vgl. auch *Rötelmann*, DNotZ 1969, S. 415 (416): „Kuchenteilungsgrundsatz".

[189] Dies sind – über die Frage der Ersetzbarkeit durch einen Unterhaltsanspruch hinaus – vor allem Fragen der Höhe allgemein, der Gleichheit der Höhe und der Gestaltung als (schuldrechtlichem) Geldanspruch oder als (dingliche) Beteiligung im Sinne eines materiellen Noterbrechts, zu diesen Punkten weiterführend *Haas*, ZEV 2000, 249 (253 ff.).

[190] Vgl. etwa *Papier*, in: Maunz/Dürig, GG, Art. 14 Rn. 302.

[191] Vgl. *Papier*, in: Maunz/Dürig, GG, Art. 14 Rn. 301 f. (für das Verwandtenerbrecht und das Pflichtteilsrecht); *Depenheuer*, in: v.Mangoldt/Klein/Starck, GG, Art. 14 Rn. 526 (für die Verwandtenerbfolge); *Wendt*, in: Sachs, GG, Art. 14 Rn. 198; *Rittstieg*, in: AK-GG, Art. 14 Rn. 153 (zumindest für die Verwandtenerbfolge); *Haas*, ZEV 2000, 249, 253 f. (für das Pflichtteilsrecht).

[192] *Papier*, in: Maunz/Dürig, GG, Art. 14 Rn. 301; *Depenheuer*, in: v.Mangoldt/Klein/Starck, GG, Art. 14 Rn. 526.

[193] *Papier*, in: Maunz/Dürig, GG, Art. 14 Rn. 301; *Depenheuer*, in: v.Mangoldt/Klein/Starck, GG, Art. 14 Rn. 526; a. A. für das Pflichtteilsrecht dagegen z. B. *Rauscher*, Reformfragen I, S. 93 f.

ten[194], und zwar unter Berufung auf das traditionelle Zivilrecht[195]. Der kleinste gemeinsame „Schutzbereichsnenner" beläuft sich bei beiden Schichten der Familiengebundenheit also *positiv* auf die Einbeziehung von Kindern und Ehegatten. Infrage stehen dagegen weitere Abkömmlinge, Eltern[196], Geschwister sowie sonstige Verwandte[197]. Hinsichtlich des Verwandtenerbrechts besteht außerdem im Sinne einer *Negativ*abgrenzung nahezu allseitiges Einvernehmen darüber, daß das Grundgesetz dieses jedenfalls nicht in seiner derzeit einfachgesetzlich ausgestalteten Unbegrenztheit gewährleistet[198], wobei eine argumentativ substantielle Auseinandersetzung selten erkennbar ist. Hiergegen erhobener Widerspruch ist rar[199], aber vehement: Auch auf Verfassungsebene sei die unbegrenzte Verwandtenerbfolge garantiert[200]. Denn die Zulassung eines – nach welcher Parentel auch immer einsetzenden – Staatserbrechtes sei ein historisches Relikt aus einer Schlacht um die Privatheit des Erbrechts, die im letzten Jahrhundert geschlagen worden sei[201]. Auch der Schluß von familiensoziologischen Entwicklungen auf eine Begrenzung der Verwandtenerbfolge sei unangebracht, weil er implizit die Behauptung enthalte, das Verwandtenerbrecht bedürfe einer „familiensoziologischen *Rechtfertigung*" gegenüber dem Staat. Die Grundfunktion des Erbrechts bestünde aber allein in der „Weiterleitung *privaten* Vermögens an *Private*"[202].

---

194 So etwa *Bryde*, in: von Münch/Kunig, GG, Art. 14 Rn. 48; *Leisner*, in: HStR VI, § 150 Rn. 19; *Rauscher*, Reformfragen I, S. 69 ff., 89 ff. sowie II, S. 157 ff. Ausdrücklich für einen Gleichlauf der Personenkreise beim gesetzlichen Erbrecht wie beim Pflichtteilsrecht dagegen *Boehmer*, in: Neumann/Nipperdey/Scheuner, Die Grundrechte II, S. 401 (417 [Personenkreisbestimmung für das Pflichtteilsrecht und über die Verweisung auf S. 412 gleichermaßen für die Verwandtenerbfolge]).

195 *Leisner*, in: HStR VI, § 150 Rn. 19.

196 Wobei sich hier noch die Frage stellt, ob nur Eltern kinderloser Erblasser einzubeziehen sind, so z. B. *Depenheuer*, in: v.Mangoldt/Klein/Starck, GG, Art. 14 Rn. 526 (für die Verwandtenerbfolge) und Rn. 528 (für das Pflichtteilsrecht); *Papier*, in: Maunz/Dürig, GG, Art. 14 Rn. 301 (für die Verwandtenerbfolge, keine ausdrückliche Differenzierung dagegen für das Pflichtteilsrecht).

197 Bislang nicht in die verfassungsrechtliche Diskussion eingegangen ist dagegen die Einbeziehung von Partnern eingetragener Lebenspartnerschaften, denen seit dem 1.8.2001 ebenfalls ein gesetzliches Erb- und Pflichtteilsrecht zugestanden wird, näher unten § 8 II 2 b.

198 Statt vieler *Papier*, in: Maunz/Dürig, GG, Art. 14 Rn. 301.

199 Soweit ersichtlich nur bei *Rauscher*, Reformfragen II, S. 157 ff.

200 *Rauscher*, Reformfragen II, S. 157 ff.

201 *Rauscher*, Reformfragen II, S. 165.

202 *Rauscher*, Reformfragen II, S. 160.

c. Die Familiengebundenheit im Spiegel der Rechtsprechung des Bundesverfassungsgerichts

Nur wenige Entscheidungen stecken den Weg des Bundesverfassungsgerichts in der Frage der Familiengebundenheit ab – ein Weg, der jedenfalls bis zum heutigen Tage noch nicht zu Ende beschritten ist, dessen Richtung sich aber möglicherweise andeutet. In der Höferechtsabfindungsentscheidung aus dem Jahre 1984[203] stellte der Erste Senat zunächst ausdrücklich fest, es sei „verfassungsgerichtlich nicht geklärt (...), inwieweit[204] Prinzipien des Vewandtenerbrechts in der Erbrechtsgarantie enthalten sind" und rief außerdem ins Bewußtsein, daß dieser Frage Bedeutung sowohl „für die Ausgestaltung der gesetzlichen Erbfolge" als auch für „das Anrecht naher Familienangehöriger auf einen angemessenen Anteil am Nachlaß (...), das im gesetzlichen Pflichtteilsrecht seinen Ausdruck gefunden hat" zukomme[205]. Eine Entscheidung insofern blieb jedoch aus, weil die vorliegende Verfassungsbeschwerde keinen Anlaß zu einer diesbezüglich abschließenden Erörterung gab[206]. Ebenso ausdrücklich unbeantwortet blieb diese Frage in der im Jahre 1988[207] ergangenen Ertragswertentscheidung des Zweiten Senats sowie im Höferechtszuweisungsbeschluß aus dem Jahre 1994[208]. Im letztgenannten allerdings erweiterte das Gericht seine bis dato spärliche Erörterung der Problematik um drei Gesichtspunkte: Zum einen sprach es die Pflicht für den Gesetzgeber aus, im Intestatfall ein Regelungsmodell zur Verfügung zu stellen, das sich „am Interesse eines verständigen Erblassers aus objektiver Sicht" zu orientieren hat[209]. Zweitens warf es den Gedanken auf, „ob sich ein (gegebenenfalls noch weitergehender) verfassungsrechtlicher Schutz des Familien- und Verwandtenerbrechts aus Art. 6 Abs. 1 GG ergibt"[210]. Und schließlich finden sich erstmals über den Begriff der „nächsten Angehörigen" hinausgehen-

---

[203] BVerfGE 67, 329 ff.

[204] Diese Formulierung – im Gegensatz zu einem „ob" – hat *Otte*, AcP 202 (2002), S. 317 (324), dazu veranlaßt, die Frage nach der Verfassungsgarantie des Verwandtenerbrechts als geklärt aufzufassen: Fraglich sei nur noch, wie weit die Garantie reiche. Ob der Wortlaut allerdings wirklich mit solchem Bedacht gewählt ist, darf angesichts der nachfolgenden Entscheidungen wohl mit einem Fragezeichen versehen werden.

[205] BVerfGE 67, 329 (341), unter Hinweis auf *Boehmer*.

[206] BVerfGE 67, 329 (341).

[207] BVerfGE 78, 132 (154), und zwar mit der Formulierung, *ob* Prinzipien des Familienerbrechts eingeschlossen seien.

[208] BVerfGE 91, 346 (359).

[209] BVerfGE 91, 346 (359). Unrichtig erscheint es dagegen, der Entscheidung mit *Otte*, AcP 202 (2002), S. 317 (325) zu entnehmen, die verfassungsrechtliche Notwendigkeit eines gesetzlichen *Ehegatten- und Verwandten*erbrechts sei hier schon „unmißverständlich" ausgesprochen: Die Entscheidung bestätigt lediglich die Privaterbfolge und erklärt die Verwandtenerbfolge als deren sachgerechte Ausgestaltung, sie läßt aber gerade ausdrücklich offen, ob diese privaten Erben ausgerechnet Verwandte sein müssen und wenn ja, welche.

[210] BVerfGE 91, 346 (359).

de Hinweise zum potentiell geschützten Personenkreis: Einem größeren als dem vom BGB zu Pflichtteilsberechtigten eingesetzten könne auch von Verfassungs wegen kein Anteil am Nachlaß gegen den Willen des Erblassers zustehen[211]. Im Erbschaftssteuerbeschluß vom 22.6.1995 stellte der Zweite Senat dann schließlich unmißverständlich fest, „neben den verfassungsrechtlichen Schutz der Testierfreiheit" trete „der Schutz von Ehe und Familie (Art. 6 Abs.1 GG)"; das „Prinzip des Verwandtenerbrechts" gehöre zum „grundlegenden Gehalt der Erbrechtsgarantie"[212]. Hält man sich die dem Begriff „Verwandtenerbrecht" vom Bundesverfassungsgericht stets beigemessene, nämlich das gesetzliche Erbrecht wie das Pflichtteilsrecht einschließende Bedeutung[213] vor Augen, so ist die Frage an dieser Stelle in beiderlei Hinsicht dem Grunde nach offensichtlich geklärt – denkt man. Die Reihe der Entscheidungen zum Verwandtenerbrecht findet aber ihre Fortsetzung im Beschluß des Ersten Senats vom 30.8.2000 zur Existenz beziehungsweise Einschränkbarkeit des Pflichtteilsrechts[214], der zunächst ganz auf die vorgezeichnete Linie des Zweiten Senats einzuschwenken scheint und ausdrücklich auf dessen oben genannte Feststellung bezug nimmt. Dann aber macht die Entscheidung eine unerwartete Kehrtwendung[215]: Noch nicht abschließend geklärt sei, „in welchem Verhältnis das Prinzip der Testierfreiheit und das Prinzip des Verwandtenerbrechts zueinander" stünden und „*ob* (Hervorhebung d. Verf.) es von Verfassungs wegen geboten ist, nahen Familienangehörigen auch gegen den Willen des Erblassers eine Mindestbeteiligung am Nachlass einzuräumen"[216]. Diese Aussage ist dahingehend interpretiert worden, es gehe eben noch um eine „Feinabstimmung" der Tatbestände von Pflichtteilsentziehung und -unwürdigkeit mit der Testierfreiheit[217]. Angesichts des klaren Wortlautes in bezug auf das Pflichtteilsrecht („ob") erscheint diese Interpretation zweifelhaft; indes wird dem Gericht aber kaum unterstellt werden können, die bis dahin stets durchgezogene doppelte Bedeutung des Begriffes „Verwand-

---

[211] BVerfGE 91, 346 ([360] unter Berufung auf E 67, 329 [342], die Eingrenzung dort bezog sich aber dem Kontext nach noch nicht auf den Personenkreis).

[212] BVerfGE 93, 165 (3. Leitsatz; in den Gründen S. 173).

[213] Vgl. *Otte*, AcP 202 (2002), S. 317 (325) sowie oben I 4 a in diesem Abschnitt.

[214] NJW 2001, S. 141. Eine erste Entscheidung, die sich nicht nur mit dem Verwandtenerbrecht insgesamt, sondern speziell mit dem Pflichtteilsrecht zu befassen hatte, erging zwar bereits 1996. Es handelte sich dabei allerdings um einen – kaum beachteten – Nichtannahmebeschluss des 1. Senats zu einer Verfassungsbeschwerde eines Erblassers gegen die Enge der Pflichtteilsentziehungsgründe des § 2333 BGB (NJW 1997, S. 650).

[215] Vgl. dazu auch *Leisner*, NJW 2001, S. 126.

[216] Zu einer näheren verfassungsrechtlichen Überprüfung sah das Bundesverfassungsgericht auch in diesem Fall keinen Anlaß, NJW 2001, S. 141 (142), weil die Erblasserin und Ehegattin des Beschwerdeführers, ihres Alleinerben, in ihrer letztwilligen Verfügung schon nicht klar zum Ausdruck gebracht hatte, daß sie ihren Sohn von jeglicher Beteiligung am Nachlaß ausschließen wollte.

[217] *Otte*, AcP 202 (2002), S. 317 (327).

tenerbfolge" verkannt zu haben. Als garantiert aus Sicht des Gerichts kann deshalb allenfalls die gesetzliche Vewandtenerbfolge betrachtet werden. Hinsichtlich des Pflichtteilsrechts ist derzeit lediglich sicher, daß es in seiner momentanen Ausgestaltung eine verfassungsrechtlich zulässige Einschränkung der Testierfreiheit darstellt, die weiterhin als bestimmendes Element der Erbrechtsgarantie betrachtet wird[218], und eine klare Absage hinsichtlich seiner verfassungsrechtlichen Verankerung nicht vorliegt[219]. Es scheint allerdings, als taste sich das Bundesverfassungsgericht zunehmend an die verfassungskräftige Verankerung auch des Pflichtteilsrechtes heran[220]. Mit Spannung darf deshalb im derzeit anhängigen Fall zur Pflichtteilsentziehung[221] erwartet werden, ob und wie das Bundesverfassungsgericht seine Rechtsprechung zur Familiengebundenheit fortentwickeln wird.

---

[218] Vgl. BVerfGE 67, 329 (341); BVerfGE 91, 346 (358); BVerfGE 99, 341 (350); BVerfG NJW 2001, 141.

[219] Erneut offengelassen vom Ersten Senat in BVerfGE 105, 313 (356); zu den unterschiedlichen Auffassungen der Senate auch *Graßhof*, in: BK, Ergänzung zu Art. 14 (zu Rn. 126).

[220] Der Bundesgerichtshof hingegen hat bereits klargestellt, daß er von der verfassungsrechtlichen Gewährleistung des Pflichtteilsrechts „in gewissem Umfang" ausgeht. Dieser Schutz soll sich aus Art. 14 GG ergeben (BGH Z 98, 226 [233] unter Berufung auf BVerfGE 67, 329 [!] sowie auf drei Entscheidungen des Bundesverfassungsgerichts zu Art. 6 Abs. 5 GG – was deshalb fragwürdig erscheint, weil in den genannten Entscheidungen nicht das Recht *auf* Nachlaßteilhabe an sich, sondern die Gleichstellung mit ehelichen Kindern im Vordergrund stand; ablehnend dieser Interpretation gegenüber auch *Leipold*, JZ 1990, S. 700 [702]. – Zuzugeben ist dem Bundesgerichtshof allerdings, daß das Bundesverfassungsgericht bereits in E 58, 377 [398] geäußert hat, die Testierfreiheit umfasse die Befugnis des Erblassers, einen gesetzlichen Erben „wertmäßig auf den gesetzlichen Pflichtteil zu beschränken" und hierin die Vorstellung von einer bereits innerhalb der Erbrechtsgarantie angelegten Begrenzung der Testierfreiheit durch ein ihr ebenbürtiges Grundrecht des Erben gesehen werden könnte. So wohl auch *Stöcker*, AgrarR 1985, S. 42 [43]). In anderen Entscheidungen hingegen rekurriert der Bundesgerichtshof auf Art. 14 Abs. 1, 6 Abs.1 GG (BGH Z 109, 306 [309]) oder auf das Sozialstaatsprinzip und Art. 6 GG (BGH Z 111, 36 [39]; BGH Z 123, 368 [371]; BGH FamRZ 1999, 579 [582]).

[221] Az. 1 BvR 1644/00. – In diesem Fall hatte die Erblasserin einen ihrer beiden Söhne zum Alleinerben eingesetzt und ihren geisteskranken anderen Sohn ausdrücklich enterbt mit der Begründung, er habe versucht, sie zu töten, was dieser kurz darauf auch tatsächlich tat. Seiner Klage auf Auszahlung des Pflichtteils wurde von Landgericht und Oberlandesgericht stattgegeben mit der Begründung, die Pflichtteilsentziehung setze – beim Kläger nicht vorhandene – Schuldfähigkeit voraus. Der beklagte Alleinerbe hat hiergegen Verfassungsbeschwerde eingelegt; das BVerfG hat die Vollstreckbarkeit der beiden Urteile mittels einstweiliger Anordnung vom 10.10.2000, wiederholt mit Entscheidungen vom 14.3.2001, 11.9.2001 und 12.3.2002, ausgesetzt. – Vgl. nunmehr die nach Abschluss des Manuskripts ergangene Hauptsacheentscheidung des Ersten Senats v. 19.4.2005 (NJW 2005, S. 1561 ff.).

II. Individualrechtliche Ansätze

Daß sich sowohl Erbe als auch Erblasser auf ein individuelles Grundrecht aus Art. 14 Abs. 1 S. 1 GG berufen können, ist heute zwar allgemein anerkannt[222]. Nicht ganz zu Unrecht aber ist kritisch angemerkt worden, daß die so raumgreifende Entdeckung und Entwicklung der Institutsgarantie durch *Boehmer* nachhaltig den Blick auf die Herausarbeitung eigenständiger Inhalte der individualrechtlichen Seite der Erbrechtsgarantie verstellt habe[223]: Während zwar etlichen Darstellungen der Hinweis vorangeht, Art. 14 Abs. 1 S. 1 GG gewährleiste auch individuelle Rechte von Erblasser und Erbe, bleiben die meisten dann doch einer sich ausschließlich auf institutsrechtliche Inhalte kaprizierenden Sichtweise verhaftet[224].

1. Testierfreiheit als subjektives Recht des Erblassers

Individualrechtlich wird dem Erblasser eine „Freiheit zu vererben“[225] zugesprochen, die in erster Linie das verbürgen soll, was der Gesetzgeber als Adressat der Institutsgarantie in Normen zu gießen hat: Das Recht, sein Hab und Gut an die von ihm ausgewählten Personen nach seinem Gutdünken weiterzugeben. In inhaltlicher Hinsicht kann deshalb auf die Ausführungen zur Institutsgarantie verwiesen werden; was dort normfordernd und -schützend formuliert wurde als Sicherung einer Gewährleistung wird hier subjektiviert als die Gewährleistung, das Recht, die Freiheit selbst gesehen[226]. Auch wenn „diese Freiheit“ nach *Leis-*

---

[222] Statt vieler *Depenheuer*, in: v.Mangoldt/Klein/Starck, GG, Art. 14 Rn. 518; *Leisner*, in: HStR VI, § 150 Rn. 5. Anders dagegen noch das durch *Boehmer* geprägte Weimarische Verständnis von der Erbrechtsgarantie, wie das der Grundrechte allgemein, s. dazu noch unten § 7 I 2.

[223] Vgl. *Stöcker*, WM 1979, S. 214 (215); *Vyas*, ZEV 2002, S. 1 (2).

[224] Vgl. etwa *Wendt*, in: Sachs, GG, Art. 14 Rn. 194 ff.; *Wieland*, in: Dreier, GG, Art. 14 Rn. 65 ff.; *Rittstieg*, in: AK-GG, Art. 14 Rn. 143 ff.; *Leisner*, in: HStR VI, § 150 Rn. 5 ff.

[225] Statt vieler *Depenheuer*, in: v.Mangoldt/Klein/Starck, GG, Art. 14 Rn. 520.

[226] Kritisch zu dieser bloßen Subjektivierung *Rauscher*, Reformfragen I, S. 12 f. – In der Tat läßt diese Vorgehensweise Ansätze für einen eigenständigen, von der Institutsgarantie gelösten subjektiv-rechtlichen Inhalt der Testierfreiheit nicht erkennen. Ebensowenig hinterfragt oder gar geklärt wie die Inhalte dieses Rechts im einzelnen ist bislang etwa, ob die Testierfreiheit möglicherweise als Individualrecht einen größeren Kreis von Rechten schützt als die Institutsgarantie. Über die bloße Subjektivierung der Institutsgarantie hinaus käme etwa der erweiterte Schutz bestimmter Rechte im Sinne einer Bestandsgarantie wie beim Eigentum in Betracht: Dies deshalb, weil die durch den Gesetzgeber – aufgrund seiner institutionellen Normgewährungspflicht – geschaffenen Vorschriften dem Einzelnen möglicherweise Rechte zuwachsen lassen, die wie beim Eigentum ihrerseits Schutz vor staatlichen Eingriffen genießen. Dies erscheint insbesondere mit Blick auf die enge genetische Beziehung von Testierfreiheit und Eigentumsgarantie durchaus denkbar, so könnten z. B. schon vorgenommene te-

ner „vielleicht das nach Wesen und Tradition am deutlichsten individuelle, am wenigsten gemeinschaftsgebundene Recht, welches das Grundgesetz schützt“[227] ist, so ist sie dennoch Beschränkungsmöglichkeiten ausgesetzt. Unbestritten ist so zum einen die verfassungsrechtliche ***Zulässigkeit*** eines einfachgesetzlichen Pflichtteilsrechts naher Angehöriger[228]. Zum anderen aber hat der Erblasser keinen Anspruch auf Übertragung des ungeminderten Bestandes seines Vermögens, da die Testierfreiheit, auch wenn sie systematisch richtigerweise der Erbrechtsgarantie zugehört, mit der Eigentumsgarantie verwurzelt und letzlich Ausprägung einer – schwächer geschützten – Eigentumsnutzungsgarantie ist[229].

Vereinzelt wird vertreten, im Gegensatz zum Institut müsse die Testierfreiheit als Individualrecht der Eigentumsgarantie zugeordnet werden[230]. Einen solchen Trennstrich nicht nur durch die Erbrechtsgarantie als Ganzes, sondern darüberhinaus durch die Testierfreiheit selbst zu ziehen, erscheint höchst zweifelhaft – schließlich werden so Institut und Individualrecht in verfassungsdogmatisch fragwürdiger Weise verschiedenen Garantien zugeordnet und damit auseinandergerissen. Dies geschieht auch ohne Not, denn ebenso wie die Institutsgarantie kann auch das Individualrecht der Erbrechtsgarantie als spezialgesetzlicher Regelung zugeordnet werden[231].

---

stamentarische Verfügungen gegenüber gesetzlichen Änderungen einen solchen über die Institutsgarantie hinausgehenden Schutz genießen.

[227] *Leisner*, Erbschaftsbesteuerung, S. 50.

[228] Statt vieler *Depenheuer*, in: v.Mangoldt/Klein/Starck, GG, Art. 14 Rn. 527; umfangreich zur Verfassungsmäßigkeit des Pflichtteilsrechts *Haas*, ZEV 2000, S. 249 ff. – Diese *Möglichkeit* des Gesetzgebers, einfachrechtlich in die Testierfreiheit einzugreifen durch bürgerlichrechtliche Regelung einer Nachlaßteilhabesicherung ist strikt von der zentralen Frage vorliegender Arbeit zu trennen, ob eine Nachlaßteilhabe verfassungsrechtlich verankert ist und den Gesetzgeber daher eine Regelungs*pflicht* trifft. Geht man vom Bestehen einer solchen Pflicht aus, ergibt sich die Beschränkungsmöglichkeit der Testierfreiheit „erst recht“.

[229] *Papier*, Der Staat 11, S. 483 (511f.).

[230] *Rauscher*, Reformfragen I, S. 32 f., der nach ausdrücklichem Hinweis darauf, daß „auch die Quellen der Verfassungsgebung“ keinen letzten Aufschluß zuließen, im Hinblick auf die Verwirklichung des letzten Eigentums-Willens in der Testierfreiheit „unbefangen“ nur eine solche Schlußfolgerung zu ziehen vermag. Es kann dahingestellt sein, ob nicht gerade der „Unbefangene“ die Testierfreiheit spontan aufgrund der thematischen Zugehörigkeit viel eher der Erbrechtsgarantie zuordnet und erst bei näherem Überdenken auch die Zugehörigkeit zur Eigentumsgarantie als Möglichkeit in Betracht zieht.

[231] Dem steht auch nicht entgegen, daß der EGMR im Fall Marckx gegen Belgien, EuGRZ 1979, S. 454 ff., Ziff. 63, das Recht, auch von Todes wegen über sein Vermögen zu verfügen, als Ausfluß des Eigentums gesehen hat, das im 1. Zusatzprotokoll zur EMRK geschützt wird. Denn anders als das Grundgesetz sieht die EMRK gerade keine spezielle Garantie des Erbrechts vor, so daß die Testierfreiheit ohne Systembruch dem Eigentumsrecht zugeordnet werden kann und muß. Vgl. auch *Peukert*, in: Frowein/Peukert, Art. 1 des ZP Rn. 9.

2. *Das Grundrecht des Erben*

Der Freiheit des Erblassers zu vererben wird auf Erbenseite allgemein eine Freiheit zu erben[232] gegenübergestellt, sie sollen „untrennbare Bestandteile der grundrechtlichen Erbrechtsfreiheit" sein[233]. Das Bundesverfassungsgericht führt dazu formelhaft aus: „Auch der Erbe genießt den Schutz des Grundrechts und kann ihn – jedenfalls vom Eintritt des Erbfalls an – geltend machen. Andernfalls würde der Grundrechtsschutz mit dem Tod des Erblassers erlöschen und damit weitgehend entwertet werden"[234].

a. *Ansätze zum materialen Gehalt eines Erbengrundrechts*

Nur vereinzelt wurden bislang allerdings die materialen Gehalte, das Innenleben dieses Grundrechts vertieft ergründet. Die meisten Bearbeitungen sind über die reine Feststellung seiner Existenz nicht wesentlich hinausgelangt[235]. Begrifflich konkretisiert wird es auf eine „Hoffnung auf eine zukünftige erbrechtliche Begünstigung"[236], ein „Eigentumserwerbsrecht"[237] oder ein „Recht auf Gesamtrechtsnachfolge"[238]. Hinweise auf materiale Gehalte des Erbenrechts finden sich

---

[232] Statt vieler *Papier*, in: Maunz/Dürig, GG, Art. 14 Rn. 297; *Wendt*, in: Sachs, GG, Art. 14 Rn. 197.

[233] *Papier*, in: Maunz/Dürig, GG, Art. 14 Rn. 297; *Depenheuer*, in: v.Mangoldt/Klein/Starck, GG, Art. 14 Rn. 520.

[234] BVerfGE 91, 346 (360); 93, 165 (174); vgl. auch BVerfGE 97, 1 (6); BVerfG NJW 2001, S. 141 (142).

[235] Nur eingeschränkt gefolgt werden kann dagegen dem Vorwurf von *Rauscher*, Reformfragen I, S. 12 f., das Grundrecht des Erben sei nicht nur wenig ergründet, sondern die vorhandene Bearbeitung erschöpfe sich in einer bloßen Subjektivierung der Institutsgarantie: Dies mag für die Testierfreiheit zutreffen, ein solches Vorgehen beim Grundrecht des Erben ist dagegen nur partiell ersichtlich. Vielmehr werden Aspekte der Familienbindung gerade nicht oder kaum unter individualrechtlichem Blickwinkel abgehandelt, vgl. etwa *Depenheuer*, in: v.Mangoldt/Klein/Starck, GG, Art. 14 Rn. 521 ff. Oder es wird – nach der Feststellung, das Erbrecht sei sowohl als Rechtsinstitut wie auch als Individualrecht gewährleistet – zwischen institutionellem und individualrechtlichem Inhalt in der sich anschließenden Vertiefung ausdrücklich überhaupt nicht getrennt, die Darstellung läßt aber eine institutionelle Sichtweise erkennen, vgl. *Wendt*, in: Sachs, GG, Art. 14 Rn. 193 ff. Insofern ähnlich *Vyas*, ZEV 2002, S. 1 (2), bei Fn. 20.

[236] *Rittstieg*, in: AK-GG, Art. 14 Rn. 149.

[237] *Papier*, in: Maunz/Dürig, GG, Art. 14 Rn. 298; *Depenheuer*, in: v.Mangoldt/Klein/Starck, GG, Art. 14 Rn. 520; *Wendt*, in: Sachs, GG, Art. 14 Rn. 194.

[238] *Depenheuer*, in: v.Mangoldt/Klein/Starck, GG, Art. 14 Rn. 520; *Kimminich*, in: BK, Art. 14 Rn. 125; *Wendt*, in: Sachs, GG, Art. 14 Rn. 194. – Dabei drängt sich aber mangels weitergehender Auseinandersetzung die Vermutung auf, daß hier nicht immer bewußt ein Recht auf echte *Gesamt*rechtsnachfolge im Sinne des BGB verstanden wird, sondern vielmehr unreflektiert ein Recht allgemein auf Rechtsnachfolge gemeint ist: Vgl. etwa auch *Vyas*, ZEV 2002, S. 1 (4), die den Begriff der Gesamtrechtsnachfolge zunächst synonym zu setzen scheint mit ei-

in erster Linie in der Feststellung einer Art Spiegelbildlichkeit von Vererbungs- und Erbenrecht und des Zusammenhangs zur Eigentumsfreiheit: Das Erwerbsrecht kraft Erbfolge entspreche dem Vererbungsrecht des Erblassers, welches seinerseits Ausfluß der allgemeinen Eigentumsnutzungsfreiheit sei. Denselben Beschränkungsmöglichkeiten wie diese unterlägen also auch die Freiheiten des Erben und Vererbens. Es gebe deshalb insbesondere kein Recht auf Übertragung oder Erwerb eines ungeminderten Eigentumsbestandes[239]. Vereinzelt wird das Individualrecht des Erben auch als Befugnis zur Ausübung der „dem geltenden Recht entspringenden Rechtspositionen" verstanden[240].

Einen vertieften Versuch, das Grundrecht auf Erbenseite als ein Recht zu erben zu entwickeln und einer eigenständigen Bedeutung zuzuführen, hat erstmals *Stöcker*[241] Ende der siebziger Jahre unternommen. Er hat dabei das Ergebnis gewonnen, wesentlicher Inhalt des Individualrechtes sei das Prinzip der Gleichheit[242]. Zur Begründung wird zum einen die Abschaffung der Fideikommisse[243] in § 170 der Paulskirchenverfassung und Art. 155 Abs. 2 S. 2 WRV herangezogen[244], zum anderen eine dem Erbrecht traditionell innewohnende Gerechtigkeitsidee erkannt[245]. Im Vordergrund des individuellen Freiheitsrechtes zu erben steht für *Stöcker* deshalb die maximale Teilhabe am Nachlaß, die Erlangung „größtmöglicher (wirtschaftlicher) Freiheit durch Erwerb von Vermögen"[246] aus

---

nem (echten) Recht auf Rechtsnachfolge (im Gegensatz zu einer bloßen Erwerbsaussicht), dann aber unvermittelt tatsächlich auf die einfachgesetzliche Entwicklung der Gesamtrechtsnachfolge eingeht und damit zwei Fragen (nämlich die nach dem Recht an sich einerseits und die nach seiner Ausgestaltung andererseits) miteinander verquickt, von denen die eine nichts mit der anderen zu tun hat.

239 *Papier*, in: Maunz/Dürig, GG, Art. 14 Rn. 298.

240 *Rittstieg*, in: AK-GG, Art. 14 Rn. 143.

241 WM 1979, S. 214 ff., wobei sich *Stöcker* noch ausführlich mit der – heute nicht mehr gestellten – Frage befaßt, *ob* es überhaupt ein Individualgrundrecht der Erbrechtsgarantie auf Erbenseite gebe und dies als historische überkommene Selbstverständlichkeit bejaht (S. 217 ff., 222).

242 *Stöcker*, WM 1979, S. 214 (218). Ansätze zu diesem Gedanken auch schon bei *Barnstedt*, DNotZ 1969, S. 14 (18); *Bendel*, Anerbenrecht, S. 57 ff.

243 Fideikommisse waren Rechtskonstrukte, die es dem Erblasser ermöglichten, über Generationen hinweg die Nachfolge festzulegen sowie jegliche Veräußerung des fideikommissarisch gebundenen Gutes zu verhindern, im einzelnen s. *Däubler*, JZ 1969, S. 499 ff. Zu ihrem Verbot führte neben der Tatsache, daß sie den Nachlaß dem Gläubigerzugriff entzogen, insbesondere der Gedanke, daß sie einer gleichmäßigen Verteilung des Gutes im Wege standen, vgl. zur Paulskirchenverfassung *Mommsen*, Die Grundrechte des deutschen Volkes, S. 67; zur Weimarer Reichsverfassung s. etwa die Äußerung des Abgeordneten *Hampe* in: Heilfron (Hrsg.), Die deutsche Nationalversammlung 1919, VI; S. 4292.

244 *Stöcker*, WM 1979, S. 214 (218).

245 *Stöcker*, WM 1979, S. 214 (221).

246 *Stöcker*, WM 1979, S. 214 (218).

dem Nachlaß, und zwar als „gegen die nächsten Angehörigen“[247] gerichtetes Recht. Erst in zweiter Linie soll dem Erbberechtigten auch ein gegen den Staat gerichteter Anspruch darauf zustehen, vor Beeinträchtigungen des gewährleisteten Rechts geschützt zu werden, „gleichviel ob sie von der staatlichen Gesetzgebung oder vom Erblasser ausgehen“[248]. Dem Pflichtteilsrecht wird dementsprechend die Aufgabe zugeschrieben, das Gleichheitsprinzip auch gegen den Willen des Erblassers durchzusetzen – wenn auch nur im Sinne „relativer Gleichstellung“[249]. Jegliche in familienrechtlichen Hintergründen wurzelnden Elemente lehnt *Stöcker* dagegen strikt ab: Inhalt des Individualerbrechts sei ausschließlich die das eigennützige Interesse des Erben verwirklichende gleichmäßige Verteilung des Nachlasses; Bedürftigkeitsaspekte oder gar das Interesse an der Erhaltung eines Familienvermögens hingegen seien in vorliegenden Überlegungen gänzlich fehl am Platze, da nichts als eine unangebrachte Bedrohung des Gleichheitsgedankens[250]. Die Verwirklichung des Gleichheitsgedankens gegen Staat und Erblasser ist nach dieser Auffassung also der maßgebliche Inhalt des Erbengrundrechtes.

Diesen Gleichheitsgedanken hat dann Anfang der neunziger Jahre *Rauscher*[251] aufgegriffen und ein abgewandeltes Konzept entworfen, in dem eine „Erbrechtsfreiheit“ und eine „Erbrechtsgleichheit“ als gleichwertig nebeneinanderstehende Komponenten Inhalt des individuellen Erbengrundrechts sind[252]. Die – von *Stöcker* im wesentlichen übernommene – Gleichheitskomponente erfährt dabei eine Ergänzung durch eine gewissermaßen „reine“ Freiheitskomponente: Aus einem historischen Rückblick wird auf ein Recht jedermanns gegen den Staat geschlossen, Übergriffe durch diesen auf die *Privatheit* der Erbfolge abzuwehren[253]. Absicherung gegen ungleichmäßige Verteilung im Intestatfall sowie gegen Zuweisung an andere Private durch den Erblasser hingegen verschafft das Prinzip der Erbrechtsgleichheit[254]. Dieses ist auch für *Rauscher* nicht nur allgemein in Art. 3

---

[247] *Stöcker*, WM 1979, S. 214 (222).

[248] *Stöcker*, WM 1979, S. 214 (222). Die Abwehr staatlicher Übergriffe ist für *Stöcker* also nachrangig, das Individualgrundrecht soll sich primär gegen die „nächsten Angehörigen“ richten. Grundrechtlich garantiert ist nach dieser Auffassung also in erster Linie das subjektive Privatrecht aus dem Erbrecht. Vgl. auch *Lange/Kuchinke*, Erbrecht, § 2 IV 2 b); ähnlich *Leipold*, in: MünchKomm, Einl. vor § 1922 Rn. 20: garantiert seien „die aus dem Erbrecht im objektiven Sinn entspringenden subjektiven Rechte“.

[249] *Stöcker*, WM 1979, S. 214 (221).

[250] *Stöcker*, WM 1979, S. 214 (219).

[251] Reformfragen I; S. 12 ff.

[252] Im wesentlichen übernommen von *Vyas*, ZEV 2002, 1 ff.

[253] Anders als *Stöcker* zieht *Rauscher* also aus dem Zusammenhang zwischen den massiven Angriffen auf das Erbrecht zu Beginn des 20. Jahrhunderts und dessen erstmaliger Verankerung in der Weimarer Reichsverfassung den Schluß, daß ein Indvidualgrundrecht zu erben zweifelsohne in erster Linie Abwehrcharakter hinsichtlich *staatlicher* Übergriffe besitzt.

[254] Vgl. *Rauscher*, Reformfragen I, S. 17 f.

Abs. 1 GG verankert, sondern ein der Erbrechtsgarantie immanentes Prinzip[255]. Die Erbrechtsgleichheit soll als „Ausdruck größtmöglicher Befriedigung aller potentiellen Erben“ Verstärkung durch die Erbrechtsfreiheit finden, indem diese „den Nachlaß so weit als geschützt ungeschmälert ... zur Verfügung hält“[256]. Erbrechtsgleichheit und -freiheit ergänzen sich nach dieser Vorstellung also zu einem umfassenden Schutz des Erben gegen den Erblasser einerseits und – offenbar sekundär – gegen den Staat andererseits.

b. Zur zeitlichen Reichweite des Schutzes

Schließlich wird bisweilen noch die Frage nach dem zeitlichen Geltungsbereich eines Erbenrechtes angerissen, womit zweierlei Probleme aufgeworfen sind: *Nach* dem Erbfall stellt sich die Frage, in welchem Verhältnis der Schutz des Erwerbenden als Erbe einerseits und als Eigentümer andererseits stehen. Dies wird zum Teil zugunsten eines absoluten Vorrangs der Eigentumsfreiheit gelöst, da der Erbe durch diese bereits „ausreichenden Schutz“ genieße[257]. Nach differenzierender Ansicht ist dagegen darauf abzustellen, ob „dem Erben ‚sein Gut als Erbe‘ vom Staat streitig“ gemacht werde, andernfalls greife der Eigentumsschutz ein[258]. *Vor* dem Erbfall hingegen wird die Existenz eines Grundrechtes schon von vorneherein bezweifelt, schließlich handle es sich um eine bloße Hoffnung[259], bestenfalls um eine Anwartschaft[260]. Nur vereinzelt wird dem entgegengehalten, daß die Rechtsposition des potentiellen Erben und Grundrechtsträgers nicht mit (zivilrechtlichen) Anwartschaftskategorien erfaßt werden könne[261], weil die Entziehungsmöglichkeit durch den *Erblasser* keine Aussage hinsichtlich eines Schutzes gegen den *Staat* präjudiziere[262]. Ein Teil des Individualgrundrechtes sei vielmehr gerade die „Möglichkeit, Erbe zu werden“[263].

---

[255] Vgl. *Rauscher*, Reformfragen I, S. 18.

[256] *Rauscher*, Reformfragen I, S. 18 f.

[257] So etwa *Badura*, in: HVerfR, § 10 Rn. 29; *Kimminich*, in: BK, Art. 14 Rn. 127; wohl auch *Bryde*, in: von Münch/Kunig, GG, Art. 14 Rn. 45.

[258] *Leisner*, in: HStR VI, § 150 Rn. 6.

[259] Vgl. *Stöcker*, WM 1979, S. 214: „faktische Erwerbsaussicht (215), „nuda spes“ (216).

[260] *Bryde*, in: von Münch/Kunig, GG, Art. 14 Rn. 45; ein subjektives Recht potentieller Erben vor dem Erbfall negieren auch *Badura*, in: HVerfR, § 10 Rn. 29; *Kimminich*, in: BK, Art. 14 Rn. 127; *Jochum/Durner*, JuS 2005, S. 220 (223).

[261] *Leisner*, in: HStR VI, § 150 Rn. 6.

[262] Vgl. *Rauscher*, Reformfragen I, S. 14; *Vyas*, ZEV 2002, S.1 (5).

[263] *Rauscher*, Reformfragen I, S. 15, in Anlehnung an die Formulierung bei *Stöcker*, WM 1979, S. 214 (216); für ein Recht des Erben schon zu Lebzeiten des Erblassers auch *Vyas*, ZEV 2002, S. 1 (5), wenn auch sehr allgemein gehalten.

Insgesamt also offenbart sich die Erbrechtsgarantie als eine bislang eher wenig erforschte Verfassungsgewährleistung, insbesondere sind individualrechtliche Gehalte kaum geklärt. Die bisherigen Ansätze kritisch zu beleuchten und andere Wege aufzuzeigen, ist Aufgabe der beiden folgenden Paragraphen.

§ 4 Die überkommene Auslegung des Verfassungserbrechts in der Sackgasse

Der vorangegangene Abschnitt hat gezeigt, wie wenig durchdrungen, geschweige denn geklärt die Frage nach – institutsrechtlich gesehen – einer familiären Bindung des Nachlasses beziehungsweise – individualrechtlich gewendet – einem Grundrecht Angehöriger auf Nachlaßbeteiligung ist. Die folgende Analyse wird indes ans Licht bringen, daß eine Klärung auf den bislang eingeschlagenen Wegen auch nur schwerlich gelingen konnte, weil es den verfolgten Ansätzen in verschiedener Hinsicht an einer differenzierten Sichtweise mangelt: Verursacht durch einen allzu verallgemeinernden Rekurs auf ein im weitesten Sinne familiensoziologisches Instrumentarium wird argumentativ oft schon nicht deutlich zwischen gesetzlichem Erbrecht und Pflichtteilsrecht getrennt (im folgenden I. 1.), noch das Verhältnis von Art. 14 Abs. 1 S. 1 GG und Art. 6 Abs. 1 GG klar abgesteckt (I. 2.). Im Dunkeln bleibt außerdem, ob und inwiefern sich die Garantie einer Verwandtenerbfolge und die einer Privaterbfolge unterscheiden; hier wird vertieft nachzuhaken sein (II.). Dogmatisch tiefgreifende Mißverständnisse ergeben sich schließlich aus der Ineinssetzung von privatrechtlichem Erbanspruch und verfassungsrechtlichem Erbgrundrecht (III.). Erst wenn in diesen Punkten Klarheit geschaffen ist, kann in einem zweiten Schritt (§ 5) das dogmatische Fundament für einen neu zu beschreitenden Weg zur Ermittlung des Grundrechts auf Nachlaßteilhabe gelegt werden.

I. Allgemein: „Diffuser Familiarismus[264]" – der undifferenzierte Rekurs auf familiensoziologische Kriterien

1. Mangelnde Trennung von gesetzlichem Erbrecht und Pflichtteilsrecht

Bei der Festlegung der Begrifflichkeiten[265] wurde dargelegt, daß herkömmlichem Verständnis nach gesetzliches Erbrecht und Pflichtteilsrecht zwei Ausprägungen oder zwei Schichten einer übergeordneten Frage nach der Nachlaßbindung an Angehörige sind, die ihrerseits als „Familiengebundenheit" bezeichnet

---

[264] In Anlehnung an *Stöcker*, WM 1979, S. 214 (219): „Erbrechtlicher Familiarismus".
[265] § 3 I 4 a.

werden kann. Wegen der im Erbrecht des BGB bestehenden inneren Abhängigkeit des Pflichtteilsrechts von der im Intestatfall eintretenden Erbfolge mag diese Zusammenfassung unter einem Überbegriff durchaus naheliegen. Allerdings verleitet sie offenbar dazu, das gesamte familienbezogene Argumentationsinstrumentarium pauschal für beide Schichten ins Feld zu führen und dabei aus den Augen zu verlieren, daß angesichts des Dreh- und Angelpunktes testamentarischer Erbeinsetzung genau entgegengesetzte Fallgestaltungen betroffen sind: Während beim Pflichtteilsrecht der von den Angehörigen erhobene Anspruch auf Nachlaßbeteiligung mit der Testierfreiheit des Erblassers ins Gehege kommt, schafft gerade deren Nichtausübung den Intestatfall und damit den Boden für eine gesetzliche Erbfolge. Das familienbezogene hermeneutische Argumentationsdickicht, das im Familienschutzgedanken des Art. 6 Abs. 1 GG wurzelt, Art. 14 Abs. 1 S. 1 GG mitumrankt und fragliche Blüten eines Familienkollektivismus[266] treibt, verstellt den Blick darauf, daß hier zwei jedenfalls in ihrem Ausgangspunkt ganz verschiedene Fragen angesprochen sind. Denn im Hinblick auf die Verwandtenerbfolge muß untersucht werden, ob der Gesetzgeber Angehörige im Intestatfall am Nachlaß beteiligen und sie anderen Privaten wie auch dem Staat vorziehen muß. Das Pflichtteilsrecht hingegen betrifft die Frage, ob eine Nachlaßbeteiligung auch und gerade gegen den Erblasser durchzusetzen ist. Es liegt also nahe, daß eine nach den beiden Schichten getrennte Behandlung verlangt ist und genau hinterfragt werden muß, inwiefern das gesetzliche Erbrecht und das Pflichtteilsrecht jeweils überhaupt dazu angetan sind, das Familienschutzgebot umzusetzen. Topoi wie die der altruistischen Pflichtbindung, der Stärkung der Familie als materieller Solidargemeinschaft, der Erhaltung eines Familienvermögens, der innerfamiliären Solidarität usw. bedürfen also einer sorgfältig differenzierenden Betrachtung je nach Schicht[267]. Das Heranziehen familienorientierter Gesichtspunkte darf keinesfalls dazu führen, daß der Blick einzig auf den Ausgleich von Erblasser- und Erbeninteressen verengt und deshalb übersehen wird, daß die Frage nach der verfassungsfesten Verwandtenerbfolge in erster Linie eine rein bilaterale zwischen Staat und potentiellen gesetzlichen Erben ist, wohingegen (erst) auf der Ebene des Pflichtteilsrechts der Erb-

---

[266] Besonders deutlich bei *Boehmer*, in: Neumann/Nipperdey/Scheuner, Die Grundrechte II, S. 401 (415 et passim), der vom germanistischen Bild eines zu wahrenden Familienvermögens ausgeht („kollektivistisch-transpersonaler Zug"), aber etwa auch bei *Leisner*, Erbschaftsbesteuerung, S. 112 f.

[267] Dies übersehen insbesondere die rein familienrechtliche Lösung von *Hetmeier*, Grundlagen der Privaterbfolge, der mit ein- und derselben familienschutzbezogenen Argumentation sowohl die gesetzliche Erbfolge Angehöriger als auch deren Pflichtteilsrecht verteidigt, vgl. oben § 3 I 4 b bb (2), aber auch weite Teile der gemischten Lösung, vgl. § 3 I 4 b bb (3). Vor allem bei den Ansatzpunkten, die auf eine vermögenserhaltende und die Familie als Kollektiv zusammenschmiedende Funktion der Bindung an Angehörige abzielen, muß hinsichtlich des Pflichtteilsrechts mit seiner tendenziell desintegrativen Wirkung das Dogma familienschützender Funktion ohnehin mit einem Fragezeichen versehen werden.

lasser als Dritter hinzutritt[268]. Eine klare Trennung zwischen den beiden Ausprägungen der Familiengebundenheit wird also ein wesentlicher Ausgangspunkt der Untersuchung sein.

2. Unklares Verhältnis von Art. 14 Abs. 1 S. 1 GG und Art. 6 Abs. 1 GG

Die Dominanz familienbezogener Kriterien führt des weiteren dazu, daß häufig eine eigenständige Untersuchung des erbrechtsbezogenen Garantiegehaltes von Art. 14 Abs. 1 S. 1 GG ohne augenblickliche Verquickung mit Art. 6 Abs. 1 GG unterbleibt. Klare dogmatische Strukturen, die das Verhältnis der beiden Normen zu erklären geeignet wären, treten dabei insbesondere dann nicht zu Tage, wenn nur allgemein auf einen „Sinnzusammenhang“ rekurriert wird[269]. Aber auch dort, wo – zwischen den Zeilen oder ausdrücklich – eine Abschichtung und getrennte Untersuchung der Normen stattfindet und deshalb zumindest eine gewisse Systematik erkennbar ist[270], wird nur ganz vereinzelt herausgearbeitet, wie sich die Erbrechtsgarantie und das Familienschutzgebot inhaltlich zueinander verhalten.

Dies zeigt sich in der herkömmlichen Argumentation vor allem, wenn zunächst die Prämisse formuliert wird, die Familiengebundenheit sei Teil der Institutsgarantie, wenn sie zu den Strukturmerkmalen des deutschen Erbrechts gehöre: Obwohl dies sodann positiv festgestellt wird, wird im Anschluß häufig ohne weitere Erklärung doch noch eine Erörterung des gesamten familienbezogenen Instrumentariums um Art. 6 Abs. 1 GG vorgenommen, um erst *danach* die Garantie der Familiengebundenheit aus Art. 14 Abs. 1 S. 1 GG zu bejahen[271]. Die

---

[268] Schon aus diesem Grund kann der eine Familiengebundenheit ganz ablehnenden Auffassung (vgl. § 3 I 4 b aa) nicht gefolgt werden: Soweit dort davon ausgegangen wird, die Anerkennung der Familiengebundenheit offenbare ein falsches Verständnis von der Bedeutung der Testierfreiheit, und dies ausdrücklich auf das gesetzliche Erbrecht erstreckt wird (vgl. *Wieland*, in: Dreier, GG, Art. 14 Rn. 66 f.), wird übersehen, daß das gesetzliche Erbrecht mit der Testierfreiheit niemals in Konflikt gerät und diese deshalb in ihrer Bedeutung auch nicht herabzusetzen vermag.

[269] Nachweise oben, § 3 I 4 b bb (3).

[270] Nachweise oben, § 3 I 4 b bb (3).

[271] Vgl. etwa *Bryde*, in: von Münch/Kunig, GG, Art. 14 Rn. 48; *Leisner*, in: HStR VI, § 150 Rn. 14 und 18 f.; *Papier*, in: Maunz/Dürig, GG, Art. 14 Rn. 300 f. Es erscheint zwar durchaus denkbar, daß die Familiengebundenheit nur aus einem Zusammenhang von Art. 14 Abs. 1 S. 1 und Art. 6 Abs. 1 GG verfassungsrechtlich geschützt ist. Wer dieser Auffassung ist, muß aber zunächst klären, daß und warum Art. 14 Abs. 1 S. 1 GG eine solche Garantie allein nicht begründen können soll – schließlich spricht gerade diese Norm des Grundgesetzes vom „Erbrecht“ und keine weitere sonst. Auch der Prämissensetzung von *Haas*, ZEV 2000, S. 249 ff. – Zugehörigkeit des Pflichtteilsrechts zu den Strukturmerkmalen des Erbrechts einerseits und enger Bezug zu den „unmittelbar aus der Verfassung abzuleitenden Leitprinzipien“ andererseits – kann nicht gefolgt werden: Weder wird klar, was ein Leitprinzip in concreto sein soll (sofern *Haas* hier die Sozialbindung des Eigentums und den Schutz von Ehe und Familie ein-

solchermaßen implizite Übergehung oder gar Negierung eindeutiger und eigenständiger Aussagen der Erbrechtsgarantie selbst birgt die Gefahr, daß die aus Art. 14 Abs. 1 S. 1 GG gegebene Garantie vorschnell von außen begrenzt wird durch Auferlegung eines spezifisch Art. 6 Abs. 1 GG zugehörigen Rahmens – und damit das Familienschutzgebot der Garantie eines Erbrechts etwas nimmt, was Art. 14 Abs. 1 S. 1 GG möglicherweise gewährt. Schon aufgrund der eindeutigen grundgesetzlichen Zuweisung der Regelungsmaterie Erbrecht zu Art. 14 GG kann aber allein die Tatsache der Familienbezogenheit des Erbrechts keinesfalls dazu führen, daß Prämissen des Art. 6 GG der Garantie des Art. 14 Abs. 1 S. 1 GG in beschränkender Weise vorangestellt werden. Dies gilt insbesondere im Blick auf den geringen personellen Spielraum des Art. 6 Abs. 1 GG. Notwendig erscheint deshalb nicht nur die oben geforderte Abschichtung der Untersuchung nach gesetzlichem Erbrecht und Pflichtteilsrecht, sondern innerhalb dieser auch eine klare Trennung danach, was hinsichtlich einer Familienerbfolge *zum einen* Art. 14 Abs. 1 S. 1 GG und *zum anderen* Art. 6 Abs. 1 GG schützt bzw. fordert[272]. Daß die Ergebnisse wirklich divergieren, ist damit nicht gesagt – möglicherweise schützt Art. 14 Abs. 1 S. 1 GG hinsichtlich des Bereichs Nachlaßteilhabe tatsächlich nur den auch von Art. 6 Abs. 1 GG betroffenen Personenkreis. Nur so aber können aussagekräftige Erkenntnisse über die Rolle des Familienschutzgebotes für die Familiengebundenheit des Nachlasses gewonnen werden, nur so kann geklärt werden, ob und in welchem Rahmen das Grundgesetz die Familiengebundenheit in den Stand einer Verfassungsgarantie erhebt.

Die Notwendigkeit, die nachfolgende Untersuchung entsprechend getrennt anzugehen, zeigt sich auch und insbesondere an der Frage möglicher Ersetzbarkeit eines Erbanspruchs durch einen bedarfsabhängigen Unterhaltsanspruch. Mitnichten zwingend erscheint nämlich bei näherem Besehen die oben[273] angedeutete, in den meisten Darstellungen mitschwingende Vorstellung, der Zusammenhang mit Art. 6 Abs. 1 GG öffne das Tor zur Zulässigkeit bedarfsabhängiger Regelungen, wohingegen Art. 14 Abs. 1 S. 1 GG ohne weiteres eine strikte Unterhaltsfeindlichkeit zu entnehmen sei – eine Rollenverteilung, die auf den ersten Blick durchaus besticht. Verkannt wird dabei aber, daß die Weitergabe des Erblasservermögens an Angehörige in ihren Ursprüngen durchaus – auch – Unterhaltsfunktion gehabt haben kann, die das Grundgesetz durch die Erbrechtsga-

---

bringt, ist im Verhältnis zu einer gesonderten Prüfung der Art. 14 Abs. 2 GG und 6 Abs. 1 GG jedenfalls nichts gewonnen), noch erscheint die Voraussetzung des „engen" Bezuges als ein taugliches, da Klarheit schaffendes Kriterium.

[272] Ähnlich zu diesem Verhältnis *Rauscher*, Reformfragen I, S. 46; eine Abschichtung andeutend auch BVerfGE 91, 346 (359), wo die – im Ergebnis offengelassene – Frage aufgeworfen wird, ob „sich ein (*gegebenenfalls noch weitergehender*) verfassungsrechtlicher Schutz des Familien- und Verwandtenerbrechts aus Art. 6 Abs. 1 GG ergibt" (Hervorhebung d. Verf.).

[273] § 3 I 4 b bb (3).

rantie möglicherweise rezipiert und unter Umständen bis heute bewahrt hat. Umgekehrt ist es aber auch nicht ausgeschlossen, daß sich auch aus Art. 6 Abs. 1 GG im Hinblick auf den Bereich „Nachlaßverteilung“ gerade keine Garantien unterhaltrechtsrelevanter Art ergeben. Nur weil Art. 6 Abs. 1 GG gewissermaßen „originärer Standort“ unterhaltsrechtlichen Instrumentariums ist, kann ihm die Erbrechtsgarantie jedenfalls nicht ohne weiteres einfach als Gegenpol zugeordnet werden. Vielmehr sind beide Normen auch diesbezüglich einer Untersuchung auf eigenständige Aussagen zu unterziehen.

II. Institutionell: Vorschnelle Identifizierung von Privat- und Verwandtenerbfolge

1. Entschlüsselung eines Irrtums und seiner Folgen

Schwierigkeiten bereitet nicht zuletzt auch das ineinandergreifende Verhältnis von institutionell garantierter Verwandtenerbfolge und Privaterbfolge. Bezweifelt wird insofern, ob letztere angesichts des Zusammenspiels der Verfassungsgarantien von Testierfreiheit und Verwandtenerbfolge überhaupt ein eigenständiger Inhalt zugesprochen werden kann[274]: Wenn nämlich zum einen dem Erblasser garantiert ist, sein Hab und Gut an Personen seiner Wahl weiterzugeben und zum anderen gleichzeitig verankert ist, daß im Falle des Ausbleibens letztwilliger Verfügungen Familienangehörige den Nachlaß erhalten sollen, dann ist die Weitergabe der Erbschaft an Private an sich schon durch diese beiden Elemente gesichert[275]. Privaterbfolge und Familienerbfolge scheinen also zu verschmelzen, die jeweiligen Kreise der von ihnen geschützten Personen sich zur Gänze zu decken[276]. Bei dieser Sicht der Dinge drängt sich dann tatsächlich die Frage auf, ob dem Grundsatz der Privaterbfolge wirklich eigenständige Bedeutung zukommt.

Bei näherem Besehen führt diese angebliche Verschmelzung aber, denkt man sie konsequent weiter, in ein unauflösbares Dilemma. Es wird nämlich kaum davon ausgegangen werden können, daß das Grundgesetz die Verwandtenerbfolge in

---

[274] *Bryde*, in: von Münch/Kunig, GG, Art. 14 Rn. 49; *Otte*, in: Staudinger, Einl. zu §§ 1922 ff. Rn. 61; *Stein*, in: Soergel, Einl. zu §§ 1922 ff. Rn. 6.

[275] So auch *Bryde*, in: von Münch/Kunig, GG, Art. 14 Rn. 49; ähnlich *Depenheuer*, in: v.Mangoldt/Klein/Starck, GG, Art. 14 Rn. 525, der die Privaterbfolge nur in unmittelbarem Zusammenhang mit dem Verwandtenerbrecht erwähnt; ganz deutlich *Stein*, in: Soergel, Einl. zu § 1922 ff. Rn. 6 (Fn. 31). Siehe auch *Lutter*, FamRZ 1967, S. 65 (68).

[276] Auch den Ausführungen *Boehmers,* in: Neumann/Nipperdey/Scheuner, Die Grundrechte II, S. 401 (410 ff.), der unter der Überschrift „Unbeschränkte Privaterbfolge?“ das gesetzliche Verwandtenerbrecht abhandelt, kann nichts anderes als eben dieses Ineinandergreifen der beiden Institute entnommen werden. Ähnlich zum Verhältnis von Privaterbfolge, Testierfreiheit und Verwandtenerbrecht *Quebe*, Erbrechtsgarantie, S. 42: Die Privaterbfolge setze sich aus den beiden anderen Prinzipien zusammen.

ihrer vom BGB vorgesehenen Unbegrenztheit schützt, war diese doch schon 1900 bei Inkrafttreten desselben umstritten und blieb es auch in der Folgezeit[277]. Jede Begrenzung des verfassungsrechtlichen Schutzes der Blutsverwandtenerbfolge bedeutet nach dieser Vorstellung aber gleichzeitig eine Beschneidung der Privaterbfolge und damit eine Ausdehnung der Möglichkeit, den Staat zum Erben einzusetzen[278]. Erachtete man also beispielsweise die Erbfolge der Blutsverwandten als nur bis zur zweiten Parentel[279] verfassungsrechtlich garantiert, ergäbe sich infolge der Koppelung der Privaterbfolge an diese Reichweite, daß eine einfachgesetzliche Regelung, die den Staat als gesetzlichen Erben schon nach Geschwistern einsetzte, zulässig wäre[280].

Daß die Gleichung von Privat- und Verwandtenerbfolge möglicherweise noch für die Vergangenheit, nicht aber mehr für die Zukunft Richtigkeit für sich beanspruchen kann, zeigt schon das nunmehr im Lebenspartnerschaftsgesetz geregelte gesetzliche Erbrecht von Partnern gleichgeschlechtlicher Lebensgemeinschaften: Der für lange Zeit fest geschlossene Kreis der traditionellen gesetzlichen Erben, bestehend aus biologisch Verwandten und Ehegatten, hat erstmals Risse bekommen, eine außerhalb von Verwandtschaft und Ehe stehende private Person hat sich in diesen Kreis gedrängt, so befremdlich dies vor noch nicht allzu langer Zeit auch erschienen sein mag. Die gesellschaftliche Entwicklung kann also neue, vom heutigen Standpunkt aus undenkbare gesetzliche Erben kreieren, indem zwischenmenschliche, typisierbare Beziehungen rechtliche Anerkennung erfahren[281].

Der Staat kann also außerverwandtschaftliche Beziehungen zwischen Menschen rechtlich abbilden und damit die Möglichkeit schaffen, auch andere Private zu gesetzlichen Erben einzusetzen. Nichts anderes ist im übrigen beim Ehegatten

---

[277] Auch hierzu schon oben § 3 I 2.

[278] Ganz deutlich bei *Maletzky*, Erbrecht des Fiskus, S. 203: „...für eine Begrenzung der Verwandtenerbfolge *und somit* eine Ausweitung der Erbschaften des Fiskus." (Hervorhebung d. Verf.). – Dieses Problem erkennt auch *Rauscher*, Reformfragen II, S. 157 ff. und will deshalb die gesamte unbegrenzte Verwandtenerbfolge als verfassungsrechtlich garantiert ansehen.

[279] Eltern und ihre Abkömmlinge, § 1925 Abs. 1 BGB.

[280] Im Zivilrecht ist deshalb häufig vorgeschlagen worden, dem Staat ein Erbrecht nach der dritten Parentel zu gewähren – womit zum einen der auch rechtsvergleichende Ruf nach einer Begrenzung des Erbrechts hätte erstickt werden können, andererseits aber rein praktisch dem Staat doch nur ein ganz geringer Teil sämtlichen Nachlaßaufkommens zugefallen wäre. Zu diesen Vorschlägen ausführlich und kritisch *Rauscher*, Reformfragen II, S. 164 f.: Nichts weiter als eine „Frontbegradigung".

[281] Daß die Privaterbfolge nicht nur keineswegs zwingend immer eine reine Verwandtenerbfolge bleiben muß, zeigen die Vorschläge, solchen Pflegepersonen ein gesetzliches Erbrecht einzuräumen, die mit dem Erblasser vor seinem Tode mindestens ein Jahr in häuslicher Gemeinschaft gelebt haben – ein Aspekt, der gerade in Anbetracht der jetzigen demographischen Entwicklung zeitnah wieder aufgegriffen werden könnte, s. schon *Coing*, 49. DJT, Bd. I (Gutachten), Teil A, S. 74.

vor sich gegangen: Auch dessen Beziehung zum Erblasser ist keine natürliche, unverrückbare wie die biologischer Verwandtschaft, sondern eine rechtliche. Sie ist uns wegen des dem Ehegatten zugemessenen Stellenwertes nur so selbstverständlich geworden, daß ihre Abhängigkeit von rechtlicher Regelung leicht übersehen wird, daß wir sie als quasi-natürliche, der Blutsverwandtschaft ebenbürtige empfinden[282]. Gerade hieran wird deutlich, daß der Gesetzgeber durch rechtliche Fixierung menschlicher Beziehungen eine besondere Verbundenheit zum Erblasser „künstlich" schaffen und der – von Natur aus festgelegten – Beziehung durch Verwandtschaft gleichstellen kann. Es kann deshalb nicht infrage stehen, daß die Privaterbfolge auf andere Private erweiterbar ist, denknotwendig ist sie keineswegs identisch mit der traditionellen Verwandtenerbfolge. Sie ist, weil sogar eine Einsetzung Privater außerhalb eines Angehörigenkreises zumindest theoretisch denkbar ist, nicht einmal identisch mit einer Familienerbfolge im hier gebrauchten, also sämtliche Angehörige einschließenden Sinne.

2. Stattdessen: Erkenntnis getrennter Garantiegehalte

a. Einsetzung Privater einerseits – Einsetzung Angehöriger andererseits

Privaterbfolge und Verwandtenerbfolge sind also keineswegs Synonyme und die Privaterbfolge nicht nur der Spiegel einer zwingenden Weitergabe an Verwandte oder sonstige Angehörige. In Fortführung dieses Gedankens gelingt es denn auch, ihren jeweils eigenen Garantiegehalt als verfassungsrechtlich garantierte Institute zu erkennen: Privaterbfolge bedeutet (nur), daß die Weiterleitung des Vermögens von privater in private Hand verbürgt und damit *negativ der Staat ausgeschlossen ist.* Ein Grundsatz der Familienerbfolge hingegen *garantiert positiv einem bestimmten Angehörigenkreis den Anfall* der Erbschaft, wenn und weil sie anders als andere Private zum Erblasser in einem bestimmten, besonders privilegierten und von der Verfassung als schutzwürdig erkannten Verhältnis stehen. Nur diese Trennung der Überlegungen, ob und an welchem Punkt der Staat sich selbst statt Privater zum Erben einsetzen kann einerseits, und ob diese Privaten gerade Familienangehörige – möglicherweise ganz bestimmte – sein müssen andererseits, ermöglicht eine differenzierte Sicht auf das Verhältnis von Familiengebundenheit, Privaterbfolge und Staatserbrecht[283]. Es wird darüberhinaus transparent, daß der Staat nicht einmal Angehörige zu gesetzlichen Erben einsetzen muß, um nur dem Privaterbfolgegrundsatz gerecht zu werden, dies

---

[282] Vgl. *Boehm*, Das Erbrecht, S. 10: „Nach neuerer Auffassung wird der Ehegatte ... zu den natürlichen Erben ... gerechnet" (1894). Zur gestiegenen Bedeutung des Ehegatten auch noch unten § 8 II 2 a.

[283] Eine zumindest ähnliche Sichtweise steht wohl auch hinter den Ausführungen *Steins*, in: Soergel, Einl. §§ 1922 ff., Rn. 8. Strukturell ähnlich und konsequent zu seiner eine verfassungsfeste Verwandtenerbfolge ganz ablehnenden Haltung *Wieland*, in: Dreier, GG, Art. 14 Rn. 67: „wie auch immer ausgestaltete Privaterbfolge".

könnte er auch durch eine sachgerechte Einsetzung anderer Privater erreichen[284]. Ob aber ausgerechnet bestimmten Angehörigen des Erblassers jedenfalls eine Stellung als gesetzliche Erben zukommen *muß*, ist dagegen eine Frage, die über die bloße Erhaltung des Gutes in privater Hand hinausgeht – dies und nur dies ist die Frage nach der Familiengebundenheit des Erblasservermögens.

Bildlich gesprochen stellt die Privaterbfolge damit einen Kreis dar, um dessen Mitte sich konzentrisch ein kleinerer Kreis der verfassungsfesten Familienerbfolge legt: Nur innerhalb dieses kleinen Kreises wäre der Gesetzgeber gehalten, die Privaterbfolge im Sinne einer Familiengebundenheit auszugestalten, außerhalb dessen würde er hingegen seiner Pflicht genügen, wenn er auch andere Private einsetzte und wiederum außerhalb dieses großen Kreises schließlich könnte er selbst Erbe sein. Für die sich kettengleich aus der konzentrischen Mitte in immer entfernteren Parentelen bzw. Graden hinaus ausdehnende Blutsverwandtenerbfolge des BGB bedeutete dies, daß an einer bestimmten Stelle der Kette die Grenze zwischen äußerem und innerem Kreis verliefe, die die Blutsverwandten in zwei Klassen unterteilte: zum einen in solche, die lediglich zur Verwirklichung des Privaterbfolgegrundsatzes eingesetzt wären und solche, deren Einsetzung darüberhinaus zwingend um einer Familiengebundenheit willen zu geschehen hätte[285]. Je größer man die Ausdehnung des innersten Kreises bestimmte, desto größer würde die Menge „privilegierter Verwandter" im Verhältnis zu den „einfachen Verwandten"[286]. Es muß also strikt getrennt werden zwischen der Frage, welcher Personenkreis von der verfassungsrechtlich garantierten *Familienerbfolge* geschützt wird und der Tatsache, daß es de facto nach geltender Rechtslage neben Ehegatten und Lebenspartnern Blutsverwandte sind, die zur Ausfüllung des Grundsatzes der *Privaterbfolge* als gesetzliche Erben eingesetzt sind. Keineswegs alle diese vom Gesetzgeber eingesetzten Personen gehören auch zum Kreis derer, denen gerade aufgrund ihrer Angehörigeneigenschaft das

---

[284] Daß außerhalb der Verwandtenerbfolge nach *Stein*, in: Soergel, Einl. §§ 1922 ff., Rn. 8 „wenige sinnvolle Gestaltungsmöglichkeiten" in Betracht kommen, heißt indes nicht, daß man deshalb die Verwandtenerbfolge in ihrer unbegrenzten Ausgestaltung auch als Verfassungsprinzip ansehen muß.

[285] Andere Familienangehörige, zu sprechen sein wird hier insbesondere vom Ehegatten und Lebenspartner, stehen natürlich außerhalb dieser Kette der Blutsverwandten, ihre Zuordnung zum einen oder anderen Kreis gestaltet sich hiervon autonom.

[286] An diesem Bild der Kreise wird auch das oben beschriebene „Dilemma" plastisch: Dehnt man den inneren Kreis so weit aus, daß er sich mit dem äußeren deckt und sieht man obendrein in Verwandten die einzigen als gesetzliche Erben infragekommenden Personen, so stößt die verfassungsfeste Verwandtenerbfolge unmittelbar an eine ihr potentiell durch ein Staatserbrecht gesetzte Grenze. Deshalb muß dann, wie etwa *Rauscher*, Reformfragen II, S. 157 ff. oder – ganz deutlich – *Maletzky*, Erbrecht des Fiskus, S. 186, eine direkte Entscheidung im Sinne von „Staatserbrecht oder Verwandtenerbfolge" getroffen werden. Die hier aufgezeigte Trennung der Garantiegehalte hingegen entbindet auch von der Beachtung einer – recht undurchsichtigen – Doppelvalenz aller diesbezüglichen Argumente, dazu sogleich.

verfassungsgesicherte Recht zukommt, den Erblasser zu beerben. Letztere sind einem kleinen privilegierten Kreis zugehörig, der auf doppeltem Garantieboden steht: dem der Privaterbfolge *und* dem der (verfassungsfesten) Familienerbfolge. Für jene Angehörige „im großen Kreis" und damit außerhalb der verfassungsfesten Familienerbfolge streitet dagegen wie für sonstige Private eben nur der Privaterbfolgegrundsatz[287].

Was hier interessiert, sind Existenz und Ausdehnung dieses innersten Kreises – also ob der Gesetzgeber die Pflicht hat, ausgerechnet bestimmte Angehörige zu gesetzlichen Erben einzusetzen, worauf dies beruht und auf welchen Angehörigenkreis konkret sich diese Pflicht bezieht. Ob und nach welchen Kriterien der Gesetzgeber auch darüberhinaus Private einsetzen muß und ob er den äußeren Kreis durch ein Staatserbrecht begrenzen darf, ist dagegen eine hier nur am Rande auftauchende Frage, die im folgenden nur in Grundzügen angedacht werden kann.

b. Zur Reichweite der Privaterbfolge – Begrenzungsmöglichkeit durch ein Staatserbrecht?

Die für die Vermögensordnung des Grundgesetzes herausragende Bedeutung der Weiterleitung von Privat zu Privat wurde oben[288] insbesondere unter Hinweis auf die Perpetuierung privaten Eigentums hervorgehoben. Sind der Privaterbfolge und der Familiengebundenheit wie geschehen getrennte Garantiegehalte zugewiesen, so klärt sich auch, was dort noch offengelassen wurde: Der Grundsatz der Privaterbfolge hat durchaus eine eigenständige Bedeutung. Gerade er ist es, der den Verbleib des Erbgutes in privater Hand sichert, gerade er übernimmt als der die Eigentumsgarantie ergänzende Grundbaustein der privaten Vermögensordnung[289] die Rolle des Motors für den Spar- und Erwerbswillen der Bevölkerung, gerade er garantiert konstante vermögensrechtliche Freiheit. Nicht aber, und hierin liegt der entscheidende Ansatz zur Differenzierung zwischen Privaterbfolge- und Familienerbfolgegrundsatz, fordert er die Einsetzung ganz bestimmter Privater[290].

---

[287] Geht man also etwa wie im obigen Beispiel von einer verfassungskräftigen Garantie der Verwandtenerbfolge bis zur zweiten Parentel aus, so wäre ein Gesetz, das die gesetzliche Erbfolge ab der dritten Parentel abschafft und stattdessen den Staat zum Erben einsetzt, zwar kein Eingriff in den verfassungsfesten Kern der Verwandtenerbfolge, sicherlich aber in die garantierte Weiterleitung an Private durch Abschneiden der einfachgesetzlichen Verwandtenerbfolge.

[288] § 3 I 2.

[289] Vgl. BVerfGE 91, 346 (358).

[290] Treffend in diesem Zusammenhang *Helms*, 49. DJT, Bd. II (Sitzungsberichte), Teil K, S. 84: „... scheint es mir nötig zu sein..., daß Vermögen in privater Hand bleibt, ob in meiner oder in Ihrer, Herr Stöcker, das wäre mir ganz egal."

Jegliche Begrenzung der privaten Erbfolge zugunsten des Staates muß sich an dieser hochstehenden Funktion messen lassen. Beleuchtet man die seit jeher unternommenen Versuche, ein Staatserbrecht weit in die Privaterbfolge hinein voranzutreiben[291], so wird bald evident, daß sie allesamt keine plausible Grundlage hierfür zu bieten vermögen.

Zuvörderst abzulehnen sind zunächst diejenigen Ausdehnungsbestrebungen, die irgendwelchen an einem höheren Gemeinwesen orientierten Vorstellungen entspringen[292]. Schon zur Zeit der Entstehung des BGB konnten sie sich nicht durchsetzen, sondern zogen vielmehr die freiheitssichernde Verfassungsgarantie des Erbrechts nach sich. Sie haben bis heute vor einer Verkürzung der Verwandtenerbfolge zurückschrecken[293] und die Bedeutung des Privaterbrechts als i-Tüpfelchen des Privateigentums noch mehr in den Vordergrund rücken lassen[294]. Sie sind unter der Geltung des Grundgesetzes mit seinem die Freiheit des einzelnen in den Vordergrund rückenden Charakter überholt. Hieran ändert auch die mögliche Erstreckung der Sozialbindungsklausel[295] auf die Erbrechtsgarantie

---

[291] S. hierzu bis zur Entstehung des Grundgesetzes den kurzen historischen Abriß in § 3 I 2. Nach 1949 hingegen waren die Reformbestrebungen im Bereich des Staatserbrechts eher gering, die Begrenzung der Verwandtenerbfolge war aber 1969 Thema der Fachgruppe für Zivilrechtsvergleichung in Regensburg und 1972 auf dem 49. Deutschen Juristentag. Wegen der Einzelheiten sei auch hier verwiesen auf *Maletzky*, Erbrecht des Fiskus, S. 181 ff, sowie auf die Erörterungen unten im zweiten Teil, insbesondere § 8.

[292] Es war bereits die Rede von den solchermaßen motivierten Versuchen seitens der Sozialdemokratie der Weimarer Republik, ein Staatserbrecht zu etablieren, ggf. sogar als Pflichtteilsrecht, wie auch von verschiedenen Entwürfen zum geplanten Volkgesetzbuch der Nationalsozialisten. Letzterem „Familie, Blut, Ehe und Volksgemeinschaft" (*Lange*, DR 1942, S. 1713 [1715]) auf die Fahnen zu schreiben, barg für das Erbrecht schon in sich den ideologischen Widerspruch, daß ein mittels Überhöhung der Volksgemeinschaft zu rechtfertigendes Staatserbrecht mit den germanischen Vorstellungen von der blutsverwandten Sippe kollidierte, hätten diese doch eher für eine unbegrenzte Verwandtenerbfolge gesprochen. Vgl. im einzelnen *Maletzky*, Erbrecht des Fiskus, S. 139 ff. und 147 ff.

[293] Vgl. *Ruthe*, FamRZ 1972, S. 626 (627) zur ablehnenden Entscheidung des 49. DJT: „gewisses Unbehagen". Entsprechend darf auch nicht verkannt werden, daß die in etlichen westlichen Ländern – für die kommunistischen Staaten verstand sich eine Begrenzung von selbst – bestehende Abschneidung der Verwandtenerbfolge nicht selten ideologisch geprägt war, vgl. *Reichert-Facilides*, 49. DJT, Bd. I (Gutachten), Teil A, S. 62. Um den Menschen die Abneigung gegen den staatlichen Zugriff zu nehmen, wurden deshalb beispielsweise in den nordischen Staaten Trust Fonds eingerichtet, vgl. *Firsching*, JZ 1972, S. 449 (454).

[294] Vgl. etwa die Referate auf dem 49. DJT von *Coing*, Bd. II (Sitzungsberichte), Teil K, S. 92, sowie von *Helms*, ebenda, S. 84; *Maletzky*, Erbrecht des Fiskus, S. 214: „Schritt in die falsche Richtung".

[295] Dem Wortlaut nach bezieht sich Art. 14 Abs. 2 GG nur auf das Eigentum und richtet sich im Sinne zugleich einer Schranke wie einer inhaltlichen Direktive an den aus Art. 14 Abs. 1 S. 2 GG ausgestaltungsberechtigten Gesetzgeber (vgl. BVerfGE 89, 1 [5]: „Richtschnur und Grenze"). Der gedanklichen Klammerung von Art. 14 Abs. 2 mit Art. 14 Abs. 1 S. 2 GG, der seinerseits eine einheitliche Regelung für Eigentums- und Erbrechtsgarantie trifft (*Leisner*, in:

nichts: Ein Staatserbrecht ist kein taugliches Mittel zur Umsetzung sozialpolitischer Zwecke, denn dem Staat wächst – jedenfalls solange man die Testierfreiheit achtet[296] – ohnehin ein nur ganz geringer Prozentsatz der Nachlässe zu, dafür aber erhebliche Verwaltungskosten[297].
Auf tönernen Füßen steht zum anderen auch der familiensoziologische Ansatz, der im wesentlichen auf der Erkenntnis des Rückzuges familiärer Bindungen zwischen Erblasser und entfernteren Verwandten basiert[298]. Diese Sichtweise kommt aus der falschen Richtung, indem sie Kriterien *gegen* eine unbegrenzte Verwandtenerbfolge anbietet statt positiver *für* ein Eingriffsrecht[299] des Staates in diese bzw. die Privaterbfolge. Sie mißachtet das verfassungsrechtliche Verteilungsprinzip[300], indem sie nicht die staatliche Einmischung, sondern die Privaterbfolge einer Rechtfertigungsbedürftigkeit unterwirft[301]. Selbst wenn die unbegrenzte Erbfolge Verwandter infolge sich auflösender familiärer Beziehungen nicht mehr notwendig erscheint, gibt dies dem Staat nicht automatisch die Befugnis, Privateigentum an sich zu ziehen. Mit den verschiedenen für die Begrenzung der Verwandtenerbfolge vorgebrachten Argumenten wird hier noch eine

---

HStR VI, § 150 Rn. 23), wird überwiegend die Geltung der Sozialbindungsklausel auch für die Erbrechtsgarantie entnommen, so z. B. von *Bryde*, in: von Münch/Kunig, GG, Art. 14 Rn. 45; *Leisner*, in: HStR VI, § 150 Rn. 23; *Wendt*, in: Sachs, GG, Art. 14 Rn. 199; *Barnstedt*, DNotZ 1969, S. 14 (17). Dies dürfte aufgrund der engen Verbindung von Eigentumsgarantie und Testierfreiheit jedenfalls hinsichtlich der Freiheit des *Erblassers* zutreffen. Ob die Sozialbindungsklausel allerdings auch zur Einschränkung der Freiheit des *Erben* herangezogen werden kann, ist weniger offensichtlich. Die Frage kann hier letztlich aber offenbleiben, weil die Sozialbindung im Interesse der Allgemeinheit (Stichwort: Vermögensverteilung statt -konzentration) zwar möglicherweise ein Pflichtteilsrecht als Eingriff in die Testierfreiheit und das Erbbeteiligungsrecht anderer Erben *rechtfertigen* könnte, niemals aber das hier allein interessierende subjektive Recht auf Erbbeteiligung des einzelnen *begründen* kann. S. dazu auch unten § 9 Fn. 794.

[296] Mit diesem Hinweis schon die Motive zum BGB V, S. 367.

[297] Vgl. *Stein*, in: Soergel, § 1936 Rn. 1: „unter volkswirtschaftlichem Blickwinkel ... bedeutungslos"; auch *Firsching*, in: Rheinstein u. a., S. 130: nur ungefähr 2 % der Nachlässe fielen etwa in der Schweiz, wo ein Schnitt nach der 3. Parentel bestehe, an den Staat.

[298] Einschränkungen auf dieser Basis finden sich etwa schon vor Inkrafttreten des BGB bei *Baron*, AcP 75 (1889), S. 177 (183 ff., 187) und *Ubbelohde*, AcP 75 (1889), S. 36 (44 f), sie kamen zur Sprache in den Beratungen des BGB der zweiten Kommission (vgl. Protokolle V, S. 470) und wurden auch auf dem 49. Deutschen Juristentag 1972 wieder vorgebracht.

[299] Vorsicht geboten ist dagegen bei der Formulierung eines „Anrechts" des Staates (so etwa *Rauscher*, Reformfragen II, S. 157), die die Assoziation weckt, es handele sich dabei um ein subjektiv-öffentliches Recht des Staates: Der Staat kann natürlich kein *Grundrecht* auf Erwerb haben, es kann sich nur um ein *Eingriffsrecht* – in die Privatheit des Erbrechts – handeln.

[300] Erstmals formuliert von *C. Schmitt*, Verfassungslehre, S. 126. Vgl. für die Eigentumsgarantie z. B. *Depenheuer*, in: v.Mangoldt/Klein/Starck, GG, Art. 14 Rn. 28.

[301] Statt vieler vgl. nur *Strätz*, FamRZ 1998, S. 1553 (1561): „Überzeugende Argumente für die Beibehaltung fehlen".

Auseinandersetzung stattfinden müssen, nämlich bei der Suche nach den Personen, die gerade wegen ihrer besonderen Beziehung zum Erblasser zwingend gesetzliche Erben sein müssen. Keineswegs aber begründet das Fehlen einer solchen besonderen Beziehung nach dem oben entwickelten Verhältnis von Privat- und Verwandtenerbfolge positiv ein Heimfallsrecht des Staates.
Nicht tragfähig sind schließlich auch Versuche, ein Staatserbrecht aus rein fiskalischen Gründen zu errichten[302]: Außer Frage steht zwar, daß der Staat zur Deckung seines Finanzbedarfs und gegebenenfalls zur Verwirklichung der Sozialbindungsklausel des Art. 14 Abs. 2 GG fiskalisch am Erbe beteiligt sein darf – gerade aber, weil ihm diese die Privaterbfolge an sich achtende Möglichkeit offensteht, besteht keinerlei Notwendigkeit, ihn in die Erbfolge privater gesetzlicher Erben einzureihen[303].

Gründe für eine Einmischung des Staates in die private Erbfolge gibt es also keine, der Staat kann nicht als wirtschaftlicher Vertreter der Allgemeinheit berufen werden[304]. Nur wenn keine Privaten mehr vorhanden sind, denen durch gesetzliche Erbfolge die Erbschaft anheim fallen könnte, kann der Staat den Nach-

---

[302] So etwa die beiden Gesetzgebungsvorhaben zur Änderung des BGB von 1908 und 1913, wobei es 1908 um allgemein gestiegene Bedürfnisse des Reiches ging und 1913 in erster Linie darum, die Kosten für die Wehrmacht zu decken, dazu schon oben § 3 I 2.

[303] Daß der Staat auch kein „Ersatzverwandter“ ist, auch wenn er mit Schwinden der solidarischen Großfamilie zunehmend soziale Fürsorge übernommen hat, wird von *Rauscher*, Reformfragen II, S. 160 ff. ausführlich und richtig dargelegt, und zwar im wesentlichen gestützt auf die Erkenntnis, daß gerade die Nachlässe derjenigen Erblasser für einen Rückflußgedanken in Anspruch genommen werden, die „auch unter Lebenden am meisten zur sozialen Sicherheit beigetragen und am wenigsten aus ihr gesogen haben“. Ebenso schon zu Weimarer Zeiten *Hauptvogel*, ZBlFG 1921/22, S. 161, der außerdem zutreffend darauf hinweist, daß dieses Argument schon deswegen nicht fruchten kann, weil im Normalfall gerade nicht der Unterstützer (älterer Verwandter) vom Unterstützten (jüngerer Verwandter) erbt, sondern Unterstützung und Erbschaft in einer personellen Einbahnstraße verlaufen. Dem entspricht auch die sicherlich richtige Einschätzung von *Maletzky*, Erbrecht des Fiskus, S. 212, der entfernteste bekannte Blutsverwandte stünde dem Erblasser emotional näher als die Allgemeinheit. Auch aus Art. 139 EGBGB, der ohnehin kaum noch praktische Bedeutung hat (vgl. *Schlichting*, in: MünchKomm, Bd. 11, Art. 139 EGBGB Rn. 1) läßt sich nichts Gegenteiliges entnehmen. Dieser hat insofern Ausnahmecharakter, als in den von ihm anvisierten Fällen die Beziehung zwischen dem „verpflegten oder unterstützten“ Erblasser und der Versorgungseinrichtung konkret feststeht. – Ebensowenig vermögen angebliche technische Probleme ein Abschneiden der Privaterbfolge zu rechtfertigen, im einzelnen *Rauscher*, a. a. O., S. 165 f. m. w. N.

[304] Ebenso *Rauscher*, Reformfragen I, S. 14 ff., 83 ff.; Reformfragen II, 157 ff.; zustimmend auch *Maletzky*, Erbrecht des Fiskus, S. 204 und 206; wohl auch *Depenheuer*, in: v.Mangoldt/Klein/Starck, GG, Art. 14 Rn. 525 („Vorrang der Privatrechtsnachfolge“). Anderer Ansicht etwa *Papier*, in: Maunz/Dürig, GG, Art. 14 Rn. 301; *Bryde*, in: von Münch/Kunig, GG, Art. 14 Rn. 48: einfachgesetzliche Begrenzung des Verwandtenerbrechts auch zugunsten eines Staatserbrechts möglich.

laß an sich nehmen, nicht aber etwa, weil er ein echtes Erbrecht[305] hätte, sondern allein deswegen, weil er zur Vermeidung herrenloser Nachlässe eine Ordnungsfunktion wahrzunehmen hat[306]. Soweit nur gesetzgeberisch möglich, mithin soweit typisierbar, ist die Privatheit der Erbfolge zu erhalten. Daß dieser Auftrag nach derzeitiger Rechtslage und gesellschaftlicher Anschauung am sachgerechtesten mittels einer einfachgesetzlichen Blutsverwandtenerbfolge verwirklicht werden kann, weil sich diese unendlich weiterdenken läßt, bedeutet nicht, daß dies immer so bleiben muß[307]. Möglicherweise ergeben sich irgendwann aufgrund geänderter gesellschaftlicher Verhältnisse Beziehungen zwischen Privaten, die gleichermaßen typisierbar und theoretisch endlos fortsetzbar sind.

3. Konsequenz für das Verhältnis von Staatserbrecht und Familienerbfolge – Ausweg aus dem Dilemma

Hat man die verfassungsrechtlichen Garantiegehalte von verfassungsrechtlichem Familienerbfolgegrundsatz einerseits und Privaterbfolgegrundsatz andererseits wie geschehen voneinander abgegrenzt, wird schließlich deutlich, daß die Begrenzung der einfachgesetzlichen Erbfolge der Blutsverwandten mitnichten an die Zulässigkeit eines Staatserbrechts gekoppelt ist.

Es ergibt sich nämlich, daß die Möglichkeit, den Staat zum gesetzlichen Erben einzusetzen, keine ist, die sich an einer Kollision mit der Familienerbfolge, sondern an einer mit der Privaterbfolge entscheidet. Denn Impetus eines Staatserbrechtes ist es nicht, die Privilegierung bestimmter Angehöriger im Verhältnis zu anderen Privaten abzuschaffen, sondern gerade die Weiterleitung von Privat zu Privat zu torpedieren. Maßstab für die Rechtfertigung eines Staatserbrechts ist und bleibt deshalb allein die *Privatheit* des Erbrechts, auch wenn ein Staatserbrecht so weit vordringt, daß die verfassungsfeste Familienerbfolge – mittelbar –

---

[305] Privatrechtlich wird zwar allgemein angenommen, daß es sich beim Staatserbrecht des BGB um ein echtes Erbrecht handele und nicht nur um ein privilegiertes Aneignungrecht bzw. eine Pflicht zur Nachlaßbereinigung (vgl. *Stein*, in: Soergel; § 1936 Rn. 1; *Leipold*, in: MünchKomm, § 1936 Rn. 18). An der verfassungsrechtlichen Negierung eines Erbrechts des Staates vermag dies nichts zu ändern, denn die privatrechtliche Ausgestaltung ist der Frage nachgelagert, ob der Staat den Nachlaß überhaupt an sich ziehen darf.

[306] Vgl. *Leipold*, in: MünchKomm, § 1936 Rn. 1: „Lückenbüßer"; *Firsching*, JZ 1972, S. 449: „Nothelfer"; *Maletzky*, Erbrecht des Fiskus, S. 204.

[307] Dabei soll nicht in Abrede gestellt werden, daß eine Abbildung der theoretisch endlosen Verwandtenfolge nach momentanen Maßstäben nur schwer vorzustellen ist und sich die Verwandtschaft deswegen aus heutiger Perspektive besser als alle anderen privaten Beziehungen zur Umsetzung des Privaterbfolgegrundsatzes eignet – aber eben auch nur aus heutiger Perspektive. Ein dogmatisches Modell aber, das den Anspruch dauerhafter Geltung an sich stellt, muß auch bei Weiterentwicklung der sich stets im Fluß befindlichen gesellschaftlichen Normen eine Ausgangsbasis auch für geänderte gesellschaftliche Bedingungen zur Verfügung halten.

betroffen ist. Daß der Eingriff wegen dieser Betroffenheit dann *auch* unter dem Aspekt der Garantie einer Familiengebundenheit einer Rechtfertigung bedarf, steht auf einem anderen Blatt.
Was diese anbelangt, so ist unter der vom Grundgesetz garantierten Vermögensordnung davon auszugehen, daß kaum jemals der ernsthafte Versuch unternommen werden wird, ein Staatserbrecht so weit voranzutreiben, daß hiervon auch die verfassungsfeste Familienerbfolge tangiert wird. Dies hängt natürlich maßgeblich davon ab, wie groß der Kreis der geschützten Personen gezogen wird. Gerade aber aufgrund der oben gewonnenen Erkenntnis, daß sich im Schutzbereich der Familienerbfolge nur Personen befinden, die eine zum Erblasser ganz besondere Beziehung aufweisen, ist davon auszugehen, daß es sich hierbei um einen eher kleinen Kreis handeln wird[308]. Zieht man obendrein in Rechnung, daß der Grundsatz der Privaterbfolge hingegen breiteste Ausdehnung für sich beansprucht, so illustriert das Bild der beiden konzentrischen Kreise, daß sich diese kaum jemals vollständig decken werden, sondern zwischen verfassungsfester Familienerbfolge und möglichem Staatserbrecht immer ein „Privaterbfolgering" verbleiben wird. Mit anderen Worten: Die Rechtfertigungslinie für ein Staatserbrecht wird schon deswegen nicht am Rande der Familienerbfolge, sondern am Rande der Privaterbfolge verlaufen, weil die verfassungsfeste Familienerbfolge weit früher abzuschneiden sein wird, als die einfachgesetzliche Verwandtenerbfolge in ihrer Funktion als derzeit größtmögliche Ausdehnung der Privaterbfolge reicht.

Damit ist der Ausweg aus oben beschriebenem Argumentationsdilemma gewonnen: Die Begrenzung der verfassungsgarantierten Familienerbfolge auf einen kleinen Personenkreis bedeutet nicht, daß jenseits dieses Personenkreises ohne weiteres der Staat als Erbe eingesetzt werden könnte – die Privaterbfolge würde weit über diesen Kreis hinaus die Einsetzung Privater verlangen. Weil also die Weiterleitung an Private jedenfalls gesichert ist, tut sich auch bei einer nur auf wenige Personen beschränkten Verfassungsgarantie einer Familienerbfolge kein Abgrund eines Staatserbrechts auf. Die Suche nach einer Begrenzungsmöglichkeit der Familiengebundenheit muß damit nicht gleichzeitig die Rechtfertigung eines Staatserbrechtes im Auge behalten – Argumente *gegen* eine personell weit gefaßte Familienerbfolge sind keine *für* ein Staatserbrecht und solche *gegen* ein Staatserbrecht keine *für* eine ausgedehnte Familienerbfolge.
Es verbietet sich deshalb jede doppelvalente Argumentation dieser Art. Maßgebend ist allein, ob bestimmte Angehörige im Verhältnis zu anderen Privaten bevorzugt gesetzlich zu Erben eingesetzt werden müssen. Die Untersuchung dieser Frage hat sich deshalb strikt auf Kriterien zu konzentrieren, die aus der Bezie-

---

[308] Daß die Blutsverwandtschaft hierzu allein nicht reicht, und deshalb bei weitem nicht alle Blutsverwandten diese besondere Beziehung aufweisen, sondern nur ein kleiner Kern, wird sich im Zweiten Teil in der Tat erweisen.

hung der jeweiligen Angehörigen zum Erblasser heraus zu gewinnen sind. Das über jeder Begrenzung der einfachrechtlichen Blutsverwandtenerbfolge schwebende Damoklesschwert eines Staatserbrechts von außen hingegen ist ein Phantom, das sich in Anbetracht getrennter Garantiegehalte von Privaterbfolge- und Familienerbfolgegrundsatz ohne weiteres auflöst[309].

III. Individualrechtlich: Unzulänglichkeit bisheriger Konzeptionen

1. Ein Grundrecht ohne Kontur

Die individualrechtliche Seite der Erbrechtsgarantie schließlich wird ohne weiteres als das Stiefkind des Art. 14 GG bezeichnet werden können – sie ist bis heute recht verschwommen, konturlos und im Schatten der wesentlich ausgefeilteren Institutsgarantie geblieben, wie der obige Überblick gezeigt hat. Es fällt auf, mit welch großer Übereinstimmung zwar die Existenz eines Grundrechts auf Erbenseite bejaht wird[310], wie selten aber bislang versucht worden ist, einen eigenständigen, aus der Verfassung gewonnenen und greifbaren Schutzbereichsgehalt zu finden. Entsprechend wenig geklärt ist die hier zentrale Frage, ob dieses Grundrecht – möglicherweise unter anderem – bestimmten Personen einen „Erbenplatz", die Aussicht, Erbe zu werden, garantiert. Danach wird aber sinnvollerweise erst dann vertieft gefragt werden können, wenn Erkenntnisse darüber bestehen, was es überhaupt schützen und wer sein Träger sein kann: Nicht einmal ein Bauplan, eine systematische Zusammenstellung der denkbaren Inhalte des Erbengrundrechts ist zu erkennen. Bevor in dieser Hinsicht aber zum Reißbrett gegriffen werden kann, gilt es, einen Irrtum aus der Welt zu schaffen.

2. Entschlüsselung noch eines Irrtums – der einfachgesetzliche Erbanspruch als falscher Ausgangspunkt

Gerade im Hinblick auf die Frage nach einem Grundrecht, Erbe zu werden, ist ein verbreitetes Mißverständnis auszuräumen, das sicherlich als Hemmschuh für die Entwicklung des Erbengrundrechts insgesamt anzusehen ist. Im Hinblick darauf, daß der Erbe privatrechtlich vor dem Erbfall keinerlei Ansprüche, nichts weiter als eine nuda spes besitzt[311], hat *Stöcker* stellvertretend die folgenschwere

---

[309] Ein Zusammenhang zwischen Familienerbfolge und Staatserbrecht besteht allenfalls insoweit, als ein Staatserbrecht dann *jedenfalls* ausgeschlossen ist, wenn die Nachlaßteilhabe nahen Angehörigen garantiert ist. Dies ist aber nur Folge einer Ermittlung, die wie gezeigt zunächst mit einem Staatserbrecht überhaupt nichts zu tun hat.

[310] Nachweise oben § 3 II 2 a.

[311] Statt etlicher *Klumpp*, ZEV 1998, S. 123; *Marotzke*, in: Staudinger, BGB, § 1922 Rn. 9, 11 ff. m. w. N. – Zu den – begrenzten – Möglichkeiten einfachgesetzlicher Absicherung potentieller Nachlassbeteiligter *Krebber*, AcP 204 (2004), S. 149 ff.

Frage gestellt, „wie denn das, was bürgerlich-rechtlich nicht geschützt wird, ein Grundrecht sein“[312] könne. Diese recht plakative Formulierung offenbart bei näherem Besehen, daß hier die typische Falle normgeprägter Grundrechte zugegangen ist: Das durch und durch privatrechtlich vorgefestigte Denken vermag sich auch auf der Suche nach einem Grundrecht von den verinnerlichten Determinanten des privaten Erbrechts kaum zu lösen, als schutzwürdig kann es nur solche Positionen (an-)erkennen, die das einfache Recht verleiht[313].

Daß mit dieser Prämisse keine schlüssige dogmatische Konzeption von einem individuellen Erbengrundrecht entstehen kann, liegt auf der Hand, denn solchermaßen gefangen im Netz privatrechtlicher Koordinaten gerät die Diskussion hier in gleich zweierlei Hinsicht auf ein falsches Gleis. Zum einen wird das Bestehen des Grundrechts zeitlich in eine Abhängigkeit vom Eintritt des Erbfalles geführt – und wer dies weiterdenkt, verfällt fast zwangsläufig auf die Frage, was dann überhaupt Inhalt eines Erbengrundrechts sein soll: Vor dem Erbfall scheint es nicht zu existieren und nach dem Erbfall könnten schon Eigentümer(grund)rechte ausreichenden Schutz garantieren[314]. Was aber soll ein Grundrecht ohne Schutzbereich? Sofern hieraus nun gefolgert wird, maßgeblicher Inhalt eines Erbgrundrechtes müsse ein Recht auf Gleichheit in der Erbgutverteilung sein[315], wird auch hiermit der Klarheit kein Vorschub geleistet, im Gegenteil: Weil als Obstakel dieser Gleichheit andere Angehörige beziehungsweise in der Fokussierung auf das Pflichtteilsrecht der Erblasser selbst ausgemacht werden[316], wird nur allzu leicht der Eindruck erweckt, daß es sich hier um ein geradewegs gegen diesen Personenkreis gerichtetes Recht handeln könnte[317]. Wie aber kann ein *Grundrecht* gegen Private wirken, ohne daß es hierzu näherer Begründung und einwandfreier Konzeption bedürfte? – Auch hier ist also manches offen und wird zu klären sein.

---

312 *Stöcker*, WM 1979, S. 214 (215).

313 Vgl. etwa *Bowitz*, JZ 1980, S. 304: Gewährleistung des Erbrechts „nach Maßgabe des gesetzlich festgelegten Inhalts“; auch *Bryde*, in: von Münch/Kunig, GG, Art. 14 Rn. 45; *Badura*, in: HVerfR, § 10 Rn. 29; *Kimminich*, in: BK, Art. 14 Rn. 127; *Rittstieg*, in: AK-GG, Art. 14 Rn. 143 und 149. Kritisch demgegenüber auch *Vyas*, ZEV 2002, S. 1 (5).

314 So wohl *Bryde*, in: von Münch/Kunig, GG, Art. 14 Rn. 45.

315 Entsprechend *Stöcker*, WM 1979, S. 214 (218).

316 Vgl. *Stöcker*, WM 1979, S. 214 (222); *Rauscher*, Reformfragen I, S. 92.

317 Vgl. *Stöcker*, WM 1979, S. 214 (222): „Seinem tradierten Inhalt nach ist er [der verfassungsrechtlich garantierte Anspruch auf Nachlaßteilhabe, d. Verf.] gegen die nächsten Angehörigen gerichtet...“. Klarheit vermag in diesem Kontext dann auch nicht mehr zu verschaffen, daß weiter unten mehr zwischen den Zeilen, aber ganz richtig doch noch die „Drittwirkung“ und die „Schutzwirkung“ anklingen.

§ 5 Der Ausweg: Vertiefung des individualrechtlichen Ansatzes und Entwurf eines schutzpflichtenorientierten Modells

Die vorangegangene Darstellung (§ 3) und Analyse (§ 4) der bestehenden Ansätze zur Frage der Familiengebundenheit haben gezeigt, daß hinsichtlich des Erbengrundrechts weiterer Klärungsbedarf besteht. Während der von *Boehmer* geprägte institutsrechtliche Ansatz wenigstens eine gewisse Weiterentwicklung erfahren hat, ist das Individualrecht des Erben, wenn auch nicht ein weißer Fleck, so doch ein wenig erschlossenes Gebiet auf der Landkarte der Erbrechtsgarantie geblieben. Die Frage nach der Erbberechtigung Angehöriger ist ganz überwiegend als eine nach dem Institut der Familiengebundenheit des Erblasservermögens gestellt worden und nicht als eine nach dem individuellen Grundrecht Familienangehöriger auf Nachlaßteilhabe. Schon das spricht dafür, jenes einmal genauer unter die Lupe zu nehmen und nicht ebenfalls den schon vorgeebneten Weg der Institutsgarantie weiter auszubauen.

Und nicht nur das – denn gleich unter zweierlei Aspekten wird sich im folgenden (I.) erweisen, daß eine Befassung mit dem Individualrecht regelrecht unerläßlich ist. So wird schon ein zunächst nur erster Blick in das grundsätzliche Verhältnis von Abwehrrecht und Institutsgarantie, eingeleitet durch einen Abriß über die Entwicklung des Typus Institutsgarantie, klären: Sich primär der Entfaltung des Individualrechts zuzuwenden, entspricht der grundrechtsdogmatischen Rangordnung von subjektiven Rechten und dazugehörigen Institutsgarantien. Außerdem aber wird sich speziell auf die Erbrechtsgarantie bezogen zeigen, daß sich eine nähere Befassung mit dem Individualrecht auch unter dem Aspekt besserer Differenzierungsmöglichkeiten zwischen den maßgeblichen Polen lohnt. Diesen Erkenntnissen folgend (II.) kann dann das Modell entworfen werden, in dessen Zentrum ein Grundrecht zu erben steht, und welches das gesetzliche Erbrecht und das Pflichtteilsrecht als Ausprägungen staatlicher Schutzpflicht in sich aufnimmt. Dabei wird erst abstrakt hinterfragt werden müssen, ob ein staatsgerichtetes Freiheitsrecht zu erben überhaupt denkbar ist und wie es sich – auch in Anlehnung an die Architektur des Eigentumsgrundrechts – in das Gesamtgefüge eines umfassenden Individualgrundrechts des Erben einfügen könnte. Sodann gilt es, immer noch im Sinne abstrakter Modellskizzierung, die möglichen Zusammenhänge zwischen dem Freiheitsrecht und dem gesetzlichen Erb- und Pflichtteilsrecht aufzudecken. Hierzu werden in Ergänzung zum obigen ersten Einblick in das Verhältnis von Abwehrrecht und Institutsgarantie vertiefte Ausführungen zu objektiven Grundrechtsgehalten erforderlich sein.

I. Plädoyer für den individualrechtlichen Blickwinkel

1. Grundsätzlich: Das Verhältnis von Abwehrrecht und Institutsgarantie – erster Blick in objektive Grundrechtsgehalte

a. Abriß[318] *über die Entwicklung des Typus Institutsgarantie als Unterfall der Einrichtungsgarantie*

Die Institutsgarantie als verfassungsrechtlicher Garantietypus ist kein Kind des Grundgesetzes, bereits die Weimarer Grundrechtsdiskussion hat sie in den frühen zwanziger Jahren ans Licht gebracht. Speziell für das Eigentum und das Erbrecht stellte zunächst *M. Wolff* 1923 fest, die Art. 153 und 154 WRV verbürgten nicht nur subjektive Rechte des Einzelnen, sondern auch eine „Garantie" des Privateigentums und des Erbrechts als „Rechtsinstitut"[319]. Vergleichbare Ansätze entwickelten sich auch für öffentlich-rechtliche Einrichtungen[320]. Den „eigentlichen Durchbruch"[321] erlebte die Idee von den Einrichtungsgarantien dann 1928 durch die „Verfassungslehre" und vertiefende Schriften *C. Schmitts*, der schließlich „institutionelle Garantien" hinsichtlich öffentlich-rechtlicher Gewährleistungen von „privatrechtlichen Institutsgarantien" unterschied[322] und ihnen eine besondere Schutzfunktion gegenüber dem Gesetzgeber zumaß[323]. In der Weimarer Staatsrechtslehre erfreute sich dieses Konzept breiter Zustimmung[324]. In der Privatrechtslehre war es kein anderer als *G. Boehmer*, der die

[318] Die Entwicklung der Institutsgarantien kann hier nur sehr verkürzt im Sinne eines den historischen Gesamtzusammenhang erschließenden Überblicks widergegeben werden. Ausführliche Informationen etwa bei *Stern*, Staatsrecht III/1, S. 754 ff; *Bleckmann*, S. 272 ff.

[319] *M. Wolff*, Reichsverfassung und Eigentum, in: Festgabe W. Kahl, 1923, S. 5, 6. *Stern*, in: HStR V, § 109, Rn. 51 ff. bezeichnet die Institutsgarantien demnach als „die älteste Form" objektiv-rechtlicher Gehalte.

[320] Vgl. etwa für Art. 129 Abs. 1 S. 3 WRV (Berufsbeamtentum) *Waldecker*, AöR 46 (1924), S. 129 (135); für Art. 142 WRV (Universitäten) *Smend*, VVDStRL 4 (1928), S. 44 (64, 73).

[321] *Stern*, Staatsrecht III/1, S. 756.

[322] So etwa in: Freiheitsrechte und institutionelle Garantien der Reichsverfassung, in: Verfassungsrechtliche Aufsätze, S. 140 (143 et passim, mit der Unterscheidung einer zusätzlichen Kategorie von Status-quo-Garantien, vgl. aaO, S. 155); *ders.*, in: HdbDStR, Bd. 2, S. 595 f.; und zwar in Fortentwicklung der Gedanken aus der „Verfassungslehre", wo die Einordnung des Eigentums noch Anlaß zu Zweifeln gegeben hatte, vgl. C. *Schmitt*, Verfassungslehre, S. 171 ff.

[323] Freiheitsrechte und institutionelle Garantien der Reichsverfassung, in: Verfassungsrechtliche Aufsätze, S. 140 (166).

[324] S. hierzu die Nachweise bei *F. Klein*, Institutionelle Garantien und Rechtsinstitutsgarantien, S. 50 ff. Ohne die Differenzierung nach institutionellen und Institutsgarantien, aber unter Anerkennung des mit den Einrichtungsgarantien verbundenen Schutzgedankens etwa *Thoma*, in: Nipperdey, Die Grundrechte und Grundpflichten der Reichsverfassung, Bd. I 1929, s. 1 (33 ff.), und *Anschütz*, Die Verfassung des Deutschen Reichs vom 11. August 1919, 14. Aufl. 1933, Vorbem. zu Art. 198 ff., S. 520.

Bedeutung einer Substratsicherung bestimmter Institute erkannte[325]. *F. Klein* prägte mit seiner 1934 erschienenen Schrift „Institutionelle Garantien und Rechtsinstitutsgarantien" dann den Oberbegriff der „Einrichtungsgarantie"[326] und verfestigte inhaltlich wie begrifflich die Unterscheidung *C. Schmitts* zwischen öffentlich-rechtlichen und privatrechtlichen Einrichtungen[327].

Diese gemeinsame Weimarer Grundvorstellung von Einrichtungsgarantien, die von subjektiven Freiheitsrechten unterscheidbar sind, griff nach der Zeit des Nationalsozialismus[328] die Staatsrechtslehre zum Grundgesetz ebenso wieder auf wie die begriffliche Einteilung[329]. Gleiches gilt im Wesentlichen auch für das Bundesverfassungsgericht[330]. Hinsichtlich des Versuches von *F. Klein*, erweiternd auch „gesellschaftliche Sachverhalte" als potentielle Objekte von Einrichtungsgarantien zu erkennen[331], wies *G. Dürig* auf die Gefahr hin, durch eine raumgreifende Institutionalisierung das subjektive Recht der jeweiligen Grundrechtsbestimmung durch die „öffentliche Funktion" der Einrichtungsgarantie zu verdrängen[332]. Seine „Rückbesinnung" auf das enge „klassische Verständnis der Einrichtungsgarantien"[333] mündete in den späten fünfziger Jahren in eine gewisse Konsolidierung hinsichtlich ihrer auf Wahrung des Bestandes einer Einrich-

---

325 In: Nipperdey, Die Grundrechte III, 1930, S. 255 f.: Aus der verfassungsmäßigen Garantie folge, daß „ Gesetze, die jene Rechtsinstitute des Privatrechts, sei es völlig ‚aufheben' ... würden, ... sei es zwar formell bestehen ließen, aber derart denaturierten, daß sie nicht mehr als privatrechtliche Institute dieses Namens angesprochen werden könnten, *verfassungswidrig* wären."(Hervorhebung im Original).

326 A. a. O., S. 107.

327 Insbesondere durch die a. a. O., S. 93 ff. niedergebrachten Gedanken.

328 Während dieser Zeit konnte sich die Idee von den Einrichtungsgarantien nicht weiter entfalten, sondern wurde vielmehr für tot erklärt, vgl. *Menzel*, Das Ende der institutionellen Garantien, AöR Bd. 67 (1937), S. 32 ff., insbesondere 74 ff.; *E. R. Huber*, Verfassungsrecht des Großdeutschen Reiches, 1939, S. 361 ff.

329 Vgl. zu den ersten Anfängen etwa *Scheuner*, Die institutionellen Garantien des Grundgesetzes, in: Recht-Staat-Wirtschaft, Bd. 4 (1953), S. 88 (93 f.).

330 Vgl. *Stern*, Staatsrecht III/1, S. 774 f. m. N.

331 Garantien einer „Lebensform" als Ergänzung von „Rechtseinrichtungen": *F. Klein*, in: v. Mangoldt/Klein, GG, 2. Auflage 1957, Vorbem. zu: Die Grundrechte, S. 85 ff.

332 In: Maunz/Dürig (1958), GG, Art. 1 Rn. 98.

333 *Stern*, Staatsrecht III/1, S. 767. Anders als die Weimarer Lehre unterschied *G. Dürig* institutionelle und Institutsgarantien nicht nach öffentlich- bzw. privatrechtlicher Zuordnung, sondern nach dem materiellen Bezug der Einrichtungsgarantien zu subjektiven Grundrechten: Institutsgarantien sind danach nur die grundrechtsbezogenen Einrichtungsgarantien, deren „causa" die Grundrechte als subjektive Rechte sind, institutionelle Garantien solche, die nicht der subjektiven Grundrechte wegen bestehen (in: Maunz/Dürig [1958], GG, Art. 1, Rn. 97). Nicht konkret diese Unterscheidung, aber die Rückbesinnung auf das enge Verständnis von der Einrichtungsgarantie wird nachvollzogen von *Schmidt-Jortzig*, Die Einrichtungsgarantie, S. 32 f. („bei ganz bestimmten Grundgesetzartikeln") sowie von *Abel*, Die Bedeutung der Lehre von den Einrichtungsgarantien für die Auslegung des Bonner Grundgesetzes, S. 29 ff., insbes. S. 34, 43.

tung gerichteten Schutzwirkung wie auch der Differenzierung nach institutionellen und Institutsgarantien[334]. Als letztere, und nur auf diese kommt es hier an, sind seither jedenfalls anerkannt die Gewährleistungen von Ehe, Familie, Eigentum und Erbrecht[335].

b. *Aufgabe der Institutsgarantie: Flankierung des Abwehrrechts*

Wesentlich schwieriger einzuordnen als die Grundidee der Institutsgarantie ist ihr Verhältnis zum entsprechenden subjektiven Recht. Gefahr für letzteres kommt dabei ganz besonders aus Richtung eines Grundrechtsverständnisses, das das Institutionelle, und nicht mehr das subjektive Recht, zum Aufhänger jeglicher Grundrechtsdeutung nimmt: Das Grundrecht kann sich nach dieser Vorstellung nur noch in einem Normkomplex verwirklichen, von dem es „Richtung und Maß, Sicherheit und Geborgenheit, Inhalt und Aufgabe erhält"[336]. Die liberal-vorstaatlichen Freiheitsrechte werden bei diesem Denken in Institutionen[337] ersetzt durch eine vom Staat vorgegebene und geformte Freiheit. Die Freiheit besteht nicht mehr *gegen*, sondern *durch* den sie ausgestaltenden Staat - sie wird zum gesetzlich bestimmten „Ordnungszustand"[338].

Dieser sog. institutionellen Grundrechtstheorie mag das Verdienst zugemessen werden, den auch objektiv-rechtlichen Gehalt von Grundrechten – Teil dessen die Einrichtungsgarantien sind und auf den später noch vertieft einzugehen sein wird – nachhaltig ins Bewußtsein gerufen zu haben[339]. Nicht zu übersehen ist aber gleichermaßen, worin die Gefahr einer Schwerpunktsetzung auf der institutionellen Sichtweise liegt: Das subjektive Recht wird nur noch nach Maßgabe der Einrichtung gewährleistet, eingebunden in die Vorgaben dieser Einrichtung

---

[334] Vgl. *Stern*, Staatsrecht III/1, S. 768.

[335] Statt vieler *Stern*, Staatsrecht III/1, S. 768 mit umfangreichen weiteren Nachweisen.

[336] *Häberle*, Wesensgehaltgarantie, S. 98, wobei *Häberle* aber immerhin noch davon ausgeht, daß sich die individualrechtliche und institutionelle Seite der Grundrechte „gegenseitig" verstärken, mithin in einem Verhältnis der „Gleichrangigkeit" stehen (S. 71 f.).

[337] Den ganz maßgeblichen Grundstein für die Entwicklung einer solchen Denkweise legte der französische Rechtslehrer *Maurice Hauriou* (1856-1929) mit seinen Ausführungen in „La Théorie de l'Institution et de la Fondation. Essai de Vitalisme social", Cahiers de la Nouvelle Journée 4, 1925, S. 1-45, erschienen in deutscher Übersetzung bei *Schnur*, Die Theorie der Institution und zwei andere Aufsätze von Maurice Hauriou, 1965, S. 27 ff. Weder auf diese Ursprünge, noch auf die sich entwickelnden verschiedenen Facetten eines institutionellen Denkens kann im vorliegenden Rahmen näher eingangen werden, es sei deshalb auch hier verwiesen auf die Ausführungen und weiteren Nachweise bei *Stern*, Staatsrecht III/1, S. 770 ff.

[338] So *Badura*, Staatsrecht, Rn. C 68 in bezug auf die Rundfunkfreiheit.

[339] So *Stern*, Staatsrecht III/1, S. 793.

kann es nur noch eine bereits vorgezeichnete Freiheit garantieren[340]. Mitnichten aber bezweckte die ursprüngliche Idee von der Institutsgarantie, die Entfaltung des subjektiven Rechts in irgendeiner Weise zu determinieren. Im Gegenteil – schon *C. Schmitt* betonte nachdrücklich, daß die Anerkennung einer Institutsgarantie in keiner Weise das Grundrecht „relativieren wollte“ und die Gewährleistung des Privateigentums durch sie nicht etwa „eine andere Bedeutung hätte, als die Erklärung der Unverletzlichkeit der persönlichen Freiheit“[341]. Richtig ist deshalb, daß der Institutsgarantie gegenüber der individuellen Freiheit, die „leider fortwährend bedroht“[342] ist, (nur) eine Unterstützungsfunktion zukommt, die das subjektive Recht eindeutig in den Vordergrund, die Institutsgarantie dagegen auf eine – wenn auch nicht unmaßgebliche – Hilfsposition rücken läßt: Ihre entscheidende Aufgabe ist es, Normen zu gewährleisten, die die Grundrechtsentfaltung ermöglichen, und damit die Freiheit zu verteidigen und zu umhegen[343]. Institutsgarantien ergänzen also den subjektiven Grundrechtsschutz und stärken ihn. Ob vor diesem Hintergrund tatsächlich davon gesprochen werden kann, subjektiv-rechtlicher Grundrechtsgehalt und objektiv-rechtlicher Gehalt stünden „nebeneinander“, erscheint durchaus fraglich[344]. Festzuhalten bleibt zunächst jedenfalls: Die Institutsgarantie flankiert, schützt das subjektive Recht, dieses aber ist maßgeblicher Grundrechtsinhalt, ist das „Primäre“[345]. Was aber liegt näher, als sich in erster Linie mit eben jenem „Primären“ und nicht nur mit dem „Sekundären“ zu befassen?

---

[340] Ähnlich *W. Schmidt*, AöR 91 (1966), S. 42 (61 f.); *Wülfing*, Grundrechtliche Gesetzesvorbehalte und Grundrechtsschranken, S. 77 f.; *Grabitz*, Freiheit und Verfassungsrecht, S. 231 ff.; *Stern*, Staatsrecht III/1, S. 794.

[341] Verfassungslehre 1928, S. 171. Dieser Gedanke findet sich auch bei *dems.*, Freiheitsrechte und institutionelle Garantien der Reichsverfassung, in: Verfassungsrechtliche Aufsätze, S. 140 (167).

[342] C. *Schmitt*, Freiheitsrechte und institutionelle Garantien der Reichsverfassung, in: Verfassungsrechtliche Aufsätze, S. 140 (167).

[343] Vgl. C. *Schmitt*, Freiheitsrechte und institutionelle Garantien der Reichsverfassung, in: Verfassungsrechtliche Aufsätze, S. 140 (169); *Stern*, in: HStR V, § 109, Rn. 52; *Merten*, Handlungsgrundrechte, VerwArchiv 1982, S. 103 (111) m. w. N. Genau diese „Mittel-Zweckrelation“ ist es, die *Häberle*, Wesensgehaltgarantie, S. 71 f. bestreitet.

[344] So aber *Stern*, Staatsrecht III/1, S. 795, wobei er sich aber ausdrücklich distanziert (S. 772f., 795) von der Auffassung *Häberles*. Das subjektive Recht in den Vordergrund stellend auch *Starck*, JuS 1981, 237 (239); *Steinbeiß-Winkelmann*, Grundrechtliche Freiheit und staatliche Freiheitsordnung, S. 129 f.; *Steiger*, in: H. Schelsky (Hrsg.), Zur Theorie der Institution, S. 91 (115 f); *Scholz*, Koalitionsfreiheit als Verfassungsproblem, S. 241 („nebeneinander“, aber „sachlicher Vorrang“ der subjektiven Freiheit); ganz deutlich *Dürig*, in: Maunz/Dürig (1958), Art. 1 Rn. 98: Die Einrichtungsgarantie bestünde nach „Maßgabe der zugrunde liegenden subjektiven Rechte“, ansonsten entpuppe sie sich als „Danaergeschenk“.

[345] Statt vieler *Stern*, Staatsrecht III/1, S. 1201; Begriff: *ders.*, a. a. O., S. 792; *Starck*, in: v.Mangoldt/Klein/Starck, GG, Art. 1 Rn. 181. In diesem Sinne auch die Rechtsprechung des BVerfG, vgl. E 7, 98 (205); 24, 367 (389); 33, 1 (11); 50, 290 (337).

2. Erbgarantiespezifisch: Klarheit über den personellen Grundriß

Jenseits dieser ganz grundsätzlichen Erwägungen bietet ein individualrechtlicher Ansatz darüberhinaus – insbesondere im Hinblick auf das Pflichtteilsrecht – Differenzierungsmöglichkeiten, die eine rein institutsrechliche Sichtweise nur schwerlich zu leisten vermag. Hauptursache hierfür ist die durch einen solchen Ansatz erzielbare Freilegung personeller Beziehungsachsen. Denn wer sich hier mit einem *Grundrecht* befaßt, tut sich leichter, zwei Dinge auseinanderzuhalten: Ein Verhältnis, das nur den Erben und den Grundrechtsadressaten Staat kennt, und ein zweites Verhältnis, das diese bilaterale Struktur durch Aufnahme des Erblassers zu einem Dreieck erweitert. Ausgangspunkt eines Grundrechts Familienangehöriger auf Nachlaßteilhabe ist damit ein Recht, das sich zunächst einmal nur gegen den Staat richtet. Nur einen Steinwurf entfernt liegt dann die Erkenntnis, daß die einfachgesetzlichen Normen des Pflichtteilsrechts dazu da sind, dieses staatsgerichtete Recht in irgendeiner Weise gegen den – seine Testierfreiheit entgegen den Interessen des Erben ausübenden – Erblasser zu schützen.

Dieser Gedanke wird an anderer Stelle noch weiter zu vertiefen sein. Entscheidend ist hier jedenfalls: Eine solche Sicht der Dinge bietet mit Sicherheit präzisere Möglichkeiten, die verfassungsrechtliche Gewährleistung des gesetzlichen Erbrechts und erst recht des Pflichtteilsrechts zu bestimmen. Wenn nämlich geklärt ist, woraus sich das staatsgerichtete Grundrecht zu erben herleitet, was sein Inhalt ist und was es eigentlich schützt, wird auf dieser Basis auch genauer erarbeitet werden können, was es einerseits im Intestatfall bewirkt und inwiefern es der Durchsetzung gegenüber dem Erblasser fähig ist. Dabei zeichnet sich schon hier ab, daß zwischen dem Interesse des Erben am Schutz seines Grundrechts und der Testierfreiheit des Erblassers vermutlich eine Abwägung stattzufinden haben wird. An genau dieser Abwägung kommt aber auch nicht vorbei, wer den Inhalt der Testierfreiheit und des Pflichtteilsrechts im Sinne objektiv-rechtlicher Garantien festlegen will: Als Institut, als Substrat eines objektiv-rechtlichen Normgefüges, beginnt die Testierfreiheit nämlich genau dort, wo das Pflichtteilsrecht als solches endet und umgekehrt. Ihr Grenzverlauf ist nichts anderes als das Ergebnis eben jener Abwägung, Ergebnis eines Ausgleichs sich diametral gegenüberstehender und volle Schutzbereichsentfaltung einfordernder Grundrechte. Denn nicht Institute, sondern nur individuelle Interessen sind dem gegenseitigen Gewichten überhaupt zugänglich. Inhalt und Grenzen von Testierfreiheit und Pflichtteilsrecht als objektivrechtlichen Einrichtungen sind deshalb bereits das Institut gewordene *Ergebnis* eben jener zuvor erfolgten Abwägung der entsprechenden subjektiven Grundrechte[346].

Es hieße also das Pferd von hinten aufzuzäumen, würde man die dogmatische Untersuchung an der Institutsgarantie ausrichten. Zu tragfähigen Ergebnissen kann nur gelangen, wer die Frage der Familiengebundenheit als Frage nach einem Individualgrundrecht Angehöriger auf Nachlaßteilhabe stellt.

II. Modellentwurf: Das Erbengrundrecht im Koordinatensystem von Freiheitsrecht und staatlicher Schutzpflicht

Zur Klärung der Frage, ob es tatsächlich ein Grundrecht Familienangehöriger auf Nachlaßteilhabe gibt[347], und wie die Zusammenhänge zur Garantie eines gesetzlichen Erb- und Pflichtteilsrechts aussehen, müssen zunächst verschiedene Fäden entwirrt werden. Es wird deshalb im folgenden abstrakt zu beleuchten sein, wie die verschiedenen in Betracht kommenden Bauteile so zusammengesetzt werden können, daß sie für die tatsächliche Auslegung im zweiten Teil ein tragfähiges Fundament bilden.

Ausgangspunkt, entscheidendes Moment aller Überlegungen hat zu sein, daß Grundrechte gem. Art. 1 Abs. 3 GG die Staatsgewalt, nicht aber unmittelbar private Dritte binden[348] und daß hiervon auch im Falle des Erbgrundrechts[349] auszugehen ist: Es geht um ein subjektiv-öffentliches Recht[350]. Um die genannten Zweifel – Stichwort „nuda spes“ – auszuräumen, soll zunächst gezeigt werden, daß ein Recht zu erben als ein Freiheitsrecht in einem zweipoligen, den Erblasser außen vor lassenden Verhältnis durchaus denkbar ist und wie es sich als Teil

---

346 Vgl. *Starck*, in: von Mangoldt/Klein/Starck, GG, Art. 1, Rn. 181: „Soweit die in den Grundrechten enthaltene objektiv-rechtliche Garantie subjektive Rechte einschränkt, läßt sich dies nur über die Lehre der Grundrechtsschranken bewerkstelligen.“

347 Insofern unterscheidet sich die Fragestellung deutlich von der bei der Eigentumsgarantie: Während dort aufgrund der eindeutigen Formulierung in Art. 14 Abs. 1 S. 1 GG klar ist, *daß* es ein subjektives Eigentumsrecht gibt, und „nur“ hinterfragt wird, *was* dieses schützt, besteht hinsichtlich der Erbrechtsgarantie schon keine Klarheit darüber, ob es überhaupt ein subjektives Recht zu erben gibt. Diese Frage verschmilzt hier mit der Frage nach dem Inhalt, denn gerade aus der Erkenntnis heraus, *was* geschützt ist, wird sich ergeben, ob Art. 14 Abs. 1 S. 1 auch ein Recht zu erben meint.

348 Bis auf die wenigen vom Grundgesetz selbst genannten Ausnahmen wie etwa Art. 9 Abs. 3 S. 2 GG; vertieft zur Frage der Drittwirkung unten 2 a.

349 Wenn im folgenden die Rede ist von einem „**Erben**grundrecht“, so steht dies synonym für das – umfassende – der Erbrechtsgarantie zu entnehmende „Grundrecht auf der Erbenseite“ eines nicht nur auf den zukunftsgerichteten Aspekt *zu* erben verstandenen Inhaltes. Geht es hingegen allein um letzteren, und damit um das vorliegende Hauptthema, so wird stellvertretend für das „Grundrecht zu erben“ oder allgemeiner das „Grundrecht auf Nachlaßteilhabe“ auch gesprochen werden von einem „**Erb**grundrecht“. Hier gilt es also, fein zu differenzieren.

350 Vgl. *Rauscher*, Reformfragen I, S. 14.

eines umfassenden Grundrechts auf Erbenseite in dessen Gesamtbauplan einfügt (im folgenden 1.). Sodann wird das Grundrecht zu erben in seiner Funktion als Schutzrecht zu betrachten sein (2.): Nach einer Vertiefung der objektiven Grundrechtsgehalte, in deren Mittelpunkt die staatliche Schutzpflicht steht, können gesetzliches Erbrecht und Pflichtteilsrecht als aus dieser erwachsende Institute greifbar gemacht werden. Abschließend (3.) werden noch einige Gedanken zur Frage der „Erbrechtsgleichheit" anzusprechen sein.

1. Das Erbengrundrecht als Freiheitsrecht: Entwicklung eines denkbaren Inhaltes

Bei der obigen Auseinandersetzung mit den Überlegungen zum Erbengrundrecht war bereits die Rede davon, daß dieses häufig in einer Abhängigkeit zum Eintritt des Erbfalles gesehen wird; die daraus gezogenen Konsequenzen wurden kritisiert[351]. Es wird im folgenden erarbeitet werden, daß dieser am Erbfall anknüpfende Ansatz dem Grunde nach nicht falsch ist, daß er aber weiterentwickelt und von privatrechtlichen Vorstellungen gelöst werden muß: Sofern bei dem Ergebnis, der Erbe habe vor dem Erbfall nichts als eine „nuda spes" und deshalb auch kein Grundrecht, nicht stehengeblieben wird, ergibt sich so nämlich ein durchaus geschlossener, der weiteren Ausfüllung zugänglicher Rohbau eines Erbengrundrechts. Es wird sich zeigen, daß auch die zukunftsgerichtete Position eines Rechtes zu erben Grundrechtsinhalt sein kann.

a. Bestandsschutz des Ererbten

Richtig an dem genannten Ansatz ist zunächst sicherlich der Gedanke, daß derjenige, dem die Erbschaft – durch Testament oder gesetzliche Erbfolge – einmal anheim gefallen ist, einen gewissen Bestand an Gütern in den Händen hält[352]. Schon der Begriff des „Bestandes" legt es nahe, hier von einer „Bestandsgarantie" gegenüber staatlichem Eingriff zu sprechen – einer Garantie bestehender individueller, vermögenswerter Positionen also. Bekanntlich ist es kein Spezifikum der Erbrechtsgarantie, daß ein Bestand, ein auf Basis einfachen Rechtes Erworbenes, gegenüber staatlichem Eingriff individualgrundrechtlichen Schutz genießt: Die herrschende Dogmatik der Eigentumsgarantie erkennt im individuellen Eigentumsgrundrecht gerade „die" Bestandsgarantie[353]. Daß sich in Analogie zu dieser Eigentumsdogmatik auch der Erbe auf ein Grundrecht dieses prinzipiellen Inhaltes soll berufen können, leuchtet schon deshalb ein, weil der Erbe mit dem Erbfall geradewegs in die Position des Erblassers als Eigentümer ein-

---

[351] Oben § 4 II.

[352] Entsprechend würde dieser Teil eines Erbengrundrechts jeden Erben schützen, egal ob familienangehörig oder familienfremd.

[353] Statt vieler *Pieroth/Schlink*, Rn. 897.

rückt. Gerade dieses Zusammenlaufen von Erben- und Eigentümerposition wirft dann natürlich mannigfach Fragen um das Verhältnis der beiden Garantien des Art. 14 Abs. 1 S. 1 GG in diesen ineinandergreifenden Fällen auf. Zu klären wäre insbesondere, ob bei Eingriffen in Ererbtes etwa danach differenziert werden muß, ob der Erbe in seiner Funktion gerade als Erbe oder aber als Eigentümer betroffen ist. Nicht ausgeschlossen wäre aber auch, daß der Erbe bei Eingriffen immer zugleich in seinem verfassungsrechtlichen Eigentum betroffen ist, eine erbrechtliche Bestandsgarantie womöglich also gar keinen eigenen Schutzbereich hat und deshalb in ihrer Existenz schon fragwürdig ist[354].

Für vorliegende Abhandlung sind diese Fragen letztlich ohne Belang, es wurde lediglich zum besseren Verständnis vom Bauplan der individualrechtlichen, die Erbenseite betreffenden Erbrechtsgarantie aufgezeigt, worin parallel zur Eigentumsgarantie *einer* der Inhalte des Erbengrundrechts besteht. Erhellt hat die Untersuchung dieses Ansatzes aber, daß er vorliegend nicht weiterführen kann: Eine Bestandsgarantie vermag jedenfalls nur denjenigen zu schützen, der schon Erbe geworden ist[355], eine dem Erbfall vorgelagerte Position erfaßt sie in der Tat nicht[356].

b. Die Aussicht, am Nachlaß beteiligt zu werden: Inhalt, Voraussetzungen und Folgen eines denkbaren Freiheitsgrundrechts „zu erben“

So richtig nun der Gedanke einer den Erben schützenden Bestandsgarantie ist, so falsch ist der daraus gezogene Schluß, ein individuelles Erbengrundrecht könne es vor dem Erbfall von vorneherein nicht geben. Der Inhalt eines individuellen Erbengrundrechts muß sich keineswegs in dem Schutz des Erhaltenen, der möglicherweise ohnehin unter die Eigentumsgarantie fällt, erschöpfen. Voraussetzung für die Erkenntnis eines vom Bestand gelösten Garantiegehaltes ist vielmehr, daß die *privatrechtliche* nuda spes zwischen Erbe und Erblasser als eine in bezug auf den Inhalt eines *Grundrechts* unzulässige Kategorie erkannt wird. Die Frage nach einem Grundrecht zu erben ist keine nach einem – etwa in den Stand der Verfasssungsgarantie erhobenen – Recht gegen die private Person des Erblassers. In Frage steht hier, insofern muß jegliche zivilrechtliche Vorstellung überwunden werden, nur das bilaterale Verhältnis vom potentiellen Erben

---

[354] So *Bryde*, in: von Münch/Kunig, GG, Art. 14 Rn. 45.

[355] Als Ausnahmen müssen hier freilich echte Anwartschaften wie die des Nacherben eines gemeinschaftlichen Testaments gelten, s. hierzu auch *Bryde*, in: von Münch/Kunig, GG, Art. 14 Rn. 45.

[356] Selbst wenn man den Begriff des Bestandes völlig abkoppelt von einer Vorstellung, die unter diesem Terminus nur einfachgesetzlich anerkannte Positionen versteht, ist es schon rein sprachlich kaum möglich, die Vorerbfallsposition des Erben, die jederzeit durch den eigenen Tod geradewegs ins Nichts abgleiten kann, als einen „Bestand“ in irgendeinem Sinne zu bezeichnen. Zu diesem Gedanken vgl. auch *Pettiti u. a.*, La Convention Européenne, S. 979.

zum Staat, und damit ein subjektiv-öffentliches Recht, an der Erbschaft zu partizipieren[357]. Ein solches erscheint durchaus auch vor dem Erbfall denkbar: Neben der tatsächlichen Partizipation *nach* dem Erbfallseintritt kann in der Tat auch die *zukunftsgerichtete* Aussicht bestimmter Personen geschützt sein, beim Ableben eines Angehörigen dessen Vermögen zu übernehmen[358]. Es geht also um den Schutz einer Position, eines Tages hinsichtlich des hinterlassenen Hab und Gutes „in die Fußstapfen eines anderen zu treten“[359]. Dabei steht außer Frage, dass eine solche Garantie qualitativ jedenfalls zunächst mehr wäre als die einer rein wertmäßigen, finanziellen Beteiligung am Nachlaß. Denn es ist wie gezeigt Hauptaufgabe der Erbrechtsgarantie, das Eigentum Privater zu perpetuieren und damit auch den von der Eigentumsgarantie gewährleisteten Bestand dieses Eigentums. Geschützt wäre also die Aussicht, den Nachlaß oder Teile des Nachlasses eines Tages im hinterlassenen Zustand in den Händen zu halten, um mit ihm an Stelle des Verstorbenen verfahren zu können[360]. Das Erbengrundrecht konkretisierte sich demnach neben der nach dem Erbfall relevanten Bestandsgarantie auf ein Grundrecht *zu* erben, ein Grundrecht *auf* Übernahme des hinterlassenen Vermögens[361].

Damit deuten sich die Voraussetzungen für die Verankerung eines solchen Freiheitsrechtes in Art. 14 Abs. 1 S. 1 GG an: Zunächst wäre zu ermitteln, ob der

---

[357] Dazu treffend *Rauscher*, Reformfragen I, S. 14: „ Aus dem Umstand, daß der Erblasser dem Erben seine Aussicht jederzeit entziehen kann, ist ... keineswegs zu folgern, daß diese Aussicht nicht grundrechtlich gegen den Staat geschützt sein könnte“.

[358] Daß damit die Existenz eines „Erbonkels“ (*Rauscher*, Reformfragen I, S. 15) nicht mitgarantiert ist, darf als selbstverständlich gelten: Dem Versammlungswilligen hat der Staat schließlich auch keine Mitstreiter zur Verfügung zu stellen, damit er überhaupt eine Versammlung im Sinne des Art. 8 GG zur Ausübung seiner Versammlungsfreiheit bilden kann.

[359] Von vorneherein geht es natürlich nur um das Recht hinsichtlich eines nach dem Tode *tatsächlich vorhandenen* Nachlasses, mit dem zwangsläufig etwas geschehen muß. Schon im Ansatz verdreht ist deshalb die gegen ein Erbgrundrecht bisweilen in Feld geführte Auffassung, es ginge um den Erhalt eines „unverdienten Gutes“ (*Leisner*, in: HStR VI, § 150 Rn. 11f.) oder der „Leistung eines anderen“ (*Schlüter*, Die Änderungen der Rolle des Pflichtteilsrechts im sozialen Kontext, in: FS 50 Jahre Bundesgerichtshof, S. 1047 [1052]): Dass es nicht um ein durch eigene Leistung erarbeitetes Vermögen geht, ist dem Erbrecht immanent und für die Frage des Inhaltes der Erbrechtsgarantie deshalb kein taugliches Kriterium. Es wird aber sicherlich bei der Frage, inwiefern der Erblasser Einschränkungen seiner Testierfreiheit hinnehmen muß, eine Rolle spielen (dazu unten § 9 II 1 b).

[360] Daß bislang nicht geklärt und auch hier nicht zu klären ist, ob das Grundgesetz in diesem Zusammenhang zwingend die Regelung von Gesamtrechtsnachfolge im Sinne des bestehenden BGB-Erbrechts fordert, kam aus institutioneller Sicht bereits zur Sprache, oben § 3 I 3. Es erscheint allerdings in der Tat fraglich, ob andere Regelungen dem Perpetuierungs- und Nachfolgegedanken als entscheidenden Charakteristika des Erbens gerecht werden.

[361] Dies entspricht der Formulierung *Rauschers*, Reformfragen I, S. 15, von der „Möglichkeit, Erbe zu werden“, wenn auch der Begriff einer bloßen Möglichkeit zu schwach, zu vage erscheint – es geht schließlich um eine deutlich greifbarere Position als eine bloße Möglichkeit.

Erbrechtsgarantie – ihrer Entstehungsgeschichte, ihrer Schutzrichtung vor allem – entnommen werden kann, ob sie eine solche individuelle Position überhaupt einschließt, ob also sie, und nicht eine andere Norm, überhaupt der grundgesetzliche Anknüpfungspunkt für den Schutz einer solchen Position potentieller Erben ist. Dies liegt einem ersten Anschein nach schon deshalb nahe, weil sie jedenfalls eine Garantie des „Erbrechts“ ausspricht. Eindeutig ist dann aber auch, daß ein dergestaltiges Grundrecht die Aussicht auf Teilhabe nicht irgendwem an irgenwelchen Nachlässen garantiert, sondern nur bestimmten Angehörigen an bestimmten Nachlässen – hier rücken die zwei maßgebenden Kriterien ins Blickfeld: Zum einen müßte sich die Erbbeteiligung der vom Grundrecht zu erben geschützten Angehörigen als nicht wegzudenkender, traditionell wie heute noch substantieller Bestandteil des überkommenen Erbrechts erweisen, nur dann kann sie über die Rezeption des „Erbrechts“ überhaupt Eingang in seine grundgesetzliche Gewährleistung gefunden haben. Des weiteren aber muß neben diesem eher formalen Kriterium erkennbar sein, daß das Grundgesetz der Teilhabe solch ein Gewicht beimißt, daß es den Staat tatsächlich verpflichten will, sie als Freiheitsgrundrecht zu achten und zu schützen. Grund und Voraussetzung des verfassungsrechtlichen Schutzes einer solchen Aussicht muß also sein, daß bestimmte Personen mit dem Erblasser und seinem Nachlaß in Abgrenzung zu anderen eine besondere Beziehung verbindet und die Teilhabe für diese Personen deshalb eine besondere, grundrechtlich schützenswerte Bedeutung hat.

Es hat sich also erwiesen, was oben vermutet wurde: Das individuelle, immer nur gegen den Staat gerichtete Freiheitsrecht des Erben kann durchaus einen Schutzbereich besitzen, der sich aus zwei Elementen zusammensetzt, einer nach dem Erbfall entstehenden Bestandsgarantie hinsichtlich des Ererbten und einer unabhängig von diesem Erbfall bestehenden Garantie der Übernahme des Nachlasses[362]. Die Bestandsgarantie wird vorliegend nicht weiter interessieren, Gegenstand der Abhandlung im zweiten Teil wird nur letztere sein. Zu untersuchen ist demnach, ob bestimmte Angehörige aufgrund ihrer besonderen Beziehung zum Erblasser eine vom Grundgesetz geschützte, staatsgerichtete Position innehaben, den *vorhandenen* Nachlaß zu übernehmen, und woraus sich eine solche Position herleiten läßt.

---

[362] Von der Entstehung des Grundrechts, die wie gezeigt vom Erbfall gerade nicht abhängt, ist zu trennen, ab wann ein potentieller Erbe die Verletzung seines Grundrechts – in erster Linie durch Abschaffung oder Einschränkung seines gesetzlichen Erbrechts – verfassungsgerichtlich geltend machen kann. Dies richtet sich wie sonst auch nach den verfassungsprozessualen Voraussetzungen der Verfassungsbeschwerde, die eine eigene, unmittelbare und gegenwärtige Betroffenheit des Grundrechtsträgers verlangt, vgl. statt vieler *Benda*, in: Benda/Klein, Verfassungsprozeßrecht, Rn. 547; *Voßkuhle*, in: v.Mangoldt/Klein/Starck, GG, Art. 93 Rn. 183 ff.

2. Das Grundrecht zu erben als Schutzrecht: Gesetzliches Erbrecht und Pflichtteilsrecht als Ausprägungen staatlicher Schutzpflicht

Unter freiheitsrechtlichem Blickwinkel wäre der Staat also in erster Linie aufgerufen, bestimmten Angehörigen die grundrechtlich garantierte Übernahme des Nachlasses frei von staatlicher Ingerenz, in erster Linie: von erbschaftssteuerlichem Zugriff, zu gewährleisten. Darüberhinaus deutet sich aber ohne weiteres an, was der umfassende Schutz eines Grundrechts zu erben aufgrund seiner Normprägungsbedürftigkeit im bipolaren Verhältnis Erbe-Staat in zweiter Linie heißen könnte: Gerade für den Fall, daß der Erblasser seine Erben nicht selbst benennt, müßte der Staat möglicherweise dafür Sorge tragen, daß die Grundrechtsinhaber den Nachlaß auch ohne Zuweisung durch den Erblasser erhalten. Dem Gesetzgeber stünde es dann wohl nicht offen, an wen er den Nachlaß in diesem Fall verteilt[363], er müßte die Grundrechtsinhaber zwingend daran teilhaben lassen. Das Grundrecht forderte also für den Intestatfall vom Gesetzgeber eine Verteilung des Nachlasses in seinem, des Grundrechts, Sinne – es forderte mithin, den Grundrechtsträgern eine Position als gesetzliche Erben einzuräumen. Und in dritter Linie schließlich könnte das Grundrecht Geltung auch gegen den Erblasserwillen beanspruchen – ist nämlich einmal die grundsätzliche Staatgerichtetheit des Erbgrundrechts erkannt, so enthüllt sich wie von selbst, welche Konstellation dann Basis eines Pflichtteilsrechts wäre: Die zweiseitige Beziehung von Erbe und Staat nimmt den Erblasser auf und öffnet sich somit zu einem Dreieck mit dem Staat an seiner Spitze und den beiden Privaten Erbe und Erblasser. In diesem Dreieck entpuppt sich der Erblasser, der seinem – grundrechtlich erbberechtigten – Angehörigen die Erbschaft durch anderweitige Willensäußerung ganz oder teilweise vorenthält, als nichtstaatlicher Beeinträchtiger dieses Grundrechts. Dieser Beeinträchtigung gebietet ein Pflichtteilsrecht Einhalt und sichert damit offenbar das Grundrecht zu erben wenigstens zu einem gewissen Maße auch gegen den Erblasser. Obwohl also die grundsätzliche Zielrichtung des Erbengrundrechts eine staatsgerichtete ist, zeitigt es hier augenscheinlich über das Pflichtteilsrecht Wirkung auch gegenüber dem Erblasser, es wirkt mittelbar gegen einen Dritten.

Wer sich nun vor Augen hält, daß andererseits die Institutsgarantie der Familiengebundenheit erarbeitet wurde als die Pflicht des Gesetzgebers, bestimmte Angehörige zu gesetzlichen Erben einzusetzen und ihnen ein Pflichtteilsrecht zu verschaffen, kommt um eine Erkenntnis nicht umhin: Offenbar trifft sich hier das *subjektive Recht* auf die gesetzliche Regelung inhaltlich mit der *objektiven Pflicht* des Gesetzgebers zur Bereitstellung eben dieser Regelungen – ein Kreis scheint sich zu schließen. Wie erklärt sich diese spiegelbildliche Koinzidenz, welche grundrechtsdogmatischen Strukturprinzipien verbergen sich dahinter?

---

[363] Daß der Staat die Erbschaft im Intestatfall nicht an sich reißen darf, wurde oben, § 4 II 2, ausführlich erarbeitet: Die Privaterbfolge ist als unbegrenzte garantiert.

Nicht nur eines schlüssigen Gesamtbildes wegen, das das Individualrecht und die Institutsgarantie in einer stimmigen Konzeption vereint, sondern auch im Hinblick auf Direktiven für die inhaltliche Untersuchung im Zweiten Teil ist es unabdingbar, die vorliegenden Zusammenhänge aufzuzeigen.

a. Vertiefung der objektiven Grundrechtsgehalte: Die staatliche Schutzpflicht

So wie die Wissenschaft zu den objektiven Grundrechtsgehalten nicht bei den oben eingeführten Einrichtungsgarantien stehengeblieben ist, gilt es nun auch hier, die Überlegungen auf diesem Gebiet zu vertiefen. Ausgehend von der mit dem Pflichtteilsrecht aufgeworfenen Dreieckskonstellation und der damit verbundenen Frage der Grundrechtswirkung zwischen Privaten wird die staatliche Schutzpflicht ins Blickfeld rücken. Über ihre Wirkung im tripolaren Verhältnis Bürger-Staat-Bürger hinaus wird dann zu sehen sein, daß sie sich als *der* objektive Grundrechtsgehalt schlechthin etabliert hat und Anknüpfungspunkt für Handlungspflichten des Gesetzgebers auch im bipolaren Verhältnis Bürger-Staat ist. Der Schulterschluß von subjektivem Recht und objektiver Pflicht wird diese Konzeption schließlich unterstreichen und zu ihrer Anwendung auf das Grundrecht zu erben überleiten.

aa. Der Ausgangspunkt: Ausstrahlung der Grundrechte auf Privatrechtsbeziehungen – die nur mittelbare Drittwirkung

Die Wirkung von Grundrechten auf das Privatrecht und zwischen Privaten entwickelte sich ab etwa den fünfziger Jahren unter dem schillernden Überbegriff der „Drittwirkung" zu einem der zentralen Themen der Staatsrechtswissenschaft[364]. Grundsätzliche Zweifel an einer solchen Wirkung in verschiedener Hinsicht konnten sich mit der Zeit nicht mehr durchsetzen[365]. Anlaß zur Auseinandersetzung gab aber die Frage, wie diese Wirkung zu verstehen und grundrechtsdogmatisch zu erklären sei – die Lehren von der unmittelbaren und der mittelbaren Drittwirkung entwickelten sich[366]. Letztere, alsbald ganz überwie-

---

[364] *Rüfner*, in: HStR V, § 117 Rn. 54; *Stern*, Staatsrecht III/1, S. 1513. Der Begriff der „Drittwirkung" geht zurück auf *Ipsen*, In: Neumann, Nipperdey, Scheuner, Die Grundrechte II, S. 111 (143) und ist nicht ganz unumstritten, vgl. *Rüfner*, in: HStR V, § 117 Rn. 59 („irreführend") m. w. N.

[365] Vgl. *Alexy*, Theorie der Grundrechte, S. 480 m. w. N.; *von Münch*, Staatsrecht II, Rn. 184; *Leisner*, Grundrechte und Privatrecht, S. 335 ff.; *Stern*, Staatsrecht III/1, S. 1530 mit einem Überblick und Nachweisen zu den die Drittwirkung ablehnenden Positionen.

[366] Diese Entwicklung, beginnend mit Auseinandersetzungen um den Einfluß von Art. 3 GG auf die Lohngleichheit von Mann und Frau, kann hier nicht im einzelnen nachvollzogen werden, es sei deshalb verwiesen auf die ausführliche Darstellung bei *Stern*, Staatsrecht III/1, S.1522 ff.

gend anerkannte[367], lehnt um der Eigenständigkeit des Privatrechts willen eine direkte normative Wirkung der Grundrechte zwischen Privatrechtssubjekten ab: Kein Bürger kann demnach einem anderen Bürger gegenüber unmittelbar seine Grundrechte geltend machen und daraus Rechte gegen ihn herleiten, Grundrechtsadressat ist und bleibt gemäß Art. 1 Abs. 3 GG allein der unmittelbar an die Grundrechte gebundene[368] Staat[369].

Konsequenz hieraus ist zunächst, daß die Grundrechte zwischen Privatrechtssubjekten nur über ein bestimmtes „Medium"[370], nämlich „wertausfüllungsfähige und wertausfüllungsbedürftige Begriffe und Generalklauseln"[371] des Privatrechts Wirkung entfalten können[372]. Diese Konzeption, die die Grundrechtsverpflichtung in erster Linie der Gerichte als den „Umsetzungsverantwortlichen" im Blick hat, ist der Ursprungsgedanke der Lehre von der mittelbaren Drittwir-

---

[367] Statt vieler: *Pieroth/Schlink*, Grundrechte, Rn. 181. Als Hauptbegründer der These von der nur mittelbaren Drittwirkung gilt *G. Dürig*, zunächst 1954 mit Erörterungen in Neumann/Nipperdey/Scheuner, Die Grundrechte II, S. 507 (525) zum Grundrecht der Freizügigkeit und späteren Verfeinerungen seiner Thesen in: Grundrechte und Zivilrechtsprechung, in: FS Nawiasky, S. 157 (176 ff.) wie in seiner Kommentierung in Maunz/Dürig, GG, Art. 1 Rn. 131 ff. In der Rechtsprechung durchgesetzt hat sich die These von der mittelbaren Drittwirkung in BVerfGE 7, 198 (205 f.) – Lüth, fortgeführt etwa in E 42, 143 (148); 73, 261 (269 – bezeichnet als ständige Rechtsprechung).
Die Lehre von der unmittelbaren Drittwirkung hingegen, entwickelt von *Nipperdey*, Gleicher Lohn der Frau, RdA 1950, S. 121 (123 f.), wird heute nicht mehr vertreten. Sie ging davon aus, daß etliche bedeutende Grundrechte nicht nur gegenüber der Staatsgewalt Wirkung entfalteten, sondern als Ordnungssätze für das soziale Leben der Bürger untereinander diese auch unmittelbar binden würden. Das Bundesarbeitsgericht ist dieser Auffassung unter der Präsidentschaft *Nipperdeys* zunächst gefolgt (BAGE 1, 185 [193]; 4, 274 [276], geht heute aber ebenfalls von mittelbarer Drittwirkung aus (vgl. BAGE 88, 118 [123]). Unmittelbare Drittwirkung besteht allerdings unstreitig dort, wo das Grundgesetz sie ausdrücklich anordnet, etwa in Art. 9 Abs. 3 S. 2 GG.

[368] Deutlich zu dieser unmittelbaren Bindung auch des Privatrechtsgesetzgebers, für den natürlich nichts anderes gilt als für den Gesetzgeber des öffentlichen Rechts, *Canaris*, Grundrechte und Privatrecht – Zwischenbilanz, S. 16 ff. m. w. N. Mit anderem Verständnis von der Lehre der mittelbaren Drittwirkung *Diederichsen*, BVerfG als oberstes Zivilgericht, AcP 198 (1998), S. 171 (231).

[369] *Rüfner*, in: HStR V, § 117 Rn. 59; *Starck*, in: von Mangoldt/Klein/Starck, GG, Art. 1 Rn. 216; *Stern*, Staatsrecht III/1, S. 1533; *H.H. Klein*, DVBl. 1994, S. 489 (491); *Pieroth/Schlink*, Grundrechte, Rn. 175. *Röthel*, Verfassungsprivatrecht aus Richterhand?, JuS 2001, S. 424 (425) m. w. N.

[370] Begriff aus BVerfGE 7, 198 (205) – Lüth.

[371] *Dürig*, in: Maunz/Dürig, GG, Art. 1 Rn. 132; *Stern*, Staatsrecht III/1, S. 1543 mit dem ausdrücklichen Hinweis darauf, daß als solche Einfallstore gerade nicht nur Generalklauseln, sondern alles, was durch Auslegung konkretisierungsfähig ist, in Betracht kommt (S. 1557).

[372] Die verfassungskonforme Auslegung von Gesetzen durch die Fachgerichte und die damit verbundenen Gefahren für die Verfassung beleuchtet kritisch *Voßkuhle*, AöR 125 (2000), S. 177 ff.

kung. Konsequenz ist aber auch – und insofern ist das Genannte nur ein Sprungbrett zu einer anderen Ebene eines vielschichtigen Gesamtkomplexes der Drittwirkung[373] –, daß der Bürger zur Durchsetzung seiner Grundrechte auf der „Horizontalebene“[374] auf die Hilfe des Staates, gerade auch des Gesetzgebers, angewiesen ist. Dies führt weg vom eigentlichen Problem der mittelbaren Drittwirkung und wie angedeutet hin zur staatlichen Schutzpflicht.

bb. Fortführung: Die staatliche Schutzpflicht als Ursprungsquelle der Drittwirkung

Kehren wir zu den objektiven Grundrechtsgehalten zurück, die das Grundgesetz neben subjektiven, auf Abwehr staatlicher Eingriffe gerichteten Rechten, nahezu unstreitig verbürgt[375]. Sie alle sind Ausdruck und Konsequenz einer objektiven Wertordnung, die es „in seinem Grundrechtsabschnitt ... aufgerichtet hat“ und die „eine prinzipielle Verstärkung der Geltungskraft der Grundrechte“ zum Ausdruck bringt – so die wegweisende Entscheidung des Bundesverfassungsgerichts aus dem Jahre 1958 (Lüth)[376]. Schon zu Weimarer Zeiten waren als solche objektiv-rechtlichen Gehalte die oben eingeführten Einrichtungsgarantien anerkannt[377]. Ganz andere Dimensionen jedoch nahm die Bedeutung objektivrechtlicher Gehalte unter der Geltung des Grundgesetzes an, als Rechtsprechung und Lehre schrittweise den im Lüth-Urteil begründeten Gedanken weiterentwickelten, daß die in jeder Grundrechtsvorschrift objektiv normierte Wertentscheidung und die sich aus dem Gesamt der Grundrechte ergebende objektive Wertordnung[378] auf die Rechtsordnung insgesamt ausstrahle: Die Grundrechte wur-

---

373 Dieser erfaßt bei weitem nicht nur die Auslegung einfachen Rechts durch die Gerichte, vgl. hierzu die aufschlußreiche Systematisierung (Unterteilung in vier Fragenkreise) bei *Stern*, Staatsrecht III/1, S. 1563 ff.

374 So der neuere Sprachgebrauch, der den Begriff der Drittwirkung zu umgehen sucht; etwa *Saladin*, Grundrechte im Wandel, 1975 S. 307 („Horizontalwirkung“); *Bethge*, Zur Problematik von Grundrechtkollisionen, S. 19; vgl. aber *Alexy*, Theorie der Grundrechte, S. 477, 480: „Dritt- oder Horizontalwirkung“.

375 Statt vieler *Pieroth/Schlink*, Grundrechte, Rn. 76 ff.; *Stern*, in: HStR V, § 109 Rn. 50. Vorbehalte allerdings bei *Cremer*, Der sog. objektiv-rechtliche Gehalt der Grundrechte, in: FS Jeand'Heur, S. 59 ff.; kritisch auch *Enders*, in: Berliner Kommentar, GG, C vor Art. 1 Rn. 135 ff.

376 BVerfGE 7, 198 (205).

377 Andere objektiv-rechtliche Gehalte wurden hingegen noch selten erörtert, vgl. *Stern*, Staatsrecht III/1, S. 895, mit entsprechenden Hinweisen, insbesondere auf die – sich bis zum Ende der Weimarer Zeit nicht mehr durchsetzende – Vorstellung *Smends*, die Grundrechte normierten ein „Wert- oder Güter, ein Kultursystem“.

378 Am Begriff der „Wertordnung“ ist nicht selten Kritik geübt worden (vgl. etwa *Forsthoff*, FS C. Schmitt, S. 35 ff.; *C. Schmitt*, Die Tyrannei der Werte, in: Säkularisation und Utopie, S. 37 ff., 57 ff.; *Böckenförde*, NJW 1974, 1529 [1533f.]). Dahinter steht vor allem die Ablehnung einer werttheoretischen Auffassung der Grundrechte, die dazu führen könnte, daß Ge-

den erkannt als „Richtlinien und Impulse“[379] für Gesetzgebung, Verwaltung und Rechtsprechung, und zwar bezogen auf alle Bereiche des Rechts[380]. Auf dieser Basis wurden die objektiv-rechtlichen Grundrechtsgehalte weit über die Einrichtungsgarantien hinaus fortgeschrieben. Den Grundrechten wurden fortan Wirkungen zugemessen für die Auslegung und Anwendung einfachen Rechts, für die Teilhabe an und die Ausgestaltung von staatlichen Einrichtungen, Leistungen und Verfahren und – vorliegend von besonderer Relevanz – für den Schutz, den der Staat dem Bürger insbesondere durch entsprechende Gesetzgebung schuldet[381]. Letzteres soll genauer beleuchtet werden.

Ist von der staatlichen oder grundrechtlichen Schutzpflicht die Rede, so sind damit in aller Regel drei Fallgestaltungen angesprochen, in denen die Gefahr für ein Grundrecht nicht vom Staat selbst, sondern von Dritten ausgeht: Gefahr von Privaten, von ausländischen Staaten[382] und von Naturgewalten[383]. Diesen typischen Konstellationen eignet deshalb sämtlich eine Dreierbeziehung, die sich zum „Rechts-Dreieck“[384] formiert – zu einem Dreieck, an dessen Spitze der Staat zum Schutzverpflichteten wird gegenüber einem Grundrechtsinhaber, dessen Rechte unter Bruch des neminem-laedere-Gebotes von dritter Seite beeinträchtigt werden. Zwar besteht eine aus der Verfassung selbst, aus der objektiv-

---

setzgeber und insbesondere das Bundesverfassungsgericht bestimmen könnten, „inwieweit Freiheitsbetätigungen wertvoll und somit schutzwürdig sind“ (*Starck*, in: von Mangoldt/Klein/Starck, GG, Art. 1 Rn. 180, allerdings dennoch gegen die grundsätzliche Verwerfung des Ausdrucks Wert). *Stern*, Staatsrecht III/1, S. 901 f. konstatiert einen entsprechenden Wechsel hin zu „objektiv-rechtlichen Elementen“ oder „objektiv-rechtlichem Gehalt“ auch im Sprachgebrauch des Bundesverfassungsgerichts.

379 BVerfGE 7, 198 (205).

380 Daß die Ausstrahlungswirkung auf das einfache Recht nicht nur das Zivilrecht betreffen sollte, war nie zweifelhaft, auch wenn sie im Lüth-Urteil (BVerfGE 7, 198 [205]) ursprünglich ausdrücklich nur für das Zivilrecht festgestellt worden war, s. *H. H. Klein*, DVBl. 1994, S. 489; in diesem Sinne auch *Böckenförde*, Grundrechte als Grundsatznormen, Der Staat 1990, S. 1 (7). Einen prägnanten Überblick über die Entwicklung dieser Grundrechtsinterpretation gibt *ders.*, EuGRZ 2004, S. 598 ff.

381 Vgl. *Pieroth/Schlink*, Grundrechte, Rn. 81; Zusammenfassung auch bei *H.H. Klein*, DVBl. 1994, S. 489 ff.

382 Vgl. BVerfGE 6, 290 (299); 41 , 126 (182); *Dietlein*, Die Lehre von den grundrechtlichen Schutzpflichten, S. 102; a. A. *Isensee*, in: HStR V, § 111 Rn. 79. – Zu den Schwierigkeiten normierungstechnischer Art, die nicht zuletzt diese vielfältige Funktionalitätserweiterung der Grundrechte mit sich bringt, s. *Voßkuhle*, AöR 119 (1994), S. 35 (56 ff.).

383 *Robbers*, Sicherheit als Menschenrecht, S. 124; *Dietlein*, Die Lehre von den grundrechtlichen Schutzpflichten, 1992, S. 103; *Stern*, Staatsrecht III/1, S. 735 f.; a. A. auch hier *Isensee*, in: HStR V, § 111 Rn. 112. Zum Teil werden auch Gefahren durch den Grundrechtsträger selbst als Fälle staatlicher Schutzpflicht behandelt, vgl. *Dietlein*, Die Lehre von den grundrechtlichen Schutzpflichten, S. 103; 219 ff.; *Fischer*, Staatlicher Schutz vor Selbstschädigung, S. 197 ff.; a. A. wiederum *Isensee*, in: HStR, § 111 V Rn. 113 ff. m. w. N.

384 Isensee, Das Grundrecht auf Sicherheit, 1983, S. 34.

rechtlichen Rechtsgeltung folgende Pflicht jedermanns, grundrechtlich geschützte Rechte anderer nicht zu verletzen, der grundrechtliche „Rechtsgüterschutz ist ... absolut“[385]. Der einzelne, dem Gewaltverbot unterworfene Grundrechtsträger kann seine Rechte aber nicht allein durchsetzen – gerade hier wird die Verbindung von Gewaltmonopol des Staates und Begründung der Schutzpflicht besonders deutlich. Ohne daß verfassungsunmittelbare Ansprüche des Beeinträchtigten gegen den Beeinträchtiger entstünden, trifft deshalb den Staat aus dem objektiven Gehalt der Grundrechte die Pflicht zur aktiven Ausgestaltung der Rechtsordnung in einer Weise, die dem einzelnen die Verwirklichung seiner grundrechtlich gewährleisteten Freiheit ermöglicht[386]. Der Staat wird vom „Grundrechtsgegner zum Grundrechtsschützer“[387].

Wo es schließlich gerade um Handlungen dritter privater Grundrechtsträger geht, kommt es außerdem meist zu Grundrechtskollisionen. Das Bundesverfassungsgericht hat insofern die Schutzpflicht in seinem ersten Fristenlösungsurteil[388] anhand von Art. 2 Abs. 2 GG entwickelt und stetig fortgeschrieben[389]: Als Grundrechtsadressaten trifft den Gesetzgeber[390] die Pflicht, diesen Konflikten durch Abgrenzung der Grundrechtssphären gegeneinander[391] zu begegnen. Er hat jedem Grundrecht unter Beachtung des anderen zu größtmöglicher Geltung zu verhelfen[392]. Dies bedeutet aber natürlich auch, daß dem jeweiligen Grundrecht engere Grenzen gezogen sein können „als in seiner Bedeutung als Abwehrrecht gegen staatliche Eingriffe“[393].

---

[385] *Stern*, Staatsrecht III/1, S. 1575; *H.H. Klein*, DVBl. 1994, S. 489 (491); vertiefend zu diesem „neminem-laedere-Gebot“ *Isensee*, in: HStR V, § 111 Rn. 103 f.

[386] Vgl. *Isensee*, in: HStR V, § 111 Rn. 5; *ders.*, Vertragsfreiheit im Griff der Grundrechte, in: FS Großfeld, S. 485 (497); *H.H. Klein*, DVBl. 1994, S. 489 (491).

[387] *Stern*, Staatsrecht III/1, S. 946.

[388] BVerfGE 39, 1 (44 f.).

[389] Vgl. in erster Linie BVerfGE 46, 160 (164 f.) – Schleyer; 49, 89 (126 ff., 132) – Kalkar; 53, 30 (57) – Mülheim-Kärlich; 55, 349 (364) – Heß; 56, 54 (78) – Fluglärm; 75, 40 (62) – Privatschule; 77, 170 (214 f., 229 f.) – C-Waffen; 77, 381 (402 f.) – Gorleben; 79, 174 (202) – Anliegerschutz; 88, 203 (251) – Fristenlösung II; 89, 214 (231) – Bürgschaft; 92, 26 (46) – internationales Schiffahrtsregister; 96, 56 (64 f.) – Abstammung. Eingehend zur Rechtsprechung des Bundesverfassungsgerichts *Cremer*, Freiheitsgrundrechte, S. 229 ff.

[390] Vgl. *Pieroth/Schlink*, Grundrechte, Rn. 97 m. w. N. unter Hinweis auf den Parlamentsvorbehalt bei Eingriffen in Grundrechte Dritter.

[391] *H.H. Klein*, DVBl. 1994, S. 489 (491); *Stern*, Staatsrecht III/1, S. 1578; BVerfGE 30, 173 (199) – Mephisto.

[392] Und zwar im Sinne einer praktischen Konkordanz, vgl. *Hesse*, Grundzüge des Verfassungsrechts, Rn. 72 und 318; *Rüfner*, in: HStR V, § 117 Rn. 70; BVerfGE 89, 214 (232) – Bürgschaft.

[393] BVerfGE 66, 116 (135). Dabei stellt sich die – hier wie auch im zweiten Teil letztlich nicht zu entscheidende – Frage, ob mit den Vertretern der *Kongruenzthese* davon auszugehen ist, daß sich die Prüfungsmaßstäbe von Untermaß- und Übermaßverbot decken, die Eingriffs-

Entscheidend ist: Der Weg läuft nur über die Dreiecksspitze. Der einzelne hat keinen verfassungsunmittelbaren Direktanspruch gegen den Dritten auf Achtung seiner Grundrechte, sondern der Staat hat diesen Grundrechten in Wahrnehmung der ihm obliegenden Schutzpflicht zur Durchsetzung zu verhelfen. Die Umsetzung dieses grundrechtlichen Flankenschutzes durch den Gesetzgeber bekommt der Dritte mittelbar zu spüren[394]. Ob man diese Konstellationen als Fälle „mittelbarer Drittwirkung" ansehen will, ist eine hier nicht zu vertiefende „Frage der Terminologie"[395]. Fest steht dagegen jedenfalls, daß sich anhand der grundrechtlichen Schutzpflicht einwandfrei erklären läßt, wie Grundrechten eine Wirkung auch zwischen Privaten zukommt[396]. Die Drittwirkungsproblematik stellt sich damit dar als ein Teilaspekt der umfassenden Schutzpflichtenproblematik[397].

---

ermächtigung gegenüber dem Störer also stets und nur soweit reicht, wie eine Schutzverpflichtung gegenüber dem Schutzsuchenden besteht (so etwa *Unruh*, Zur Dogmatik der grundrechtlichen Schutzpflichten, S. 83 ff.; *Hager*, JZ 1994, S. 373 [381 ff.]; *Starck*, Praxis der Verfassungsauslegung, S. 81 f.; *Hain*, DVBl. 1993, S. 982 [983]; entschieden a. A. dagegen *O. Klein*, Fremdnützige Freiheitsgrundrechte, S. 40). Es erscheint zweifelhaft, ob eine abstrakte Entscheidung dieser Frage überhaupt möglich ist oder nicht je nach Kollisionskonstellation unterschiedliche Wege denkbar sind.

394 Ein anderes Konzept hingegen vertritt die *etatistische Konvergenztheorie* (vgl. *Schwabe*, Die sogenannte Drittwirkung der Grundrechte, 1971, S. 26 ff., 62 ff.; *ders.*, Probleme der Grundrechtsdogmatik 1977, S. 212 ff.; *Murswiek*, Die staatliche Verantwortung für die Risiken der Technik, S. 63 ff., 107 ff.; *Koch*, Grundrechtsschutz des Drittbetroffenen, S. 375 ff.): Danach wird der private Eingriff als staatlicher gesehen, weil es keinen Unterschied mache, ob der Staat selbst eingreife oder den Eingriff durch Dritte erlaube bzw. toleriere. Dem Betroffenen werde so oder so eine Duldungspflicht auferlegt. Damit bedarf es nach der etatistischen Konvergenztheorie keiner im Dreieck wirkenden Schutzpflicht: Eine Horizontale gibt es nicht, die Lösung findet sich ausschließlich im vertikal orientierten Abwehrrecht. Zur Kritik an dieser Auffassung sei verwiesen auf *Isensee*, in: HStR V, § 111 Rn. 118 f.

395 *Stern*, Staatsrecht III/1. Nach *Isensee*, HStR V, § 111 Rn. 134 f., handelt es sich nur dann um einen Drittwirkungsfall, wenn ein „positives Rechte- und Pflichtenverhältnis" zwischen den Grundrechtsträgern erzeugt und nicht nur Freiheitssphären gegeneinander ausgegrenzt werden. – Um kein Drittwirkungsproblem geht es von vorneherein in Konstellationen, in denen es sich um die Bindung des – öffentlichrechtlichen wie privatrechtlichen – Gesetzgebers an die Grundrechte als Abwehrrechte oder Leistungs-/Gestaltungsrechte handelt, vgl. *Stern*, Staatsrecht III/1, S. 1563, 1566 f. Wenn aber die Bindung des *Privat*rechtsgesetzgebers betroffen ist und sich das gesetzgeberische Verhalten auch auf einen Dritten auswirkt, in dessen Rechte eingegriffen wird, handelt es sich durchaus um eine Konstellation der „mittelbaren Drittwirkung". In diesem Sinne zu verstehen wohl auch *Stern*, Staatsrecht III/1, S. 1570: „...daß dies [die Pflicht zum Tätigwerden aufgrund einer Schutzpflicht] auch für den Bereich des Privatrechts gilt, betrifft die eigentliche Drittwirkungsproblematik...".

396 Vgl. *Isensee*, Grundrecht auf Ehre, in: FS Kriele, S. 5 (32); *Stern*, Staatsrecht III/1, S. 1572. – Dabei darf freilich nicht übersehen werden, daß auch über die Schutzpflicht nur erklärt werden kann, *wie* die Wirkung von Grundrechten zwischen Privaten dogmatisch zu verstehen ist (vgl. für die Lehren von der mittelbaren und der unmittelbaren Drittwirkung *Stern*, Staatsrecht III/1, S. 1531), daß also insbesondere Gerichte und Gesetzgeber in Wahrnehmung

cc. Erweiterung: Die staatliche Schutzpflicht als „zentraler Begriff der objektiv-rechtlichen Dimension“[398] und ihre Ausprägung in der Institutsgarantie

Von ganz zentraler Bedeutung dieses Schutzpflichtenkonzepts ist der ihm immante Grundgedanke von einem Staat, der im Gegenzug zur Unterwerfung der Bürger unter seine Gewalt diesen Sicherheit und damit die Bereitstellung derjenigen einfachgesetzlichen Normen schuldet, die zur Entfaltung, zur Verwirklichung ihrer Grundrechte notwendig sind[399]. Wenn auch zunächst anhand von Dreieckskonstellationen entwickelt[400], so ist die Pflicht zum Schutz keineswegs ein nur in deren Rahmen maßgeblicher Gedanke – sie ist vielmehr ein allen objektiv-rechtlichen Gehalten zugrunde liegendes „einheitliches Prinzip“[401]: Der Staat hat die Freiheitsverwirklichung nicht nur zu achten, sondern ihm obliegt die in den Grundrechtsnormen[402] angesiedelte umfassende Verpflichtung, die

---

der ihnen obliegenden Schutzpflicht die Grundrechtswirkung unter Privaten umzusetzen haben. Ihre Anwendung setzt aber die Übereinstimmung voraus, *daß* Privatpersonen Grundrechte auch zu beachten haben, wenn sie in rein privatrechtlichen Kontakt zueinander treten; insofern sei auch verwiesen auf *Doehring*, Das Staatsrecht der BRD, S. 209: „Das Gericht hat Grundrechte zu beachten, soweit sie gelten; nicht etwa gelten sie, weil ein Gericht entscheidet“. In diesem Sinne auch *Lerche*, Grundrechtswirkungen im Privatrecht, in: FS Odersky, S. 215 (231).

397 *Stern*, Staatsrecht III/1, S. 1560; *Jarass*, Die Grundrechte: Abwehrrechte und objektive Grundsatznormen, in: FS 50 Jahre BVerfG II, S. 35 (50); *H.H. Klein*, DVBl. 1994, S. 489 (492); *ders.*, in: HGr I, § 6 Rn. 67; *Schuppert/Bumke*, Konstitutionalisierung, S. 20; *Unruh*, Grundrechtliche Schutzpflichten, S. 72; *Floren*, Grundrechtsdogmatik im Vertragsrecht, S. 39; ähnlich *Lerche*, Grundrechtswirkungen im Privatrecht, in: FS Odersky S. 215 (230) – „Trennwändchen“; *O. Klein*, Fremdnützige Freiheitsgrundrechte, S. 44 m. w. N.; *Gutmann*, NJW 2004, S. 2347 (2349); für Österreich in diesem Sinne auch *R. Novak*, EuGRZ 1984, S. 133 (142, 146).

398 *Böckenförde*, Zur Lage der Grundrechtsdogmatik nach 40 Jahren Grundgesetz, 1989, S. 38.

399 Gerade in der sicherheitswahrenden Schutzpflicht gründet die Legitimation des modernen Staates. Sie wurde im Allgemeinen Preußischen Landrecht von 1794 ausdrücklich normiert als die „vorzüglichste Pflicht des Oberhauptes des Staates“ (§ 2 II 13) . Vgl. *Hermes*, Das Grundrecht auf Schutz von Leben und Gesundheit; *E. Klein*, NJW 1989, S. 1633 (1636); *Callies*, ZRP 2002, S. 1 (3); *Isensee*, Das Grundrecht auf Sicherheit, S. 3 ff.; *Starck*, Praxis der Verfassungsauslegung, S. 47 ff.; *Merten*, Rechtsstaat und Gewaltmonopol, S. 29 ff., *R. Scholz*, NJW 1983, S. 705 ff.

400 Vgl. BVerfGE 39, 1 (41 ff.) – Fristenlösung; 46, 160 (164 f.) – Schleyer; 49, 24, (53 ff.) – Kontaktsperre; 49, 89 (141 f.) – Kalkar I. Weitere Beispiele bei *Isensee*, in: HStR V, § 111 Rn. 78 f. Vgl. auch *Stern*, Staatsrecht III/1, S. 945.

401 *H.H. Klein*, DVBl. 1994, S. 489 (491). Der Grundgedanke einer Schutzpflicht klingt in der Rechtsprechung auch schon ganz früh an in BVerfGE 1, 97 (104) sowie später in BVerfGE 35, 79 (114), ohne daß hiervon Dreierkonstellationen betroffen sein würden.

402 Auch wenn der Schutzpflichtengedanke zunächst anhand Art. 2 Abs. 2 S. 1 in Zusammenhang mit Art. 1 Abs. 1 S. 2 GG entwickelt wurde (vgl. BVerfGE 39, 1 [41 f.] – Fristenlösung;

durch das Grundrecht garantierten Freiheiten – gerade mittels entsprechender Gestaltung der Rechtsordnung – zu umhegen, zu stärken und zu sichern[403]. Ein gewisses Untermaß darf dabei nicht unterschritten werden[404]. Dies gilt auch dort, wo es um ein nur zweipoliges Verhältnis von Bürger und Staat geht, und es gilt auch, wenn der Gesetzgeber wie in Art. 14 Abs. 1 S. 2 GG Inhalt und Schranken bestimmen darf. Denn den verfassungsrechtlichen Begriffen des Eigentums und des Erbrechts ist wie gesehen ein Selbstand gegeben, der nicht zu seiner Disposition steht. Es muß bei solchen normativen Grundrechten sogar erst recht gelten, weil gerade sie sich überhaupt nur vermittels einfachgesetzlicher Ausgestaltung entfalten könnnen[405]. Diese umfassende Schutzpflicht erweist sich damit als der „zentrale Begriff der objektiv-rechtlichen Dimension der Grundrechte“[406]. Die Institutsgarantie als die Verpflichtung, bestimmte Normkomplexe zu schaffen, die speziell auf Dreieckskonstellationen bezogene

---

46, 160 [164] – Schleyer) bzw. nur auf Art. 2 Abs. 2 S. 1 GG gestützt wurde (BVerfGE 77, 170 [214] – C-Waffen; 79, 174 [201 f.] – Verkehrslärm; 85, 191 [212] – Nachtbackverbot), steht es außer Frage, daß die Schutzpflicht entsprechend anderen objektiven-rechtlichen Grundrechtsgehalten auch im übrigen Grundrechtsbereich angesiedelt ist. Geschützt sind zum einen also nicht nur Grundrechte aus Art. 2 Abs. 2 S. 1 GG (denn nicht nur diese sind mögliche Schutzgüter, vgl. nur etwa *Alexy*, Theorie der Grundrechte, S. 410) und es bedarf zum anderen auch nicht des Rückgriffs auf das ausdrücklich formulierte Schutzgebot des Art. 1 Abs. 1 S. 2 GG, weil sich ein solches jeweils aus der objektiv-rechtlichen Grundrechtsdimension bzw. aus dem Menschenwürdegehalt des jeweiligen Grundrechts herleiten läßt. Ähnlich *H. H. Klein*, DVBl. 1994, S. 489 (491); *Stern*, Staatsrecht III/1, S. 944 mit umfangreichen Nachweisen.

[403] *H. H. Klein*, DVBl. 1994, S. 489 (491); *Friauf*, DÖV 1980, S. 480 (487). Vgl. auch *Stern*, in: HStR V, § 109 Rn. 57: „Schutzgehalte für grundrechtlich gesicherte Güter“.

[404] Statt vieler *Merten*, Grundrechtliche Schutzpflichten und Untermaßverbot, in: FS Burmeister, S. 227 (237) m.w.N. – Der Begriff eines „Untermaßverbotes“ geht auf *Schuppert*, Funktionell-rechtliche Grenzen der Verfassungsinterpretation, insbes. S 23 ff., zurück und fand sodann Verbreitung durch etwa *Canaris*, Grundrechte und Privatrecht, AcP 1984, S. 201 (228, 245) zurück. Ablehnend gegenüber einer dem Übermaßverbot solchermaßen entgegengesetzten Figur des „Untermaßverbots“ *Voßkuhle*, Das Kompensationsprinzip, S. 384 f.

[405] In diesem Sinne wohl auch *Grimm*, Zukunft der Verfassung, S. 231 f. Anschaulich differenzierend in diesem Zusammenhang zwischen Einrichtungspflicht und Einrichtungsgarantie *Bumke*, Der Grundrechtsvorbehalt, S. 94 ff.: Beides könne – wie etwa bei Eigentum und Ehe – aufeinandertreffen, wobei die Einrichtungspflicht der staatlichen Gewalt einen erheblichen Spielraum im Blick auf den von ihr umfaßten gesamten Gestaltungsbereich einer Rechtseinrichtung lasse, die Einrichtungsgarantie dagegen allein eine letzte Grenzlinie für die Umgestaltung des Instituts ziehe (S. 97).

[406] So *Böckenförde*, Zur Lage der Grundrechtsdogmatik nach 40 Jahren Grundgesetz, S. 38; zustimmend *H.H. Klein*, DVBl. 1994, S. 489 (491, Fn. 38); *O. Klein*, Fremdnützige Freiheitsgrundrechte, S. 35 ff.; *Grimm*, Zukunft der Verfassung, S. 234; *Isensee*, in: Grundrecht auf Ehre, FS Kriele, S. 5 (32: „Supernova“). Umfassende Nachweise zum breiten Interesse, das die Schutzpflicht als Grundrechtsdimension seit Ende des letzten Jahrhunderts erfahren hat, bei *Cremer*, Freiheitsgrundrechte, S. 228 (Anm. 280).

Schutzpflicht „im engeren Sinne", die hiervon wieder einen Ausschnitt betreffende Drittwirkungsproblematik wie auch alle anderen objektiv-rechtlichen Gehalte hingegen sind nur ihre Unterfälle oder Ausprägungen.

dd. Von der Schutzpflicht zum deckungsgleichen Grundrecht auf Schutz – Resubjektivierung?

Die Erkenntnis einer umfassenden, das Grundrecht flankierenden Schutzpflicht, Teil deren auch die Institutsgarantie ist, macht schließlich den Zusammenhang zwischen subjektivem Recht und objektiver Pflicht transparent: Die objektivrechtlichen Gehalte bestehen wie gesehen nicht um ihrer selbst willen, sondern gerade wegen des schutzbedürftigen subjektiven Rechtes. Das jeweilige Grundrecht kann aber nur dann den gebotenen effizienten Flankenschutz erfahren, wenn der einzelne tatsächlich auch verlangen kann, wozu der Gesetzgeber verpflichtet ist – die objektive Pflichterfüllung muß konsequenterweise subjektiv einforderbar sein[407]. Dies muß jedenfalls insoweit gelten, als es um die bloße Nichtübertretung des durch eine Institutsgarantie abgesicherten Untermaßes geht, will die Ausübung des – obendrein von der Umsetzung der Institutsgarantie abhängigen – Grundrechts nicht von vorneherein aushöhlbar sein[408]. Der grundrechtsabgeleiteten Schutzpflicht entspricht deshalb stets ein aus der jeweiligen Grundrechtsvorschrift ableitbares, deckungsgleiches subjektives Recht auf Einhaltung der objektiven Schutzgebote durch den Staat[409]. Es versteht sich da-

---

[407] Einzelheiten der Kongruenz von subjektiven Rechten aus Grundrechten und objektiven Gehalten derselben – von diesem Gesamtkomplex ist hier nur ein Teilaspekt angesprochen – werden bislang nicht eindeutig beantwortet und können wohl auch kaum pauschal hinsichtlich sämtlicher objektiv-rechtlicher Gehalte einer einheitlichen Lösung zugeführt werden. Eine vertiefte Auseinandersetzung muß hier unterbleiben, es sei stattdessen verwiesen auf die eingehende Untersuchung von Rechtsprechung und Literatur bei *Stern*, Staatsrecht III/1, S. 978 ff.

[408] Ebenso *Alexy*, Theorie der Grundrechte, S. 444 („... wenn Grundrechte als individuelle Rechte ernst genommen werden sollen"), der sogar soweit geht, Institutsgarantien als „dogmatisch überflüssige Konstruktionen" zu erkennen.

[409] *Stern*, in: HStR V, § 109 Rn. 54; *ders.*, Staatsrecht III/1 S. 873; *Steinbeiß-Winkelmann*, Grundrechtliche Freiheit, S. 116 f.; *Alexy*, Theorie der Grundrechte, S. 414 f. mit dem Hinweis, daß die Zuerkennung subjektiver Rechte ein höheres Maß an Realisierung bedeute als die Statuierung bloß objektiver Gebote, sowie S. 443 f.; *Robbers*, Sicherheit als Menschenrecht, S. 135 ff.; *Isensee*, in: HStR V, § 111 Rn. 92, vgl. aber Rn. 162; zurückhaltender *Grimm*, Die Zukunft der Verfassung, S. 234 und *Breuer*, Grundrechte als Anspruchsnormen, in : FG Bundesverwaltungsgericht, S. 89 ff. Ganz deutlich *H.H. Klein*, DVBl. 1994, S. 489 (493 ff.): Das Bundesverfassungsgericht könne den Adressaten der Schutzpflicht eben nicht zu weitergehenden Maßnahmen verpflichten als der Einzelne in der Lage sei einzufordern (S. 495); anders dagegen die Sondervoten zu BVerfGE 103, 44 (72) – NTV: Verpflichtung des Gesetzgebers kraft objektiven Verfassungsrechts ohne Begründung eines entsprechenden subjektiven Rechts. Vgl. auch BVerfGE 50, 290 (337 f.) – Mitbestimmung. Vgl. auch *Pie-*

bei von selbst, daß dem Recht auf eine das Untermaßverbot beachtende „normative Leistung“[410] das kongruente Recht entspricht, eine bereits bestehende Regelung über die Grenze dieses Untermaßes hinaus auch nicht abzuschaffen.

Dieses Grundrecht auf Schutz wird häufig als das Ergebnis einer Resubjektivierung, als eine Extraktion subjektiver Rechte aus objektiven Gehalten dargestellt. Das Recht auf Schutz soll *von* der Einrichtungsgarantie gewährleistet und *aus* dieser ableitbar sein[411]. Ob dies dem Verhältnis von Individualrecht und Institutsgarantie gerecht wird, darf bezweifelt werden: Zwar mag der Nachvollziehbarkeit wegen, wie auch hier geschehen, die schrittweise Herleitung des auf Gewährung gesetzlicher Normen gerichteten Grundrechtsinhaltes die objektivrechtliche Schutzpflicht zum Ausgangspunkt nehmen. Dies darf aber nicht darüber hinwegtäuschen, daß Urquell subjektiver Ansprüche nur das Individualgrundrecht selbst sein kann – das Primäre ist und bleibt das Grundrecht, die Institutsgarantie hat nur die sekundäre Aufgabe, es zu umhegen und zu schützen[412]. Nicht das Recht fließt deshalb aus der Verpflichtung, sondern die Verpflichtung aus dem Recht[413]. Die „Führungsrolle“ des Grundrechts gegenüber der Institutsgarantie hat sich somit noch verstärkt herausgestellt – eine Untermauerung dafür, die Untersuchung des zweiten Teiles auf der individualrechtlichen Spur zu belassen.

---

roth/Schlink, Grundrechte, Rn. 185 unter Berufung auf BVerfGE 7, 198 (206 f.) und 89, 214 (229) für die Beachtung der Grundrechte durch die Gerichte, nichts anderes gilt aber auch hinsichtlich des Gesetzgebers.

410 Begriff von *Alexy*, Theorie der Grundrechte, S. 401. Dabei darf natürlich nicht übersehen werden, daß es sich bei der hier infrage stehenden Schaffung von Normen zwar um die Forderung nach einer Leistung, einem positiven Tun seitens des Staates handelt, daß es sich dabei aber nicht um eine Leistung im eigentlichen Sinne der Leistungsdimension der Grundrechte handelt. Weiterführend hierzu *E. Klein*, NJW 1989, S. 1633 (1639).

411 So etwa *Stern*, in: HStR V, § 109 Rn. 54: „In Grundrechtsnormen enthaltene Einrichtungsgarantien gewähren ... eine subjektive Schutzberechtigung...“; *Pieroth/Schlink*, Grundrechte, Rn. 81: Die objektiv-rechtliche Funktion erweise sich als „Geburtshelferin neuer subjektiver Rechte“; ähnlich auch *Isensee*, in: HStR V, § 111 Rn. 84.

412 Zutreffend *Hain*, Ockham's Razor, JZ 2002, S. 1036 (1041): „... dürfte sich der Weg über objektiv-rechtliche Gehalte und deren ‚*Re*subjektivierung‘ gegenüber dem Weg der direkten Anknüpfung an den subjektiv-rechtlichen Charakter als einer Grundeigenschaft der Grundrechte des Grundgesetzes als der weitere und damit als Umweg darstellen“.

413 Anklang in diesem Sinne auch bei *Stöcker*, WM 1979, S. 212 (218): „Das individuelle Grundrecht zu erben ...fordert...eine Erbrechtsordnung... .“

b. Anwendung auf das Grundrecht zu erben

aa. Schutz im bipolaren Verhältnis: Die Institutsgarantie des gesetzlichen Erbrechts

Ein Erbengrundrecht kann wie oben erarbeitet eine zukunftsgerichtete Aussicht *auf* Nachlaßteilhabe schützen. Als Freiheitsrecht wäre es, dies sei ins Gedächtnis gerufen, im zunächst nur Staat und Erbe betreffenden bipolaren Verhältnis auf die *Abwehr* staatlicher Ingerenz hinsichtlich der Übernahme des Vermögens eines Verstorbenen gerichtet. Weitergehend würde es in diesem bipolaren Verhältnis aber zu seinem Schutz auch *Forderungen* an den Staat richten, denen dieser gerade als Gesetzgeber nachzukommen hätte. Leicht gelingt nun mit Hilfe des Schutzpflichtenkonzepts die dogmatische Unterfütterung dessen, was schon vermutet wurde: Die Institutsgarantie als die objektive Pflicht, bestimmte Personen zu gesetzlichen Erben zu machen, ist nichts anderes als eine Ausprägung der umfassenden Pflicht, das Grundrecht auf Nachlaßteilhabe effektiv zu schützen, sie begründet selbst eine Schutzpflicht[414]. Der Gestaltungsspielraum des Erbrechtsgesetzgebers könnte insofern „auf Null reduziert" sein, als er seiner Schutzpflicht nur durch die Regelung eines gesetzlichen Erbrechts der Grundrechtsinhaber entsprechen könnte. Objektiv-rechtlich gewendet wäre dieses „Recht auf eine Einrichtung"[415] die aus einer überbegrifflichen Schutzpflicht erwachsende Institutsgarantie eines gesetzlichen Erbrechts als Unterfall einer institutionell abgesicherten Familienbindung des Nachlasses. Wichtig ist dabei dann die aus der vorgenommenen Zusammenführung von Institutsgarantie und Individualrecht über die Schutzpflicht vermittelte Spiegelbildlichkeit: Genau diejenigen Personen nämlich, die sich als Träger des Grundrechts zu erben erweisen, wären auch von einer Institutsgarantie des gesetzlichen Erbrechts erfaßt[416].

---

[414] Insofern fließen Institutsgarantie und Schutzpflicht also tatsächlich ineinander, vgl. hierzu *O. Klein*, Fremdnützige Freiheitsgrundrechte, S. 45.

[415] Und zwar durchaus auf eine „bestimmte" Einrichtung (insofern gegen *Badura*, Staatsrecht, Rn. C 20), nämlich insofern bestimmt, als sie ein gewisses Untermaß nicht unterschreiten darf.

[416] Dies gilt unbeschadet der Frage, ob sich die Institutsgarantie des gesetzlichen Erbrechts *dieses Personenkreises* (zusätzlich) aus der Umhegung des Grundrechts des *Erblassers*, der Testierfreiheit, ergibt und ob diese Schutzpflicht – gegenüber der Testierfreiheit also – darüberhinaus die Institutsgarantie eines gesetzlichen Erbrechts *weiterer Angehöriger* nach sich zieht. Es bedarf im vorliegenden Rahmen keiner diesbezüglichen Entscheidung, liegt aber nahe, sofern man das gesetzliche Erbrecht Angehöriger als eine Regelung entsprechend dem Willen des Erblassers und zur Sicherung seiner Testierfreiheit begreift. Auf eine solche Sicht der Dinge deutet jedenfalls die Entscheidung des Ersten Senats des Bundesverfassungsgerichts, BVerfGE 91, 346 (358 ff.), hin. In der Konsequenz wäre die gesetzliche Erbfolge Angehöriger, soweit sie Träger des Grundrechts zu erben sind, doppelt institutionell abgesichert: Zum einen aus Gründen des Schutzes gegenüber dem Grundrecht zu erben, zum anderen aber

bb. Schutz im tripolaren Verhältnis: Die Institutsgarantie des Pflichtteilsrechts

Ebenso lassen sich auf dogmatisch eindeutigem Fundament die Dinge im Dreiecksverhältnis Erbe-Staat-Erblasser ordnen: Der Erbe als Grundrechtsinhaber könnte dem Erblasser dieses Grundrecht nicht unmittelbar mit der Wirkung entgegenhalten, daß dieser ihn am Nachlaß zu beteiligen hätte. Stattdessen wäre er zur Durchsetzung seines Grundrechts auf die Schaffung bzw. Erhaltung einer privatrechtlichen Nachlaßteilhabesicherung angewiesen – hier aktualisiert sich die grundrechtliche Schutzpflicht hinsichtlich der Erbrechtsgarantie möglicherweise also ein zweites Mal. Auch hier könnte eine Schutzpflicht des Staates um der Verwirklichung, Umhegung und Durchsetzung des Grundrechts willen – und zwar gegen beeinträchtigendes Erblasserverhalten – bestehen. Umgekehrt gäbe es dann andererseits auf die Umsetzung dieser Pflicht ein aus der Grundrechtsgewährleistung selbst fließendes Recht, gerichtet auf die Schaffung bzw. Erhaltung eines einfachgesetzlichen Normkomplexes „Pflichtteilsrecht". Dies wäre nichts anderes als die Institutsgarantie eines Pflichtteilsrechts – Schutzpflicht und Institutsgarantie fließen auch hier ineinander. Dementsprechend wäre, so die Pflicht zum Schutz des Grundrechts zu erben gegenüber dem Erblasser besteht, das Institut einer Nachlaßteilhabesicherung gesetzgeberischer Definitionsmacht in seinen Grundzügen, in einem „Untermaß" enthoben.

Des weiteren ergäbe sich aus dem Zusammentreffen zweier privater Grundrechtsträger: Weil der Schutz des Erbengrundrechts mit einem Eingriff in die

---

auch zur Umhegung der Testierfreiheit. Zu Recht kritisch jedenfalls gegenüber der einseitigen Betonung des Erblasserinteresses/-willens in der genannten Entscheidung des Ersten Senats *Leipold*, JZ 1996, S. 287 (288): „... daran festzuhalten, daß das gesetzliche Erbrecht und das Pflichtteilsrecht auf eigenständigen, vom Willen des Erblassers durchaus zu unterscheidenden Wertungen beruht."

Darüberhinaus würde die Garantie eines Grundrechts zu erben natürlich auch bedeuten, daß *insoweit* die Privaterbfolge institutionell gesichert ist – wiederum zum Schutz des Grundrechts, das per se ein Grundrecht Privater ist. Auch hier wiederum ist dann eine über den Kreis der Grundrechtsinhaber auf Erbenseite hinausgehende institutionelle Absicherung der Weiterleitung an Private denkbar als Flankenschutz der Testierfreiheit. Die Institutsgarantie der Privaterbfolge stellt aber weitergehend insofern eine Besonderheit dar, als sie eine über den Schutz der Grundrechte von Erblasser und Erbe hinausgehende Funktion hat: Sie ist, das haben die Erörterungen in § 3 ergeben, die Absicherung der Weiterleitung von privater in private Hand überhaupt, zu der sich das Grundgesetz durch die Garantie des privaten Erbrechts einerseits und des Eigentums Privater andererseits bekennt. Sie sichert deshalb das private Erbrecht schlechthin und ist nicht dadurch einer Begrenzbarkeit unterworfen, daß möglicherweise unter dem Aspekt des Flankenschutzes weder hinsichtlich des Erbgrundrechts noch hinsichtlich der Testierfreiheit eine unbegrenzte private Erbfolgeordnung gefordert erscheint – ersteres, weil das Erbgrundrecht auf wenige Personen beschränkt sein wird, und letzteres, weil auch die Testierfreiheit kein gesetzliches Erbrecht etwa jenseits der 5. Parentel mehr verlangt.

Testierfreiheit des Erblassers einherginge, müßten die beiden Grundrechte sorgfältig gegeneinander abgewogen werden. Dies bedeutet insbesondere, daß der dem Grundrechtsträger garantierte Anteil am Nachlaß im Zusammentreffen mit dem Erblasserwillen möglicherweise kleiner sein kann, als der im Intestatfall garantierte. Es kann außerdem auch bedeuten, daß der Kreis von Personen, deren Grundrecht auch gegen Eingriffe des Erblassers Schutz beanspruchen kann, vielleicht kleiner ist als der der Grundrechtsträger insgesamt.

3. Das Grundrecht zu erben als Gleichheitsrecht? – Zur möglichen Bedeutung einer „Erbrechtsgleichheit"

Das Erarbeitete zeigt: Entgegen der oben dargestellten Auffassung von *Stöcker*[417] bedarf es nicht der Konstruktion eines Gleichheitsrechts, um die Existenz eines Grundrechts zu erben zu begründen. Im Gegenteil, kein Zweifel kann daran bestehen, daß einem solchen Grundrecht der Charakter eines staatsgerichteten Freiheitsrechts nicht abgesprochen werden kann. Schon der historische Rückblick[418] hat verdeutlicht, daß das Erbrecht seinen Verfassungsrang mit einer Intention erlangt hat, die gerade die Abwehr drohenden staatlichen Angriffs auf die Privatheit, auf die Freiheit von staatlichem Zugriff im Visier hatte[419]. Zur Erkenntnis eines Freiheitsrechts muß außerdem zwingend kommen, wer wie geschehen institutionell die Privaterbfolge, den Schutz der Privatheit des Erbgutes, anerkennt. Denn in die individualrechtliche Sichtweise übersetzt, ist gerade die Garantie der Privatheit nichts anderes als die grundgesetzlich verbürgte Freiheit von staatlicher Ingerenz. Das Erbengrundrecht ist *die* „Erbrechtsfreiheit" als die umfassende Freiheit des Erben von staatlicher Freiheitsbelastung und dem damit einhergehenden Flankenschutz, so wie das Grundrecht des Künstlers die Kunstfreiheit, die des Demonstranten die Versammlungsfreiheit usw. ist.

Was angesichts dieser eindeutigen Zielrichtung dann eine „Erbrechtsgleichheit" bedeuten kann, bedarf näherer Beleuchtung. Fest steht dabei bereits jetzt, daß sie jedenfalls nicht wie behauptet alleiniger oder vorrangiger Inhalt des Erbengrundrechtes ist. Denkbar ist, daß dem Grundrecht zu erben insofern ein Gleichheitselement innewohnt, als der Gesetzgeber gleiche Erben zu gleichen Teilen einsetzen muß. Ob deshalb allerdings von einer der „Erbrechtsfreiheit" gleichgeordneten „Erbrechtsgleichheit"[420] die Rede sein kann, ist fraglich, eher scheint es sich hierbei allenfalls um die grundgesetzliche Verankerung eines bestimmten Verteilungsmodus im Rahmen des Freiheitsrechtes zu handeln. Entsprechend müßte der Gesetzgeber sicherlich gleiche Erben auch hinsichtlich einer Nachlaß-

---

[417] *Stöcker*, WM 1979, S. 214 ff.
[418] § 3 I 2.
[419] Wie hier *Rauscher*, Reformfragen I, S. 14 ff.
[420] So *Rauscher*, Reformfragen I, S. 18 ff.; *Vyas*, ZEV 2002, S. 1 (3 f.).

teilhabesicherung gleich behandeln. Ob es aber *nur* die Verwirklichung gleicher Erbgutverteilung ist, um deretwillen sich der Erblasser Einschränkungen seiner Testierfreiheit gefallen lassen muß, wird zu hinterfragen sein.

§ 6 Zusammenfassung und Zuspitzung auf die Kernfragen

Der erste Teil diente der Bekanntmachung mit der Erbrechtsgarantie, ihrer Bedeutung und ihrer wesentlichen Koordinaten sowie des Entwurfs eines Modelles, anhand dessen sich aus individualrechtlichem Blickwinkel die Verfassungsgarantie von gesetzlichem Erbrecht und Pflichtteilsrecht erforschen läßt.

Dazu wurde zunächst im Sinne einer Einführung die Erbrechtsgarantie im Kontext des Art. 14 Abs. 1 S. 1 GG vorgestellt: Ihre maßgebliche Aufgabe, die sie zum wesentlichen Bestandteil der Vermögensverfassung des Grundgesetzes macht, ist die Perpetuierung des Eigentums. Wie die Eigentumsgarantie, so besitzt auch sie als ihr Zwilling einen unantastbaren, aber wandelbaren Kernbestand. Daß sie trotz der Nähe zur Eigentumsgarantie für erheblich weniger Aufsehen sorgt, ist zum einen auf eine gewisse Determinierung der Gestaltungsmöglichkeiten zurückzuführen. Zum anderen gründet dies aber auch in einem – jedenfalls bislang – vergleichsweise begrenzten rechtspolitischen Auseinandersetzungspotential, wobei künftig mit steigenden Vererbungsmassen ein steigendes Interesse an der Erbrechtsgarantie einhergehen dürfte. Sodann wurden die Bestandteile der Erbrechtsgarantie unter die Lupe genommen. Aus dem vertrauteren objektiven-rechtlichen institutionellen Blickwinkel sind dies – teils mehr, teils weniger erforscht – insbesondere die Testierfreiheit, die Privaterbfolge sowie möglicherweise die hier besonders interessierende Familiengebundenheit des Erblasservermögens. Hinsichtlich letzterer wurde die bisherige Literatur näher beleuchtet und ausgewertet. Dabei stellte sich heraus, daß die Befürworter der Familiengebundenheit überwiegen, hinsichtlich der verfassungrechtlichen Verortung aber Unklarheiten bestehen. Das Bundesverfassungsgericht hat sich bislang insgesamt zu keiner eindeutigen Aussage durchringen können. Zum Schluß der darstellenden Konturierung wurde der von nun an vorrangig interessierende subjektiv-rechtliche Blickwinkel eingenommen und die bislang insofern erforschten Gehalte der Erbrechtsgarantie untersucht. Hauptaugenmerk galt dabei dem Grundrecht des Erben, wobei sich rasch ergab, daß dieses ein noch fast weißer Fleck auf der Landkarte der Erbrechtsgarantie ist.

Die anschließenden Ausführungen dienten dazu, für die nachfolgende Untersuchung des zweiten Teiles ein dogmatisch tragfähiges Fundament zu legen.

Als großes Defizit der bisherigen Auseinandersetzung mit dem verfassungsrechtlichen Familienerbrecht wurde die häufig mangelnde oder jedenfalls unscharfe Trennung der Ebenen des gesetzlichen Erbrechts und des Pflichtteilsrechts einerseits sowie der in Betracht kommenden Schutznormen der Art. 14 Abs. 1 S. 1 GG und Art. 6 Abs. 1 GG andererseits erkannt. Es wurde festgestellt, daß die Institute der Privat- und der Verwandtenerbfolge mitnichten deckungsgleich sind, und daß ein gesetzliches Erbrecht des Staates – außer zur Wahrnehmung einer Ordnungsfunktion – gegen den Grundsatz der Privaterbfolge verstoßen würde: Das Hab und Gut des Erblassers gehört in privater Hand perpetuiert, soweit die abstrakte Festlegung privater Erben möglich ist. Dies bedeutet in der Konsequenz, daß ein Staatserbrecht auch dann verfassungswidrig ist, wenn es den Kreis der von der Angehörigenerbfolge (nicht mehr) geschützten Personen nicht tangiert.

Das Individualgrundrecht des Erben, grundsätzlich federführend, wurde unter Loslösung von privatrechtlichen Vorstellungen näher beleuchtet. Dabei war festzustellen, daß ein Grundrecht zu erben durchaus denkbar ist. Dieses wäre die grundrechtlich geschützte Aussicht bestimmter Angehöriger auf Übernahme des Nachlasses, und zwar als staatsgerichtetes Freiheitsrecht. Seine Voraussetzungen – nämlich: Anhaltspunkte für erbenbezogene subjektiv-rechtliche Garantiegehalte in Art. 14 Abs. 1 S. 1 GG überhaupt einerseits sowie Teilhabe bestimmter Angehöriger als grundrechtlich schützenswertes Anliegen andererseits – wurden skizziert. Über das grundrechtliche Schutzpflichtenkonzept wurde dann die Verbindung zwischen Individualrecht und Institutsgarantie hergestellt, aus der sich auch begründet, daß das Individualrecht „Aufhänger“ der vorliegenden Erörterung ist: Im bipolaren Verhältnis Erbe-Staat könnte letzteren die Pflicht treffen, die Erbrechtsordnung so zu gestalten, daß die Grundrechtsträger im Intestatfall ihr Grundrecht mittels eines gesetzlichen Erbrechts geschützt sähen; dies wäre nichts anderes als die institutionelle Absicherung der privatrechtlichen Verwandtenerbfolge insoweit[421]. Im dreipoligen Verhältnis Erbe-Staat-Erblasser schließlich könnte sich die Schutzpflicht ein zweites Mal aktualisieren, und zwar als einfachgesetzliche Sicherung der Nachlaßteilhabe für den Fall einer letztwilligen Verfügung des Erblassers, die den Grundrechtsinhabern den Nachlaß entzieht. Dies wiederum entspräche einer Institutsgarantie des Pflichtteilsrechts.

Es wurde in diesem Zusammenhang klargestellt, daß die Institutsgarantie eine bestimmte Ausprägung der Schutzpflicht ist: Das institutionell vom Grundgesetz verbürgte Substrat der Einrichtung entspricht dem, was der einzelne subjektivrechtlich vom Gesetzgeber an Regelung verlangen kann, wenn und weil es nicht zu dessen überhalb des Untermaßverbotes bestehenden Gestaltungsspielraum gehört. Dabei darf natürlich nicht übersehen werden, daß das Grundrecht zu erben möglicherweise in mannigfacher Hinsicht des Schutzes bedarf – gesetzliches Erbrecht und Pflichtteilsrecht sind nur zwei von etlichen Regelungen, die

[421] Die wegen des institutionellen Schutzes zur Umhegung der Testierfreiheit möglicherweise sogar doppelt abgesichert sein kann, vgl. oben Fn. 416.

der einzelne vom Gesetzgeber verlangen kann und zu deren Erlaß dieser objektiv verpflichtet ist. Es sind aber die beiden, die vorliegend von Interesse sind.

Basierend auf diesen Erkenntnissen kann die im zweiten Teil vorzunehmende tatsächliche Ermittlung eines Grundrechts zu erben also auf folgende Fragen konkretisiert werden:

Erstens: Haben bestimmte Angehörige aufgrund einer besonderen Beziehung zum Erblasser, die für das Grundgesetz die Teilhabe an seinem Nachlaß besonders schützenswert macht, ein Grundrecht zu erben aus Art. 14 Abs. 1 S. 1 GG?

Zweitens: Trifft den Staat die Pflicht, für den Fall ausbleibender letztwilliger Erblasserverfügung dieses Grundrecht zu schützen, indem den betroffenen Angehörigen von Gesetzes wegen der Platz eines Erben zugewiesen wird?

Drittens: Trifft den Staat außerdem die Pflicht, für den Fall einer diese Angehörigen nicht berücksichtigender letztwilliger Erblasserverfügung ihr Grundrecht zu schützen, indem eine gesetzliche Sicherung der Nachlaßteilhabe, ein Pflichtteilsrecht, geregelt wird? – Hier wird die Testierfreiheit des Erblassers Berücksichtigung finden müssen. Es wird außerdem zu klären sein, ob der Gesetzgeber das Untermaßverbot verletzt, wenn er diese Teilhabesicherung bedarfsabhängig ausgestaltet.

Und schließlich viertens: Welche Rolle spielt bei alledem der Aspekt der Gleichheit?

Ist der Gesetzgeber zur Bereitstellung der entsprechenden Regelungen um des Grundrechts Schutzes willen verpflichtet, so darf er sie selbstredend, so sie schon bestehen, über ein deckungsgleiches Untermaß hinaus auch nicht abschaffen. Damit sind die Direktiven für den zweiten Teil vorgegeben, die maßgeblichen Weichen für die eigentliche Untersuchung gestellt.

Zweiter Teil

Modellanwendung: Begründung und Schutz des Grundrechts zu erben

Sind im ersten Teil das Fundament gelegt und abstrakt die Verbindungslinien zwischen einem Grundrecht zu erben und den einfachrechtlichen Regelungen eines gesetzlichen Erb- und Pflichtteilsrechts aufgezeigt worden, so gilt es nun, diese theoretischen Grundlagen konkreten Ergebnissen zuzuführen. Hierfür stehen wieder mehrere aufeinander aufbauende Schritte an: Es erscheint sinnvoll, ja unerläßlich, zwecks eines Überblickes zunächst einmal einen Streifzug durch die vorliegende Vielfalt von Interpretationsmaterial zur Erbrechtsgarantie zu unternehmen und dieses vorzuordnen (§ 7). Von besonderer Relevanz wird dabei die Klärung des Verhältnisses zu Art. 6 Abs. 1 GG sein. Nebenbei kann so schon das eine oder andere seiner Bedeutung nach gewichtet werden. Es wird sich darüberhinaus bereits an dieser Stelle zeigen, daß manch erkenntnisversprechender Hoffnungsträger dem ersten Anschein zuwider zur Interpretation nichts beizutragen vermag. Sodann (§ 8) werden die als aussagekräftig erkannten Materialien in der Sache auszuwerten und am Ende dieses Abschnittes ein konkretes Ergebnis gewonnen sein: Der Kreis derjenigen Personen, die sich gegenüber dem Staat auf ein Freiheitsgrundrecht zu erben aus Art. 14 Abs. 1 S. 1 GG berufen können, auf ein Grundrecht also, frei von staatlicher Ingerenz das hinterlassene Vermögen bestimmter Angehöriger zu übernehmen. Entsprechend der Differenzierung zwischen Grundrecht einerseits und Schutzpflicht andererseits wird sodann (§ 9) nach dem Schutz dieses Grundrechts zu fragen sein, und zwar wie skizziert bipolar bezogen auf das gesetzliche Erbrecht, tripolar sodann in Ausrichtung auf das Pflichtteilsrecht. Erst zum Schluß (§ 10) – und damit der als notwendig erkannten Trennung von Art. 14 Abs. 1 GG einerseits und Art. 6 Abs. 1 GG andererseits folgend – wird zu untersuchen sein, welche Direktiven für gesetzliches Erbrecht und Pflichtteilsrecht der Ehe- und Familienschutzgarantie zu entnehmen sind.

§ 7 Vorab: das hermeneutische Instrumentarium

Die Forschung nach einem Grundrecht zu erben wird drei Interpretationsebenen abzuarbeiten haben: Die Verfassungsebene, die einfachrechtliche Ebene und die internationalrechtliche Ebene. Vorangestellt wird im folgenden zunächst eine erste Dimension der Verfassungsebene, gewissermaßen ihre Ausdehnung „in die Tiefe", nämlich der verfassungshistorische Blickwinkel – hier werden die Grundgesetzmaterialien und die Vorläufer des Art. 14 Abs. 1 S. 1 GG auf Verwertbares hin untersucht werden. Hieran werden sich, anknüpfend an den Hinweis des Art. 154 Abs. I WRV auf das bürgerliche Recht, einige Gedanken zur einfachrechtlichen Interpretationsebene anschließen und das in diesem Rahmen heranzuziehende Material aufgezeigt werden. Sodann bietet die Rückkehr zur Verfassungsebene Gelegenheit, ihre zweite Dimension, nämlich die Interpretation der Erbrechtsgarantie im Kontext anderer Verfassungsvorschriften – Ausdehnung „in die Breite" – zu beleuchten. Hier rückt in erster Linie Art. 6 Abs. 1 GG ins Blickfeld, dessen Verhältnis zu Art. 14 Abs. 1 S. 1 GG hinsichtlich der Frage der Familienbindung des Erblasservermögens grundlegend zu klären sein wird. Den Überblick abschließend wird das Parkett der internationalen Ebene betreten werden; besonderes Augenmerk gilt dort der EMRK.

I. Die Verfassungsebene (I) – der verfassungshistorische Blickwinkel

1. Das Schweigen der Grundgesetzmaterialien: ein beredtes Schweigen

Um es gleich vorwegzunehmen: Wer hofft, in den Materialien zur Entstehung des Grundgesetzes Hinweise auf die Existenz eines Grundrechts zu erben oder gar auf den Kreis seiner Träger aufzustöbern, wird enttäuscht – die Materialien geben ausgesprochen wenig Aufschluß über den Inhalt der Erbrechtsgarantie überhaupt. Eigentlicher Zankapfel bei Art. 14 GG waren in den verschiedenen Ausschüssen und im Plenum des Parlamentarischen Rates die Eigentumsgarantie und ihre Regelungsmodalitäten[422]. Ganz überwiegend wurde der Erbrechtsgarantie lediglich insofern bescheidene Aufmerksamkeit zuteil, als ihr Verhältnis zur Eigentumsgarantie – Gleichrangigkeit oder Nachrangigkeit – angerissen wurde[423]. Etwa andere Formulierungen als „Erbrecht"[424], anhand deren Vor-

---

[422] Vgl. etwa die 18. Sitzung des Hauptausschusses vom 4.12.1948, Stenographische Protokolle, S. 216; 44. Sitzung des Hauptausschusses vom 19.1.1949, Stenographische Protokolle, S. 578 ff.; 57. Sitzung des Hauptausschusses vom 5.5.1949, Stenographische Protokolle, S. 747; 9. Sitzung des Plenums (2. Lesung) vom 6.5.1949, Stenographischer Bericht S. 178; 10. Sitzung des Plenums (3.Lesung) vom 8.5.1949, Stenographischer Bericht, S. 215, 218. Gleiches spiegelt die bei *v. Doemming/Füßlein/Matz*, JöR (n.F.) Bd. 1, S. 144 ff., zusammengefaßte Entstehungsgeschichte des Art. 14 GG wider, insbesondere im Hinblick auf die – in stenographischen, nicht gedruckten Berichten niedergelegten – Erörterungen im Grundsatzaus-schuß. Auch der Bericht des Abgeordneten *v.Mangoldt* befaßt sich in erster Linie mit der Eigentumsgarantie und erklärt lediglich, die Plazierung des Erbrechts im Zusammenhang mit der Eigentumsgarantie sei der Erkenntnis entsprungen, „daß in seiner Gewährleistung auch ein Stück Eigentumsschutz liegt" (Schriftlicher Bericht, S. 11, ebenso *ders*. in AöR 75 [1949], S. 273 [288]). Nicht anders schon der Herrenchiemseer Entwurf, der in seinem darstellenden Teil bei „Reihenfolge" nur die Eigentums- nicht aber die Erbrechtsgarantie erwähnt (abgedruckt bei *Bucher* [Bearb.], Der Parlamentarische Rat, Bd. 2, S. 513).

[423] So ersichtlich in der 44. Sitzung des Hauptausschusses v. 19.1.1949 (Stenographische Protokolle, S. 579). Kurz widmete man sich auch der Frage, ob das Erbrecht überhaupt ins

schlag, Diskussion und Ablehnung sich Anhaltspunkte für oder gegen ein Grundrecht auf Nachlaßteilhabe ergeben könnten, standen offensichtlich nie zur Debatte[425].

Ebenfalls vergeblich sucht man nach fruchtbar zu machenden Anhaltspunkten für die Abweichungen vom Wortlaut der Weimarer Reichsverfassung, des wichtigsten historischen Vorbildes des Grundgesetzes. Oftmals waren die Vorschriften der Weimarer Verfassung wichtiger Ausgangs- und Orientierungspunkt für die Diskussionen im Parlamentarischen Rat, sie wurden zum Teil übernommen, zum Teil bewußt abgeändert, korrigiert, neu konzipiert[426]. Meist treffen die Grundgesetzmaterialien bei Abweichungen von der Weimarer Verfassung denn auch eine Aussage zu den diesbezüglichen Hintergründen, so daß die Motivation der Verfassungsväter zur Abänderung transparent wird[427]. Anders dagegen bei der Erbrechtsgarantie, die in Art. 154 WRV folgenden Wortlaut hatte:

Grundgesetz aufgenommen werden solle, da es durch die Steuergesetzgebung de facto ausgehöhlt sei (vgl. *v. Doemming/Füßlein/Matz*, JöR (n.F.) Bd. 1, S. 145). Zu größeren Auseinandersetzungen kam es aber auch hier offensichtlich nicht.

424 Zum Beispiel die ausdrückliche Garantie eines „Rechtes zu vererben“ und eines „Rechtes zu erben“ wäre durchaus anzudenken gewesen.

425 Die große Einmut, die hinsichtlich der Formulierung herrschte, spiegelt sich auch in den verschiedenen Entwürfen der Erbrechtsgarantie wider: Noch ohne Inhalts- und Schrankenbestimmung hatte der Vorschlag des Herrenchiemseer Konvents in S. 1 seines Art. 17 gelautet: *„Eigentum und Erbrecht werden gewährleistet."* Eine frühe Fassung des Allgemeinen Redaktionsausschusses vom 13.12.1948 formulierte: *„Das Eigentum und das Erbrecht werden gewährleistet. Inhalt und Schranken werden durch das Gesetz bestimmt."* (Entwürfe S. 88). Der gemeinsame Entwurf der Fachausschüsse vom 18.10.1948 (Entwürfe S. 3) sowie die Fassung des Hauptausschusses in erster Lesung (Entwürfe S. 45) sahen als Formulierung vor *„Das Eigentum wird zugleich mit dem Erbrecht gewährleistet. Inhalt und Schranken werden durch die Gesetze bestimmt.“* (Entwürfe S. 3). Nur minimal anders lauteten die nachfolgenden Entwürfe, deren Formulierung dann auch zur endgültigen Fassung des Grundgesetzes wurde: *„Das Eigentum und das Erbrecht werden gewährleistet. Inhalt und Schranken werden durch die Gesetze bestimmt.“* (So die Fassung des Allgemeinen Redaktionsausschusses vom 16.11.1948 [Entwürfe S. 19 – dort noch Art. 17 Abs. 1 GG], des Hauptausschusses in 2. Lesung vom 20.1.1949 [Entwürfe S. 45], des Allgemeinen Redaktionsausschusses zur 2. Lesung des Hauptausschusses vom 25.1.1949 [Entwürfe S. 124], des Fünferausschusses für die 3. Lesung des Hauptausschusses vom 5.2.1949 [Entwürfe S. 175], des Hauptausschusses in 3. Lesung vom 10.2.1949 [Entwürfe S. 199], der Stellungnahme des Allgemeinen Redaktionsausschusses vom 2.5.1949 [Entwürfe S. 199 f.] sowie des Hauptausschusses in 4. Lesung vom 5.5.1949. Dementsprechend wurde diese Formulierung am 6.5. 1949 dann vom Plenum in seiner 9. Sitzung (2. Lesung) ohne weitere Diskussion angenommen (vgl. Stenographischer Bericht S. 178).

426 Vgl. *Stein*, Staatsrecht, S. 37; *Fromme*, Von der Weimarer Verfassung zum Bonner Grundgesetz, S. 18 ff. – einerseits „Rezeption“, S. 22 ff. – andererseits „Differenzierung“. Gleiches ist ablesbar an den häufigen Parallelziehungen und Vergleichen bei *v.Mangoldt*, AöR 75 (1949), S. 273 ff., insbesondere 276 ff.

427 *Stein*, Staatsrecht, S. 37.

(I) Das Erbrecht wird nach Maßgabe des Bürgerlichen Rechts gewährleistet.
(II) Der Anteil des Staates am Erbgut bestimmt sich nach den Gesetzen.

Irgendwelche Anhaltspunkte für den Hintergrund der Wortlautveränderung im Grundgesetz und daraus zu ziehende Erkenntnisse hinsichtlich des Inhaltes der Erbrechtsgarantie finden sich in den Materialien nicht[428].

Im Ergebnis liefern die Materialien also nahezu keine Hinweise für oder gegen ein Grundrecht zu erben. Dennoch – auch ihr Schweigen, ja gerade ihr Schweigen ist gewichtig, denn es läßt einen entscheidenden Schluß zu: Das Fehlen jeglicher Auseinandersetzung über den Inhalt der Erbrechtsgarantie läßt sich nicht anders interpretieren, als daß über diesen Inhalt – und dies meint: die institutionellen Garantiegehalte wie die verbürgten Individualrechte – ein ganz breiter, stillschweigender, möglicherweise unbewußter Konsens bestanden hat. Dieser Konsens muß seine Bildung also in einer Zeit erfahren haben, die vor der Ausarbeitung des Grundgesetzes liegt. Auf der Suche nach den Garantie gewordenen Inhalten von Erben und Vererben muß also zeitlich tiefer gegraben werden.

2. Erkenntnisse aus den Vorläufern des Grundgesetzes?

Es liegt nahe, bei der Untersuchung von Vorläufern des Grundgesetzes an erster Stelle die Weimarer Reichsverfassung unter die Lupe zu nehmen. Auch hier wird aber bald offensichtlich, daß nur wenige Erkenntnisse über ein Grundrecht zu erben erlangbar sind. Dies ergibt sich zum einen schon daraus, daß an ein individuelles Grundrecht bei der Gewährleistung von Eigentum und Erbrecht in der Weimarer Verfassung ganz überwiegend gar nicht gedacht wurde, sondern

---

428 Vgl. *Papier*, in: Maunz/Dürig, GG, Art. 14 Rn. 296, der daraus ebenfalls den Schluß zieht, daß das Grundgesetz hier „keine Neuerungen" bewirkt. – Unabhängig vom Schweigen der Materialien wird man hinsichtlich des Inhaltes der Erbrechtsgarantie daraus, daß Art. 14 Abs. 1 GG das Erbrecht nicht mehr „nach Maßgabe des Bürgerlichen Rechts" garantiert, sondern die Bestimmung von „Inhalt und Schranken" dem „Gesetzgeber" überläßt, keine Änderung herleiten können. Beide Formulierungen decken sich inhaltlich nämlich jedenfalls insofern, als „nach Maßgabe des bürgerlichen Rechts" nichts anderes bedeutet, als daß dem – bürgerlich-rechtlichen – Gesetzgeber die Inhalts- und Schrankenbestimmung des Grundrechts überlassen ist. Insofern ist die Formulierung des Art. 14 Abs. 2 S. 2 GG also weiter als die des Art. 154 Abs. 1 WRV: Sie erteilt die Befugnis zur Inhalts- und Schrankenbestimmung nicht nur dem bürgerlich-rechtlichen, sondern jedem – einfachen – Gesetzgeber. Diese Erweiterung gegenüber der Weimarer Verfassung in Art. 14 Abs. 1 GG war schon deswegen denknotwendig zu vollziehen, weil „der Anteil des Staates am Erbgut" und damit unter anderem die Steuergesetzgebung als Materie des öffentlichen Rechts mangels gesonderter Erwähnung hierin aufzugehen hatte. Außerdem aber wurde auch das Eigentum mit ins Boot genommen; Möglichkeiten, diesem Schranken zu setzen, konnten selbstverständlich erst recht nicht auf den bürgerlich-rechtlichen Gesetzgeber begrenzt werden; ähnlich insofern *Rittstieg*, in: AK-GG, Art. 14 Rn. 139.

nur an eine Institutsgarantie[429]. Eine bedeutende Ausnahme bildet hier die Kommentierung zu Art. 153 WRV von *Friedrich Giese*[430]. Zum anderen ist und war schon zu Weimarer Zeiten zweifelhaft, ob den Grundrechtssätzen dieser Verfassung generell[431] und der Erbrechtsgarantie im besonderen[432] überhaupt bindende Wirkung gegenüber dem Gesetzgeber zukomme. Wenn aber ein echter Garantiekern damals überwiegend noch unvorstellbar war, vermag die seinerzeit verfasste Literatur zur Erbrechtsgarantie für die Forschung nach einem Erbengrundrecht nur sehr bedingt Aussagekräftiges bereitzuhalten. Verwertbar sind allenfalls die Auffassungen derjenigen – wenigen – Autoren, die bereits damals der Erbrechtsgarantie einen substantiellen Garantiegehalt beimaßen[433].
Auch die Materialien zur Weimarer Verfassung geben über die Einzelheiten der dortigen Erbrechtsgarantie keinen großen Aufschluß[434]. Immerhin aber sind einige Äußerungen verschiedener Abgeordneter der verfassungsgebenden Nationalversammlung und ihres Verfassungsausschusses durchaus von Interesse, soweit die Frage nach der bloßen Existenz des Grundrechts angesprochen ist. Und eines schließlich erhellt der Wortlaut der Weimarer Erbrechtsgarantie allemal

---

429 Statt vieler *Leisner*, in: HStR VI, § 150 Rn. 8.

430 Verfassung des Deutschen Reiches, S. 318. Auf diese für die Weimarer Zeit erstaunlich deutliche Stellungnahme zu einem subjektiv-öffentlichen Recht zu erben wird in jedem Falle noch einzugehen sein.

431 Zu diesem Dilemma der Weimarer Verfassung s. etwa *Stern*, in: HStR V, § 108 Rn. 28 f. („Offenes Verhältnis zum Gesetzgeber"); *Apelt*, Geschichte der Weimarer Verfassung, S. 338; *Wittmayer*, Die Weimarer Reichsverfassung, S. 194 („wirklich nur schwankende Verheißungssätze").

432 Überwiegend wurde eine echte Bindung verneint, vgl. etwa *Thoma*, in: Festgabe zum 50-jährigen Bestehen des Preußischen OVG, S. 196 (Art. 154 WRV sage „nichts, was nicht ohnehin gilt"; *Anschütz*, Reichsverfassung, S.721 („tatsächliche Bedeutung dieser Sicherung ... sehr gering"); ebenso der Berichterstatter *Sinzheimer* in der 62. Sitzung der Nationalversammlung v. 21.7.1919 (in: Heilfron [Hrsg.], Die Deutsche Nationalversammlung, S. 4259): „Gewiß haben alle diese Rechtsvorschriften keine unmittelbare rechtliche Wirkung". Einen gewissen, aber nur sehr geringen Garantiegehalt vertretend *Stier-Somlo*, Verfassung des Deutschen Reichs, S. 87: Nur die Abschaffung erfordere ein verfassungsänderndes Gesetz. Insofern klagend *Freytagh-Loringhoven*, Die Weimarer Verfassung in Lehre und Wirklichkeit, S. 366. Eingehend zum Ganzen und einen Wandel im Grundrechtsverständnis ab Mitte der 20er Jahre konstatierend *Bumke*, Der Grundrechtsvorbehalt, S. 109 ff., insbes. 112 ff.

433 So in in erster Linie die damals einzigen wirklich gehaltvollen Ausführungen zur Erbrechtsgarantie von *Boehmer*, in: Nipperdey, Die Grundrechte Bd. 3, S. 250 ff.; nicht zu vergessen aber auch *Gebhard*, Handkommentar zur Verfassung des deutschen Reiches, S. 546 (Garantie des geltenden Systems des „privaten Erbrechts in seinen Grundzügen") und *Giese*, Verfassung des Deutschen Reiches, S. 318.

434 Ähnlich wie beim Grundgesetz stand die Erbrechtsgarantie auch bei der Erarbeitung der Weimarer Verfassung stets im Schatten der wesentlich umstritteneren Eigentumsgarantie. Die letztlich Verfassung gewordene Formulierung wurde in der 62. Sitzung des Plenums der Nationalversammlung vom 21.7.1919 (2. Lesung) dementsprechend ohne weitere Debatte angenommen, vgl. Heilfron (Hrsg.), Die Deutsche Nationalversammlung im Jahre 1919, S. 4287.

deutlicher als der des Grundgesetzes, indem er ein entscheidendes Stichwort gibt: Das einfache, nämlich gerade das „bürgerliche“ Recht rückt ins Blickfeld der Interpretation. Auf diesen Punkt wird sogleich zurückzukommen sein.
Noch einen historischen Schritt zurücksetzend darf ein Blick in die – nie in Kraft getretene – Paulskirchenverfassung von 1849 nicht fehlen. Auch diese traf eine Aussage zum Erbrecht, indem sie in ihrem § 165 Abs. 1 S. 1 jedem „Grundeigenthümer“ das Recht gewährte, „seinen Grundbesitz unter Lebenden, oder von Todeswegen ganz oder theilweise“ zu veräußern. Daraus könnten zwar möglicherweise für die Erbenseite, die also eindeutig nicht berücksichtigt war, (Umkehr-)Schlüsse hinsichtlich der grundgesetzlichen Erbrechtsgarantie gezogen werden. Aufschlüsse aus den Materialien zur Paulskirchenverfassung diesbezüglich sind aber nicht zu erlangen[435].
Andere dem Grundgesetz auf deutschem Boden vorangegangene Verfassungen schließlich, etwa die Preußische Verfassung von 1850 oder die Bismarcksche Reichsverfassung von 1871, lassen sich zur Suche nach Existenz und Inhalt eines Grundrechts zu erben gleichermaßen nicht fruchtbar machen.

II. Die einfachrechtliche Ebene: ... wie es „das bürgerliche Recht und die gesellschaftlichen Anschauungen“[436] geformt haben...

Schwerlich nur wird man sich der Frage nach dem Einfluß des einfachen Erbrechts auf die Garantie des Art. 14 Abs.1 S.1 GG verschließen können, hat doch das Grundgesetz hier eine Erscheinung menschlichen Daseins in verfassungsrechtliche Form gegossen, die zeitlich und räumlich weit über seinen eigentlichen Geltungsbereich hinausreicht: Erben und Vererben stehen in einer uralten, rechts- und kulturkreisübergreifenden Tradition und waren schon lange in einfachgesetzliche Regelungen eingebunden. Aus gutem Grunde ist deshalb gerade in der Analyse des einfachen Erbrechts und seiner Geschichte die ergiebigste aller Erkenntnisquellen zu vermuten. Dabei wird allerdings zunächst ein Wort dazu zu verlieren sein, ob das Grundgesetz einer Auslegung mit Hilfe des einfachen Rechts überhaupt zugänglich ist, denn schließlich soll ein eigenständiger Verfassungsinhalt ermittelt werden. Sodann werden konkrete Anhaltspunkte aufgezeigt werden, anhand derer das einfache Erbrecht Wege zu Existenz und Inhalt des Grundrechts zu erben erschließen kann.

---

[435] Auch in den Beratungen der Nationalversammlung zu Frankfurt war das Eigentum von weit größerem Interesse. Der Stenographische Bericht der 87. Sitzung in der Paulskirche vom 28.9.1848 sowie der 139. Sitzung vom 19.12.1848 geben Aufschluss darüber, dass man sich über die Vererbungsgarantie des späteren § 165 Abs. 1 Paulskirchenverfassung hingegen recht schnell einigte, s. Wigard (Hrsg.), Stenographischer Bericht über die Verhandlungen der deutschen constituirenden Nationalversammlung zu Frankfurt am Main, Bd. 3, S. 2339 bzw. Bd. 6, S. 4252 f.

[436] BVerfGE 1, 264 (278); 65, 196 (209) – bezogen auf die Eigentumsgarantie.

1. Einfaches Recht als Ausgangspunkt der Interpretation: die Substratthese

Das Grundproblem der Verfassungsauslegung mit Hilfe des einfachen Rechts ist ein bekanntes[437]: Zum einen geht die Verfassung dem Gesetz im Range vor, und zum anderen wäre eine wirksame bundesverfassungsgerichtliche Kontrolle von Gesetzen gar nicht möglich, wenn die Auslegung von Grundrechten ihrerseits durch einen Rückgriff ausschließlich auf das einfache Recht vorgenommen würde[438]. Es ist deshalb – anders als noch zu Weimarer Zeiten[439] – grundsätzlich ausgeschlossen, den Inhalt grundrechtlicher Gewährleistungen unter der Vorgehensweise „Verfassung nach Gesetz"[440] zu bestimmen, ansonsten die Sicherungsfunktion des Art. 1 Abs. 3 GG leerliefe. Im Klartext bedeutet dies, daß das Erbrecht als *Verfassungs*begriff „nicht mit einem Komplex bestimmer Normen des bürgerlichen Rechts schlechthin identifiziert werden darf"[441], das Erbrecht des Grundgesetzes jedenfalls nicht inhaltsgleich mit dem jeweils geltenden Erbrecht des BGB sein kann.

---

[437] Es handelt sich dabei um einen Teilaspekt des Verhältnisses von Verfassungsrecht zu einfachem Recht als „Dauerproblem deutscher Grundrechtsdogmatik" (*O. Klein*, Fremdnützige Freiheitsgrundrechte, S. 153 mit etlichen Nachweisen), der hier nur angerissen werden kann. Zur weiterführenden Lektüre sei verwiesen etwa auf die kürzeren Ausführungen von *Bleckmann*, Staatsrecht II, § 8 Rn. 7 ff. (S. 104 ff.), und *Leisner*, JZ 1964, S. 201 ff., sowie auf die ausführlichen Auseinandersetzungen bei *Jestaedt*, Grundrechtsentfaltung im Gesetz; *Leisner*, Von der Verfassungsmäßigkeit der Gesetze, insbes. S. 26 ff., und – mit grundlegend anderer Konzeption kritisch zu letzterem – *Majewski*, Auslegung der Grundrechte durch einfaches Gesetzesrecht.

[438] Statt vieler *Bleckmann*, Staatsrecht II, § 8 Rn. 9 (S. 105).

[439] Vgl. *Dürig*, in: Maunz/Dürig, GG, Kommentierung 1976, Art. 1 Abs. 3 Rn. 104: „ Früher Grundrechte nur im Rahmen der Gesetze; heute Gesetze nur im Rahmen der Grundrechte"; exemplarisch zu diesem früheren Verfassungsverständnis gerade bei der Erbrechtsgarantie *Anschütz*, Reichsverfassung, Art. 154: „freie Hand" des Gesetzgebers. Mit vielen weiterführenden Nachweisen hierzu *Jestaedt*, Grundrechtsentfaltung im Gesetz, S. 11 (Fn. 12).

[440] Unter diesem Schlagwort wird genau genommen zweierlei thematisiert: Zum einen wird die Frage der Auslegung bestimmter Verfassungsbegriffe aufgeworfen, wobei sich der Rückgriff auf einfaches Recht in erster Linie bei jenen stellt, die sich – wie etwa Ehe, Eigentum, Erbrecht, Presse – wortgleich im einfachen Recht finden (so verstanden z. B. bei *Leisner*, JZ 1964, S. 201 ff.). Mit dieser Frage verwoben, ihr aber gewissermaßen vorgelagert ist die mit der Inhalts- und Schrankenbestimmung des Art. 14 Abs.1 S. 2 GG einhergehende Problematik des Selbstandes der Verfassung oder des sogenannten Wesensgehaltes (so etwa verstanden bei *Krüger*, Grundgesetz und Kartellgesetzgebung, S. 12). Letzteres wurde bereits besprochen und zugunsten eines Selbstandes gelöst (oben § 2 I 2). Noch nicht gesagt war damit aber, ob und inwiefern zur Ermittlung dieses Selbstandes oder Teilen desselben die einfachgesetzliche Ebene herangezogen werden kann.

[441] *Leisner*, in: HStR VI, § 150 Rn. 13. Das Bundesverfassungsgericht verlangt dementsprechend in E 58, 300 (335), den Begriff des Verfassungseigentums „aus der Verfassung selbst" zu gewinnen.

Hat deshalb das bürgerliche Erbrecht für das Erbrecht im Sinne der Verfassung etwa keine Aussagekraft? – Kehren wir hier zunächst einmal zum institutsrechtlichen Blickwinkel zurück. Bereits *Gustav Boehmer*, hieran sei erinnert, hatte für die Weimarer Erbrechtsgarantie die entscheidende Entdeckung gemacht, daß die „Grundsätze" des überkommenen deutschen Erbrechts garantiert seien[442]. Daß dieser Befund auch für das Grundgesetz Fortgeltung beansprucht, wird vernünftigerweise nicht bezweifelt werden können, denn was hätte den Verfassungsvätern auch anderes vorschweben sollen: Sie haben zum Zeitpunkt der Beratungen des Grundgesetzes bestimmte, innerhalb der Rechtsgemeinschaft anerkannte Modi dafür vorgefunden, was beim Tod eines Menschen mit seiner Hinterlassenschaft geschehen soll[443]. Genau diese aus einer jahrtausendealten Entwicklung hervorgegangenen Verfahrensweisen waren ein halbes Jahrhundert zuvor im BGB kodifiziert worden, und man wird ohne Not annehmen können, daß sein fünftes Buch nicht wenigen Mitgliedern des Parlamentarischen Rates sogar sehr gut bekannt war[444]. Die Vorstellung von einer Erbrechtsgarantie konnte sich also nur aus einem dementsprechend – allgemein wie juristisch – vorgeprägten, zumindest „sachgedanklichen Mitbewußtsein"[445] bestimmter erbrechtlicher Erscheinungen speisen, die ihren Eingang in das BGB gefunden hatten[446]. Ebenso einleuchtend ist aber auch, daß dabei weder Einzelheiten die

---

442 *Boehmer*, in: Nipperdey, Die Grundrechte und Grundpflichten der Reichsverfassung, Bd. 3, S. 250 (462).

443 Für das Eigentum wie hier *Depenheuer*, in: v.Mangoldt/Klein/Starck, GG, Art. 14 Rn. 32: Das Grundgesetz musste das Eigentum „nicht neu erfinden"; auf vorgefundene Erscheinungsformen zurückgreifend auch BVerfG NJW 2004, S. 279 zu Art. 103 Abs. 3 GG: „Das Grundgesetz geht von einem prozessualen Tatbegriff aus, wie er im vorverfassungsrechtlichen Gesamtbild des Prozeßrechts ... Geltung besaß". Ausführlich *Jestaedt*, Grundrechtsentfaltung im Gesetz, S. 28 unter Bezugnahme auf *Nawiasky*, Allgemeine Rechtslehre, S. 138: „Zurückgehend auf die Grundvorstellung des Rechtssetzers".

444 Von den 65 Abgeordneten des Parlamentarischen Rates hatten 32 ein juristisches und elf ein wirtschaftswissenschaftliches Studium absolviert; 51 waren Akademiker, vgl. *Feldkamp*, Der Parlamentarische Rat, S. 41.

445 Begriff aus der strafrechtlichen Irrtumslehre, ausgehend von der Trennung *Schmidhäusers* zwischen Sachdenken und Sprachdenken (Über Aktualität und Potentialität des Unrechtsbewußtseins, in: FS für H. Mayer, S. 317 [326 ff.]). S. auch *Roxin*, Strafrecht, § 12 Rn. 113 (S. 419).

446 Ausdrücklich zur Erbrechtsgarantie BVerfG NJW 2001, S. 141 (142) m. w. N.: „Die vom Verfassungsgeber vorgefundene Rechtslage bestimmt Inhalt und Schranken des Erbrechts nach Art. 14 I 2 GG". – Immerhin sind auch keinerlei Anhaltspunkte dafür ersichtlich, daß irgendwelche anderen, von dieser Tradition losgelösten Elemente damals Eingang in die Erbrechtsgarantie gefunden haben könnten oder die grundlegenden Entscheidungen der damals geltenden Vermögensordnung, zu denen das Erbrecht zählt, verändert werden sollten. Solches müßte schon aus den Materialien zum Grundgesetz ersichtlich sein.

Weihe der Verfassungskraft erhalten sollten noch ganze Normkomplexe[447]. Denn das Grundgesetz wollte just keine „Verfassung nach Gesetz“ sein, es sollte gerade aus einem „fragmentarischen Charakter“[448] die Kraft ziehen, bewahrender Anker dauerhafter Werte zu sein, ohne dem Wandel der Zeit feindlich gegenüberzustehen oder gar an ihm zu zerbrechen[449].

2. Einfaches Recht als Erkenntnisquelle gesellschaftlicher Anschauungen

Gerade der Blick in das bürgerliche Recht kann also entscheidende Anhaltspunkte dafür liefern, welches diese verfassungsrechtlich überhöhten Grundsätze des Erbrechts sind. Darüberhinaus sind auch Normen jenseits des BGB, die Aussagen zu Erben und Vererben treffen, in Betracht zu ziehen[450]. Zu Recht jedoch spricht das Bundesverfassungsgericht nicht nur vom einfachen Recht, sondern von der Prägung durch „das einfache Recht und die gesellschaftlichen Anschauungen“[451]. Denn mitnichten geht es hier um die Erkenntnis der Grundsätze

---

447 *Leisner*, in: HStR VI, § 150 Rn. 14; *ders.*, Von der Verfassungsmäßigkeit der Gesetze, S. 65; dahingehend auch die Formulierung des BVerfG: „*Prinzipien* der Verwandtenerbrechts“ (E 58, 377 [341, Hervorhebung d. Verf.]; fast wortgleich die weiteren Entscheidungen zum Verfassungserbrecht E 78, 132 [154]; 93, 165). Weiter dagegen wohl noch *Boehmer*, in: Neumann/Nipperdey/Scheuner, Die Grundrechte II, S. 401 [419]: „...daß alle Vorschriften, ..., *verfassungsmäßige* Kraft erhalten haben.“ [Hervorhebung dort]). Weniger kritisch hinsichtlich der Verankerung ganzer Normkomplexe auch *Majewski*, Auslegung der Grundrechte durch einfaches Gesetzesrecht?, S. 48 et passim. Zum Eigentum wie hier *Seith*, Urheber, S. 110 f. m. w. N. in Fn. 483; ähnlich *Dürig*, ZStW 109 (1953), S. 326 (344).

448 Begriff: *Böckenförde*, NJW 1974, S.1529; *ders.*, NJW 1976, S. 2089 (2091). Vgl. auch *Robbers*, in: v.Mangoldt/Klein/Starck, GG I, Art. 6 Rn. 6: „stabilisierende Funktion der Verfassung“ bei aller „Relativität des Rechts in der Zeit“; anschaulich auch *Ossenbühl*, in: HGr I, § 15 Rn. 25 ff.

449 Auch die Auslegung der Eigentumsgarantie kommt wie im ersten Teil bereits angedeutet ohne diesen Rückgriff auf einfach-rechtliche Strukturen nicht aus, s. etwa *Depenheuer*, in: v.Mangoldt/Klein/Starck, GG, Art. 14 Rn. 31 ff. (Bestimmung des verfassungsrechtlichen Eigentumsbegriffes „aus der vorgegebenen Prägestruktur des zivilrechtlichen Sacheigentums“); *Leisner*, in: HStR VI, § 149 Rn. 74 („Im Zentrum der Eigentumsdogmatik bleibt das Zivilrecht Lehrmeister des Verfassungsrechts.“); *Badura*, in: HVerfR, § 10 Rn. 2 („Das in der Privatrechtsordnung ausgeformte Rechtsinstitut des Eigentums, das auch der Ausgangspunkt der verfassungsrechtlichen Gewährleistung des Eigentums ist...“); *Jestaedt*, Grundrechtsentfaltung im Gesetz, S. 32: (Bürgerlich-rechtliches Eigentum als „Regelungsvorlage“). Gleiches gilt für die Garantie des Art. 6 Abs. 1 GG, s. etwa *Badura*, in: Maunz/Dürig, GG, Art. 6 Rn. 8 f.

450 Vgl. BVerfGE 58, 300 (336) für das Eigentum: Kein Vorrang der privatrechtlichen vor den öffentlichrechtlichen Vorschriften.

451 Nachweise oben Fn. 436 für die Eigentumsgarantie, aber ohne weiteres übertragbar auf das Erbrecht. BVerfGE 20, 351 (355 f.) stellt die gesellschaftlichen Anschauungen sogar isoliert heraus. Auch wenn diese Formulierung ausdrücklich später so nicht mehr zu finden ist, dürften an der Fortgeltung ihrer grundsätzlichen Aussage keine Zweifel bestehen, ebenso *Seith*,

des überkommenen einfachen Rechtes um eines bloßen, losgelösten Grundsatzcharakters als solchen willen: Maßgebend ist, daß diese Grundsätze Aufschluss über überkommene Lebensformen geben, daß sie eine Rückanbindung an die Wirklichkeit der Rechtsgemeinschaft des Grundgesetzes sind[452]. Die Suche nach dem verfassungrechtlich garantierten „Rechtsgrundsätzlichen" des einfachen Erbrechts ist damit zumindest auch eine Suche nach den gesellschaftlichen Anschauungen und ihrer Umsetzung im tatsächlichen Leben, nach der Rechtswirklichkeit[453]. Das einfache Recht ist hierfür (nur) *eine*, wenn auch entscheidende Erkenntnisquelle[454].

3. Unterfall historisches Recht: Die Rückanbindung an die Vergangenheit als notwendige, aber nicht hinreichende Bedingung der Substratzugehörigkeit

Dabei sind auch historische Einblicke in das einfache Recht von besonderer Relevanz, denn gerade die Rückanbindung einer Regelung an die Vergangenheit, gerade ihre „historische Kontingenz"[455], ihre Einordnung in eine Tradition, ist wesentliche Voraussetzung für ihre Zugehörigkeit zum Kerngehalt[456]. Nur eine

---

Urheber, S. 110 (Fn. 482). Zustimmend auch *Depenheuer*, in: v.Mangoldt/Klein/Starck, GG, Art. 14 Rn. 32.

452 Für den verfassungsrechtlichen Ehebegriff ebenso *Robbers*, in: v.Mangoldt/Klein/Starck, GG, Art. 6 Rn. 7: Gewährleistung „in der Ausgestaltung..., die den ... herrschenden Anschauungen entspricht, wie sie in der ... gesetzlichen Regelung maßgeblichen Ausdruck gefunden haben"; ebenso *Badura*, in: Maunz/Dürig, GG, Art. 6 Rn. 4, sowie *Schmitt-Kammler*, in: Sachs, GG, Art. 6 Rn. 3; ähnlich zu diesem Zusammenhang in bezug auf das Eigentum *Majewski*, Verfassungsauslegung durch einfaches Gesetzesrecht?, S. 42 f.; *ders.*, a. a. O., S. 56, die Frage nach „Verfassung und Gesetz" gleichsetzend mit derjenigen nach dem Verhältnis von Verfassung und „gesetzesdeterminierter und -geprägter Wirklichkeit".

453 Den „Wirklichkeitsanalysen" in der Rechtsprechung des Bundesverfassungsgerichts ist *Majewski*, Auslegung der Grundrechte durch einfaches Gesetzesrecht, S. 78 ff., nachgegangen.

454 Dies mag ein Beispiel verdeutlichen: Würde etwa das Pflichtteilsrecht des BGB abgeschafft, so wäre es wegen des Selbstandes der Verfassung zwar unzulässig, hieraus zu schließen, ein Recht auf den Pflichtteil sei nun verfassungsrechtlich nicht mehr garantiert. Dennoch könnte die Abschaffung in Anbetracht eines demokratisch gewählten Gesetzgebers als Indiz dafür gewichtet werden, dass der überwiegende Teil der Rechtsgemeinschaft dem Pflichtteilsrecht inzwischen den Charakter des Rechtsgrundsätzlichen abspricht.

455 Begriff: *Depenheuer*, in: v.Mangoldt/Klein/Starck, GG, Art. 14 Rn. 31.

456 Vgl. *Depenheuer*, in: v.Mangoldt/Klein/Starck, GG, Art. 14 Rn. 33; *Leisner*, Gesetzmäßigkeit der Verfassung, JZ 1964, S. 201 (205): „creatio continua". Dies darf allerdings nicht verstanden werden als die Notwendigkeit einer ununterbrochenen Traditionskette bis zum heutigen Tage: Mit den Regelungen der mittelalterlichen Feudalgesellschaft etwa wird unser Erbrecht wenig zu tun haben. Ausschlaggebend sind dagegen diejenigen historischen Anknüpfungspunkte, in deren Tradition sich die Vermögensordnung des BGB gestellt hat. Ähnlich diesbezüglich zum Eigentum *Leisner*, in: HStR VI, § 149 Rn. 28: Keine Anknüpfung an das Privateigentum vor 1789.

gewisse Dauerhaftigkeit einer Erscheinungsform kann diese auch zu einem wesensbestimmenden Element der Materie machen, der sie angehört. Die formal bestehende Dauerhaftigkeit allein wiederum wird aber kaum reichen: Vielmehr bedarf es der weitergehenden Erkenntnis, daß jene tradierte Erscheinungsform inhaltlich zur Prägung, zum Charakter des Erbrechts entscheidend beigetragen hat. Dies zu ermitteln, setzt eine vertiefte inhaltliche Auseinandersetzung mit den überkommenen Regelungen zum Erben und Vererben voraus. Die tradierte Teilhabe eines Angehörigen erweist sich deshalb als nichts weniger denn eine notwendige Voraussetzung für die Aufnahme in die Verfassungsgarantie. Nicht aber ist sie die allein hinreichende Begründung dafür.

Außerdem wird zu beachten sein, daß solche Substrate des einfachen Rechts dem Wandel unterliegen[457], sie müssen heute nicht gleich sein wie zum Zeitpunkt des Inkrafttretens des Grundgesetzes. Letztlich ausschlaggebend ist, wessen Nachlassteilhabe *heute* grundrechtlich geschützt ist. Was sich also etwa für den Zeitpunkt der Entstehung des BGB – immerhin ein halbes Jahrhundert vor dem des Grundgesetzes – als rechtsgrundsätzlich erkennen läßt, ist an sich ebenso zweitrangig wie die Frage, ob zum Zeitpunkt des Inkrafttretens des Grundgesetzes anderes zu konstatieren gewesen wäre – die sich stets im Fluß befindliche Erbrechtsgarantie klammert sich gerade nicht am Vergangenen fest. Dies gilt in Anbetracht der kaum veränderten Vorschriften des bürgerlichen Rechts umso mehr, als sich seit ihrer Ausarbeitung die Familien- und Vermögensverhältnisse unserer Gesellschaft entscheidend weiterentwickelt haben.

Sind diese Erkenntnisse für die Institutsgarantie, als welche die Garantien des Art. 14 Abs. 1 S. 1 GG formuliert sind, zwar zunächst leichter vorstellbar, gilt für die Ermittlung eines Grundrechts bestimmter Personen auf Nachlaßteilhabe doch nichts anderes: Gerade das einfache Recht wird darüber Auskunft geben können, wie gewichtig die Position bestimmter Erben eingeschätzt wird, und ob deren Teilhabe am Nachlaß als prinzipiell, als unabdingbar zu betrachten ist. Nicht geht es dabei um die Frage, dies wurde im ersten Teil bereits dargelegt[458], ob einfachgesetzliche Ansprüche zu einem Grundrecht überhöht wurden! Es geht einzig und allein darum, mit Hilfe der einfachrechtlichen Ebene zu erarbeiten, wessen Erbenstellung nach den Vorstellungen unserer Rechtsgemeinschaft als so schutzwürdig anerkannt ist, daß durch die Aufnahme des Erbrechts in den Grundrechtskatalog der Grund*sätzlichkeit* dieser Nachlaßbeteiligung ein Grund*recht* entsprungen ist.

---

[457] Vgl. für die Institute von Ehe und Familie *Robbers*, in: v.Mangoldt/Klein/Starck, GG, Art. 6 Rn. 7: Schutz der beiden „in ihrer konkreten rechtlichen Ausgestaltung unter Berücksichtigung des ständigenWandels beider". Es wird dementsprechend auch eine gegenseitige Beeinflussung („Wechselwirkung") von Verfassung und einfachem Recht konstatiert, hierzu etwa *Bleckmann*, Staatsrecht II, § 8 Rn. 9.

[458] § 4 III 2.

4. Konkretisierung auf bestimmte Erkenntnisquellen des „einfachen Erbrechts"

Was nun alles kann unter der Überschrift „einfaches Erbrecht" als Erkenntnisquelle konkret nutzbar gemacht werden?

Der Blick fällt hier zunächst auf das gesetzte Recht als solches: In erster Linie den erbrechtlichen Regelungen des BGB werden Aussagen zur Bedeutung der Nachlaßteilhabe entnommen werden können, die Vorschriften über Verwandtenerbfolge und Pflichtteil stehen hier natürlich an vorderster Front[459]. Aussagen zum Vorgang von Erben und Vererben trifft aber auch anderes Recht auf einfachgesetzlicher Ebene: Zu denken ist hier insbesondere an das Erbschaftssteuergesetz, aber selbstverständlich auch an familienrechtliche Regelungen[460]. Mehr Aufschluß als aus den gesetzlichen Regelungen selbst dürfte aber aus dem zu erhalten sein, was Einblick in den Grund ihres Bestehens gibt, den Gesetzesmaterialien. Denjenigen zum BGB kommt dabei insofern eine bedeutende Rolle zu, als sie Zeugnis geben über die erstmalige Vereinheitlichung etlicher zersplitterter Erbrechtsregelungen auf deutschem Boden[461]. Gerade der Blick in die konfliktbeladene Kompromißfindung einheitlicher Erbrechtsregelungen dürfte das Substrat der Nachlaßteilhabe in besonderem Maße erhellen. Nicht zu vergessen wird dabei auch sein, daß die Wurzeln des bürgerlichen Erbrechts weit in die germanische und römische Zeit zurückreichen. Und schließlich ist zu sichten, was zu verschiedenen erbrechtlichen Regelungen aus der Feder ihrer Kritiker oder Verfechter geflossen ist. Besonderes Augenmerk verdient in diesem Zusammenhang der 49. Deutsche Juristentag 1972 – kaum wurden seit Inkrafttreten des BGB Änderungen der Nachlaßteilhabe intensiver diskutiert als dort. Auch ein Blick über die Grenzen deutschen Erbrechts hinaus kann hie und da von Interesse sein[462]: Es könnten sich Hinweise darauf ergeben, daß mancher Grundsatz des deutschen Angehörigenerbrechts universell ist.

---

459 Nicht umsonst spricht *Papier*, in: Der Staat 11 (1972), S. 483 (S. 512), von „der im Pflichtteilsrecht und im gesetzlichen Ehegatten- und Verwandtenerbrecht zum Ausdruck gelangten Grundordnung des Erbrechts". – Nicht zu verwechseln ist diese Heranziehung des bestehenden Verwandten- und Pflichtteilsrechts zur *Interpretation* mit der erst später zu klärenden Frage, ob der Gesetzgeber qua grundrechtlicher Schutzpflicht *verpflichtet* ist zu solchen Regelungen.

460 Dass die strenge bürgerlich-rechtliche Einteilung in Familien- und Erbrecht keine durchgängig zwingende ist, sondern beide Materien eng miteinander verwoben sind, ergibt sich schon aus der Stellung des im 4. Buch des BGB angesiedelten § 1371 (Zugewinnausgleich unter Ehegatten im Todesfall).

461 Vgl. *Mertens*, Entstehung, S. 3 ff.

462 S. für die vergleichbare Situation des Art. 6 GG *Coester-Waltjen*, in: v.Münch/Kunig, GG I, Art. 6 Rn. 3: „...sind die Begriffe der Norm daher unter Berücksichtigung verfestigter, allgemein konsentierter (insoweit auch einem internationalen oder europäischen Anschauungswandel offenen) Verhaltensweisen auszulegen".

III. Die Verfassungsebene (II): Die Erbrechtsgarantie im Gesamtgefüge der Verfassung – Abgrenzung zu erbrechtsbezogenen Garantiegehalten aus Art. 6 Abs. 1 GG

Das Grundgesetz stellt nicht lediglich verschiedene Garantien isoliert nebeneinander, sondern es verkörpert eine in sich verzahnte „materiale Grundordnung", eine Einheit[463]. Die Ermittlung des Inhaltes einer seiner Garantien bedarf deshalb stets eines auch zu anderen Gewährleistungen schweifenden Blickes und kann nur unter Berücksichtigung dieses Kontextes zu einem konsistenten Ergebnis führen[464]. Die Erbrechtsgarantie des Art. 14 Abs. 1 S. 1 GG weist als Teil der grundgesetzlichen Vermögensordnung zum einen zweifelsohne Bezüge zur Eigentumsgarantie des Art. 14 Abs. 1 S. 1 GG auf. Im Hinblick auf die Verteilung des Erbgutes könnten möglicherweise Maßgaben des Art. 3 Abs. 1 GG zu beachten sein. Sofern sich Erbbeteiligung unter bestimmten Aspeken als besonders bedeutend für den einzelnen erweist, könnte auch die grundrechtlich garantierte freie Entfaltung der Persönlichkeit, Art. 2 Abs. 1 GG, eine Rolle spielen. Darüberhinaus zeichnet sich ab, daß das Augenmerk auch auf die Ehe- und Familienschutzgarantie des Art. 6 Abs. 1 GG zu richten sein wird, denn schließlich geht es um das Erbrecht Familienangehöriger. Das Verhältnis von Art. 6 Abs. 1 GG und Art. 14 Abs. 1 S. 1 GG, das hat der Überblick über den vielfältigen Meinungsstand im ersten Teil erbracht, bedarf allerdings darüberhinaus zunächst einiger Klärung.

Grundlegend ist hier zweierlei auseinanderzuhalten: Erst *später* wird es um die Frage gehen, welche verfassungsrechtlichen Anforderungen Art. 6 Abs. 1 GG *selbst* hinsichtlich einer Nachlaßteilhabe Familienangehöriger stellt[465]. *Zunächst* geht es dagegen um die Herleitung des Grundrechts und der ihm zu entnehmenden Direktiven *allein aus Art. 14 Abs. 1 S. 1 GG*. Denn die Gewährung eines verfassungsrechtlich abgesicherten Rechtes auf Nachlaßteilhabe aus Art. 14 Abs. 1 S. 1 GG ist selbständig und nicht davon abhängig, daß Art. 6 Abs. 1 GG in dieser Hinsicht ebenfalls Aussagen trifft; der Inhalt der Erbrechtsgarantie ist ein völlig eigenständiger. Nur so läßt sich frei ermitteln, ob Art. 14 Abs. 1 S. 1 GG aus sich heraus etwas gewährt, ohne daß es von Art. 6 Abs. 1 GG nicht gleich inhaltsverengend beschnitten wird – dies gilt insbesondere für den geschützten Personenkreis, aber auch für die Quantität und Qualität des ermittelten Nachlaßteilhabeschutzes[466]. Dabei gilt es insbesondere auch, strukturell zu tren-

---

[463] Statt vieler *Stern*, Staatsrecht I, S. 103 f.

[464] Das Bundesverfassungsgericht erkennt die Einheit der Verfassung gar als das „vornehmste Interpretationsprinzip", BVerfGE 19, 206 (220).

[465] Unten § 10.

[466] Ließe sich also etwa ermitteln, daß die Nachlaßteilhabe bestimmter Personen zur Quintessenz des Erbrechts gehört, und dieser Personenkreis größer ist als der von Art. 6 Abs. 1 GG

nen: Ohnehin geht es hinsichtlich Art. 6 Abs. 1 GG nämlich nur um die erst später aufgeworfene Frage, ob er ein gesetzliches Erbrecht und Pflichtteilsrecht bestimmter Personen garantiert – und zwar zum Schutz des von ihm gewährleisteten subjektiven Rechts auf Ehe und Familie. Die Untersuchung von Art. 14 Abs. 1 S. 1 GG beginnt hingegen auf einer der Schutzpflichtenebene vorgelagerten Stufe, nämlich bei der Frage, ob es *überhaupt* ein staatsgerichtetes Freiheitsgrundrecht auf Nachlaßteilhabe gibt, das dann auf Schutzpflichtenebene vom Gesetzgeber entsprechend zu beachten ist. Erst wenn konkret zu untersuchen ist, ob der Gesetzgeber in Wahrnehung seiner staatlichen Schutzpflicht gesetzliches Erbrecht und Pflichtteilsrecht bestimmter Personen zu regeln hat, kommt also Art. 6 Abs. 1 GG als eigenständige Schutznorm ins Spiel. Denn sowohl das – gesicherte – Grundrecht auf Ehe und Familie als auch das – im folgenden erst noch zu ermittelnde – spezifische Grundrecht auf Nachlaßteilhabe aus Art. 14 Abs. 1 S. 1 GG können möglicherweise vom Gesetzgeber zu ihrem Schutz gesetzliches Erbrecht und Pflichtteilsrecht verlangen. Welche Anforderungen die Garantie auf Schutz von Ehe und Familie dabei aus sich heraus an den Gesetzgeber stellt, wird sich nach der eingehenden Untersuchung von Art. 14 Abs. 1 S. 1 GG ohne weiteres klären lassen.

Nicht gesagt ist damit aber, daß der grundrechtliche Schutz von Ehe und Familie keinerlei Einfluß auf die Interpretation des Art. 14 Abs. 1 S. 1 GG zeitigen könne, im Gegenteil. Denn er bildet eine „wertentscheidende Grundsatznorm" für den gesamten Bereich des Ehe und Familie betreffenden Rechts[467]. Indem die „Entscheidung für Ehe und Familie als verfassungsmäßig geschützte Rechtsgüter ... Bedeutung für Inhalt und Grenzen anderer Positionen des Verfassungsrechts"[468] hat, setzt sie Maßstäbe und fließt in deren Interpretation mit ein. Gerade hier, da ein eindeutig ehe- und familienbezogener Sachverhalt betroffen ist, führt an den Wertungen des Art. 6 Abs. 1 GG deshalb kein Weg vorbei. Dies wird sich insbesondere dann auswirken, wenn sich herausstellt, daß die überkommene Nachlaßteilhabe auf Säulen familiären Zusammenlebens steht, die auch und gerade Grundlage des Schutzes von Ehe und Familie aus Art. 6 Abs. 1 GG sind. Hier wird Art. 6 Abs. 1 GG danach zu befragen sein, welche familiären Beziehung in seinen Augen und in Abgrenzung zu anderen als besonders schutzwürdig zu erachten sind. Nicht aber würde dies bedeuten, daß ein subjektives Recht auf den Nachlaß deshalb nicht Art. 14 Abs. 1 S. 1 GG zuge-

---

geschützte, dann könnte er dennoch nicht unter Heranziehung von Art. 6 Abs. 1 GG gewissermaßen „durch die Hintertür" begrenzt werden; ebenso *Rauscher*, Reformfragen I, S. 46 f.

[467] BVerfGE 24, 119 (135) mit Bezug auf E 6, 55 (72 f.); *Jarass*, in: Jarass/Pieroth, GG, Art. 6 Rn. 1; *Kannengießer*, in: Schmidt-Bleibtreu/Klein, GG, Art. 6 Rn. 1; *Gröschner*, in: Dreier, GG, Art. 6 Rn. 18 ff.; *Robbers*, in: v.Mangoldt/Klein/Starck, GG, Art. 6 Rn. 8; *Badura*, in: Maunz/Dürig, GG, Art. 6 Rn. 23. Diese Funktion wird Art. 6 Abs. 1 GG neben der Gewährleistung eines subjektiven Rechts sowie einer Institutsgarantie zugesprochen.

[468] *Pirson*, in: BK, Art. 6 Rn. 76.

ordnet werden könnte: Ergibt sich grundsätzlich, daß die subjektiv-rechtliche Garantie einer Vorerbfallsposition des Erben die Schutzrichtung der Erbrechtsgarantie trifft, dann ist und bleibt diese Anknüpfungspunkt für ein Grundrecht zu erben, auch wenn die Differenzierung nach geschützten und nicht geschützten Angehörigen – und damit auch die in der Differenzierung zugleich liegende Begründung eines Erbgrundrechts – letztlich auf familienbezogene Umstände zurückgeht.

In diesem Zusammenhang gilt es denn auch, sich von einer immer wieder ins Feld geführten Polarisierung zu lösen. Die Annahme einer Unterhalts- oder Versorgungsfunktion des Erbrechts, eng verknüpft mit der Vorstellung, das Erbgut müsse als finanzielle Grundlage der Familie, als „Familienvermögen“ in dieser verbleiben, wird zum Teil als Unterbau einer auf den ersten Blick durchaus einleuchtenden Aufgabenteilung von Art. 14 Abs. 1 S. 1 und Art. 6 Abs. 1 GG genommen: Ersterer sei Ausdruck der durch und durch individualistischen Eigentums- und Testierfreiheit; letzterer verkörpere dagegen eine Konzeption altruistischer Pflicht- oder Familienbindung des Erblasservermögens zur Bedarfsdeckung der Hinterbliebenen[469]. So sehr diese Zuordnung in ihrer scheinbaren Eindeutigkeit auch einlädt sich ihr anzuschließen, sie greift bei näherem Besehen zu kurz. Denn zum einen ist mehr als fraglich, ob von einer Versorgungsfunktion der Nachlaßbeteiligung heute überhaupt noch ausgegangen werden kann oder je konnte. Mehr noch sind Zweifel hinsichtlich des Kriteriums der Erhaltung eines geschlossenen Familienvermögens angebracht[470]. Selbst wenn aber solche Funktionen eine Rolle spielen sollten, ist es keineswegs ausgeschlossen, daß sie mit der Garantie des „Erbrechts“ nicht auch Eingang in Art. 14 Abs. 1 S. 1 GG gefunden haben: Die Erbrechtsgarantie kann Nachlaßteilhabe durchaus auch um der Verwirklichung familienbezogener Tatbestände gewährleisten, wenn sich solche als ihr überkommener und rezipierter Inhalt feststellen lassen. Die Gegenüberstellung von egoistischer Verfügungsfreiheit und altruistischer Pflichtbindung kann – oder sogar muß – deshalb durchaus auch innerhalb von Art. 14 Abs. 1 S. 1 GG ausgetragen werden[471], ein Ausweichen auf Art. 6 Abs. 1 GG ist nicht notwendig. Umgekehrt wiederum sind positive Aussagen des Art. 6 Abs. 1 GG zur Nachlaßteilhabe keineswegs zwingend davon abhängig, daß es dabei um Bedarfsaspekte – des einzelnen oder der Familie insgesamt – geht: Sofern Nachlaßteilhabe um anderer, ebenfalls unter der Schutzgarantie von Ehe

[469] So etwa bei *Hetmeier*, Grundlagen der Privaterbfolge, S. 78.

[470] Zu beidem eingehend unten § 8 II 1 a bb. – Für die Begründung eines individuellen Grundrechts zu erben des einzelnen dürfte die Vorstellung einer familienkollektiven Vermögensbindung, also einer Bindung des Nachlasses an die Familie als geschlossenen Personenverband, ohnehin nur schwer fruchtbar zu machen sein.

[471] So der Ansatz bei *Boehmer*, in: Neumann/Nipperdey/Scheuner, Die Grundrechte II, S. 401 (412 ff.).

und Familie stehender Ziele willen geschieht, kann Art. 6 Abs. 1 GG auch die Verwirklichung jener verfassungsrechtlich absichern.

Die Erbrechtsgarantie einerseits und die Gewährleistung von Ehe und Familie andererseits sind deshalb nach ihren jeweiligen Absicherungen hinsichtlich der Nachlaßteilhabe Angehöriger zwar *getrennt, nicht aber isoliert* zu befragen[472].

IV. Die inter- und supranationale Ebene: Das Grundrecht zu erben auf dem internationalen Parkett

Nicht mehr wegzudenken bei der Grundrechtsauslegung sind heute Maßstäbe internationalen Rechts[473]. Formal haben internationale Menschenrechtsnormen zwar durch die Umsetzung über Vertragsgesetze gemäß Art. 59 Abs. 2 GG nur den Rang einfachen Rechts[474] und stehen damit normenhierarchisch unter der Verfassung[475]. Damit aber – im Einklang mit dem Grundsatz der Völkerrechtsfreundlichkeit der deutschen Rechtsordnung[476] – die Verletzung internationaler Verpflichtungen durch die Bundesrepublik vermieden wird[477], fließen sie in ständiger Rechtsprechung des Bundesverfassungsgerichts in die Auslegung der Grundrechte des Grundgesetzes mit ein[478] und werden über die Bindung an Gesetz und Recht gemäß Art. 20 Abs. 3 GG mittelbar auch zum verfassungsgerichtlichen Prüfungsmaßstab[479]. Als Auslegungshilfe wird dabei neben der Menschenrechtsnorm selbst auch ihr Verständnis der durch die internationalen Verträge errichteten Kontrollinstanzen erachtet[480].

---

[472] Ähnlich zur prinzipiellen Eigenständigkeit der Garantiegehalte von Art. 14 Abs. 1 S. 1 und Art. 6 Abs. 1 GG auch *Rauscher*, Reformfragen I, S. 69 ff.

[473] Zum Ganzen im Überblick etwa *Benda/Klein*, Verfassungsprozeßrecht, Rn. 64 ff.; *Bernhardt*, in: HStR VII, § 174 Rn. 28 f.; *Kunig*, in: Graf Vitzthum (Hrsg.), Völkerrecht, S. 79 ff.

[474] Nämlich den des Zustimmungsgesetzes, das für das nationale Recht den Rechtsanwendungsbefehl erteilt, vgl. *Kunig*, in : Graf Vitzthum, Völkerrecht, S. 79 ff. (Rn. 111 ff.).

[475] Detaillierter hierzu etwa *Kimminich/Hobe*, Einführung in das Völkerrecht, S. 229 ff.; *Benda/Klein*, Verfassungsprozeßrecht, Rn. 64 ff.; *Steinberger*, in: HStR VII, § 173 Rn. 57 ff.; *Grabenwarter*, VVDStRL 60 (2000), S. 290 (305 f.); auch *Bleckmann*, Grundgesetz und Völkerrecht, S. 377 f.

[476] *Bleckmann*, DÖV 1979, S. 309 ff.; *Tomuschat*, in: HStR VII, § 172 Rn. 3.

[477] Und damit auch die entsprechende völkerrechtliche Verantwortlichkeit der Bundesrepublik, vgl. *E. Klein*, Preferred Freedoms-Doktrin und deutsches Verfassungsrecht, in: FS Benda, S. 135 (151); *O. Klein*, Fremdnützige Freiheitsgrundrechte, S. 83 f.

[478] Vgl. etwa BVerfGE 31, 58 (67 f.) und 74, 358 (370) zur EMRK; 75, 1 (21 f.) und 83, 119 (128) zum IPBPR; zu weiteren internationalen Abkommen BVerfGE 76, 1 (80). Zurückhaltend *Voßkuhle*, in: v. Mangoldt/Klein/Starck, GG, Art. 93 Rn. 89 (bei und in Fn. 446).

[479] BVerfGE 111, 307 (317) m. Anm. *E. Klein* in JZ 2004, S. 1171 ff.

[480] So BVerfGE 74, 358 (370); entsprechend umgesetzt in E 82, 106 (119 f.); auch BVerfGE 111, S. 307 (320). Vertieft *Ress*, EuGRZ 1996, S. 350 ff.

In erster Linie wird in diesem Zusammenhang die Europäische Menschenrechtskonvention zu befragen sein, und zwar mangels einer expliziten Garantie des Erbrechts die dortigen Regelungen des Art. 1 des Zusatzprotokolls (Schutz des Eigentums) sowie des Art. 8 Abs. 1 (Recht auf Achtung des Privat- und Familienlebens). Zwar schweigt ihr jeweiliger Wortlaut zum Recht zu erben, es sind insofern aber maßgebliche Entscheidungen des Europäischen Gerichtshofs für Menschenrechte ergangen[481], die miteinzubeziehen sind. Von Interesse ist darüberhinaus auch der in seinem Wortlaut unmißverständliche Art. 5 d) vi) des Internationalen Übereinkommens zur Beseitigung jeder Form von Rassendiskriminierung (CERD), der ein Recht zu erben ausdrücklich erwähnt[482]. Unter supranationalen Gesichtpunkten muß außerdem an die Grundrechtecharta der Europäischen Union[483] gedacht werden, wobei inhaltlich für das Grundrecht zu erben von ihr nicht mehr zu erwarten ist als von der EMRK[484]. Insgesamt dürfte der Ertrag aus internationalen Vorgaben eher gering ausfallen.

V. Zusammenfassender Überblick

Der vorangegangene Streifzug durch den zur Erforschung eines Erbgrundrechts in Betracht zu ziehenden Fundus hat gezeigt: Nur vereinzelt versprechen Materialien und Schrifttum zu den Vorgängerverfassungen des Grundgesetzes ertragreiche Auswertungen. Bedeutendste Erkenntnisse hingegen sind aus der Befassung mit dem einfachen Recht und seinem Umfeld zu erwarten – hier liegen die Wurzeln auch des Verfassungserbrechts, hier spiegeln sich gesetzte Werte der Rechtsgemeinschaft zur Bedeutung und Funktion einer Nachlaßteilhabe. Die

---

[481] So insbesondere in den Fällen Marckx gegen Belgien, EuGRZ 1979, S. 454 ff. und Inze gegen Österreich, ÖJZ 43 (1988), S. 177 f.

[482] Keine Aussage zu einem Recht zu erben trifft hingegen der Internationale Pakt für bürgerliche und politische Rechte, vgl. *Nowak*, CCPR-Kommentar, Art. 2 Rn. 47.

[483] Teil des 18.6.2004 in Brüssel von Staats- und Regierungschefs beschlossenen und am 29.10.2004 in Rom unterzeichneten Vertrages über eine EU-Verfassung.

[484] Die in Betracht zu ziehenden Vorschriften der Art. 7 (Achtung des Privat- und Familienlebens) und 17 (Eigentumsrecht) entsprechen gemäß Art. 52 Abs. 3 der Charta in „Bedeutung und Tragweite" den oben genannten Vorschriften der Art. 8 EMRK und 1 ZP zur EMRK. Dies erklären die – sich an den jeweiligen Gesetzestext anschließenden – offiziellen Erläuterungen des Präsidiums des Konvents auch ausdrücklich. Nach der Erläuterung zu Art. 52 Abs. 3 werden „Bedeutung und Tragweite der garantierten Rechte ... nicht nur durch den Wortlaut" der EMRK-Regelungen, sondern „auch durch die Rechtsprechung des EGMR ... bestimmt". Weitergehende Erkenntnisse als aus der EMRK und der zu ihren Vorschriften ergangenen Entscheidungen des EGMR sind damit zu einem Grundrecht zu erben aus der Charta jedenfalls nicht erlangbar. – Der Wortlaut der Charta samt Erläuterungen des Präsidiums des Konvents ist veröffentlicht in der Sonderbeilage zu NJW, EuZW, NVwZ und JuS 2000 oder im Internet abrufbar unter http:\\db.consiliumceu.int\df\default.asp?=de. Weiterführend zum Verhältnis von EU-Grundrechtecharta und EMRK etwa *Grabenwarter*, VVdStRL 60 (2001), S. 292 (338 ff.).

Zusammenschau insbesondere mit dem Schutz von Ehe und Familie des Art. 6 Abs.1 GG wird weitere Erkenntnisse bringen. Auf internationaler Ebene schließlich muß insbesondere die Rechtsprechung des EGMR Beachtung finden.

§ 8 Das Grundrecht zu erben des Art. 14 Abs. 1 S. 1 GG und seine Träger

Wenden wir uns also nunmehr ganz konkret der Frage nach jenem Grundrecht zu erben, jener grundrechtlich geschützten, staatsgerichteten Position zu, die einem bestimmten Personenkreis den Zugriff auf die Hinterlassenschaft ihres verstorbenen Angehörigen bar staatlicher Einmischung ermöglichen soll. Unterzieht man dabei das zur Verfügung stehende Material einer ersten Prüfung (I.), so lassen sich – und zwar noch ganz unabhängig von personenspezifischen Gesichtspunkten – etliche Hinweise darauf ausmachen, daß die Erbrechtsgarantie in der Tat den Schutz individueller Rechte auch auf der *Erben*seite einschließt, und zwar gerade im Sinne einer bereits *vor* dem Erbfall schutzwürdigen Position, einer Aussicht auf den Nachlaß. In einem zweiten Schritt (II.) wird dann zu ermitteln sein, welche potentiellen Erben sich konkret auf dieses Recht berufen können bzw. – anders gewendet – auf welche Nachlässe sich dieses Freiheitsrecht der Beteiligung erstreckt. Dafür wird in einem ein- wie ausgrenzenden Sinne die Beziehung des Erblassers zu seinen Angehörigen ins Zentrum der Überlegungen rücken.

I. Die subjektiv-rechtliche Aussicht auf den Nachlass als Gegenstand verfassungsrechtlichen Schutzes aus Art. 14 Abs. 1 S. 1 GG

1. Die Verfassungsgarantie des Erbrechts als Bastion gegen eine den Erben treffende Staatsbeteiligung

Zunächst einmal lassen schon die Verhandlungen des Verfassungsausschusses der Nationalversammlung zu Art. 154 WRV erkennen, daß die Schutzbedürftigkeit der Erbenstellung gegen staatlichen Zugriff ein bedeutendes Anliegen war. So wurde verlangt, eine Beteiligung des Staates am Erbgut nur in Verbindung mit einem „positiven Satz zugunsten des Erbrechts"[485] in die Verfassung aufzunehmen, da man sich nur „bei grundsätzlicher Aufrechterhaltung des Erbrechtes des Einzelnen" (sic!) mit einem „konkurrierenden Erbrecht des Staates"[486] wür-

---

[485] Äußerung des Abgeordneten *Beyerle* in der 41. Sitzung des Verfassungsausschusses der verfassungsgebenden Nationalversammlung vom 17. 6. 1919, Bericht des 8. Ausschusses über den Entwurf einer Verfassung des Deutschen Reichs (1920), S. 510.

[486] So der Abgeordnete *Düringer* in der 33. Sitzung des Verfassungsausschusses der verfassungsgebenden Nationalversammlung vom 30. 5. 1919, Bericht des 8. Ausschusses über den

de befreunden können. Diese hier zum Ausdruck kommende Vorstellung vom notwendigen Schutz welcher nachlaßnaher Personen auch immer findet sich in der Kommentierung von *Giese* zu Art. 154 WRV überraschend deutlich wieder: „Die verfassungsmäßige Sicherung ... verleiht ... dem Erben einen öffentlich-rechtlichen Anspruch gegen den Staat auf Nichtbeeinträchtigung *seines* Erbrechts..."[487] (Hervorhebung d. Verf.). Daß „Erbrecht" nur die Testierfreiheit, und kein Recht auf Erbenseite gemeint haben soll, liegt also schon hiernach ausgesprochen fern. Aus der Tatsache, daß gerade ein im Vorhinein abstrakt festgelegtes gesetzliches Staatserbrecht als Angriff auf die Stellung der Erben verstanden wurde, ergibt sich darüberhinaus, daß hier mit größtem Selbstverständnis stets ein nicht erst mit dem Erbfall entstehendes Recht angesprochen war – mithin wörtlich auch nicht eine Beeinträchtigung der „Erb*schaft*", sondern des sich erst noch realisierenden „Erb*rechts*".

Auch der Zeitpunkt, zu dem das Erbrecht erstmals Gegenstand expliziter verfassungsrechtlicher Garantie wurde – nämlich 1919 mit der Weimarer Verfassung – deutet in diese Richtung. Das Zeitalter der Industrialisierung und des bürgerlichen Liberalismus bringt Wohlstand und Reichtum nur für wenige, weite Teile der Bevölkerung stürzt es hingegen in bitterste Armut – es stellt sich die Soziale Frage. Forderungen nach einer gerechteren Eigentumsverteilung werden laut und mit ihnen der Ruf nach zwangsweiser Einsetzung des Staates zum Erben[488]. Der hiergegen erhobene Widerspruch wittert nun nicht nur Gefahr für die Testierfreiheit, sondern argumentiert auch und gerade aus dem Blickwinkel der Angehörigen, denen ein Rechtsverlust drohe[489]. Nicht umsonst wurde ein echtes Staatserbrecht ernsthaft nie früher als ab der 3. Parentel diskutiert[490] – die Besorgnis, näheren Angehörigen ein ureigenes Recht zu nehmen, war stets zu groß. Diese Vorbehalte gegenüber einem Staatserbrecht können sich in den Debatten

---

Entwurf einer Verfassung des Deutschen Reichs (1920), S. 384. Unzweifelhaften Inhaltes insofern auch die Aussage des Berichterstatters *Sinzheimer* anläßlich der zweiten Beratung des Verfassungsentwurfs in der 62. Sitzung v. 21.7.1919 (Heilfron [Hrsg.], Die Deutsche Nationalversammlung, Bd. 6, S. 4259): ..."daß die Erbschaft nicht nur grundsätzlich dem einzelnen gehören soll" – *grundsätzlich* aber eben doch!

[487] Die Verfassung des Deutschen Reiches, S. 318.

[488] Allem voran natürlich das Kommunistische Manifest von 1848; mit gleichem Duktus die Argumentation aus dem linken Parteienspektrum zur Änderung des BGB-Erbrechts 1908 (Nachweise oben zur Diskussion um die Privaterbfolge, § 3 Fn. 110 f. Zu diesen Zusammenhängen auch *Hetmeier*, Grundlagen der Privaterbfolge, S. 25 f.; *Rauscher*, Reformfragen I, S. 16; *Maletzky*, Erbrecht des Fiskus, S. 105 („Expropriation"), 110 f. et passim.

[489] In diesem Sinne etwa *Bamberger*, DJZ 1907, S. 623 (635): „...das gute Recht der nahen Angehörigen"...; *Mommsen*, Stenographische Berichte über die Verhandlungen des Reichstags 1908, Band 233, S. 5799: „Eingriff ... in das Erbrecht des einzelnen"; vgl. auch *Mertens*, Entstehung, S. 62: „Anrecht auf dieses Vermögen".

[490] Vgl. hierzu hinsichtlich der Entstehung des BGB *Mertens*, Entstehung, S. 41 ff.; hinsichtlich späteren Entwicklungen die Abhandlung von *Maletzky*, Erbrecht des Fiskus.

um das zu schaffende BGB-Erbrecht tatsächlich durchsetzen; sie behalten auch in den Auseinandersetzungen 1908 und 1913 die Oberhand[491]. Und: Ein Bewußtsein ist geweckt, das Bewußtsein immer wieder aufkeimender Versuche, die Erben ihres privilegierten Vermögenszuwachses schon im Vorfeld des Erbfalles zu berauben – es wird zum Grundstein für die Errichtung verfassungsrechtlichen Schutzes[492]. Das Grundgesetz schließlich, dem die ideologisch natürlich ganz anders gelagerten, im Ergebnis für das Erbrecht aber auf gleiche Unbill hinauswollenden Umwälzversuche des Nationalsozialismus noch im Nacken sitzen, hat keinen Anlaß, von dieser Bewertung abzuweichen[493].

Schon dies liefert ausreichend Hinweise darauf, welch wichtige Rolle dem Erben in der Vermögensordnung des Grundgetzes zukommt: Er ist nichts weniger als unverzichtbarer Vermittler der Vermögensweiterleitung von Privat an Privat, gerade seine Existenz sichert die zweifelsfrei geschützte Privatheit des Erbrechts. Eben seine Funktion macht deshalb die Eigentumsgarantie des Art. 14 Abs. 1 S. 1 GG erst vollkommen – in seiner Hand erst wird das Eigentum Privater von Zeitablauf und menschlicher Vergänglichkeit unabhängig. Natürlich ist diese besondere Position des Erben aus Sicht des Art. 14 Abs. 1 S. 1 GG eine schutzwürdige. Angesichts der Gefahren, die dem Eigentum seitens eines die Privaterbfolge mißachtenden Staates drohen, kann dies darüberhinaus nur bedeuten, daß dieser Schutz nicht erst dann greifen darf, wenn der Erbe tatsächlich ererbtes Vermögen – geschmälert – in den Händen hält oder infolge staatlicher Ingerenz leer ausgeht. Schon die Aussicht auf die Erlangung der privaten Güter und deren Perpetuierung ist erfaßt, weil nur so ein lückenloser Schutz des Eigentums Privater stattfinden kann.

---

[491] Im einzelnen *Maletzky*, Erbrecht des Fiskus, S. 83 ff. bzw. 114 ff.

[492] Wie hier *Rauscher*, Reformfragen I, S. 16; *Stöcker*, WM 1979, S. 212 (218). Gegenteilige Schlüsse sind auch nicht aus der Gewährleistung der Paulskirchenverfassung nur des Rechts zu *ver*erben zu ziehen: Schon die Begrenzung auf den Grundbesitz läßt an einer Kontinuität zwischen Paulskirchenverfassung und Weimarer Reichsverfassung erheblich zweifeln; Bezugnahmen auf erstere sind im übrigen auch aus den Materialien zur Erbrechtsgarantie der Weimarer Verfassung nicht ersichtlich.

[493] Zur Kontinuität von Weimarer und Bonner Erbrechtsgarantie auch *Stöcker*, WM 1979, S. 212 (218).

2. Gestufte Respektierung bestimmter Erben im Erbschaftssteuerrecht

Des weiteren tritt auch in den Regelungen des Erbschaftssteuerrechts[494] zutage, daß bestimmte Personen, bestimmte Angehörige, in bezug auf das ihnen zukommende Erbe eine Position innehaben, die als eine von einigem Gewicht und als abgrenzungsbedürftig gerade gegenüber staatlicher Ingerenz betrachtet wird. Die Diskussion um den Anteil des Staates am Erbgut, sei es in Form einer echten erbrechtlichen Beteiligung, sei es über fiskalischen Zugriff, ist seit jeher eine, die Schmälerungen des Nachlasses als Belastungen just auf der Erbenseite erkennt und in Ausgleich mit Interessen der Allgemeinheit zu bringen versucht[495]. Auch und gerade angesichts der Abstufung der Erbschaftssteuer und der Freibeträge[496] läßt sich bereits erahnen, daß die Nähe zwischen Erblasser und Erbe eine entscheidende Rolle spielt: Das Verhältnis des Erben zum Staat verdichtet sich zu einer Position, die letzterer weitestgehend zu respektieren hat. Wenn also die steuerliche Beteiligung des Staates am Nachlaß seit jeher nur mit Bedacht vorgenommen wird, so äußert sich darin zumindest auch[497] das Bewußtsein eines grundrechtsrelevanten Staatsverhaltens, anders gewendet: das Bewußtsein, daß die Verkürzung des Nachlasses zugunsten der öffentlichen Hand ein Eingriff in eine vom Grundgesetz geschützte Stellung des angehörigen Erben ist.

---

[494] Ungeachtet der Tatsache, daß die Erbschaftssteuer auch in das Verfügungsrecht des Erblassers eingreift und deshalb insofern als Beeinträchtigung des Eigentumsgrundrechts gesehen werden kann, stellt sie auf der Erbenseite jedenfalls einen Eingriff in das Recht zu erben, und nicht in die Eigentumsgarantie dar: Die Erbschaftssteuer greift nicht auf das bereits erhaltene und in der Hand des Erben zu Eigentum erstarkte Erbe, sondern ob ihrer abstrakten Vorabfestlegung in einer logischen Sekunde *zwischen* Tod und Vermögensübergang zu – der Erbe erhält schon nur das, was ihm nach Abzug der Steuern verbleibt. S. zu dieser Sichtweise etwa *Leisner*, Verfassungsrechtliche Grenzen der Erbschaftsbesteuerung, S. 57; *Meincke*, ErbStG, Einführung Rn. 5. – Nur der Vollständigkeit halber sei angemerkt, daß Erben, die nicht zu den Inhabern des Grundrechts zu erben gehören, der Erbschaftssteuern nicht schutzlos ausgesetzt sind: Für sie streitet noch immer der Privaterbfolgegrundsatz sowie das Verbot konfiskatorischer Steuer, vgl. *Leisner*, in: HStR VI, § 150 Rn. 28; ähnlich *Papier*, in: Maunz/Dürig, GG, Art. 14 Rn. 304.

[495] Vgl. aus neuerer Zeit etwa den Erbschaftssteuerbeschluß des BVerfG v. 22.6.1995: „... daß die Erbschaft für den Ehegatten noch Ergebnis der ehelichen Erwerbsgemeinschaft bleibt und auch eine im Erbrecht angelegte Mitberechtigung der Kinder am Familiengut nicht verloren-geht." (E 93, 165 [175]).

[496] § 15 ErbStG kennt drei Steuerklassen; § 16 ErbStG orientiert die Regelung der Freibeträge an diesen, stellt aber Kinder und Ehegatten nochmals besser. Weiterführend noch unten § 8 II.

[497] Dies gilt unbeschadet der Einsicht, daß es bei der Erbschaftssteuer auch stets um eine Respektierung des „wirtschaftlich denkenden Erblassers" geht, vgl. BVerfGE 93, 165 (172).

Des weiteren sollte in diesem Zusammenhang ein zwar formales, aber dennoch maßgebliches Kriterium nicht übersehen werden: Das Grundgesetz garantiert das privatrechtliche Institut „Erbrecht", dessen Drehbuch, abgesehen von einigen mehr oder weniger wichtigen Nebenrollen, auf gerade zwei Hauptfiguren, genauer: zwei Antagonisten zugeschnitten ist – den Erblasser und den Erben. Zentrales Anliegen des Erbrechts war und ist es, die Belange *beider* zu regeln, und zwar sowohl in ihrem Verhältnis zueinander als auch zu Dritten, ja das Erbrecht lebt geradezu von der Existenz dieser beiden Pole. Die Beteiligung von Angehörigen an der Hinterlassenschaft des Erblassers ist der maßgebliche Inhalt des Erbrechts überhaupt, eine uralte Tradition und unangefochtene Realität auch heute noch[498]. Dabei ist die Stellung dieser Angehörigen so stark, daß sie in den Augen des BGB-Gesetzgebers zu ihrer Verwirklichung wiederum nicht einmal der Hilfe desjenigen bedarf, dessen Habe für sie bereitsteht: Auch ohne eine Willensäußerung des Erblassers werden sie im Intestatfall zu Nachlaßteilhabern. Mehr noch – sie werden es nicht nur *ohne*, sondern ein kleiner Teil von ihnen wird es sogar *gegen* den Willen des Erblassers, indem das BGB sich zu einem Pflichtteilsrecht bekennt. Ein Blick über die Grenzen deutschen Rechtslebens hinaus zeigt außerdem, daß andere Rechtsordnungen die Position des übergangenen Erben noch entschlossener schützen, indem sie dem Erblasser von vorneherein versagen, über einen bestimmten Anteil überhaupt zu verfügen[499]. Mag das Pflichtteilsrecht auch für bestimmte Fallkonstellationen nicht (mehr) unumstritten sein, es hat doch die Zeit vom Inkrafttreten des BGB über die Entstehung des Grundgesetzes hinweg bis heute überdauert und ist ein nach wie vor bewußtseinsprägendes Element unseres Rechtslebens[500]. Auch daß das BGB dem Erben rein *privat*rechtliche „echte" Rechte, zumal Ansprüche, erst nach dem Erbfall gewährt[501], vermag nicht darüber hinweg zu täuschen, daß es bestimmte Angehörige eben doch zu potentiellen Nachfolgern kürt und sie damit vor dem Erbfall in eine distinguierte Stellung bringt[502]. Während sich hinsichtlich einer gesetzlich festgelegten Intestaterbfolge noch einwenden ließe, diese sei – als

---

498 *Stöcker*, WM 1979, S. 212 (217); *Hetmeier*, Grundlagen der Privaterbfolge, S. 26: „...als so selbstverständlich..."; s. auch *Schlüter*, Erbrecht Rn. 69.

499 Sog. materielles Noterbrecht; weiterführend unten § 9 II.

500 Vgl. dazu auch *Hetmeier*, Grundlagen der Privaterbfolge, S. 26.

501 Wobei auch das BGB durchaus die Ausstattung des Angehörigen, der noch nicht Rechtsträger des Nachlasses ist, mit einer echten Rechtsposition kennt: So hat der Nacherbe zwischen Erbfall und Nacherbfall anerkanntermaßen ein echtes Anwartschaftsrecht am Nachlass, vgl. *Leipold*, Erbrecht, Rn. 683 m. w. N.

502 Vgl. BGH NJW 2004, S. 1874 (1875) zum – bejahten – Feststellungsinteresse des Pflichtteilsberechtigten hinsichtlich der Unwirksamkeit der Pflichtteilsentziehung schon zu Lebzeiten des Erblassers: Der Erblasser greife „in eine schon zu seinen Lebzeiten bestehende Rechtsstellung des Pflichtteilsberechtigten ein".

vermuteter Wille des Erblassers – Ausfluß und Schutz der Testierfreiheit, und deshalb keinerlei zwingender Hinweis auf Rechtspositionen des Erben, so ist dies im Hinblick auf das Pflichtteilsrecht ausgeschlossen: In seiner die Testierfreiheit gerade beschränkenden Funktion streitet es eindeutig nur für die *Erben*seite und deutet die Erkenntnis einer eigenen, vom Erblasserwillen unabhängigen Position des Erben an[503]. Warum auf dieser Beziehungsschiene von Angehörigem und Erblasser sich nur die eine Seite auf die Gewährleistung des grundgesetzlich garantierten „Erbrechts" berufen können soll, vermag in keiner Weise einzuleuchten, im Gegenteil: Es liegt viel näher, daß das Grundgesetz die Anliegen *beider* Protagonisten des privaten Erbrechts schützen wollte[504].

---

[503] Entsprechend wird zum Teil die Begründung des Pflichtteilsrechts darin erkannt, den Erben vor Launen des im hohen Alter leicht beeinflussbaren Erblassers zu schützen (so etwa *Merz*, 49. DJT, Bd. II [Sitzungsberichte], Teil K, S. 104). Dies setzt gerade die Annahme voraus, daß der Pflichtteilsberechtigte eine eigene, vom Erblasser unabhängige und schutzwürdige Position innehat. Anklang insofern auch bei *Leipold*, AcP 180 (1980), S. 160 (195): „... Rechtsposition, die dem gesetzlichen Erben eigentlich zusteht ...". In diesem Sinne auch *Lange/Kuchinke*, Erbrecht, S. 229: Berufung zu gesetzlichen Erben „*kraft ihrer eigenen Rechtsstellung*" (Hervorhebung dort). A. A. *Gutmann*, NJW 2004, S. 2347 (2348), wobei hier dahingestellt sein kann, ob sich die Frage des Bestehens oder Nichtbestehens einer solchen die *Nachfolge* betreffenden „Position" (so eben auch BVerfG NJW 2004, S. 2008 [2010] – Ebenbürtigkeitsklausel in Erbverträgen des Preußischen Königshauses, „Hohenzollernentscheidung") auf die dort relevante Beurteilung der Verletzung der von Art. 6 Abs. 1 GG geschützten *Eheschließungsfreiheit* auswirkt. Insofern sei verwiesen auf den aufschlußreichen Aufsatz von *Otte*, ZEV 2004, S. 393 ff. sowie auf die Entscheidungsanmerkung von *Staudinger*, FamRZ 2004, S. 769 ff.

[504] Nicht stichhaltig ist deshalb die von *Rauscher*, Reformfragen I, S. 29, behauptete Unmöglichkeit konträren Garantiegehaltes. Formulierte Art. 14 Abs. 1 S. 1 GG „Die Testierfreiheit und das Recht zu erben werden gewährleistet", so bestünden keinerlei Zweifel an der Garantie beider, wenn auch diametrale Interessen schützender Grundrechte in diesem einen Satze. Die Formulierung in einem einzigen Wort, das gerade in seiner Verbundenheit mit dem bürgerlichen Recht eindeutig beide Positionen in sich aufnimmt, vermag keine andere Beurteilung zu begründen. Wer hier Schwierigkeiten sieht, kann die Testierfreiheit im übrigen ohne weiteres unter die Eigentumsgarantie fassen, was aufgrund des sachlichen Zusammenhangs durchaus nahe liegt, aber keinesfalls zwingend ist und im Ergebnis auch nichts ändert. Eine solche Zuordnung aber – wie *Rauscher*, a. a. O., dies unter Verfremdung der Auffassung von *Stöcker*, WM 1979, S. 212 (217, 220) vornimmt – als zwingende darzustellen und daraus zu schließen, es müsse jedenfalls also ein Grundrecht auf Erbenseite garantiert sein, da die Erbrechtsgarantie sonst inhaltslos bliebe, ist wenig gewinnbringend: Im Ergebnis führt diese Diskussion nämlich über Behauptungen nicht hinaus und dreht sich letztlich im Kreise, weil das Problem der nach dem Wortlaut fehlenden Sozialpflichtigkeit des Erbrechts auch anders gelöst werden kann (s. oben § 4 Fn. 295). Zur Möglichkeit der Verankerung verfassungsrechtlich gegenläufiger Prinzipien in Art. 14 Abs. 1 S. 1 GG wie hier *Hetmeier*, Grundlagen der Privaterbfolge, S. 75.

4. Recht „zu erben" in Art. 5 d) vi) CERD

Das vorstehend gewonnene Bild erhält schließlich Bestätigung bei einem Blick auf die internationale Ebene: Zwar ist nach der Rechtsprechung des EGMR ein Recht auf den Nachlass naher Angehöriger im Sinne einer Aussicht auf diesen in der Tat weder von Art. 1 ZP[505] noch Art. 8 EMRK[506] geschützt. Die Benennung eines internationalen Menschenrechtes „zu erben" aber in Art. 5 d) vi) CERD kann, wenn auch zeitlich nach dem Grundgesetz entstanden, den oben[507] erläuterten Einfluß auf den heute aktuellen Inhalt der Erbrechtsgarantie haben. Die Eindeutigkeit des Wortlautes spricht hier für sich.

Schon nach alledem ist es schwerlich denkbar, daß die Erbrechtsgarantie des Grundgesetzes kein subjektives Recht bestimmter Angehöriger auf den Nachlaß gewährleistet. Die Aussicht, Erbe zu werden, ist dem bisher Gewonnenen nach eine verfassungsrechtlich ebenso geschützte Freiheit wie die des Erblassers, über Hab und Gut zu verfügen. Staatsgerichtet verstärkt sie die Mauer, die das Eigentum Privater gegen Eingriffe der Staatsgewalt schützt. Für Direktiven an den Gesetzgeber hinsichtlich Intestats- und Pflichtteilsbeteiligung ist damit allerdings noch nicht viel gewonnen. Denn nichts gesagt ist bislang über die entscheidende Frage: Wer kann sich auf dieses Grundrecht denn berufen? Oder, die Perspektive umgekehrt[508], hinsichtlich wessen Nachlaß besteht jene grundrecht-

---

505 Nach dem Urteil im Verfahren Inze gegen Österreich, GH 126, S. 17 (Ziff. 38) ist Art. 1 ZP anwendbar, wenn es *nicht* um ein Recht zu erben geht, sondern wenn das Erbanwartschaftsrecht durch den Anfall der Erbschaft zu einem Vollrecht erstarkt ist, selbst wenn die Teilung des Nachlasses noch der Auseinandersetzung unter den Erben bedarf, vgl. auch *Peukert*, in: Frowein/Peukert, Art. 1 des ZP Rn. 9. Dabei zeigt sich bei näherem Besehen, daß die Entscheidung nicht ganz widerspruchsfrei ist, hatte doch ein gesetzlicher Erbe geklagt, dessen ihm zugedachter Anteil am Nachlaß nicht den Umfang hatte, der ihm seiner Meinung nach zustand – was also angegriffen wurde, war mitnichten die Verletzung einer bestehenden Eigentumsposition, sondern durchaus eine Mißachtung seines Rechtes, (mehr) zu erben! Auf diesen Widerspruch hinweisend auch *Pettiti u. a.*, La Convention Européenne, S. 978 f: „...qu´une telle manière de voir apparaissait en conflit avec la jurisprudence antérieure d´après laquelle cet article ne garantirait pas ‚le droit de recevoir des biens par voie d'héritage'".

506 Vgl. Marckx gegen Belgien, EuGRZ 1979, S. 454 (Ls. 5): Zwar sieht der EGMR das Erbrecht zwischen Verwandten durchaus als Teil des durch Art. 8 EMRK geschützten Familienlebens, nicht aber sei der Norm ein Anspruch auf einen bestimmten Teil des Nachlasses zu entnehmen. Ebenso *Meyer-Ladewig*, Hk-EMRK, Art. 8 Rn. 32.

507 § 7 IV.

508 Wenn – hier im folgenden wie andernorts, etwa bei *Stöcker*, WM 1979, S. 214 (221) – bisweilen die Rede davon ist, bestimmte Angehörige seien „Inhaber" eines Grundrechts zu erben, so ist dies zwar nicht ganz korrekt. Denn Grundrechtsinhaber ist zunächst einmal jedermann, und die eigentlich zu stellende Frage ist eine nach dem Grundrechtsinhalt: Am Nachlaß *welcher Angehöriger* besteht ein grundrechtlich geschütztes Teilhaberecht? Wenn letzteres aber auch an sich der perspektivisch richtige Ausgangspunkt ist, so ist die andere Sichtweise doch nicht falsch. Denn indem die „Grundrechtsinhaber" benannt werden als Kinder, Enkel usw. erfahren sie jeweils eine diesen Begriffen immanente Inbezugsetzung zu be-

lich geschützte Aussicht auf Teilhabe? Die Funktion des Erben als Hüter der Privatheit ist nur der Berechtigungsnachweis für die prinzipielle Verankerung von Erbenrechten in Art. 14 Abs. 1 S. 1 GG, gewissermaßen die Eintrittskarte: Es bedarf keiner Verschiebung des Grundrechts zu erben in Art. 6 GG. Natürlich aber kann sich der Schutz dieser Aussicht nur auf bestimmte Nachlässe beziehen, er verlangt mehr als diese Funktion. Hier nun rückt die Beziehung des Angehörigen zum jeweiligen potentiellen Erblasser in den Mittelpunkt. Nur in ihr kann die eigentliche, die materielle Begründung für ein Grundrecht zu erben an bestimmten Nachlässen – sowie der Verneinung desselben an anderen – liegen. Die folgende Untersuchung soll insofern die entscheidenden Erkenntnisse bringen.

II. Konkretisierung der geschützten Aussicht auf bestimmte Angehörigennachlässe

Die Suche danach, an welchem Angehörigennachlaß ein grundrechtlich geschütztes Recht auf Teilhabe besteht, kann ihren Ausgang nur in einer intensiven Durchleuchtung der verschiedenen familiären Beziehungen zum Erblasser nehmen, in deren systematischem Vergleich, deren Entschlüsselung und Analysierung. Sie ist Suche nach Differenzierung zwischen den verschiedenen Beziehungen und, hieraus erwachsend, nach Besonderheiten der einen gegenüber den anderen. Als solche ist sie zugleich Suche nach der inneren Begründung, dem Urgrund der Nachlaßteilhabe von Angehörigen. Gerade unter diesem Aspekt liefert sie, nunmehr personenspezifisch, die Begründung für eine vom Staat – und möglicherweise auch vom Erblasser – zu achtenden Freiheit der Nachlaßteilhabe.

Leiten lassen muß sich die Untersuchung dabei stets vom Blickwinkel des Erben, denn nur dieser, nicht dagegen das Interesse oder der potentielle Wille des Erblassers oder gar Interessen der Allgemeinheit vermögen grundrechtliche Belange der Person des Erben zu erhellen. Das Interesse des Erblassers, dies gilt es abermals zu unterscheiden, kann niemals für ein Grundrecht des Erben streiten; es kann lediglich über das Erblassergrundrecht der Testierfreiheit eine Instituts-

---

stimmten Angehörigen und damit im vorliegenden Kontext zu einem ganz bestimmten Nachlaß. Ist etwa die Rede vom Grundrecht zu erben „des Kindes", versteht es sich schließlich von selbst, daß es dabei um das Recht am Nachlaß der Eltern geht, beim Erbgrundrecht „des Enkels" hingegen um die Beteiligung nach den Großeltern usw. Die vorliegende Abhandlung geht grundsätzlich von der „An-wessen-Nachlaß-Perspektive" aus, untersucht also das Recht ein- und derselben Person an verschiedenen Nachlässen ihres Angehörigenkreises und konkretisiert damit inhaltlich-personell das Grundrecht zu erben. Diese Perspektive kann aber schon aus sprachlichen Gründen nicht immer durchgehalten werden, hie und da erfolgt die Betrachtung deshalb auch aus der „Wessen-Grundrecht-Perspektive". Dem Leser wird hier also eine gewisse Flexibilität im Wechsel zwischen beiden Sichtweisen abverlangt.

garantie der Angehörigenerbfolge begründen, die sich infolge Umsetzung in ein gesetzliches Erbrecht reflexartig zugunsten der Angehörigen auswirkt. Anders als bei den Versuchen, die Angehörigenerbfolge an einer bestimmten Stelle abzuschneiden, geht es hier auch nicht um eine negative Eingrenzung derselben von außen, sondern um die positive Begründung eines besonderen Verhältnisses von Angehörigem und Erblasser von innen, um ein Recht auf Erbbeteiligung aus dem vom Erben her gedachten und in der Person des Erben begründeten besonderen Verhältnis zum Erblasser. Die hier zu gewinnende Differenzierung kann dann möglicherweise später, bei der Frage nach Intestat- und Pflichtteilsbeteiligung, den Gesetzgeber qua Schutzpflicht zu einer privilegierten Berücksichtung bestimmter Angehöriger zwingen.

Die folgende Erörterung trennt nun grundlegend zwischen Beziehungen, die auf Blutsverwandtschaft basieren (1.) und solchen, die sich der Erbe durch Wahl eines Lebensgefährten selbst geschaffen hat (2.). Bei erstgenannten legt sie das naturgegebene Grundmuster der drei Verwandtschaftslinien zugrunde und befaßt sich, vom nächstliegenden ausgehend, zunächst mit der – vom Erben aus gesehen – aufsteigenden geraden Linie (Erbbeteiligung nach den Eltern und Voreltern), sodann mit der absteigenden geraden Linie (Erbbeteiligung nach den Kindern und Kindeskindern) und schließlich mit der Seitenlinie (Erbbeteiligung nach den Geschwistern und weiteren Seitenverwandten). Bei den Lebensgefährten wird zunächst die Erbbeteiligung nach dem Ehegatten untersucht werden, es folgen sodann die Partner des Lebenspartnerschaftsgesetzes und nichtehelicher Lebensgemeinschaften.

Jede Beziehung wird in Ansehung der Nachlaßbeteiligung einer genauen Prüfung unterzogen werden: Zuerst (jeweils aa.) wird ein Überblick darüber verschafft werden, welche Nachlaßbeteiligung zum Grundinventar des überkommenen, zum Teil auch ausländischen Rechts, gerechnet werden kann. Dies wird auch zeigen, welche Gewichtigkeit ihr jeweils eingeräumt wird. Es wird sodann (jeweils bb.) einer Hintergrundanalyse, einer Forschung nach dem Warum und der Bedeutung dieser Position unterzogen werden. Sie wird Hauptgegenstand der Untersuchung sein und der Schlüssel zur Differenzierung zwischen den Angehörigen: Zu ermitteln wird sein, daß manche Angehörige näher als andere am Nachlaß stehen, und daß sich aus dem Grundgesetz selbst verschiedene Anhaltspunkte dafür ergeben, daß es die Tatbestände, auf denen diese Nachlaßnähe beruht, als besonders schützenswert einstuft. Dies also wird den Nachweis dafür bringen, daß es ein verfassungsrechtlich geschütztes Recht auf Teilhabe am Nachlaß Angehöriger gibt und auf welche Nachlässe bzw. welche Angehörigen es sich erstreckt. Zum anderen werden die hieraus gezogenen Erkenntnisse später noch als wichtige Grundlage der weiteren Erörterung dienen – so insbesondere im Blick auf die Frage, ob eine Schutzpflicht des Gesetzgebers gegenüber der Testierfreiheit besteht und inwiefern Art. 6 Abs. 1 GG Vorgaben für Intestat- und Pflichtteilsbeteiligung zu entnehmen sind.

1. Erbgrundrecht am Nachlaß der biologisch Verwandten

a. Am Nachlaß der Eltern

aa. Überkommenes Erbrecht: Kinder als universell erstrangige Erben

Daß Kinder als Erben beteiligt werden, hat Ewigkeitswert[509] – keines anderen Angehörigen Nachlaß wandert so selbstverständlich in die Hand eines Menschen wie der der Eltern. Während dies im germanischen Recht über die Zugehörigkeit zur Sippe, zur engen Hausgemeinschaft vermittelt wurde[510], kannte das römische Recht jedenfalls ab dem 6. Jahrhundert verschiedene Erbklassen, in deren erste es Kinder einordnete[511]. Auch die zersplitterten Erbrechtsregelungen des Mittelalters, die zum Teil auf dem Parentel-, zum Teil auf dem Dreiliniensystem[512] aufbauten, setzten Kinder stets in die erste Reihe der Erben,[513] und in allen vor der Entstehung des BGB existenten Rechten gingen sie den übrigen Verwandten vor[514]. Daß Kinder im BGB für den Fall ausbleibender Willensäußerung des Erblassers ein Erbrecht zu erhalten hatten, stand deshalb bei den Be-

[509] Zu einem Überblick über die – gerade im Verhältnis zum Familienrecht – wenigen Veränderungen des Erbrechts insgesamt s. *Strätz*, FamRZ 1998, S. 1553 ff.; dies in Relation zu den gesellschaftlichen Veränderungen setzend *Gerken*, ZRP 1991, S. 426 ff.

[510] Vgl. *Hetmeier*, Grundlagen der Privaterbfolge, S. 15 f.; *Lange/Kuchinke*, S. 231. – Von einem Erbrecht im eigentlichen Sinne kann wegen der strikten Familienbindung für diese Zeit an sich aber noch nicht gesprochen werden.

[511] So die Regelung der Novelle 118 Justinians aus dem Jahre 543. S. hierzu etwa *Lange/Kuchinke*, S. 231, mit einem Kurzüberblick über die Entwicklung des römischen Erbrechts von dem der Agnaten (den unter die Hausgewalt des pater familias Unterworfenen) zu dem der Cognaten (der durch Blutsverwandtschaft Verbundenen). Die Entwicklung fand einen vorläufigen Abschluß in den Novellen 118 (543) und 127 (548), mit denen Justinian eine neue Erbfolgeordnung schuf, s. *Mayer-Maly*, Römisches Privatrecht, S. 195. Detaillierter zum Ganzen etwa *Liebs*, Römisches Recht, S. 130 ff., auch mit dem Hinweis auf die Bedeutung des justinianischen Systems als Wurzel der heutigen Kodifikationen (S. 136).

[512] Das *Parentelsystem* baut als Ordnungssystem für die Verwandtenerbfolge vom Erblasser ausgehend auf dessen Stammbaum nach unten und oben auf und faßt dabei den Erblasser und seine Abkömmlinge (erste Parentel), die Eltern und deren Abkömmlinge (zweite Parentel), die Großeltern und deren Abkömmlinge (dritte Parentel) usw. jeweils zu Gruppen zusammen, die das BGB „Ordnungen" nennt. Eine entferntere Ordnung wird erst nach der näheren berufen, so daß das Vorhandensein auch nur eines Angehörigen einer näheren Ordnung das Aufsteigen der Erbberechtigung zu einer entfernteren verhindert. Das *Dreiliniensystem* läßt dagegen zunächst die Nachkommen des Erblassers, sodann seine Vorfahren und erst zum Schluß die Seitenverwandten erben. Ein *Klassensystem* schließlich ist an keinem selbständigen Ordnungsgedanken orientiert; es stellt nur eine anschauliche Gruppierung der zur Erbfolge Berufenen dar und kann sich in der tatsächlichen Reihenfolge der Erben mit jedem Ordnungssystem decken. Weiterführende Erläuterungen bei *Lange/Kuchinke*, Erbrecht, S. 231, 239 f., 241.

[513] Vgl. *Lange/Kuchinke*, S. 231.

[514] *Mertens*, Entstehung, S. 42.

ratungen zum BGB nie in Frage, ist heute selbstverständlich[515] und auch unangefochtenes Konzept ausländischer Rechtsordnungen[516]. Die Teilhabe am Nachlaß der Eltern fußt also auf an Länge kaum zu überbietender Tradition. Natürlich ist sie auch unumstößlich im Selbstverständnis unserer Rechtsgemeinschaft verwurzelt, ist diese Rechtsgemeinschaft – ja gerade die vergleichsweise spät entstandene Verfassungsrechtsgemeinschaft – doch just in jene bestehende Tradition hineingewachsen. Dabei ist die Teilhabe am noch vorhandenen Nachlaß der Eltern schon so lange und so fest im allgemeinen Rechtsbewußtsein verwurzelt, daß sie durchaus als ein echtes, seit jeher dagewesenes Recht des Erben verstanden wird – einfach deshalb, „weil es schon immer so war"[517]. Dementsprechend wird im Falle von Testamentserrichtungen häufig gar nicht von der gesetzlichen Erbfolge abgewichen. Die meisten Erblasser belassen es bei dieser[518] und anerkennen damit die Erbenstellung ihrer Kinder[519]. Deren Position erfährt dazuhin im einfachen Recht länderübergreifend exklusiven Schutz: Allenfalls mit dem Ehegatten müssen Kinder ihre gesetzlich erworbene Erbschaft teilen, nicht dagegen mit anderen Angehörigen[520]. Das Erbschaftssteuerrecht

---

[515] Dies gilt unbeschadet der Tatsache, daß die Stärkung des Ehegattenerbrechts gefordert wird, s. etwa *Strätz*, FamRZ 1998, S. 1553 (1556 f. [zum Ehegattenerbrecht], 1560 [zur Selbstverständlichkeit der Rechtsnachfolge von Deszendenten]).

[516] S. den Überblick bei *Kroiß*, Internationales Erbrecht, §§ 4 bis 7 oder *Strätz*, FamRZ 1998, S. 1553 (1559 f.). Zum Scheitern des Versuchs der Abschaffung auch des Kindererbrechts in der Sowjetunion schon oben § 2 I 1.

[517] Zu dieser „starken Kraft der Tradition" auch *Schippel*, 49. DJT, Bd. II (Sitzungsberichte), Teil K, S. 61; ähnlich im Hinblick auf das Pflichtteilsrecht *Schlüter*, Die Änderungen der Rolle des Pflichtteilsrechts im sozialen Kontext, in: FS 50 Jahre Bundesgerichtshof 2000, S. 1047 (1070, 1072).

[518] *Leipold*, AcP 180 (1980), S. 160 (194); *Stöcker*, FamRZ 1971, S. 609 (610): Eintritt der gesetzlichen Erbfolge in etwa zwei Drittel aller Erbfälle. *Olzen*, Jura 1998, S. 135 geht sogar von 80 % aus.

[519] Wenn *Stöcker*, FamRZ 1971, S. 609 (610) aufgrund der von ihm genannten Umfrage diesen Schluß eines „Richtigkeitsgedankens" nicht ziehen will, so bezieht sich seine Auffassung nur auf eine Rangfolge zwischen Kindern und Ehegatten. Nicht aber stellt der Wunsch vieler Befragter nach einem Alleinerbrecht des Ehegatten die jedenfalls gegenüber anderen biologisch Verwandten prinzipiell herausragende Stellung der Kinder in Frage.

[520] Dies ergibt sich aus dem Prinzip des Ausschlusses nachfolgender durch die 1. Parentel i. V. m. § 1931 Abs.1 BGB und gilt deshalb ohnehin in allen Rechtsordnungen, die ein Parentelsystem vorsehen, so etwa in Österreich (Übersicht bei *Kroiß*, Internationales Erbrecht, Rn. 167 ff.), in der Schweiz (s. *Ferid/Firsching/Dörner/Hausmann* [Hrsg.], Internationales Erbrecht, Loseblattsammlung, Bd. VI, Grundzüge Rn. 69 ff.) oder in Finnland (s. *Ferid/Firsching/Dörner/Hausmann* [Hrsg.], a. a. O., Bd. II, Grundzüge Rn. 73 ff.), aber auch für die Klassensysteme des romanischen Rechtskreises, die in verschiedener Systematik andere Verwandte beim Vorhandensein von Kindern stets ausschließen und zum Teil nicht einmal dem Ehegatten eine echte Erbenstellung einräumen (s. etwa *Kroiß*, Internationales Erbrecht, für das italienische [Rn. 220 ff.], für das französische [Rn. 252 ff.] und das spanische [Rn. 281 ff.] Recht). Es gilt ebenso für das den Ehegatten gegenüber Verwandten sehr stark privilegie-

gewährt ihnen mit Festlegung der Zugehörigkeit zur Steuerklasse I den niedrigstmöglichen Steuersatz[521] und von allen Verwandten den höchsten Freibetrag[522]. Schließlich erfaßt die von den allermeisten Rechtsordnungen[523] errichtete – teils mehr, teils weniger starke – Sicherung der Nachlaßteilhabe stets jedenfalls die Kinder, sie gehen niemals leer aus, auch wenn sie von den Eltern nicht testamentarisch bedacht werden[524].

Was genau aber steht nun hinter dieser Position, was macht Kinder zu solchen erstrangigen Erben? Die folgende Untersuchung der verschiedenen Aspekte wird genau dies erhellen und bestätigen, daß gerade Kinder am Nachlaß tatsächlich eine von der Verfassung zu schützende Berechtigung haben. Gleichzeitig wird sie aber auch Maßstäbe setzen im Hinblick auf die später zu hinterfragende Berechtigung sonstiger Angehöriger.

bb. Analyse der privilegierten Position: Perpetuierung und familiär-solidarisches Kindverhalten als Faktoren maximaler Nachlaßnähe

(1) Versorgungsfunktion der Erbbeteiligung?

Die Idee von einer Unterhalts- oder Versorgungsfunktion des Erbrechts, eng verknüpft mit der Vorstellung, das Erbgut müsse als finanzielle Grundlage der Familie in dieser verbleiben, ist nach wie vor präsent[525]. Daß dies – sowohl im Sinne einer Befriedigung von Versorgungsbedürfnissen eines jeden einzelnen als auch einer Sicherung von Lebensgrundlagen der Familie als Kollektivgemeinschaft – näherer Überprüfung bedarf, wurde bereits angekündigt. Man wird nämlich richtigerweise davon ausgehen müssen, daß die Erbbeteiligung von Kindern nichts mehr mit Unterhalt oder Versorgung zu tun hat, auch wenn sie diese möglicherweise einst hatte. Sehen wir hierzu abermals auf die Entwicklung des Erbrechts.
Nach ursprünglich strikter familiärer Bindung jeglicher Vermögensgüter entwickelte sich im Hoch- und Spätmittelalter im Zuge der gesellschaftlichen Veränderungen allmählich die Testierfreiheit[526]. Diese jedoch brachte die große Gefahr mit sich, daß der Erblasser seiner Familie oder Teilen dieser die Lebensgrundla-

---

rende englische Recht (s. *Ferid/Firsching/Dörner/Hausmann* [Hrsg.], a. a. O., Bd. III, Grundzüge Rn. 143) sowie die Regelungen der US-amerikanischen Staaten (*Ferid/Firsching/Dörner/Hausmann* [Hrsg.], a. a. O., Bd. VII, Grundzüge Rn. 98).

[521] § 15 Abs. 1 ErbStG.

[522] § 16 Abs. 1 Nr. 2 ErbStG (205 000 Euro); besser gestellt wird nur noch der Ehegatte, § 16 Abs.1 Nr.1 ErbStG (307 000 Euro).

[523] Dazu noch unten § 9 II 2 a.

[524] Es sei denn, es liegt einer der seltenen Gründe der Pflichtteilsentziehung vor, § 2333 BGB.

[525] Vgl. etwa *Sturm*, Pflichtteil und Unterhalt, S. 132 ff.

[526] *Hetmeier*, Grundlagen der Privaterbfolge, S. 19 ff.

ge entzog – war das Erblasservermögen des meist zuerst versterbenden Familienvaters in der landwirtschaftlich geprägten Gesellschaft doch von sämtlichen Familienmitgliedern als Lebens- und Produktionsgemeinschaft erworben und von den oft noch minderjährigen Kindern und der ansonsten mittellosen Witwe dringend benötigt[527]. Folgerichtig entwickelten die verschiedenen Rechtsordnungen im gleichen Zuge zum Schutz dieser Lebensgrundlage auch Pflichtteilsrechte[528]. Ob diese Motive bei der Ausarbeitung des BGB überhaupt noch eine Rolle spielten, ist schon zweifelhaft – immerhin wurde dem Erblasser von Anfang an zugestanden, von seinem Vermögen zu Lebzeiten soviel für sich selbst auszugeben wie er wollte[529]. Der zu Zeiten der Agrargesellschaft aktuelle Gedanke der Unvergebbarkeit oder Unteilbarkeit eines geschlossenen Familienvermögens und seiner Bindung an die Familie ist ohnehin überholt[530]. Der Nachlass kann jederzeit geteilt werden[531] und wird es in aller Regel auch. Man kann dem Erbrecht des BGB sogar entnehmen, daß es auf Verteilung, nicht auf Erhaltung angelegt ist[532]. Jedenfalls aber hindert es die Verteilung des Erbgutes nicht, ebensowenig wie es seine Erhaltung favorisiert[533]. Aber auch in Ansehung jedes einzelnen Erben – mithin losgelöst von der Einbettung in ein Familienkollektiv – bestehen Anhaltspunkte, daß die Erbbeteiligung des BGB schon nicht mehr als Versorgungsinstitut gedacht war[534]. Heute jedenfalls hat sie diesen Charakter

---

527 Vgl. *Schlüter*, Die Änderungen der Rolle des Pflichtteilsrechts im sozialen Kontext, in: FS 50 Jahre Bundesgerichtshof 2000, S. 1047 (1049).

528 *Schlüter*, Die Änderungen der Rolle des Pflichtteilsrechts im sozialen Kontext, in: FS 50 Jahre Bundesgerichtshof 2000, S. 1047 (1050).

529 Die §§ 2325 ff. BGB sichern den Pflichtteilsberechtigten bis heute lediglich gegen Vermögensübertragungen an Dritte ab, vgl. auch *Dauner-Lieb*, DNotZ 2001, 460 (462).

530 Ebenso *Buchholz*, FamRZ 1985, S. 872 (883). – Er war es überdies auch schon zur Zeit der Entstehung des BGB. Die damals jedenfalls in bürgerlichen Kreisen hochgehaltene Fahne der familiären Bindung war nämlich– zumal ins Kreuzfeuer mit der Eigentumsgarantie und der Testierfreiheit geratend – weniger Ausdruck echter Überzeugung denn argumentatives Mittel gegen das von der Linken favorisierte und vom bürgerlichen Lager gefürchtete Staatserbrecht, hierzu *Hetmeier*, Grundlagen der Privaterbfolge, S. 32 ff.; auch *Sturm*, Pflichtteil und Unterhalt, S. 117 ff. Mit der Begründung eines Pflichtteilsrechts unter diesen Gesichtspunkten jedenfalls tat man sich eher schwer, vgl. *Mertens*, Entstehung, S. 81 ff. Kritisch zum Befund einer Familienbindung auch *Stöcker*, WM 1979, S. 214 (219). A. A *Werkmüller*, Rechtspolitische und rechtsvergleichende Aspekte des geltenden Pflichtteilsrechts, S. 71 ff.

531 Gemäß § 2042 Abs. 1 HS 1 BGB kann jeder Miterbe jederzeit die Auseinandersetzung verlangen. Zur Wirkungsschwäche von Erbteilungsverboten s. *Kegel*, in: FS Lange, S. 941 927ff.

532 So etwa *Strätz*, FamRZ 1998, S. 1553 (1556); *Sturm*, Pflichtteil und Unterhalt, S. 119.

533 Nach *Leipold*, AcP 180 (1980), S. 204, verhält sich das BGB zur Frage der Verteilung oder Erhaltung neutral.

534 *Martiny*, 64. DJT, Bd. I (Gutachten), Teil A, S. 67. *Otte*, AcP 202 (2002), S. 317 (338 f.) belegt in diesem Zusammenhang anhand umfangreichen Zahlenmaterials, daß das von den Vätern des BGB kreierte Erbrecht entgegen weit verbreiteter Ansicht auch noch nie eine Ver-

gänzlich eingebüßt[535]. Denn der Tod der Eltern ereilt die Kinder wegen der steigenden Lebenserwartung in ganz überwiegender Zahl erst dann, wenn sie auf eigenen Füßen stehen und einer Versorgung im eigentlichen Sinne durch die Eltern längst nicht mehr bedürfen[536]. Auch haben sie sich schon lange einen eigenen Lebensstandard geschaffen und zum Erwerb desjenigen, den sie bei Ausscheiden aus dem Elternhaus hatten, in aller Regel nichts beigetragen, denn die Standardfamilie von heute ist eben keine Erwerbs- und Produktionsgemeinschaft mehr[537]. Gerade die Absicherung der Hinterbliebenen in Sozialversicherungssystemen zeigt, daß sich der Aspekt der Versorgung aus der Erbbeteilung an sich hinausverlagert hat[538].

---

sorgungsfunktion hatte: Auch zur Zeit seiner Entstehung hätten Kinder beim durchschnittlichen Erbfall bereits wirtschaftliche Eigenständigkeit erlangt gehabt. Entsprechend befand auch *v.Schmitt*, in: Schubert (Hrsg.), Vorentwürfe, Erbrecht Bd. 1, Begründung TE, S. 54, den „Alimentations- und Ausstattungsgedanken" als untauglich für die Begründung eines Pflichtteilsrechts. – Daß dabei Nachlaßteilhabe in Einzelfällen einmal zur Versorgung und Existenzsicherung beitragen *kann* (so *Martiny*, a. a. O.) ist zwar sicherlich richtig. Nicht aber läßt sich daraus auf einen grundsätzlichen, generellen Charakter der Nachlaßteilhabe und eine allgemeingültige Begründung für das Recht auf Erbbeteiligung schließen.

535 Den Versorgungsbezug ablehnend auch *Leisner*, Anm. zu BGH NJW 2001, S. 141 f., a. a. O., S. 126 (127); *Petri*, ZRP 1993, 205 f.; *Lange*, AcP 204 (2004), S. 804 (808 ff.). Zur selben Erkenntnis kam das 5. Regensburger Symposium für Europäisches Familienrecht, s. die Dokumentation von *Löhnig*, FamRZ 2001, S. 237 (274). A. A. aber *Fuchs*, Zivilrecht und Sozialrecht, S. 320 ff.; wohl auch *Kuhla*, in: Festschrift für Gerold Bezzenberger, S. 497 (503); *Sturm*, Pflichtteil und Unterhalt, S. 132 ff.

536 Ebenso *Leipold*, AcP 180 (1980), S. 160 (185, 190); *Strätz*, FamRZ 1998, S. 1553 (1556); *ders.*, DNotZ 2001, S. 452; *Otte*, ZEV 1994, S. 193 (194). Die bisweilen geäußerte Vorstellung – vgl. etwa *Dieckmann*, 49. DJT, Bd. II (Sitzungsberichte), Teil K, S. 20 –, ersatzweise mildere die Erbschaft die von den Kindern zu tragende Ausbildungslast ihrer eigenen Kinder, trägt hingegen nicht, und zwar erstens, weil diese Verwendung des Erbes zu weit entfernt von einer Versorgungsfunktion im eigentlichen Sinne ist und zweitens, weil sie schon der Sache nach zu bezweifeln ist: Die meisten Großeltern nämlich dürften den Abschluß der Ausbildung ihrer Enkel durchaus noch erleben.

537 Ebenso *Leipold*, AcP 180 (1980), S. 160 (175); *Gerken*, ZRP 1991, S. 426 (427, 428); *Schiemann*, ZEV 1995, S. 197 (198); *Halbe*, 49. DJT, Bd. II (Sitzungsberichte), Teil K, S. 134; *Schlüter*, Die Änderungen der Rolle des Pflichtteilsrechts im sozialen Kontext, in: FS 50 Jahre Bundesgerichtshof 2000, S. 1047 (1065).

538 Vgl. *Schlüter*, Die Änderungen der Rolle des Pflichtteilsrechts im sozialen Kontext, in: FS 50 Jahre Bundesgerichtshof 2000, S. 1047 (1050); *Gerken*, ZRP 1991, S. 426 (427); *Schiemann*, ZEV 1995, S. 197 (198); *Leipold*, AcP 180 (1980), S. 160 (188). Dem entspricht, daß eine Lebensversicherung nach überwiegender Ansicht nicht als Nachlaßbestandteil angesehen wird, vgl. *Medicus*, Bürgerliches Recht, Rn. 400. Eingehend zum Zusammenhang von Ansprüchen zwischen Verwandten und Sozialrecht *Lipp*, NJW 2002, S. 2201 (2202).

Die Erhaltung eines Familienvermögens aus wirtschaftlichen Gesichtpunkten oder die Versorgung des einzelnen sind also im Regelfall nicht der Grund, weshalb Kinder so selbstverständlich als Erben beteiligt werden[539].

(2) Fortsetzung des Erblasserlebens unter dem Aspekt biologischer Verbundenheit: Perpetuierung der Gene

Die biologische Verwandtschaft ist bis heute akzeptierte Grundlage erbrechtlicher Beteiligung, sie wird teilweise sogar als einzige und alles erklärende Begründung für ein Recht zu erben verstanden[540]. Dies hat durchaus seinen Grund: Sie ist eindeutiges, objektives und unbestechliches Abgrenzungskriterium der durch sie vermittelten Beziehungen von anderen[541]. Sie scheint deshalb geeignet, eine unanfechtbare Differenzierung zu treffen. Aber wieso soll diese zwar naturwissenschaftlich unwiderlegbare Verbindung zwischen Menschen Privilegien auf den Todesfall schaffen? Noch dazu in einer Gesellschaft, die großfamiliäre Bindungen zunehmend ignoriert und sich eigene, soziale Bindungen selbst generiert[542]? Ist die Berufung auf die Blutsverwandtschaft nicht eher purer Formalismus denn eine plausible Erklärung?

Jedenfalls im Hinblick auf Eltern und Kinder, und nur hierum geht es zunächst, gewinnt dieses Kriterium bei näherer Betrachtung in der Tat gewichtig an Substanz, und zwar basierend auf der Erkenntnis, daß *diese* genetische Verbundenheit nicht irgendeine unter vielen ist. Sie ist eine ganz besondere, einzigartige, die unter den vielfältigen verwandtschaftlichen ihresgleichen nicht findet: Ein Mensch mag mehrere Geschwister haben, mehrere Kinder, mehrere Tanten, Nichten oder Cousins, aber er hat immer nur einen Vater und eine Mutter im biologischen Sinne. Er ist Nachfahre genau dieser beiden Menschen, und nur die Verbundenheit von Kind und Mutter oder Kind und Vater, keine andere, ist die direkte biologische Fortsetzung des Lebens von stets zwei bestimmten Menschen[543]. Damit ist aber etwas anderes angesprochen, als allgemein unter dem Kriterium der Blutsverwandtschaft verstanden wird: Nicht die bloße Existenz gemeinsamer Gene – einer Großfamilie mithin – ist es, auf die es ankommt. Es

---

[539] Auch die Perpetuierung wirtschaftlicher Macht und der damit verbunden sozialen Stellung ist kaum noch Gegenstand des Erbens, vgl. *Strätz*, FamRZ 1998, S.1553 (1556); *Schröder*, Der Funktionsverlust des bürgerlichen Erbrechts, in: Mohnhaupt (Hrsg.), S. 281 (282), wobei ohnehin fraglich ist, ob sich hieraus überhaupt ein echtes Recht des Erben ableiten könnte.

[540] Statt vieler etwa *Rauscher*, Reformfragen I, S. 69 ff.; *Strätz*, FamRZ 1998, S.1553 (1556).

[541] Auch das Familienrecht knüpft an die Blutsverwandtschaft verschiedene Rechte und Pflichten, in erster Linie die Unterhaltspflichten der §§ 1601 ff. BGB.

[542] Ausführlich zu den familiensoziologischen Aspekten *Buchholz*, FamRZ 1985, S. 872 (878 ff. m. w. N.)

[543] Nicht umsonst hat das Bundesverfassungsgericht im Jahr 1989 (E 79, S. 256 ff.) in Anerkennung der herausragenden Bedeutung des Zusammenhangs von Eltern und Kindern ein verfassungsmäßig geschütztes Recht des Kindes auf Kenntnis der eigenen Abstammung bejaht.

ist einzig und allein der Fortsetzungsgedanke, der Kinder aus den anderen biologischen Beziehungen heraushebt. Ganz in diesem Sinne mißt auch Art. 6 GG dem „natürlichen ... Sachverhalt der Abstammung“[544] Relevanz bei: Wenn er ihn in seinem Abs. 1 um der Schutzbedürftigkeit des heranwachsenden Kindes willen auch auf nichtbiologische Eltern-Kind-Verhältnisse ausdehnt[545], so ist er doch „Anknüpfungspunkt seines Schutzversprechens“[546] und das Elternrecht des Art. 6 Abs. 2 GG deshalb umgekehrt auch ein ausdrücklich „natürliches“ Recht[547]. Darüberhinaus ist der Gedanke etwas fortzusetzen, zu perpetuieren, über die Lebensdauer eines Menschen hinaus weiterexistieren zu lassen, dem objektiven Erbrecht gerade immanentes, ureigenes Anliegen, das – wie in der Zusammenschau von Erbrechts- und Eigentumsgarantie im ersten Teil gesehen – auch in der grundrechtlichen Vermögensordnung Widerhall gefunden hat[548]. Schon in Anbetracht dieser besonderen biologischen Beziehung zu Mutter und Vater ist dem Menschen gegen den Staat ein Recht gegeben, diese angesichts des Todes der Eltern besonders geachtet und gegenüber anderen Privaten, gerade auch anderen Verwandten, privilegiert zu sehen.

(3) Fortsetzung des Erblasserlebens unter dem Aspekt sozialer Verbundenheit: Perpetuierung der Persönlichkeit

Das eben angesprochene, vom Grundgesetz als selbstverständliches, als in der Natur des Menschen angelegte Elternrecht weist nun den Weg zu einer weiteren Besonderheit der Eltern-Kind-Beziehung: Diese ist bei weitem nicht nur ein be-

---

[544] *Badura*, in: Maunz/Dürig, GG, Art. 6 Rn. 23; die Relevanz der Abstammung im Zusammenhang nichtehelicher Kinder betonend *ders.*, a. a. O., Rn. 61.

[545] Allg. Meinung, statt vieler sei verwiesen auf *Badura*, in: Maunz/Dürig, GG, Art. 6 Rn. 19, 60.

[546] *Badura*, in: Maunz/Dürig, GG, Art. 6 Rn. 23.

[547] Vgl. BVerfGE 24, 119 (150); *Gröschner*, in: Dreier, GG, Art. 6 Rn. 98; *Badura*, in: Maunz/Dürig, GG, Art. 6 Rn. 24; auch *Umbach*, in: Umbach/Clemens, GG, Art. 6 Rn. 73, mit Verweis auf die biologischen Eltern.

[548] Vgl. insofern die Begründung *v.Schmitts* für seinen Erbrechtsentwurf für das BGB (Begründung TE I, S. 53): „Daß unter der Herrschaft der Testirfreiheit eine Intestaterbfolge nur aus dem vermutheten Willen des Erblassers zu begründen sei, ist unrichtig. ... In Ermangelung eines Testaments ... muß den Abkömmlingen eine selbstständige Erbberechtigung zustehen, weil sie mit dem Erblasser eine durch Abstammung vermittelte sukzessive Einheit von Personen bilden. Diesem *natürlichen Verhältnisse* erteilt das Gesetz die *formale Anerkennung*“ (Hervorhebung d. Verf.). Ähnlich *Gierke*, Die soziale Aufgabe des Privatrechts. Vortrag gehalten am 5.4.1889 in der juristischen Gesellschaft zu Wien, 1889, S. 39: „Eintritt ... in die leer gewordene Stelle“. Den Fortsetzungsgedanken betonend auch schon *Bosch*, 44. DJT, Bd. I (Gutachten), 1. Teil Heft B, S. 109; in neuerer Zeit ähnlich *Leisner*, in: HStR VI, § 150 Rn. 12; *Strätz*, FamRZ 1998, S. 1553 (1560), wenn auch bezogen auf alle Deszendenten. In weiterem Sinne – aus dem Blickwinkel der Testierfreiheit – findet sich dieser Gedanke auch bei *Leisner*, Verfassungsrechtliche Grenzen, S. 56: „Nachwirkung der menschlichen Persönlichkeit“ sowie bei *dems.*, in: HStR VI, § 150 Rn. 11.

sonderer biologischer, sondern auch und gerade ein besonderer sozialer Sachverhalt[549]. Die auf genetischer Ebene liegende Perpetuierung findet auf geistig-sozialer Stufe ein sie ergänzendes und sie vervollständigendes Korrelat. Es ist auch dies ein Phänomen, dessen sich ebenfalls ausschließlich die Eltern-Kind-Beziehung berühmen kann[550] – es ist die Fortsetzung der Persönlichkeit eines Menschen.

Denn Kinder werden von den Eltern erzogen, ihnen werden die Werte, die Lebens- und Denkweise, die Anschauungen, die Verhaltensweisen, die Gewohnheiten der Eltern von klein auf vermittelt. Kein anderer prägt im Normalfall einen Menschen so sehr und vor allem so früh wie seine Eltern, keines anderen Lebensweise beeinflußt so sehr wie diejenige, die im weitgehend kritiklosen Kindesalter tagtäglich erlebt und verinnerlicht wird. Art. 6 Abs. 2 GG anerkennt und schützt diesen Sachverhalt auf Verfassungsebene: Zu erziehen nach eigenen Vorstellungen ist ureigenes Recht der Eltern und auch ihre Pflicht[551]. An keinem Kind, und sei es auch eines Tages noch so erwachsen, geht diese Identitätsvermittlung der Eltern spurlos vorüber – überlieferte Gewohnheiten werden fortgesetzt, man wird seinen Eltern – für manchen sogar „erschreckend" – ähnlich. Ein Mensch ist nicht nur biologisch, sondern auch geistig unauflöslich und über den Tod hinausgehend mit seinen Eltern verbunden[552], er führt immer auch einen Teil deren Lebens weiter und tritt in ihre Fußstapfen[553]. Er ist es deshalb, der auch der dazugehörenden Fortsetzung des Vermögens am nächsten steht: Sie gehört für ihn zur Selbstverwirklichung und ist deshalb Teil seiner – vom Grundgesetz in Art. 2 Abs. 1 geschützten – Persönlichkeitsentfaltung[554]. Nach dem Tod der Eltern hat er auch deshalb ein Recht auf die – in der Erbschaft vergegenständlichte – Erinnerung an seine Herkunft, mit anderen Worten: Bei der Rechtsnachfolge von Kindern schwingt immer „der allgemeine Gedanke des Fortlebens von Eltern in ihren Kindern mit, übertragen auf ihre Eigenschaft als

---

[549] Vgl. *Badura*, in: Maunz/Dürig, GG, Art. 6 Rn. 23.

[550] Anklang insofern auch bei *Stahl*, Die Philosophie des Rechts nach geschichtlicher Ansicht, Bd. II 1, S. 257: „Wegen der Kinder gibt es überhaupt eine Erbschaft...".

[551] Zusammenfassend auch „Elternverantwortung" genannt, statt vieler s. *Gröschner*, in: Dreier, GG, Art. 6 Rn. 98.

[552] Daß beide Komponenten gleichermaßen eine Rolle spielen, hat das österreichische Erbrecht in § 773 a AGBG in geradezu exemplarischer Weise eingefangen: Demnach mindert sich nämlich der Pflichtteil, wenn „ein Elternteil und sein Kind zu keiner Zeit in einem Naheverhältnis" standen – und zwar gerade um die Hälfte.

[553] Daß die Eltern-Kind-Beziehung auch über die Minderjährigkeit der Kinder hinaus eine besondere ist und bleibt, anerkennt auch Art. 6 Abs. 1 GG, vgl. *Badura*, in: Maunz/Dürig, GG, Art. 6 Rn. 60.

[554] Statt vieler *Murswiek*, in: Sachs, GG, Art. 2 Rn. 10.

Vermögensträger. Der Gesetzgeber kann diesen natürlichen, im Menschen angelegten Sachverhalt nicht einfach ignorieren[555]".

(4) Familiär-solidarisches Kindverhalten als Begründung besonderer Nähe zum Erblasser

Die bislang gefundene Säule erbrechtlicher Beteiligung von Kindern – Perpetuierung des Erblasserlebens in biologischer wie persönlichkeitsbezogener Hinsicht – wird schließlich ergänzt durch eine weitere. Ein intaktes Familienleben, zumal das der Kleinfamilie von Eltern und Kindern, ist stets – auch über die Auflösung der häuslichen Gemeinschaft hinaus – geprägt von einem Miteinander, von Unterstützung und Verantwortung, vom gemeinsamen Tragen an Freud und Leid, vom Einstehen und der Achtung füreinander, überbegrifflich: von familiärer Solidarität[556]. Dieser Erscheinung immanent ist gerade ein Prinzip der Gegenseitigkeit, des Gebens und Nehmens zwischen Eltern und Kindern[557]. Nicht zuletzt um dieser familiären Einstandsbereitschaft willen stellt auch Art. 6 Abs. 1 GG Ehe und Familie unter seinen besonderen Schutz und zollt diesem Strukturelement der Familie damit Tribut[558]. Rechtlichen Widerhall findet dies beispielsweise in den Unterhaltsregelungen des Familienrechts: Eltern und Kinder sind gemäß § 1601 BGB „*einander* verpflichtet, Unterhalt zu gewähren"[559]. Auch das Erbrecht, partiell eng mit dem Familienrecht verknüpft, verschließt vor diesem Grundsatz nicht die Augen[560] – daß es solidarisches Verhalten gegenüber dem Erblasser durchaus als Grundlage kindlicher Erbbeteiligung versteht, zeigt es deutlich an den in § 2333 BGB geregelten Pflichtteilsentziehungsgründen[561]. Zwar ahnden diese, restriktiv gestaltet[562], längst nicht jedes unsolida-

---

[555] *Strätz*, FamRZ 1998, S.1553 (1560).
[556] Vgl. auch *Martiny*, 64. DJT, Bd. I (Gutachten), Teil A, S. 11.
[557] *Lipp*, NJW 2002, S. 2201, definiert sie zutreffend als „die in der sozialen Wirklichkeit anzutreffenden vielfältigen Formen von Beistand und Unterstützung, die sich Vewandte gegenseitig gewähren" und nennt als besondere Ausprägung die finanzielle Solidarität. Ein eingängiges Stufenmodell familiär-solidarischer Leistungen skizziert *Schwab*, FamRZ 1997, S. 521.
[558] Vgl. *Coester-Waltjen*, in: v.Münch/Kunig, GG, Art. 6 Rn. 15.
[559] Vgl. *Lipp*, NJW 2002, S. 2201; ähnlich *Papantoniou*, AcP 173 (1973), S. 385 (396).
[560] Zum Grundsatz familiärer Solidarität als Grundlage der Nachlaßbeteiligung auch *Schlüter*, Die Änderungen der Rolle des Pflichtteilsrechts im sozialen Kontext, in: FS 50 Jahre Bundesgerichtshof 2000, S. 1047 (1064); *Dauner-Lieb*, DNotZ 2001, S. 460 (462); *Haas*, ZEV 2002, S. 169 (171) m. w. N.
[561] So auch *Dauner-Lieb*, DNotZ 2001, S. 460 (462).
[562] Reine Zerrüttung des Verhältnisses Erbe-Erblasser reicht nicht, erforderlich ist schuldhaftes Fehlverhalten, vgl. *Lange*, in: MünchKomm, § 2333 Rn. 3 m. w. N. Diese Ausgestaltung ist, gerade vor dem rechtspolitisch häufig wünschenswerten Ergebnis größeren Erblasserspielraumes, durchaus umstritten, ebenso wie Wertungswidersprüche in sich wie zum Unterhaltsrecht angeprangert werden, vgl. etwa *Schlüter*, Die Änderungen der Rolle des Pflichtteilsrechts im sozialen Kontext, in: FS 50 Jahre Bundesgerichtshof 2000, S. 1047 (1071 f.) m. w. N. Vorliegend ändert dies aber nichts an der prinzipiellen Einschätzung, daß bestimmtes un-

rische Handeln des Kindes mit der Möglichkeit, auch den letzten Rest an Nachlaßteilhabe zu verweigern. Sie spiegeln aber zumindest wider, daß Erbberechtigung durchaus auf dem Einhalten gewisser familiärer Spielregeln fußt, und stellen dabei wie auch die Erbunwürdigkeitsgründe[563] in erster Linie auf die Achtung des Erblassers und seiner Belange ab. Gerade § 2333 Nr. 4 BGB – Entzug des Pflichtteils bei Verletzung der kindlichen Unterhaltspflicht – weist besonders darauf hin, daß das Erbrecht einem Einstandsverhalten gewissen Ausmaßes auf Seiten der Kinder zentrale Bedeutung beimißt[564]. Markanter als das BGB zeigt schließlich das österreichische Entziehungsrecht, daß gerade auch die Sorge um das – physische wie psychische – Wohl der Eltern, ja auch die Bereitschaft zum Dienst an und für die Eltern über die gesetzliche Unterhaltspflicht hinaus Grundlage einer Erbbeteiligung sind[565]. Auch die Kritik an der Enge der Pflichtteilsentziehungsgründe des BGB ist ein weiterer Indikator dafür, daß Erbbeteiligung durchaus als im Zusammenhang stehend mit familiär-solidarischem Verhalten einigen Ausmaßes verstanden wird[566].

Diese Komponente der Erbbeteiligung findet sich denn auch in ihren historischen Wurzeln: Die einstige Sicherung des Lebensunterhalts der ihrerseits in Betrieb und Landwirtschaft mitarbeitenden Kinder durch Nachlaßteilhabe trug gerade dem Gedanken der Gegenseitigkeit Rechnung. Und auch wenn heute Erbbeteiligung vom Erblasser wie vom Gesetzgeber nicht mehr gewährt wird, *um* Unterhalt zu sichern: Geblieben ist zweifelsohne, daß sie auch deshalb gewährt wird, *weil* der Erblasser von seinen Kindern immaterielle wie – jedenfalls potentiell – materielle Unterstützung[567], Verläßlichkeit und innere Verbundenheit erfahren hat. Gerade heute, da sich in einer überalternden Gesellschaft El-

---

solidarisches oder erblasserfeindliches Verhalten jedenfalls zum Verlust jeglicher Erbbeteiligung führen kann.

563 Vgl. *Helms*, in: MünchKomm, § 2339 Rn. 2 f.

564 Hier gilt es, scharf zu trennen: Daß Pflichtteilsberechtigung und Unterhaltsverpflichtung (hier jeweils der Kinder) in einem Zusammenhang stehen, ändert natürlich nichts an der hiervon völlig losgelösten Feststellung, daß die Erbbeteiligung *an sich* wie gesehen keinen Versorgungscharakter hat.

565 § 768 Nr. 2 ABGB eröffnet die Möglichkeit der Pflichtteilsentziehung, wenn ein Kind „den Erblasser im Notstande hilflos gelassen hat". Der Notstand kann dabei wirtschaftlicher, physischer oder psychischer Natur sein und erfaßt auch die Vereinsamung alter Menschen, s. *Huber*, Das Pflichtteilsrecht, S. 91 sowie *Kralik*, in: Ehrenzweig, System des österreichischen allgemeinen Privatrechts, Erbrecht, S. 279 f., und auch die Beispiele bei *Welser*, in: Rummel, Kommentar zum ABGB, § 768 Rn. 3.

566 Statt vieler *Otte*, ZEV 1994, S. 193 (195), der die Frage aufwirft, „ob das Pflichtteilsrecht nicht eines der wichtigsten rechtsethischen Prinzipien, nämlich den Grundsatz von Treu und Glauben, außer Acht läßt."

567 Von praktischer Relevanz wird dabei in erster Linie die immaterielle Unterstützung sein, denn in den Fällen, in denen Eltern auf Unterhaltszahlungen ihrer Kinder angewiesen sind, dürfte selten später eine Erbschaft dieser Eltern zur Verteilung anstehen.

tern zunehmend auf die zeitlich wie psychisch herausfordernde Pflege und Verantwortung durch ihre erwachsenen Kinder angewiesen sehen[568], die dies mindestens in immaterieller Hinsicht selten vollständig auf Dritte abwälzen können und auch nicht wollen, dürfte dieser Aspekt eine zunehmend gewichtige Rolle spielen[569]. In aller Regel trifft diese Verantwortung, diese zumindest moralische Pflicht[570], in ihrer letzten Konsequenz Kinder als erste und meist auch als einzige der Verwandten. Das bedeutet indes keineswegs, daß Liebe und Wertschätzung von Eltern durch Kinder, solchermaßen mit goldenen Anreizen versehen, in fragwürdiger Weise materialisiert würden. Es bedeutet lediglich, daß *eine* Grundlage der Erbbeteiligung von Kindern die – moralisch völlig unverdächtige – Anerkennung erwarteter und gewährter Unterstützung der Eltern, zumindest aber der Bereitschaft hierzu, ist[571] – Anerkennung nämlich mit dem letzten materiell faßbaren, was von den Eltern nach ihrem Tode bleibt[572].

Damit steht also fest, daß zwei Säulen die Erbbeteiligung von Kindern tragen: Die Fortsetzung des Erblasserlebens in biologischer und persönlichkeitsbezogender Hinsicht einerseits sowie familiär-solidarisches Verhalten andererseits. Mit diesen Inhalten ist die Erbbeteiligung von Kindern, die zweifelsohne maßgeblicher Charakterzug des Erbrechts war und ist, Teil der verfassungrechtlichen Erbrechtsgarantie geworden. Daß die Tatbestände, auf denen die Nachlaßnähe des Kindes beruht, besonders hoch stehen, hat auch und gerade der zu anderen Normen des Grundgesetzes schweifende Blick gezeigt: Nachlaßteilhabe bedeu-

---

568 Diesen Aspekt hervorhebend auch *Gerken*, ZRP 1991, S. 426 (429 f.); *Lipp*, NJW 2002, S. 2201 (2204).

569 Daß der Unterhaltsanspruch der Eltern, wie *Schiemann*, ZEV 1995, S. 197 (199), annimmt, nicht im „allgemeinen Bewußtsein lebendig" ist, dürfte jedenfalls in neuerer Zeit, die die öffentliche Diskussion des Themas „Sandwichgeneration" kennt (s. dazu etwa *Zydra*, Der Frust der Sandwichgeneration, Süddeutsche Zeitung v. 20.9.2002; *Kerscher*, Teure Eltern, Süddeutsche Zeitung v. 23.08.2003), nicht der Wirklichkeit entsprechen. Rein tatsächlich läßt sich jedenfalls eine häufige Unterstützung der alternden Eltern durch die Kinder feststellen, vgl. *Schwab*, in: Schwab/Henrich (Hrsg.), Familiäre Solidarität – Die Begründung und die Grenzen der Unterhaltspflicht unter Verwandten im europäischen Vergleich S. 39 (57).

570 *Martiny*, 64. DJT, Bd. I (Gutachten), Teil A, S. 15, erkennt „die Grenzen zwischen moralischen und rechtlichen Verpflichtungen gerade in Familienbeziehungen" zu recht als fließende.

571 In diesem Sinne auch *Dauner-Lieb*, DNotZ 2001, 460 (463 a. E.); einen Zusammenhang erkennend auch *Schwab*, in: Schwab/Henrich (Hrsg.), Familiäre Solidarität – Die Begründung und die Grenzen der Unterhaltspflicht unter Verwandten im europäischen Vergleich, S. 39 (57): „ ... die umgekehrt wiederum auf Vermögenskontinuität durch Familienerbrecht bauen können."

572 Diese Wertung kommt auch in § 2057 a BGB zum Ausdruck: Wer als Abkömmling den Erblasser in *besonderem Maß* unterstützt, kann von den miterbenden Abkömmlingen einen Ausgleich verlangen – Unterstützung im *üblichen Maß* wird also als selbstverständlich vorausgesetzt. Vgl. dazu *Heldrich*, in: MünchKomm, § 2057 a Rn. 16 ff. (23): Pflegeleistungen werden nur dann als Sonderleistung gewertet, wenn sie mit Einkommensverzicht einhergegangen sind.

tet für Kinder ein Stück Persönlichkeitsentfaltung und Respektierung ihrer engen familiären Beziehung, ihrem Verantwortungsverhältnis zum Erblasser, das „den Wert der Familie für die Gemeinschaft“[573] begründet. Der freiheitsbegrenzende Staat hat diese Nachlaßnähe, dieses subjektive Recht auf die Aussicht auf den Nachlaß, deshalb strikt zu achten. Dies heißt insbesondere, daß eine Besteuerung des Kindern zuteil werdenden Nachlasses verfassungsrechtlicher Rechtfertigung unterliegt, denn sie ist in der Tat ein Eingriff in das Grundrecht des Kindes zu erben.
An diesen Erkenntnissen werden sich die noch zu untersuchenden Angehörigenbeziehungen messen lassen müssen. Zuvor aber wird noch auf zwei Besonderheiten der Erbbeteiligung von Kindern einzugehen sein.

cc. (Kein) Sonderfall: Nichteheliche Kinder

Nichteheliche Kinder werden heute erbrechtlich gleich behandelt wie eheliche Kinder[574]. Diese Einebnung juristischer Differenzierung entspricht den gewandelten gesellschaftlichen Anschauungen[575] – nichteheliche Kinder sind bei weitem nichts besonderes mehr und, weil zunehmend aus der großen Zahl bewußt

---

[573] *Gröschner*, in: Dreier, GG, Art. 6 Rn. 74.

[574] Zu Einzelheiten der Entwicklung des Erbrechts des nichtehelichen Kindes in der BRD, in deren Verlauf sich die Gleichstellung mit dem ehelichen Kind stufenweise durchsetzte, s. *Lange/Kuchinke*, Erbrecht, S. 302. Wichtigste Eckdaten sind das Nichtehelichengesetz von 1969, das dem nichtehelichen Kind einen Erbersatzanspruch gewährte – bis zu seinem Inkrafttreten galt das Kind nicht einmal als verwandt mit seinem Vater – sowie das Erbrechtsgleichstellungsgesetz von 1997 (Kurzüberblick bei *Otte*, ZEV 2004, S. 9), das die Gleichbehandlung von ehelichen und nichtehelichen Kindern herbeiführte. Auch der rechtsvergleichende Befund zeigt trotz Vielfalt der Regelungen eine eindeutige Tendenz zur Gleichstellung, zum Teil schon etliche Jahre vor ihrer Umsetzung im deutschen Recht. Siehe hierzu den aufschlußreichen Überblick bei *Lange/Kuchinke*, Erbrecht, S. 302 ff., sowie – kürzer – *Strätz*, FamRZ 1998, S. 1553, jeweils m. w. N. – Die frühe Gleichstellung nichtehelicher Kinder, etwa auch im ZGB der DDR, war ein Markenzeichen sozialistischer (Erb-)rechtspolitik, vgl. den Überblick bei *Knapp*, Rechte sozialistischer Länder, in: Rheinstein/Knapp/Sundberg/Bromley/Rieg/Reichert-Facilides, Das Erbrecht von Familienangehörigen in positivrechtlicher und rechtspolitischer Sicht, 1971, S. 15, 27 ff. Eine entsprechende Regelung für das BGB vor rund 20 Jahren noch ablehnend etwa *Freytag*, ZRP 1984, S. 66 (70).

[575] Vgl. *Barth/Wagenitz*, ZEV 1994, S. 79; *Strätz*, FamRZ 1998, S. 1553 (1563 zur Andersbehandlung des nichtehelichen Kindes: „inhaltlich überholt“). Diese Entwicklung bereits 1989 voraussehend *Zawar*, DNotZ 1989, Sonderheft S. 116 (121). Durch das Kindschaftsrechtsreformgesetz wurde dementsprechend auf die begriffliche Unterscheidung zwischen ehelichen und nichtehelichen Kindern in der gesetzlichen Terminologie gänzlich verzichtet, vgl. *Leipold*, Erbrecht, Rn. 94. Für die Gleichstellung mit ehelichen Kindern schon 1967 *Lutter*, FamRZ 1967, S. 65 (77). Kritisch aber noch heute *Lange/Kuchinke*, Erbrecht, S. 308.

nichtehelicher Lebensgemeinschaften hervorgehend[576], auch nicht mehr automatisch als den Familienfrieden störende „Fremdkörper" gebrandmarkt[577]. Vor diesem Hintergrund kann von einer Abweichung des Eltern-Kind-Verhältnisses von dem bei ehelichen Kindern pauschal nicht mehr ausgegangen werden, sondern ist vielmehr umgekehrt anzunehmen, daß die Lebensumstände von nichtehelichen Kindern – und dies meint auch und gerade das Verhältnis zu den Elternteilen – denen bei ehelichen Kindern entsprechen[578]. Gerade Art. 6 Abs. 5 GG schließlich gibt zu erkennen, wie bedeutend das Grundgesetz in familiären Verhältnissen die Abstammung erachtet[579]. Die Erbbeteiligung nichtehelicher Kinder am Nachlaß von Mutter *und* Vater steht somit unter demselben grundrechtlichen Schutz, auch ihnen kommt an diesen Nachlässen ein Grundrecht zu erben zu[580].

---

576 In Ostdeutschland werden bereits 47 %, gesamtdeutsch 16 % der Kinder außerhalb der Ehe geboren, vgl. *Martiny*, 64. DJT, Bd. I (Gutachten), Teil A, S. 17.

577 Ausführlich *Barth/Wagenitz*, ZEV 1994, S. 79; *Boehmer*, 44. DJT, Bd. I 1. Teil Heft A (Gutachten), S. 92 ff.

578 Vgl. die Begründung des Rechtsausschusses zum Gesetzentwurf des Gleichstellungsgesetzes (BT-Drucks. 13/8510 [abrufbar im Internet unter http://dip.bundestag.de/btd/13/085/1308510.asc]): „... die Zahl der nichtehelichen Kinder wächst, deren Lebensumstände denen ehelicher Kinder entsprechen".
Zur Abstammung als nunmehr einheitlicher materieller Voraussetzung einfachgesetzlicher Erbrechte s. *Lange/Kuchinke*, Erbrecht, S. 311.

579 Vgl. *Badura*, in: Maunz/Dürig, GG, Art. 6 Rn. 26.

580 Ebenso kommt ein Grundrecht auf Teilhabe am Nachlaß seiner Eltern dem Adoptivkind zu: Die fehlende Abstammung wird hier durch ein eindeutiges rechtliches Band, durch die soziale Verbundenheit in typisierender normativer Form ersetzt, und hierdurch zum Ausdruck gebracht, daß die fehlende Blutsbindung im Verhältnis von Kind und Adoptiveltern(-teil) *ausnahmsweise* keinen Einfluß auf die familiäre Bindung haben soll. Dieser Betrachtungsweise entspricht im Normalfall der Minderjährigenadoption die – mittlerweile schon lange bestehende – Gleichstellung des angenommenen Kindes mit den leiblichen ehelichen Kindern durch das Adoptionsgesetz von 1976: Es gilt gemäß § 1754 ff. BGB der Grundsatz der Volladoption. Dabei erlöschen andere verwandtschaftliche Beziehungen des Kindes, es wird voll und ganz in die Familie des potentiellen Erblassers integriert, und zwar mit Einwilligung der Eltern und des betroffenen Kindes (§§ 1764, 1747 BGB). Sogar im Ausnahmefall der Volljährigenadoption aber anerkennt das Gesetz das Bedürfnis nach Begründung eines Verwandtschaftsverhältnisses zum annehmenden Elternteil mit entsprechenden erbrechtlichen Folgen. Die Nachlaßnähe entspricht deshalb voll und ganz der von blutsverwandten Kindern. An dieser Einschätzung des durch Adoption begründeten Verhältnisses vermag auch die in § 15 Abs. 1 a ErbStG (Behandlung des von einem Dritten adoptierten leiblichen Kindes des Erblassers wie ein Kind des Verstorbenen, vgl. *Tipke/Lang*, Steuerrecht, S. 539 [Fn. 123]) zum Ausdruck kommende Wertung, daß das ursprüngliche Abstammungsverhältnis gleich zu achten ist wie ein noch bestehendes, nichts zu ändern. Einzelheiten des Adoptionsrechtes bei *Lange/Kuchinke*, Erbrecht, S. 296 ff.
Dieser Befund läßt sich hingegen auf das Stiefkind nicht übertragen. Zum einen kennt das Gesetz hier schon keine traditionelle Teilhabeberechtigung (Vgl. dazu § 1371 Abs. 4 BGB:

dd. Gleichteilung als dem Erbrecht immanentes Prinzip

Die gleiche Verteilung des Erbgutes unter Kindern – „Gleiche Brüder gleiche Kappen" – hat *Stöcker* als Wesensmerkmal des Erbrechts erkannt[581]. Auch wenn bereits im ersten Teil zu seinem Bild von „Erbrechtsfreiheit" und ihr zur Hand gehender „Erbrechtsgleichheit" auf Distanz gegangen wurde[582], so ist im Ergebnis schwerlich daran zu zweifeln, daß das Recht auf Erbbeteiligung von Kindern immer ein Recht auf *gleiche* Erbbeteiligung ist. Schon im römischen Recht erbten Kinder zu gleichen Teilen[583]. Die Zurücksetzung der Töchter hinter den Söhnen, die sich hingegen in den deutschen Rechtsordnungen das gesamte Mittelalter hindurch gehalten hatte, wurde mit der Rezeption des römischen Rechts beseitigt[584]. Irgendwelche Überlegungen im Rahmen der Ausarbeitung des BGB, Kinder dem Grunde nach *nicht* gleich zu behandeln, sind nicht nachweisbar[585]. Auch die vom Gesetz eröffneten Möglichkeiten traditioneller Sondererbfolgen – des Höfe- und Anerbenrechts[586], des Heimstättenrechts[587] – ändern an

---

Nur ein Recht auf Ausbildungsunterhalt aus dem erhöhten Viertel). Zum anderen ist die Beziehung des Stiefkindes zum Erblasser weder durch ein abstammungsmäßiges noch ein rechtlich begründetes Band festgezurrt, womit es schon an der Wurzel unabdingbarer Erbbeteiligung fehlt. Daß im Einzelfall dennoch ein Näheverhältnis gleicher Intensität besteht, mag nun kaum bestritten werden können. Das Erbschaftssteuerrecht etwa trägt dem insoweit Rechnung, als es Stiefkinder die gleichen günstigen Bedingungen gewährt wie leiblichen Kindern (§ 15 Abs. 1 ErbstG – Steuerklasse I; § 16 Abs. 1 Nr. 2 ErbStG – Freibetrag i.H.v. 205 000 Euro). Die Relevanz dieser Vorschriften setzt aber mangels eines gesetzlichen Erbrechts immer voraus, daß der Erblasser das Stiefkind testamentarisch bedacht und damit die besondere Beziehung zwischen ihm und dem Stiefkind ausdrücklich anerkannt hat. Eine Aufnahme in die durch bürgerliches Recht und gesellschaftliche Anschauungen geprägte – und deshalb biologische oder rechtlich anerkannte Verwandtschaft fordernde – Erbrechtsgarantie im Sinne eines an den Gesetzgeber gerichteten Grundrechts *zu* erben ergibt sich hieraus aber nicht. Die Solidargemeinschaft ist eine rein freiwillige, jederzeit lösbare (vgl. *Lipp*, NJW 2002, S. 2201 [2203]).

581 WM 1979, S. 212 (218); § 1924 Abs. 4 BGB.

582 § 5 II 3.

583 *Lange/Kuchinke*, Erbrecht, S. 231; *Liebs*, Römisches Recht, S. 131, 136.

584 *Lange/Kuchinke*, Erbrecht, S. 232. Zu den besonderen Beschränkungen weiblichen Erben gegenüber, die allerdings auch das römische Recht anfänglich noch kannte, s. *Liebs*, Römisches Recht, S. 132.

585 Vgl. *Mertens*, Entstehung, S. 41: Gleichberechtigung gleich naher Erben war „selbstverständlich". Daß das nichteheliche Kind als sonderbehandlungsbedürftiger Fall gesehen und dementsprechend anders behandelt wurde, entsprach dem Zeitgeist und ist mittlerweile wie gesehen ohnehin Geschichte.

586 Anliegen der verschiedenen gesetzlichen Regelungen zur Vererbung von Höfen, die zum Teil als partielles Bundesrecht, zum Teil als Landesrecht gelten, ist es, die Gefahr der Zersplitterung oder Überschuldung durch zu hohe Ausgleichsforderungen zu bannen: Der Hof wird nur einem Erben, dem Hoferben, zugewiesen und den übrigen Miterben werden Ausgleichsansprüche an die Hand gegeben, die sich nur an einem fiktiven Hofeswert orientieren, der deutlich unter dem Verkehrswert liegt. Die Ungleichbehandlung der Erben rechtfertigt

dieser Einschätzung nichts: Sie betreffen begründete Sonderfälle und bestätigen als verfassungsrechtlich zu rechtfertigende Ausnahmen die Regel der Gleichteilung[588]. Kinder sind hinsichtlich ihrer Erbbeteiligung grundsätzlich „ohne Rücksicht auf Leistungen“[589] oder sonstige Lebensumstände gleichberechtigt. Die Gleichheit der Erbbeteiligung ist damit als Charakteristikum des überkommenen Erbrechts[590] Inhalt des Grundrechts zu erben und strikt zu beachtende Direktive von Art. 14 Abs. 1 S. 1 GG für den Gesetzgeber. Einer Herleitung aus dem allgemeinen Gleichheitsgrundsatz des Art. 3 Abs. 1 GG bedarf es daher nicht.

b. Am Nachlaß der Großeltern und weiteren Voreltern?

aa. Überkommenes Erbrecht: Ausschluß der weiteren Abkömmlinge durch die Repräsentanz des Kindes

Das BGB differenziert in seinen Regelungen des gesetzlichen Erbrechts und des Pflichtteilsrechts nicht etwa nach Kindern, Enkeln, Urenkeln etc., sondern es geht stets allgemein von „Abkömmlingen“ des Erblassers aus. Auch das Steuerrecht gewährt sämtlichen Abkömmlingen die Privilegierung der Steuerklasse I, trennt aber immerhin sprachlich zwischen „Kindern“ und „Abkömmlingen der Kinder“ und gewährt außerdem nur den „Kindern verstorbener Kinder“ den gleichen Versorgungsfreibetrag wie den Kindern selbst, weiteren Abkömmlingen hingegen einen minderen. Könnte es also sein, daß zwischen der Nachlaßbeteiligung nach den Eltern, den Großeltern und derjenigen nach weiter entfernten Voreltern differenziert werden muß? – Richten wir hierzu zunächst ein Augenmerk darauf, wie die Beteiligung am Nachlaß des Erblassers *innerhalb* der Deszendenten, der geraden absteigenden Linie, vonstatten geht.

---

sich dabei aus dem agrarpolititschen Interesse, einen lebensfähigen Hof zu erhalten, stellt also einen gerechtfertigten Eingriff in das Grundrecht zu erben wie auch die Testierfreiheit dar. Für weitere Einzelheiten s. etwa die Abhandlung bei *Lange/Kuchinke*, Erbrecht, § 53.

587 Ohnehin sind das Reichsheimstättengesetz und seine Ausführungsverordnungen durch Aufhebungsgesetz vom 17.6.1993 aufgehoben worden und gelten nur noch für Erbfälle aus der Zeit vor dem 1.10.1993; näher *Leipold*, in: MünchKomm, 3. Aufl., Einl. vor § 1922 Rn. 84 ff.

588 A. A. *Papier*, in: Maunz/Dürig, GG, Art. 14 Rn. 301 unter Berufung auf eben diese Ausnahmen; BVerfGE 91, 346 (360 ff.).

589 *Dieckmann*, 49. DJT, Bd. II (Sitzungsberichte), Teil K, S. 12. In dieselbe Richtung deutet zweifelsfrei auch die Abschaffung der Fideikommisse, ausdrücklich angeordnet in § 170 der Paulskirchenverfassung sowie in Art. 155 Abs. 2 S. 2 WRV: Zwar entsprang sie auch der Mißbilligung der Tatsache, daß das fideikommißgebundene Vermögen eines Zugriffs durch Gläubiger entzogen war, vgl. *Däubler*, JZ 1969, S. 499 f. Auch und gerade sollte sie aber die Gleichheit der Erbbeteiligung gewährleisten, und eben unter diesem Gesichtspunkt wurde sie auch im Grundrechtskatalog ausgesprochen, vgl. *Stöcker*, WM 1979, S. 212 (218).

590 Ebenso *Strätz*, FamRZ 1998, S. 1553 (1561); *Stöcker*, WM 1979, S. 212 (218).

§ 1924 Abs. 2 und 3 BGB macht die in diesem Zusammenhang entscheidenden Vorgaben: Es gilt der Grundsatz der Erbfolge nach Stämmen, der seinerseits durch die Prinzipien von Repräsentation (Abs. 2) einerseits und Eintrittsrecht (Abs. 3) andererseits verwirklicht wird[591]. Dies bedeutet zweierlei. Erstens bedeutet es, daß die Erbbeteiligung eines Abkömmlings am Nachlaß von Voreltern immer ausgeschlossen ist, solange derjenige, durch den der Abkömmling mit den Voreltern verwandt ist, noch lebt – ausschließlich dieser wird dann Erbe. Und es bedeutet zweitens, daß der Anteil des entfernteren Abkömmlings in seiner Größe immer danach festgelegt ist, was er nach dem Vorverstorbenen, dem Repräsentant des Stammes, erhalten hätte. Denklogisch zwingend ist dieser aus dem römischen Recht rezipierte[592] Verteilungsmodus keineswegs, auch nicht innerhalb eines wie im BGB fast ausnahmslos durchgezogenen Parentelsystems[593]. Rechtsvergleichend zeigt sich aber erstaunlicherweise, daß er dennoch weit verbreitet ist – Eintritts- und Repräsentationsprinzip gelten innerhalb der geraden absteigenden Linie vielfach auch andernorts[594]. Es kann auch durchaus als natürlicher Verteilungsmodus empfunden werden, denn immerhin entsteht so das exakte Abbild des Stammbaumes des Menschen[595] und es stellt offenbar die gerechteste Verteilungsart dar[596].

bb. Analyse: Teilhabe weiterer Abkömmlinge als nur vom Kind abgeleitete Teilhabe

Für die Frage nach einem Recht auf Beteiligung am Nachlaß der Großeltern und weiterer Voreltern lassen sich aus diesem Befund gewichtige Schlüsse ziehen: Aus der Sicht des potentiellen Erben ergibt sich, daß seine Position im Verhält-

---

[591] Zu diesem Zusammenhang etwa *Leipold*, Erbrecht, Rn. 116 f.; *Lange/Kuchinke*, Erbrecht, S. 237 f.

[592] Vgl. *Lange/Kuchinke*, Erbrecht, S. 231, mit Hinweis auf die schwere Durchsetzbarkeit des Eintrittsprinzips in den deutschen Rechtsordnungen (S. 232, insbes. Fn. 17).

[593] Das Parentelsystem kann durchaus mit einer Gradualerbfolge verbunden werden, so im BGB ab der 4. Ordnung (§§ 1928, 1929). Erst durch die Kombination mit Repräsentations- und Eintrittsprinzip erhält es jedoch „seine volle Festigkeit und Berechenbarkeit" (*Lange/Kuchinke*, Erbrecht, S. 239).

[594] Ohnehin im österreichischen Recht (s. *Kroiß*, Internationales Erbrecht, Rn. 167), aber auch etwa in Frankreich (s. *Kroiß*, a. a. O. Rn. 255), in Italien (*Ferid/Firsching/Dörner/Hausmann* [Hrsg.], Internationales Erbrecht, Loseblattsammlung, Bd. IV, Grundzüge Rn. 45), in Finnland (*Ferid/Firsching/Dörner/Hausmann* [Hrsg.], a. a. O., Bd. II, Grundzüge Rn. 75), in Schweden (*Ferid/Firsching/Dörner/Hausmann* [Hrsg.], a. a. O., Bd. VI, Grundzüge Rn. 26), in England (*dies.*, a. a. O. Bd. III, Grundzüge Rn. 144) und in Lettland (*dies.*, a. a. O., Bd. V, Grundzüge Rn. 94), um nur einige zu nennen.

[595] *Lange/Kuchinke*, Erbrecht, S. 238.

[596] Gerechter als eine Verteilung nach Köpfen oder Gradnähe, s. hierzu etwa die Beispiele bei *Lange/Kuchinke*, S. 237 f.

nis zu der auf den Nachlaß seiner Eltern bezogenen schon eine formal schwache ist, denn er kommt nur unter der Bedingung zum Zuge, daß die ihm vorgehenden Generationen weggefallen sind. Und auch dann steht die Größes seines Erbteiles stets in strikter Abhängigkeit von demjenigen, der dem ihm in der Generationenfolge vorangehenden potentiellen Erben gebührt hätte[597]. Schon diese zweifache Unselbständigkeit weist darauf hin, daß es sich nicht um ein unmittelbares, ureigenes Recht auf Teilhabe an jenen Nachlässen handelt. Die Beteiligung an ihnen ist immer nur eine Beteiligung bezogen auf das Erbteil des Vorverstorbenen, gewissermaßen eine mittelbare Beteiligung. Daß die Beteiligung am Nachlaß von Großeltern und weiteren Voreltern nicht in den Schutzbereich des Freiheitsgrundrechts zu erben fällt, ergibt sich aber erst recht, wenn man die oben gewonnenen Parameter erbrechtlicher Beteiligung von Kindern betrachtet: Enkel und Urenkel erfüllen erstens das entscheidende duale Kriterium der Fortsetzung – Gene und Persönlichkeit – nurmehr in verblaßter, nicht mehr in der Ursprungsform. Und zweitens trifft das Prinzip der gegenseitigen Verantwortlichkeit[598] im Regelfall noch viel weniger zu. Durch diese inhaltlich starke Abschwächung wird die Grenze für eine Einbeziehung in den verfassungsrechtlichen Schutz deshalb unterschritten. Auch geht dieses Ergebnis Hand in Hand mit der Wertung, die Art. 6 Abs. 1 GG für das Verhältnis von Enkeln und Großeltern entnommen wird: Nur die Kernfamilie von Eltern und Kindern steht unter seinem besonderen Schutz[599], die Beziehung Enkel-Großeltern dagegen genießt einen allenfalls abgestuften[600].

---

[597] Eine kumulative, nebeneinander bestehende Erbbeteiligung von Kindern und Enkeln etwa gibt es nicht; sie wurde vereinzelt vorgeschlagen, fand aber keinen Widerhall, vgl. *Helms*, 49. DJT, Bd. II (Sitzungsberichte), Teil K, S.79.

[598] Eine andere Einschätzung gebietet weder die Tatsache, daß Großeltern und Enkel aufgrund ihrer Verwandtschaft in gerader Linie einander ebenfalls unterhaltspflichtig sind, noch daß Großeltern in neuerer Zeit ein Umgangsrecht mit den Enkeln eingeräumt wurde (KindRG 1997 [BGBl 1997 I, S. 2942 ff.], § 1685 Abs. 1 BGB): Unterhalt schulden Großeltern und Enkel sich jeweils nur subsidiär nach den gradnäheren Kindern bzw. – je nach Sicht – Eltern. Und auch wenn es richtig sein mag, daß Großeltern bisweilen Erziehungs- und Betreuungsaufgaben übernehmen (so *Strätz*, FamRZ 1998, S. 1553 [1555]; *Martiny*, 64. DJT, Bd. II (Gutachten), Teil A, S. 16), stehen sie dennoch in der „zweiten Reihe" und ist die üblicherweise gegenseitig erbrachte Solidarität mit der im unmittelbaren Kind-Eltern-Verhältnis bei weitem nicht vergleichbar.

[599] St. Rspr. des Bundesverfassungsgerichts, vgl. E 48, 327 (339); 59, 52 (63).

[600] S. dazu die Nachweise unten § 10 I 2 (Fn. 871).

c. *Am Nachlaß der Kinder – auch der Kindeskinder?*

aa. Überkommenes Erbrecht: Eltern als repräsentierende Erben der aufsteigenden Linie im Nachrang hinter Kindern

Das BGB mit seinem Parentelsystem gewährt Eltern von vorneherein nur dann ein gesetzliches Erbrecht, wenn keine Abkömmlinge des Erblassers vorhanden sind. Weitere Voreltern erben dementsprechend ebenfalls erst dann, wenn die jeweils vorangehenden Parentelen nicht mehr existieren, im Falle von Großeltern also bei Vorversterben der Eltern des Erblassers. Daß Eltern den unmittelbaren Rang nach den Abkömmlingen einnehmen, findet sich in etlichen historischen[601] sowie in heutigen ausländischen[602] Rechtsordnungen wieder, egal ob dies durch das Parentelsystem vorgegeben ist oder ob sie dem Dreilinien- oder einem Klassensystem folgen. Soweit Eltern dabei neben anderen Angehörigen berufen sind, ist ihnen zum Teil jedenfalls eine bestimmte Quote der Erbschaft vorbehalten[603]. Großeltern erbten und erben in der Regel wiederum wie im BGB erst bei Vorversterben der Eltern und deren Abkömmlinge[604]. Bei Inkrafttreten des BGB war das gesetzliche Erbrecht der Eltern an sich nicht streitig[605], wobei heute das Verhältnis zum Ehegatten Diskussionsstoff bietet[606].

Das Steuerrecht erklärt Eltern wie Voreltern in § 15 Abs. 1 Nr. 4 ErbStG zu den privilegierten Angehörigen der Steuerklasse I, bei den Freibeträgen macht es al-

---

[601] Das römische Recht setzte mit der Novelle 118 Justinians von 543 die Eltern in die zweite Erbklasse nach den Abkömmlingen (vgl. *Liebs*, Römisches Recht, S. 136). Die deutschen Rechte kannten überwiegend das Parentel- und das Dreiliniensystem, denen die Einsetzung der Vorfahren nach den Abkömmlingen immanent ist, schlossen allerdings vereinzelt Erbrechte der Vorfahren auch ganz aus, vgl. den Überblick bei *Lange/Kuchinke*, S. 231 f.

[602] Der romanische Rechtskreis etwa folgt dem justinianischen Erbklassensystem (hierzu soeben), das englische Recht beruft die Eltern unmittelbar nach der Gruppe der Abkömmlinge (näher *Lange/Kuchinke*, S. 232 f.), ebenso im allgemeinen die Rechte in den Einzelstaaten der USA (*Ferid/Firsching/Dörner/Hausmann* [Hrsg.], Internationales Erbrecht, Loseblattsammlung, Bd. VII, Grundzüge Rn. 98). Weitere Vertreter von Parentelsystemen sind etwa Finnland (*dies.*, a. a. O., Bd. II, Rn. 107) und Österreich (*dies.*, a. a. O., Bd. V, Rn. 66 ff.).

[603] So etwa der italienische Codice civile, vgl. *Lange/Kuchinke*, S. 232; *Kroiß*, Internationales Erbrecht Rn. 223.

[604] So im römischen Recht seit der Novelle 118 Justinians von 543, ergänzt durch die Novelle 127 von 548 (vgl. *Lange/Kuchinke*, S. 231), im historischen lübischen Recht von 1586 und in den Hamburger Statuten von 1603 (vgl. *Lange/Kuchinke*, Erbrecht, S. 232 [Fn. 19]). Aktuell gilt dies natürlich bei Parentelsystemen mit Eintrittsrecht, etwa in Österreich (*Ferid/Firsching/Dörner/Hausmann* [Hrsg.], Internationales Erbrecht, Loseblattsammlung, Bd. V, Grundzüge Rn. 66), aber auch etwa für das das englische Recht (vgl. *Lange/Kuchinke*, Erbrecht, S. 233). – Der italienische Codice Civile gewährt Großeltern allerdings eine Beteiligung neben Geschwistern, vgl. *Kroiß*, Internationales Erbrecht, Rn. 224.

[605] Dazu *Mertens*, Entstehung, S. 46, 67 f.

[606] Dazu noch unten II 2 a in diesem Abschnitt.

lerdings gegenüber den Kindern einen erheblichen Abstrich[607]. Beim Pflichtteilsrecht, dem Indikator dessen, was „das Erbrecht wert ist"[608], trifft das BGB innerhalb der Aszendenten eine eindeutige Entscheidung: Nur den Eltern steht ein solches gemäß § 2303 Abs. 2 BGB zu, nicht dagegen weiteren Voreltern; schon das Pflichtteilsrecht der Eltern ist dabei nicht unumstritten[609]. Ein Blick über die Grenzen deutschen Erbrechts hinaus zeigt indes, daß viele Rechtsordnungen, die eine Teilhabesicherung grundsätzlich vorsehen, diese auch den Eltern gewähren[610], seltener dagegen den Großeltern[611]. Ein Pflichtteilsrecht jedenfalls der Eltern war vor dem BGB in allen in Deutschland geltenden Rechten vorgesehen[612], hierzu sollte das BGB nicht in Widerspruch stehen[613]. Der Ausschluß weiterer Aszendenten vom Pflichtteilsrecht dagegen erfolgte schon in den Beratungen zum BGB in großem Einvernehmen[614]. Die Erbberechtigung von Eltern ist also in der Tradition des deutschen wie europäischen Erbrechts ebenso verwurzelt wie die von Kindern[615], wenn auch als eine geringfügig schwächere. Beruht auch sie auf Tatbeständen, die im Wertekontext des Grundgesetzes als so bedeutsam und schutzwürdig erscheinen, daß sich der Schutzbereich des Grundrechts zu erben auf die Teilhabe am Nachlaß von Kindern erstreckt? Beleuchten wir auch hier die Hintergründe.

---

607 Eltern gehören beim Erwerb von Todes wegen gemäß § 16 Nr. 3 ErbStG erst zur drittprivilegierten Gruppe gemeinsam mit „übrigen Enkeln" und erhalten 51200 Euro steuerfrei.

608 *Dieckmann*, 49. DJT, Bd. II (Sitzungsberichte), Teil K, S. 17.

609 Und dies schon recht lange, vgl. *Stöcker*, FamRZ 1971, S. 609 (617 f.); *Dauner-Lieb*, DNotZ 2001, S. 460 (464); abwägend *Martiny*, 64. DJT, Bd. I (Gutachten), Teil A, S. 101. Weiterführend unten § 9 II 2 b aa.

610 So etwa in der Schweiz, in Österreich, im romanischen Rechtskreis (s. *Strätz*, FamRZ 1998, S. 1553 [1555 f.]), in Chile, Kolumbien und Uruguay (s. *Huber*, Das Pflichtteilsrecht, S. 87); in Finnland dagegen nur bei Fürsorgeberechtigung (sog. support money, s. *Huber*, Das Pflichtteilsrecht, S. 89 f., mit Bezug auch auf Dänemark und Norwegen).

611 So z. B. das österreichische und das französische Recht, die beide darüberhinaus auch noch weitere Aszendenten berücksichtigen, s. *Kroiß*, Internationales Erbrecht, Rn. 264, sowie Lange/*Kuchinke*, Erbrecht, S. 873 (Fn. 52 m. w. N.).

612 Unterschiedlich berücksichtigt wurden hingegen die weiteren Aszendenten, Einzelheiten bei *Mertens*, Entstehung, S. 101 (Fn. 6).

613 *Mertens*, Entstehung, S. 101.

614 Vgl. *Mertens*, Entstehung, S. 101 f.

615 Rein praktisch dürfte sich die Frage nach einer Erbbeteiligung von Eltern am Nachlaß ihrer Kinder sogar häufiger stellen als früher, da Eltern später versterben und vorversterbende Kinder dann häufig schon länger auf eigenen Füßen gestanden haben, so daß deren Nachlässe auch Substanz aufzuweisen haben.

bb. Analyse: Elterliche Grundsteinlegung als Faktor besonderer, aber bedingter Nachlaßnähe

Daß der Fortsetzungsgedanke hier nicht greift, liegt auf der Hand: Eltern setzen weder in biologischer noch in geistiger Hinsicht das Leben ihrer Kinder fort. In Betracht kommt aber auch hier der Einfluß des Gedankens familiärer Solidarität. Daß Eltern Verantwortung tragen für Kinder mag zwar zunächst natürlich, mithin selbstverständlicher erscheinen als umgekehrt und deshalb auch Grund zur Annahme bieten, der Fluß des Vermögens sei stets nur auf eine Richtung angelegt, nämlich von oben nach unten. Darauf könnte zumindest die Grundanlage des Erbrechts, umso mehr des deutschen, hindeuten, das mit seinem Parentelsystem schon aus sich heraus die jüngere Generation bevorzugt zum Empfänger des Erbgutes macht[616]. Daß diese Annahme so pauschal aber nicht gelten kann, zeigt indes schon die bereits benannte familienrechtliche Regelung zum Unterhalt, die innerfamiliäre Solidarität durchaus als gegenseitige qualifiziert[617]. Auch wenn Eltern ihren Kindern aus ihrem natürlichen Verhältnis heraus und verfassungsrechtlich durch Art. 6 Abs. 2 GG sanktioniert ein Plus an Verantwortung schulden[618], so bedeutet dies also mitnichten, daß unsere Rechtsordnung von einer nur einseitigen Verantwortungswahrnehmung ausgeht[619]. Dies gilt auf erbrechtlicher Ebene umso mehr, als die Erbbeteiligung von Eltern, anders als die weiter entfernter Voreltern, in diesem Zusammenhang von einem ganz besonderen Aspekt getragen wird: Eltern legen in aller Regel den maßgeblichen Grundstein zum Vermögenserwerb ihrer Kinder, meist durch Erziehungs- und Unterhaltsleistungen sowie die Ermöglichung einer entsprechenden Ausbildung, häufig aber auch durch sonstige Zuwendungen, die das Maß der vom Gesetz verlangten Ausstattung bei weitem übersteigen[620]. Nicht selten reichen gerade in der heutigen Gesellschaft mit ihrer spezifischen Altersstruktur Eltern auch un-

---

616 Denn Grundprinzip des Parentelsystems ist, die Erbberechtigung nicht in höhere Ordnungen aufsteigen zu lassen, solange auch nur ein Angehöriger der näheren Ordnung vorhanden ist, s. *Lange/Kuchinke*, S. 239; *Strätz*, FamRZ 1998, S. 1553 (1559). Zum Begriff der Ordnung s. §§ 1924 ff. BGB. – Plastisch *Hattenhauer*, Grundbegriffe des bürgerlichen Rechts, S. 204: Erbrecht als „die äußerste Form der Brutpflege".

617 Unterhaltspflicht der Eltern und ihr Erbrecht in Bezug setzend auch *Strätz*, FamRZ 1998, S. 1553 (1559).

618 Folgerichtig kann das Kind – gewissermaßen erst recht – den Eltern die Nachlaßbeteiligung ganz entziehen, wenn diese ihren (Unterhalts-) Pflichten nicht nachkommen, §§ 2334, 2333 Nr. 4 BGB.

619 Mit Hinweis auf die „gegenseitige Verantwortung der Generationen" lehnt es *Lipp*, NJW 2002, S. 2201 (2204) dementsprechend auch ab, die Pflicht der „Sandwichgeneration" zum Elternunterhalt abzuschaffen.

620 Ebenso *Schwab*, in: Schwab/Henrich (Hrsg.), Familiäre Solidarität – Die Begründung und die Grenzen der Unterhaltspflicht unter Verwandten im europäischen Vergleich, S. 39, 56 f.; jüngst auch die Antwort der Bundesregierung auf die Kleine Anfrage BT-Drucks. 15/3768 (BT-Drucks. 15/3899).

mittelbar an ihre Kinder weiter, was sie selbst durch den Todesfall ihrer eigenen Eltern erworben haben und was damit eigentlich ihnen selbst zusteht. Die Beteiligung am Nachlaß von Kindern basiert somit also auf einer besonderen Ausprägung familiärer Gegenseitigkeit, nämlich dem Rückfluß des aus elterlicher Verantwortung und Liebe Hingegebenen[621]. Dem nicht ebensoviel Gewicht beizumessen wie der der von Kindern erwiesenen Solidarität, wird sich ohne Mißachtung der Leistungen der älteren Generation nicht bewerkstelligen lassen[622]. Immerhin schützt Art. 6 Abs. 1 GG die Familie in ihrer Eigenschaft als Solidargemeinschaft mit „lebenslanger Verpflichtung, einander Beistand zu leisten“[623], und nicht als Einbahnstraße ausschließlich elterlicher Pflege- und Erziehungsleistung an die Kinder. Nicht förmliche Reziprozität ist es also, die ein Teilhaberecht der Eltern am Nachlaß der Kinder begründet[624], sondern die von den Eltern selbst geschaffene Nachlaßnähe, die sie wiederum von anderen Verwandten absetzt. Denn auch diese Teilhabe stützt sich auf Umstände, denen im Lichte von Art. 6 GG besondere Schutzbedürftig- und Schutzwürdigkeit zuzumessen ist. Immanent ist diesem Recht auf Beteiligung am Nachlaß allerdings in der Tat, daß es den Abkömmlingen, sofern diese vorhanden sind, bedingungslos den Vortritt gewähren muß. Dies, und nur dies, ergibt sich aus dem erbrechtlichen Grundprinzip, Eltern erst dann zum Zuge kommen zu lassen, wenn Abkömmlinge nicht existieren – insofern ist das Grundrecht der Eltern von vorneherein belastet mit einem absoluten Vorrang der Kinder des Erblassers[625].

---

[621] Vgl. *Martiny*, 64. DJT, Bd. I (Gutachten), Teil A, S. 101. Zu diesem Gedanken sei auch verwiesen auf das Fränkische Fallrecht, das ererbte Grundstücke an gerade die Seite der Vorfahren zurückfallen ließ, von der sie stammten, vgl. *Lange/Kuchinke*, Erbrecht, S. 232. Deshalb ist das Erbe in der Hand der Eltern auch – anders als bei weiter entfernten Voreltern – nicht nur bloßes „Konsumgut“ (zu diesem Gedanken s. *Strätz*, DNotZ 2001, S. 452 (455). Es ist aber andererseits auch keine Alterssicherung im Sinne einer materiellen Versorgung (mehr), insofern zutreffend *Schlüter*, Die Änderungen der Rolle des Pflichtteilsrechts im sozialen Kontext, in: FS 50 Jahre Bundesgerichtshof 2000, S. 1047 (1068).

[622] Eltern dieses Recht auf den Nachlaß abzusprechen mit dem Hinweis darauf, sie seien heute aus dem Lebensbereich der Kinder ausgeschlossen, da Kinder die Lebensgemeinschaft mit ihren Eltern ohnehin irgendwann verließen – so zum Pflichtteilsrecht *Schlüter*, Die Änderungen der Rolle des Pflichtteilsrechts im sozialen Kontext, in: FS 50 Jahre Bundesgerichtshof 2000, S. 1047 (1067, 1068) – ist vor diesem Hintergrund abzulehnen: Das Verlassen der häuslichen Gemeinschaft radiert geschehene Zuwendung der Eltern nicht aus, diese Grundlage der Erbbeteiligung ist und bleibt gelegt. Insofern sollte kein Öl ins Feuer des Generationenkonfliktes gegossen werden.

[623] BVerfGE 57, 170 (178); 80, 81 (90 f.).

[624] Kritisch insofern auch *Otte*, AcP 202 (2002), S. 317 (354). Dabei ist *Otte* allerdings nur insoweit zuzustimmen, als sich das Erbrecht nicht auf eine *unmittelbare* Gegenseitigkeit gründen läßt. Sehr wohl aber hat es wie gezeigt etwas mit familiärer Solidarität zu tun, der ein Gegenseitigkeitselement in einem weiten Sinne innewohnt.

[625] Der Gesetzgeber verstößt deshalb auch nicht gegen das Erbgrundrecht der Eltern, wenn er bei Vorversterben eines Kindes des Erblassers dessen Kinder, also die Enkel des Erblassers,

Anders ist die Situation dagegen bei Großeltern und – erst recht – bei weiteren Voreltern, sie erfüllen diese Kriterien nicht. Erziehung, Ausstattung und Pflege sind ureigene Elternaufgaben – vgl. Art. 6 Abs. 2 GG – und nur hin und wieder ersatzweise, mithin in vergleichbarem Maße, den Großeltern übertragen. Die unmittelbare Solidargemeinschaft der Gegenseitigkeit, die wie gezeigt entscheidende Grundlage der jeweiligen Erbbeteiligung ist, erfaßt Großeltern und sonstige Voreltern nicht[626]. Gegen die Annahme der Zugehörigkeit zu einem exlusiv geschützten Erbenkreis spricht auch, daß Großeltern nicht einmal in jeder Rechtsordnung als gesetzliche Erben anerkannt sind[627], Eltern stets Vorrang vor ihnen haben und der Vermögensfluß grundsätzlich von Abwärtstendenz gekennzeichnet ist, hinsichtlich deren nur die Stellung als Eltern aus dem Genannten heraus eine Ausnahme zu begründen vermag.

Auf der Seite der Aszendenten wie der Deszendenten ergibt sich damit das einheitliche Bild, daß ein Grundrecht zu erben nur die Nachlässe Verwandter 1. Grades in gerader Linie in seinen Schutzbereich aufnimmt[628].

---

und nicht die noch lebenden Eltern zu gesetzlichen Erben bestimmt. Denn der spätere Wegfall eines Kindes ändert nichts an der Tatsache, dass mit dessen Geburt beim Erbgrundrecht der Eltern die immanente und irreversible Belastung des grundsätzlichen Abwärtsflusses der Erbmasse eingetreten ist. – Eine andere Frage hingegen ist, wie hinsichtlich des gesetzlichen Erbrechts Kollisionen von Eltern und Ehegatten zu lösen sind. Jene Problematik gehört in den Bereich der Schutzpflicht im bipolaren Verhältnis und ändert nichts am grundsätzlichen Befund, daß Eltern ein Grundrecht zu erben hinsichtlich des Kindesnachlasses zusteht – auch wenn es möglicherweise in seiner Ausprägung als gesetzliches Erbrecht dann hinter dem des Ehegatten zurückzutreten hat. S. zum Verhältnis der Grundrechtsträger die Skizzierung unten § 9 I 2.

[626] Vgl. die bereits benannte Rechtsprechung des Bundesverfassungsgerichts E 48, 327 (339); 59, 52 (63). Wie im umgekehrten Fall der Nachlaßteilhabe von Enkeln hinsichtlich Großeltern vermag auch hier das reine Umgangsrecht der Großeltern, § 1685 Abs. 1 BGB, keine andere Einschätzung begründen; dementsprechend ablehnend gegenüber einem gesetzlichen Erbrecht der Großeltern neben dem Ehegatten *Leipold*, AcP 180 (1980), S. 161 (174); auch *Dieckmann*, 49. DJT, Bd. II (Sitzungsberichte), Teil K, S. 22; *Strätz*, FamRZ 1998, S. 1553 (1558).

[627] So etwa das polnische Recht, s. *Henrich*, DNotZ 2001, S. 441 (442); weitere rechtsvergleichende Ausführungen bei *Schwenzer*, 59. DJT, Bd. I (Gutachten), Teil A, S. 42 f.

[628] Diesem Ergebnis steht die auf dem 59. DJT (1992) laut gewordene Forderung zur Seite, entsprechend der real gelebten familiären Verantwortlichkeit die Pflicht zum Verwandtenunterhalt jenseits des 1. Grades abzuschaffen, vgl. *Schwenzer*, 59. DJT, Bd. I (Gutachten), Teil A, S. 43. Sofern darüberhinausgehend auch die Abschaffung des Elternunterhaltes gefordert wurde, steht dahinter mitnichten die Verneinung familiärer Verantwortlichkeit von Kindern gegenüber Eltern, sondern vielmehr der Gedanke, daß ihr bereits in nicht individualisierter Form durch die Rentenbeiträge der erwachsenen Kindergeneration Rechnung getragen wird, s. etwa *Willutzki*, 59. DJT, Bd. II (Sitzungsberichte), Teil M, S. 39 f. – Denselben Schnitt macht das Bundessozialhilfegesetz: Ein Rückgriff der Sozialversicherungsträger für geleisteten Unterhalt ist gemäß § 91 Abs. 1 S. 1 BSHG auf Verwandte des Hilfeempfängers 2. und weiteren Grades nicht möglich, § 91 Abs. 1 S. 3 BSHG. Weiterführend *Münder*, in: LPK-

d. Am Nachlaß der Seitenverwandten?

Die Untersuchung der sonstigen Verwandtschaftsbeziehungen hat sich der Übersichtlichkeit halber am besten am Parentelsystem zu orientieren. Dies ist dabei keine – im Rahmen der Verfassungauslegung stets bedenkliche – Überbetonung des einfachgesetzlichen Erbrechts. Zwar hat das BGB das Parentelsystem zur Grundlage seiner Regelungen über die gesetzliche Erbfolge gemacht. Es handelt sich dabei aber nicht um ein beliebiges gedankliches Konstrukt, sondern um die Abbildung der natürlich vorgegebenen Großfamilienstruktur, ausgehend vom Erblasser und dessen Stammbaum nach unten und oben[629] und ist damit „gesetzesneutral". Von der zweiten Parentel – Eltern und ihre Abkömmlinge – wurde die Teilhabe der Eltern soeben untersucht, es bleiben hier die Rechte ihrer Abkömmlinge zu prüfen, also die der Geschwister des Erblassers (somit das Recht am Nachlaß des Bruders/der Schwester) sowie der Nichten und Neffen des Erblassers (also das Recht am Nachlaß des Onkels/der Tante). Von der dritten Parentel – Großeltern und ihre Abkömmlinge – wurde, ebenfalls im vorangegangenen Abschnitt, ein Grundrecht der Großeltern am Nachlaß ihrer Enkel abgelehnt. Zu untersuchen sind hier demnach noch die Rechte der Abkömmlinge der Großeltern, also der Tanten und Onkel des Erblassers (somit das Recht am Nachlaß des Neffen/der Nichte) und der Cousins und Cousinen des Erblassers (also am Nachlaß des Cousins/der Cousine)[630]. Die vierte und weiter aufsteigende Parentelen werden hingegen nur insofern noch zur Sprache kommen, als darzulegen ist, daß in diesen Beziehungen ein Grundrecht auf Nachlaßteilhabe von vorneherein nicht in Betracht kommt.

aa. Überkommenes Erbrecht: Nachrangige Erbenstellung

Das BGB gewährt sämtlichen Seitenverwandten ein gesetzliches Erbrecht, und zwar innerhalb einer jeden Parentel stets zuerst der älteren Generation. Geschwister des Erblassers sind deshalb nur dann am Nachlaß beteiligt, wenn zumindest ein Elternteil – und natürlich sämtliche Deszendenten – vorverstorben sind, Onkel und Tanten und ihre Abkömmlinge nur, wenn weder Deszendenten

---

BSHG, § 91 Rn. 33. Vgl. darüberhinaus auch *Gröschner*, in: Dreier, GG, Art. 14 Rn. 75: „... daß geradlinige Verwandtschaftsbeziehungen ersten Grades ... die größte Gewähr für die sozialadäquate Erfüllung dieser Sorge- und Versorgungsfunktion der Familie bilden".

[629] *Lange/Kuchinke*, S. 239.

[630] Konsequenterweise müßten sowohl in der zweiten und der dritten Parentel auch die Beziehungen der weiteren Abkömmlinge (Kinder der Geschwisterkinder und deren Kinder bzw. der Cousinkinder und deren Kinder) zum Erblasser untersucht werden. Diese sind vom Erblasser aber jeweils noch weiter entfernt als ihre hier explizit benannten Voreltern, so daß sich eine Untersuchung dieser Beziehungen jedenfalls erübrigt, wenn schon den ihnen im Grad vorgehenden Personen kein Grundrecht auf Nachlaßteilhabe zugesprochen werden kann. Dies ist abzuwarten.

noch Eltern noch Geschwister noch Abkömmlinge von diesen leben. Rechtsordnungen anderer Länder stellen Geschwister formal nur zum Teil etwas besser, nämlich neben Eltern[631], räumen den übrigen Seitenverwandten aber jedenfalls dieselbe nachrangige Position ein[632]. Das gleiche Bild ergibt ein Blick in historische Regelungen des gesetzlichen Erbrechts der Seitenverwandten, wobei der Vorrang der Geschwister vor den Großeltern durchaus nicht selbstverständlich war[633]. Dementsprechend trafen die Väter des BGB eine bewußte Entscheidung dafür, daß die Geschwister vor diesen, aber erst nach den Eltern erben sollten[634]. Hinsichtlich der weiteren Seitenverwandten bestand bei den Beratungen schon über die Frage, ob sie überhaupt ein gesetzliches Erbrecht erhalten sollten, keinerlei Konsens, denn die Erbbeteiligung ihrer Parentelen – also ab der dritten – war insgesamt streitig[635]. Ein Pflichtteilsrecht wird Seitenverwandte keines zugesprochen[636], und es wurde beim Entwurf des BGB auch nur „ganz vereinzelt angeregt“ [637]. Das Steuerrecht schließlich geht mit dieser Einschätzung konform: Während es Geschwister und Nichten bzw. Neffen schon in Steuerklasse II einstuft[638] und ihnen als Freibetrag noch etwa ein Zwanzigstel des Freibetrages von Kindern gewährt[639], legt es Onkeln, Tanten, Cousins und Cousinen wie allen an-

---

[631] So z. B. das italienische Recht: Teilung nach Köpfen (allerdings mit Mindestquote der Eltern – s. *Kroiß*, Internationales Erbrecht, Rn. 223).

[632] Dies gilt ohnehin für Österreich, die Schweiz, Finnland und Schweden mit ihren Parentelsystemen, aber auch für das italienische, das französische und das spanische Recht (s. *Kroiß*, Internationales Erbrecht, Rn. 220, 253, 281), und für das englische Recht (s. *Lange/Kuchinke*, Erbrecht, S. 233 [Anm. 25]). In Finnland und Schweden etwa sind Cousins und Cousinen schon gar keine gesetzlichen Erben mehr, da die Erbfolge innerhalb der dritten Ordnung begrenzt wird, näher *Ferid/Firsching/Dörner/Hausmann* (Hrsg.), Internationales Erbrecht, Loseblattsammlung, Bd. VI, Grundzüge Rn. 29 (für Schweden), und Bd. II, Grundzüge Rn. 109 (für Finnland).

[633] Ganz strikt durchgezogen war das Dreiliniensystem, das sämtliche Seitenverwandten als letzte berücksichtigt, etwa im sächsischen Recht; das römische Recht ab der Novelle 118 Justians von 543 setzte vollbürtige Geschwister neben Eltern in die 2. Erbklasse, übrige Seitenverwandte aber erst in die 4. Erbklasse. Einzelheiten zum Ganzen bei *Mertens*, Entstehung der gesetzlichen Erbfolge, S. 43 („verschiedenste Spielarten“); *Lange/Kuchinke*, Erbrecht, S. 231).

[634] *Mertens*, Entstehung der gesetzlichen Erbfolge, S. 47.

[635] *Mertens*, Entstehung der gesetzlichen Erbfolge, S. 59.

[636] Ebensowenig etwa in Österreich, Italien, Frankreich, Spanien (s. *Kroiß*, Internationales Erbrecht, Rn. 185, 233, 264, 290), Chile, Finnland (s. *Huber*, Das Pflichtteilsrecht, S. 87, 89); auch in der Schweiz haben Geschwister seit 1984 kein Pflichtteilsrecht mehr (vgl. *Ferid/Firsching/Dörner/Hausmann* [Hrsg.], Internationales Erbrecht, Loseblattsammlung, Bd. VI, Grundzüge Rn. 83).

[637] *Mertens*, Entstehung der gesetzlichen Erbfolge, S. 103. Vgl. auch *dens.*, a. a. O., S. 100: Die Regelung fand sich in Übereinstimmung mit der Mehrzahl der geltenden Rechte.

[638] § 15 Abs. 1 ErbStG.

[639] § 16 Abs. 1 Nr. 4 ErbStG: 10300 Euro.

deren Seitenverwandten den höchsten Steuersatz auf[640] und beläßt ihnen einen Freibetrag von gerade noch etwa einem Vierzigstel desjenigen der Kinder[641] – es behandelt sie damit nicht anders als Familienfremde.

bb. Analyse: Relative Schwäche der Querverbindung

Der vorangehende Abschnitt hat erhellt, daß unter den Seitenverwandten Geschwister ohne Zweifel die bedeutendste Position einnehmen. Ob diese auch so herausragend ist, daß sie ein Grundrecht auf Erbbeteiligung am Nachlaß von Schwester oder Bruder zu rechtfertigen vermag, ist aber mit einem Fragezeichen versehen. Gezeigt hat sich nämlich auch, daß ihre Position eine deutlich weniger behütete ist als die von Kindern und Eltern. Gleichzeitig aber ist klar geworden: Stehen sie schon in keiner für die Erbrechtsgarantie relevanten Beziehung zum Erblasser und seinem Nachlaß, so wird von einer grundrechtlich geschützten Teilhabe am Nachlaß noch entfernterer Seitenverwandter wie Onkel, Tanten, Neffen, Nichten, Cousins und Cousinen sowie deren jeweiligen Abkömmlingen *erst recht* nicht ausgegangen werden können.

Anhand der bislang erarbeiteten grundrechtsbegründenden Bindungsfaktoren zwischen Verwandten zeigt sich rasch, wie es um ein Grundrecht auf Erbbeteiligung am Nachlaß von Geschwistern steht. Zwar wird sich kaum bestreiten lassen, daß der familiären Erlebnisgemeinschaft und den gemeinsamen Genen durchaus ein Zusammengehörigkeitsgefühl entspringen kann. Während aber zum einen eine solche gefühlte Gemeinschaft durchaus auch weitere Verwandte miteinbeziehen kann, und deshalb nicht von entscheidender Bedeutung ist, versagen zum anderen die maßgebenden Kriterien für ein Grundrecht zu erben bei Geschwistern gänzlich: So nehmen Geschwister in aller Regel zwar durchaus Anteil am Leben des anderen und fühlen sich auch in gewisser Weise für einander verantwortlich, sind aber grundsätzlich in einer nachrangigen Verantwortungsposition – je nach Lebensphase hinter den Eltern oder hinter den erwachsenen Kindern ihrer Geschwister. Die Querverbindung ist nicht mit dem gleichen ethischen Pflichtenband geschnürt wie die Verbindung nach oben und unten, letztere hat immer Vorrang[642]. Dies respektierend und reflektierend verpflichtet das Familienrecht Geschwister auch nicht zu finanzieller Solidarität:

---

[640] § 15 Abs. 1 ErbStG.

[641] § 16 Abs. 1 Nr. 5 ErbStG: 5200 Euro.

[642] Genau diese Nachrangposition findet im Erbrecht Widerhall darin, daß Geschwister erst dann zum Zuge kommen, wenn sowohl die Abkömmlinge als auch die Eltern vorverstorben sind. *Dieckmann*, 49. DJT, Bd. II (Sitzungsberichte), Teil K, S. 13, zählt Geschwister dementsprechend schon zu den „entfernten Familienangehörigen"; a. A. wohl noch *Ubbelohde*, AcP 75 (1889), S. 36 (44).

Unterhaltspflichten bestehen nur in gerader Linie[643]. Entsprechend ist hinsichtlich Beziehungen unter Geschwistern allein zu verneinen, daß sie den Familienbegriff des Art. 6 Abs. 1 GG erfüllen[644]. Die Verbindung ist deshalb nicht stark genug und nicht auf Tatbestände zurückzuführen, die eine grundrechtlich schützenswerte Nachlaßnähe schaffen könnten.
Für weitere Seitenverwandte ist der Weg damit vorgezeichnet. Das Kriterium der Fortsetzung vermögen sie als Angehörige höherer und der gleichen Generationen – Tanten und Onkel, Cousins und Cousinen – von vorneherein nicht zu erfüllen, als Angehörige nachfolgender Generationen – Nichten und Neffen – fehlt es ihnen jedenfalls an der Unmittelbarkeit und Einzigartigkeit ihrer Beziehung zum Erblasser[645]. Und auch die Einbettung in die innerfamiliäre gegenseitige Verantwortlichkeit kann bei ihnen nicht in der erforderlichen Intensität nachgewiesen werden, denn sie alle sind vom Erblasser, zumal in einer sich zunehmend auf die Kleinfamilie konzentrierenden Gesellschaft[646], noch weiter entfernt als seine Geschwister[647]. Ihre Verbindungen zum Erblasser scheiden sie damit erst recht aus dem Schutzbereich des Grundrechts zu erben aus[648].

---

[643] Vgl. § 1601 BGB und *Martiny*, 64. DJT, Bd. I (Gutachten), Teil A, S. 24: „Ein Geschwisterunterhalt stünde nicht mit den tatsächlichen Familienverhältnissen und der internationalen Entwicklung in Einklang". – Sofern für Geschwister ein „Billigkeitsunterhalt" im Ausnahmefall gefordert wird – so etwa *Willutzki*, 59. DJT, Bd. II (Sitzungsberichte), Teil M, S. 41, für den Fall, daß ein Kind nach Versterben der Eltern die jüngeren Geschwister aufgezogen und dabei auf eigenes Fortkommen verzichtet hat – bestätigt dies gerade die Grundregel, daß Eltern-Kind-Verantwortlichkeit und Geschwisterverantwortlichkeit auf unterschiedlichen Intensitätsstufen liegen.

[644] Vgl. *Jarass*, in: Jarass/Pieroth, Art. 6 Rn. 4; BVerwG NVwZ 1994, S. 381 (385).

[645] Für noch weiter entfernte Verwandte gilt dies natürlich erst recht, vgl. hierzu die Einschätzung von *Schippel*, 49. DJT, Bd. II (Sitzungsberichte), Teil K, S. 56: „Erblasser, die keine näheren Vewandten haben, pflegten zu sagen, sie hätten keine Erben".

[646] Statt vieler *Gerken*, ZRP 1991, S. 426 (427); *Leipold*, AcP 180 (1980), S. 160 (173), jeweils m. w. N. Daß über die Kleinfamilie hinausgehend abgestuft ein gewisses „Verwandtschaftsbewußtsein" (*Leipold* a. a. O, ähnlich *Strätz*, FamRZ 1998, S. 1553 [1555] unter Berufung auf neuere soziologische Untersuchungen) besteht, wird allerdings sicherlich nicht zu bestreiten sein. S. auch *Otte*, AcP 202 (2002), S. 317 (341): Das BGB-Erbrecht sei noch nie von der Großfamilie ausgegangen.

[647] Zwar mögen Neffen und Nichten etwa bei der Pflege des Erblassers durchaus engagiert sein – sie erfüllen aber immer eine freiwillige Aufgabe, während Kindern dies zumindest moralisch unbestreitbar als echte familiäre Pflicht obliegt. – Ganz in diesem Sinne auch die Begründungen für eine Begrenzung der Verwandtenerbfolge: Es fehle das das Erbrecht begründende Gegenseitigkeitsverhältnis, vgl. *Mertens*, Entstehung der gesetzlichen Erbfolge, S. 55.

[648] Für Verwandte ab spätestens der vierten Parentel kommt dabei auch die immer wieder laut gewordene Forderung nach Abschaffung ihres gesetzlichen Erbrechts hinzu, an der sich zeigt, daß über diese Erbbeteiligung alles andere als ein Konsens bestanden hat und besteht, vgl. *Strätz*, DNotZ 2001, S. 452 (456: „funktional nichts als ein Lotteriegewinn"); *Dieckmann*, 49. DJT, Bd. II (Sitzungsberichte), Teil K, S. 11. Zum Teil wird schon die Berechtigung innerhalb der dritten Parentel bestritten, s. *Johannsen*, 49. DJT, Bd. II (Sitzungsberichte), Teil K,

e. Zwischenstand zum Schutz der Aussicht auf den Nachlaß Verwandter

Für die biologisch Verwandten des Erblassers konnte also ein eindeutiges Bild erschlossen werden: Nur die Beteiligung der Kinder am Nachlaß der Eltern und die der Eltern am Nachlaß ihrer Kinder läßt sich auf jeweils ganz besondere Tatbestände zurückführen, die in eine vom Grundgesetz als schützenswert zu respektierenden Nachlaßnähe münden. Bei Kindern ergibt sich dies unter zwei Aspekten: Weil sie das Erblasserleben fortsetzen, sind sie mehr als alle anderen prädestiniert für die Übernahme auch seines Hab und Gutes; hierin liegt für sie ein Stück Persönlichkeitsenfaltung. Außerdem bedeutet Nachlaßteilhabe für sie auch, eine besonders geschützte familiäre Beziehung, deren Solidaritätsanspruch sie gerecht geworden sind, zu verwirklichen. Bei Eltern steht letzteres im Vordergrund: Sie sind dem Nachlaß in schützenswerter Weise besonders nah, weil sie – in Wahrnehmung der ihnen vom Grundgesetz auferlegten Pflichten und darüberhinaus – den Grundstein zu dem nun Erblassergut gewordenen Vermögen gelegt haben. Das Grundrecht zu erben erfaßt somit die Aussicht auf Erbbeteiligung am Hab und Gut der Eltern und der Kinder, nicht aber an dem sonstiger Verwandter[649].

2. Erbgrundrecht am Nachlaß von Lebensgefährten

a. Am Nachlaß des Ehegatten

aa. Überkommenes Erbrecht: Erstarkte Erbenstellung – Mitstreiter ersten Ranges

Das gesetzliche Erbrecht des BGB gewährt Ehegatten neben Kindern und deren Abkömmlingen eine dingliche Beteiligung in Höhe eines Viertels der Erbschaft, neben Eltern und deren Abkömmlingen sowie neben Großeltern die Hälfte[650].

S. 42 (Abschneiden der Erbfolge nach Onkel und Tanten); *Halbe*, 49. DJT, Bd. II (Sitzungsberichte), Teil K, S. 137 (nach Neffen und Nichten); *Strätz*, DNotZ 2001, S. 452 (455). Der Wert dieser Argumentation ist zwar insofern eingeschränkt, als es dabei wie schon erörtert weniger um eine innere Begründung oder Verwerfung der Nachlaßteilhabe denn um die Errichtung einer Bastion gegen oder die Zustimmung zu einem Staatserbrecht geht. Aussagekraft für ein Erbgrundrecht entfernterer Angehöriger gewinnt der vorliegende Aspekt aber, wenn man zweierlei trennt und dann zueinander in Bezug setzt: Besteht schon keine Einigkeit darüber, ob ein gesetzliches Erbrecht bis in alle Unendlichkeit *gerechtfertigt* ist, so ist das echte Recht auf gesetzliche Erbbeteiligung – und diese zieht das Grundrecht zu erben zwingend nach sich, dazu unten § 9 I – natürlich erst recht nicht eine Quintessenz des überkommenen Erbrechts. Dies gilt umso mehr als auch nach den überzeugtesten Verfechtern eines früh einsetzenden Staatserbrechts die Erbbeteiligung von Kindern jedenfalls niemals anzutasten war und die diesbezügliche Einhelligkeit umso deutlicher wird.

[649] Zur selben Differenzierung, allerdings basierend auf der hier abgelehnten Vorstellung der Versorgung, gelangt *Rohrbeck*, 49. DJT, Bd. II (Sitzungsberichte), Teil K, S. 78.

[650] § 1931 BGB.

Zusammen mit dem pauschalen Zugewinnausgleichsviertel im Todesfall[651] erhält der Ehegatte also mindestens die Hälfte bzw. drei Viertel vom Nachlaß[652]. Sind die genannten Verwandten des Erblassers nicht vorhanden, geht sogar alles an ihn über. Die Erbberechtigung des Ehegatten wird mithin allenfalls geschmälert durch Kinder und einige Verwandte, sie wird aber niemals ganz ausgeschlossen durch andere Erben. Durch das Gleichberechtigungsgesetz[653] ist die Stellung des Ehegatten zu Lasten der Verwandten gestärkt worden[654]; Forderungen nach weiterer Privilegierung[655] sind seither nicht verstummt[656]. Die echte dingliche Beteiligung des Ehegatten am Nachlaß wird in der Bevölkerung als Instrument eines berechtigten Sicherungsinteresses für selbstverständlich angesehen[657].

Die frühe Geschichte des Ehegattenerbrechts ist vor allem eine des Witwenerbrechts. Während das ältere deutsche Recht der Witwe keine Nachlaßbeteiligung, sondern nur Versorgung aus dem Erbgut durch die Sippe gewährte[658], und das römische Recht unter Justinian den Ehegatten hinten angestellt hatte[659], sah

---

[651] Die Erhöhung ist „nur scheinbar ein Instrument des Zugewinnausgleichs" (*Leipold*, AcP 180 (1980), S. 160 [176]), tatsächlich hat sie jedoch keine andere Bedeutung als die einer Erweiterung der Erbbeteiligung. Dem ganz entsprechend soll in der Bevölkerung auch die Auffassung vorherrschen, der Ehegatte erbe pauschal „die Hälfte" (*Strätz*, FamRZ 1998, S. 452 [453]).

[652] §§ 1931, 1371 Abs. 1 BGB. Dies gilt im gesetzlichen Güterstand der Zugewinngemeinschaft, den das Gesetz als Normalfall betrachtet, und dem die allermeisten Ehen folgen.

[653] Vom 18.6.1957, BGBl. I, S. 609 ff.

[654] Wie die vermögensrechtliche Stellung des Ehegatten insgesamt, vgl. *Leipold*, AcP 108 (1980), S. 160 (176), der die Stärkung des Ehegattenerbrechts zutreffend auf die schwindende Notwendigkeit, das Erbrecht zur Versorgung von Abkömmlingen einzusetzen, zurückführt (a. a. O., S. 185). Zum Willen schon des ersten BGB-Gesetzgebers, das Ehegattenerbrecht im Verhältnis zu den bestehenden deutschen Rechten zu stärken s. *Mertens*, Entstehung, S. 74.

[655] Insbesondere gegenüber den Verwandten höherer Parentelen, vgl. *Leipold*, AcP 108 (1980), S. 160 (174): „Uralt-Thema".

[656] Allen voran *Stöcker*, 49. DJT, Bd. II (Sitzungsberichte), Teil K, S. 62 ff., aber auch *Strätz*, FamRZ 1998, S. 1553 (1557 ff.); *Dauner-Lieb*, DNotZ 2001, S. 460 (464). Vgl. auch *Kühne*, JR 1972, S. 221 (222) sowie die Darstellung bei *Coing*, 49. DJT Bd. I (Gutachten), Teil A, S. 41. – Diese Tendenz dürfte sich durch die Entwicklung hin zur „Gattenfamilie" (vgl. *Zawar*, DNotZ 1989, Sonderheft S. 116 [118], sowie – vertieft auf die Familiensoziologie eingehend – *Buchholz*, FamRZ 1985, S. 872 [878 ff.]), in den seither vergangenen Jahren noch verstärkt haben. Zum rechtsvergleichenden Befund, den Ehegatten besser zu stellen *Henrich*, Familienerbrecht und Testierfreiheit im europäischen Vergleich, in: Henrich/Schwab (Hrsg.), Testierfreiheit und Pflichtteilsrecht im europäischen Vergleich, S. 371 (374).

[657] Vgl. *Strätz*, FamRZ 1998, S. 1553 (1557 ff.). – Eine bereits Anfang der siebziger Jahre auf Veranlassung des Bundesjustizministeriums durchgeführte Umfrage ergab, wie wichtig in der Bevölkerung die erbrechtliche Position des Ehegatten eingeschätzt wird: Eine Mehrheit fand sich sogar für ein Alleinerbrecht des Ehegatten, s. *Stöcker*, FamRZ 1971, S. 609 (613).

[658] Vgl. *Lange/Kuchinke*, Erbrecht, S. 248.

[659] Wegen der Einzelheiten sei verwiesen auf *Mayer-Maly*, Römisches Privatrecht, S. 195 f.

erstmals das Preußische Allgemeine Landrecht im Ehegatten einen „Genossen der ehelichen Lebens- und Schicksalsgemeinschaft“[660]. Wie auch die jüngste Kodifikation vor dem BGB, das sächsische BGB, gewährte es der Witwe ein erstrangiges Erbrecht, und zwar, je nach Nähe der überlebenden Verwandten, mit diesen in abgestuften Anteilen oder allein[661]. Diese – in den deutschen Rechten weit verbreitete[662] – Art der Beteiligung des Ehegatten neben den „konkurrierenden“ Verwandten setzte sich auch im BGB durch, insbesondere gegen den Gedanken eines reinen Nießbrauchs[663]. Die dabei festgelegte Quote von einem Viertel, die gegenüber vielen bisherigen Rechten der Höhe nach eine Stärkung des Ehegattenerbrechts bedeutete, erfreute sich reger Zustimmung[664]. Sie beruhte auf dem Gedanken, daß der Ehegatte dem Erblasser gleich nahe stehe wie die Kinder und ihm so in der damaligen Durchschnittsfamilie ein gleich großer Anteil zustehe wie ihnen[665]. Von Anfang an gehörte der Ehegatte außerdem zum kleinen Kreis der Pflichtteilsberechtigten[666]. Auch das Erbschaftssteuerrecht

---

[660] *Lange/Kuchinke*, Erbrecht, S. 249. – Bereits im Mittelalter hatte sich allerdings im deutschen Recht die Stellung der Witwe dahingehend gebessert, daß sie ein Nießbrauchsrecht oder ein Erbteil unterschiedlicher Größe erhielt.

[661] *Lange/Kuchinke*, Erbrecht, S. 249.

[662] S. hierzu *Mertens*, Entstehung, S. 65, mit Verweis auf das Preußische ALR, das sächsische BGB, das lübische Gesetz von 1862, den hessischen Entwurf und das bayrische LR.

[663] Befürchtet wurde vor allem das Abgleiten des Nachlasses in eine fremde Familie bei Wiederverheiratung, ein Argument, das schon in den Augen der ersten Kommission nicht wirklich schwer wog, s. *Mertens*, Entstehung, S. 74, und von *v.Schmitt* gegenüber dem Entwurf des Redaktors des Familienrechts *Planck* von Anfang an abgelehnt wurde, s. *v.Schmitt*, in: Schubert (Hrsg.), Vorentwürfe Erbrecht Bd. 1, Begründung TE, S. 614. Gegen ein Nießbrauchsrecht sprach vor allem die Erkenntnis, daß durch ein solches auch gravierende praktische Schwierigkeiten mit den Verwandten entstehen können, die ihrerseits den Ehegatten gerade erheblich zu belasten vermögen. Aus diesen Gründen wurde ein Nießbrauchsrecht denn auch von den meisten an der Ausarbeitung des BGB-Erbrechts Beteiligten abgelehnt. Ausführlich zum Gang der Verhandlungen *Mertens*, Entstehung, S. 66 ff.

[664] So etwa *Baron*, AcP 75 (1889), S. 177 (197); *Vollert*, Blätter für Rechtspflege in Thüringen und Anhalt, NF Bd. 16 (1889), S. 193 (202). Zum Teil wurde für den Ehegatten sogar eine noch bessere Position gegenüber den Verwandten eingefordert, was die 2. Kommission aber mit Hinweis auf eine zu sprunghafte Entwicklung im Verhältnis zu den bestehenden Rechten ablehnte, vgl. *Mertens*, Entstehung, S. 77. Zu den Schwierigkeiten, die die spätere unbedachte familienrechtliche Erhöhung des gesetzlichen Erbteils um ein Viertel (§ 1371 BGB) für das Pflichtteilsrecht des Ehegatten gebracht hat ausführlich etwa *Lange/Kuchinke*, Erbrecht, S. 887 ff.

[665] Vgl. *Mertens*, Entstehung, S. 72, sowie das Protokoll der 9. Sitzung der 1. Kommission v. 1.10.1877, abgedruckt bei Jakobs/Schubert (Hrsg.), Die Beratung des BGB, §§ 1922-2385, Teil 1, S. 40 (41).

[666] Vorgeschlagen wurde dies vom Redaktor des Familienrechts *Planck* sowie dem des Erbrechts *v.Schmitt* gemeinsam, vgl. *Mertens*, Entstehung, S. 101, sowie die Begründung *v. Schmitts*, in: Schubert (Hrsg.), Vorentwürfe Erbrecht Bd. 1, Begründung TE, S. 609, 645 – mit dem Hinweis, „die Verweisung des Ehegatten auf Alimente“ entspreche „der Würde des

respektiert seinerseits die Erbbeteiligung des Ehegatten, und zwar in noch größerem Maße als die der Kinder: Nicht nur gelten für ihn die günstigen Steuersätze der Steuerklasse I[667], sondern es gewährt auch einen Steuerfreibetrag, der den der Kinder etwa um die Hälfte übersteigt[668]. Der Hausrat wird ohnehin steuerfrei gestellt[669]. Rechtsvergleichend ergibt sich außerdem ein interessantes Bild: Regelungen, die dem Ehegatten nur ein Nießbrauchsrecht und keine echte Erbenstellung gewähren[670], sind insgesamt „auf dem Rückzug“[671], wohingegen etliche Rechtsordnungen ihm inzwischen eine echte dingliche Beteiligung zugestehen[672]. Sofern der Ehegatte gesetzlicher Erbe ist, erfreut er sich häufig ebenfalls einer – wie auch immer gearteten – Teilhabesicherung[673].

Die genannten Eckdaten des Ehegattenerbrechts verdeutlichen, daß der Ehegatte in erbrechtlicher Hinsicht eine ausgesprochen starke Stellung genießt: Er ist wie Kinder *immer* am Erbe beteiligt und muß auch nur mit wenigen teilen. Diese Stellung hat den Rückhalt einer langen Tradition und die Gewißheit breiter Akzeptanz hinter sich – nicht umsonst hat sie wie gesehen fortlaufend Stärkung er-

---

ehelichen Verhältnisses wenig“. Ebenso beide Kommissionen, s. zur 1. Komission: Protokoll der 9. Sitzung v. 1.10.1877, abgedruckt bei Jakobs/Schubert (Hrsg.), Die Beratung des BGB, §§ 1922-2385 Teil 1, S. 40 (41); zur 2. Kommission: Protokolle Bd. 5, S. 498.

667 § 15 Abs. 1 ErbStG. Zeitweise war der Ehegattenerbteil sogar fast steuerfrei, s. *Leipold*, AcP 180 (1980), S. 160 (167).

668 § 16 Abs. 1 Nr. 1 ErbStG: 307 000 Euro.

669 § 13 Abs. 1 Nr. 1 a ErbStG.

670 So etwa das spanische Recht, außer es sind weder Abkömmlinge, Aszendenten noch Seitenverwandte vorhanden (s. *Kroiß*, Internationales Erbrecht, Rn. 282) sowie das englische Recht, wobei die Stellung des Ehegatten hier dennoch eine starke ist, vgl. *Lange/Kuchinke*, Erbrecht, S. 260, 251.

671 *Strätz*, FamRZ 1998, S. 1553, 1557.

672 So das Erbrecht in Österreich, in der Schweiz, in Italien, in den Rechten der US-amerikanischen Einzelstaaten, Einzelheiten und Nachweise bei *Strätz*, FamRZ 1998, S. 1553, 1557. Zur rechtsvergleichend feststellbaren Tendenz, den Ehegatten insgesamt besser zu stellen *Henrich*, DNotZ 2001, S. 441 (442 f.). Die jüngste Änderung in dieser Hinsicht dürfte die des französischen Code civil sein, der seit 1. Juli 2002 dem Ehegatten eine echte Erbenstellung gewährt (und gegebenenfalls wahlweise ein Nießbrauchsrecht – Art. 731 ff. c.c.).

673 Beispielsweise in Österreich, der Schweiz und in Italien, Überblick dazu bei *Lange/Kuchinke*, Erbrecht, S. 873 f. Anders dagegen im skandinavischen Rechtskreis, wo der Ehegatte auf einen güterrechtlichen Ausgleich verwiesen ist (Kurzüberblick bei *Huber*, Das Pflichtteilsrecht, S. 89). – Mit einem Vergleich ist beim gesetzlichen Erb- und Pflichtteilsrecht allerdings insofern Vorsicht geboten, als beim Ehegatten anders als bei den Verwandten stets güterrechtlicher und erbrechtlicher Ausgleich ineinander fließen und der Ehegatte in Rechtsordnungen, in denen er statt dieser Rechte einen andersweitig zwingenden Ausgleich erhält, keinesfalls automatisch eine schlechtere Position innehat, vgl. zum englischen Recht etwa *Huber*, Das Pflichtteilsrecht, S. 69, sowie zur finnischen Regelung (Nutzungsrecht auf Lebenszeit, das die Realisierung der Rechte der Erben bis zum Tod ausschließt) *Ferid/Firsching/Dörner/Hausmann* (Hrsg.), Internationales Erbrecht, Loseblattsammlung, Bd. II, Grundzüge Rn. 89 ff.

fahren[674]. Mögen ihre Wurzeln auch nicht ganz so tief reichen wie bei der Erbbeteiligung der Kinder – daß das Ehegattenerbrecht zu den wesentlichsten Elementen des deutschen Erbrechts gehört, wird nicht zu bestreiten sein[675]. Dies bedeutet denn auch, daß eine grundrechtlich geschützte Beteiligung am Nachlaß des Ehegatten – entgegen der von *Rauscher* für notwendig erachteten Heranziehung von Art. 6 Abs. 1 GG[676] – ebenfalls allein in Art. 14 Abs. 1 S. 1 GG fußen kann und nicht des Krückstockes der Garantie des besonderen Eheschutzes bedarf.

bb. Analyse: Singularität und Solidarität als Faktoren einer weiteren maximalen Nachlaßnähe

(1) Singularität der persönlichen Bindung

Ebenso wie das Kind, so verknüpft auch den Ehegatten mit dem Erblasser ein Band, dem der Charakter der Einzigartigkeit innewohnt. Dieses Band ist dabei sogar, anders als für Kinder, kein vor- oder naturgegebenes, sondern ein willentlich geknüpftes – durch das Vorhaben und die Überzeugung, mit einem einzigen anderen Menschen ein Leben zu teilen mit all seinen Höhen und Tiefen. Die Besonderheit dieser menschlichen Verbindung wird nicht zu bestreiten sein[677], ebensowenig wie die Tatsache, daß nach dem Elternhaus im allgemeinen der Ehegatte diejenige Persönlichkeit ist, die am meisten prägt und beeinflußt[678]. Der Mensch, der dem Erblasser anders, aber mindestens so nahe stand wie die Kinder[679], dieser Mensch, der zur „zweiten Hälfte" geworden ist und sich „als ‚Lebensgefährte' erwiesen hat"[680], hat schon deshalb und mehr noch als alle anderen ein Recht auf die Habseligkeiten des Verstorbenen, denn sie sind die vergegenständlichte, die im Wortsinne greifbare Erinnerung an ein gemeinsames Leben[681]. Wie bei Kindern, so liegt also auch für den Ehegatten in der Nachlaßteilhabe ein Stück Selbstverwirklichung, und damit ein vom Grundgesetz in Art. 2 Abs. 1 als Persönlichkeitsentfaltung respektierter Bestandteil menschlichen Daseins.

---

674 Im einzelnen *Däubler*, ZRP 1975, S. 136 (140 f.).

675 Dazu *Strätz*, FamRZ 1998, S. 1553 (1556): „... historisch zwar jünger, ... aber ... in gleicher Weise Anwärter auf den Nachlaß."

676 Reformfragen I, S. 76 ff.

677 Vgl. etwa auch *Coester-Waltjen*, Liebe-Freiheit-gute Sitten, in: 50 Jahre Bundesgerichtshof, S. 985 f. et passim.

678 Vgl. *Buchholz*, FamRZ 1985, S. 872 (879); ähnlich *Stöcker*, FamRZ 1970, S. 444 (445).

679 Dazu *Strätz*, FamRZ 1998, S. 1553 (1558): „Der Ehegatte hat dem Erblasser in der Regel am nächsten gestanden und verdient deshalb eine bevorzugte Behandlung".

680 *Strätz*, DNotZ 2001, S. 453 (454).

681 An dieser Einschätzung ändern auch die gestiegenen Scheidungszahlen nichts, denn sie bezieht sich gerade nur auf Ehen, die eben nicht durch Scheidung, sondern durch den Tod aufgelöst werden, ähnlich *Strätz*, FamRZ 1998, S. 1553 (1558).

(2) Familiär-solidarisches Verhalten zwischen Ehegatten – die Einstandsbereitschaft

Auch, ja gerade den Ehegatten verknüpft mit dem Erblasser das Band familiärer Solidarität, denn gerade sie geben sich mit der Heirat das Versprechen gegenseitiger Unterstützung, gegenseitigen Für- und Miteinanders ganz bewußt[682]. Die „umfassende Lebenshilfe"[683] ist auch für das Grundgesetz wesentliche Funktion der Ehe, das „Sich-aufeinander-Einlassen"[684] entscheidender Faktor für den von Art. 6 Abs. 1 GG gewährleisteten besonderen Schutz. § 1353 Abs. I S. 2 BGB stellt denn auch ohne Umschweife fest: „ Die Ehegatten sind einander zur ehelichen Lebensgemeinschaft verpflichtet; sie tragen füreinander Verantwortung"[685]. Dieses dem Zusammenleben von Ehegatten als Grundvoraussetzung vorangestellte Postulat der Gegenseitigkeit findet nicht nur in etlichen Vorschriften des Familienrechts mannigfachen Niederschlag, auch das Erbrecht ist von ihm geprägt[686]. Dort spiegeln zum einen ebenfalls die Pflichtteilsentziehungsgründe wider, daß derjenige, der gegen dieses Prinzip gröblich verstößt, seines gesamten Erbteiles verlustig gehen kann. Daß das Erbrecht zwischen Ehegatten zumindest auch auf der Wahrnehmung und Achtung des Erblassers Interessen beruht, zeigt außerdem die Widerrufsmöglichkeit wechselbezüglicher Verfügungen eines gemeinschaftlichen Testaments[687]: Die Verwirklichung seiner in gemeinsamer Absprache festgelegten letzten Willensäußerungen kann nach dem Tod des Erblassers dort nur derjenige Ehegatte unterlaufen, der dafür im Gegenzug auf das ihm Zugewendete verzichtet[688]. Folgerichtig ist Konsequenz der Auflösung der ehelichen Lebensgemeinschaft und somit der Befreiung von ehetypischen Verpflichtungen, daß die Möglichkeit auf gegenseitige Nachlaßteilhabe erlischt[689]. Das gehaltene Einstandsversprechen aber setzt den Ehegatten in eine Nähe zum Nachlaß wie keinen zweiten.

---

682 Zur gesteigerten Bedeutung der Ehegattenbindung durch Bedeutungsverlust der verwandtschaftlichen Bindungen ausführlich *Buchholz*, FamRZ 1985, S. 872 (878 ff.); auch *Henrich*, DNotZ 2001, S. 441 (442).

683 *Robbers*, in: v.Mangoldt/Klein/Starck, GG, Art. 6 Rn. 33 m. w. N.

684 *Robbers*, in: v.Mangoldt/Klein/Starck, GG, Art. 6 Rn. 36.

685 Vgl. *Robbers*, in: v.Mangoldt/Klein/Starck, GG , Art. 6 Rn. 36: „Sich-aufeinander-Einlassen"; Rn. 73: „das Worumwillen der Ehe".

686 *Zopfs*, ZEV 1995, S. 309 (313); *Stöcker*, FamRZ 1970, S. 444 (445).

687 *Battes*, in: Rheinstein/Knapp u. a., Das Erbrecht von Familienangehörigen in positivrechtlicher und rechtspolitischer Sicht, Diskussionsbericht S. 124, schließt schon von der exklusiven Möglichkeit der Errichtung eines gemeinschaftlichen Testaments nur für Ehegatten auf die „bevorzugte Stellung" des Ehegattenerbrechts. Zu diesem Beispiel auch *Zopfs*, ZEV 1995, S. 309 (313).

688 § 2271 Abs. 2 S. 1 2. Halbsatz BGB.

689 Einzelheiten des sehr umstrittenen § 1933 BGB tun hier nichts zur Sache. Weiterführend sei verwiesen auf *Zopfs*, ZEV 1995, S. 309 (313).

(3) Unterfall: wirtschaftliche Einstandsbereitschaft

Als besonders bedeutend für die Nachlaßbeteiligung erweist sich schließlich eine spezielle Facette der familiären Solidarität unter Ehegatten, und zwar eine vermögensrechtliche, die eine Teilhabeberechtigung von besonderer Qualität begründet. Das – vom BGB auch ausdrücklich geforderte[690] – „Zusammenarbeitsprinzip“[691] in der Ehe in finanzieller Hinsicht bedeutet für den Zeitpunkt des Todes eines der Ehegatten, daß in dessen Nachlaß in aller Regel auch ein maßgebender Anteil an Leistung des Überlebenden steckt[692], und zwar in einem weiten Sinne durch materielle wie immaterielle Beiträge. Dies rückt den Ehegatten so nahe an den Nachlaß wie keinen zweiten und zeigt, daß Nachlaßteilhabe für den Ehegatten eine noch ganz andere Dimension hat als für Kinder: Es geht in diesem speziellen Falle[693] durchaus auch um eine gewisse Art der materiellen Absicherung durch Nachlaßbeteiligung[694], um die für den Überlebenden bedeutsame Aufrechterhaltung seines Lebens in den bisherigen materiellen Gegebenheiten und in der bisherigen Umgebung, kurz um die Erhaltung des gemeinsam erworbenen Lebensstandards[695]. Dem auch aus Art. 6 Abs. 1 GG fließenden Schutz der Ehe als Wirtschaftsgemeinschaft[696] entspricht es dabei, daß der überlebende Ehegatte durch den Verlust seines Lebensgefährten nicht in finanzielle

---

690 Vgl. § 1360 BGB: Verpflichtung zum Familienunterhalt.

691 *Ent*, 49. DJT, Bd. II (Sitzungsberichte), Teil K, S. 116.

692 *Strätz*, FamRZ 1998, S. 1553 (1558); *Zopfs*, ZEV 1995, S. 309; *Leisner*, in: HStR VI, § 150 Rn. 11; auch schon *Boehmer*, 44. DJT, Bd. I (Gutachten), 1. Teil Heft A S. 111 sowie *Bosch*, 44. DJT, Bd. I (Gutachten), 1. Teil Heft B, S. 109, die dies allerdings anders als hier auch für die ehelichen Kinder annehmen.

693 Differenzierend zwischen Kindern und Ehegatten auch *Schiemann*, ZEV 1995, S. 197 (198).

694 Ebenso *Martiny*, 64. DJT, Bd. I (Gutachten), Teil A, S. 66.

695 Vgl. *Leipold*, AcP 180 (1980), S. 160 (189); *v. Godin*, 49. DJT, Bd. II (Sitzungsberichte), Teil K, S. 86. – Interessant ist in diesem Zusammenhang auch die Wertung des § 1586 b Abs. 1 BGB, der zum einen Unterhaltsansprüche des geschiedenen Ehegatten mit dem Tod des Verpflichteten nicht untergehen läßt und außerdem den Unterhaltsanspruch größenmäßig in Zusammenhang mit dem Pflichtteilsrecht bringt – „gleichsam als Ersatz für die ... gesetzliche Nachlaßteilhabe“ (*Erman-Graba*, BGB Bd. II, § 1586 b Rn. 1). War die Ehe dagegen nicht geschieden, geht das Gesetz nach *Diederichsen*, Gesetzestreue und Rechtsfortbildung im Rahmen der Vermögensauseinandersetzung bei der Ehescheidung, in: 50 Jahre Bundesgerichtshof, S. 945 (946) davon aus, „ daß sich der überlebende Ehegatte ggf. aus seinem gesetzlichen Erbteil unterhalten kann ...“ *Sturm*, S. 125 ff., entnimmt dieser Vorschrift dementsprechend den Versorgungscharakter des Ehegattenpflichtteils. A. A. allerdings *Pentz*, FamRZ 1998, S. 1344 (1345) sowie *Oechsler*, AcP 200 (2000), S. 603 (609, Fn. 22), der entgegen der h.M (Nachweise bei *Oechsler* a. a. O.) einen Ausschluß des Unterhaltsanspruchs bei einem zuvor vereinbarten Pflichtteilsverzicht und damit die Verquickung von Unterhalt und Pflichtteil gänzlich ablehnt. Vgl. auch die Anmerkung zu BGH ZEV 2001, S. 113 ff. von *Frenz*, a. a. O., S. 115.

696 BVerfGE 69; 188 (208); 81, 1 (9); *Badura*, in: Maunz/Dürig, GG, Art. 6 Rn. 70.

Abhängigkeit geraten soll, was auch und gerade heißt: nicht in Abhängigkeit von Verwandten oder sonstigen Dritten und deren Wohlwollen[697]. Gerade deshalb ist auch dem Ehegatten eine Erbenstellung im Sinne einer Nachlaßübernahme garantiert: Die durch gemeinsames Wirtschaften geschaffene große Nähe einerseits wie die tradierte Beteiligung im Sinne echter Rechtsnachfolge andererseits begründen ein Recht auf – eben nicht nur finanzielle – Teilhabe am Nachlaß, das qualitativ hinter dem der Kinder nicht zurücksteht[698]. Das Erbrecht des Ehegatten erweist sich damit in besonderem Maße als Instrument der Fortsetzung einer – in der Person des Verstorbenen und mit Hilfe des Überlebenden – unter dem Schutzmantel der Eigentumsgarantie gewonnenen Freiheit.

Auch des Ehegatten Aussicht zu erben steht also unter dem Schutz der Erbrechtsgarantie, und zwar wie bei Kindern unter zwei Aspekten: Weil er mit dem Erblasser eine einzigartige lebenslange Verbindung eingegangen ist und ihm nahestand wie kein zweiter, ist für ihn die Teilhabe am Hab und Gut des Verstorbenen ebenfalls zu achtende Selbstverwirklichung. Außerdem bedeutet Nachlaßteilhabe auch für ihn, eine vom Grundgesetz besonders geschützte Beziehung, deren spezifischen Solidaritätsanspruch er gerecht geworden ist, fortzuverwirklichen.

b. Am Nachlaß des Partners nach dem LPartG?

Das am 1.8.2001 in Kraft getretene LPartG räumt dem gleichgeschlechtlichen Lebenspartner eine erbrechtliche Position ein, die insbesondere im Hinblick auf gesetzliches Erbrecht und Pflichtteilsrecht nahezu deckungsgleich ist mit der des Ehegatten; es stellt den Lebenspartner erbrechtlich hierdurch faktisch gleich[699]. Auch die Partner der Lebensgemeinschaft bilden wie Ehegatten eine gegenseiti-

---

[697] Ebenso *Strätz*, FamRZ 1998, S. 1553 (1557). Dementsprechend erhält der Ehegatte auch den sogenannten Voraus, § 1932 BGB, der unter Umständen auch schon der ganze Nachlaß sein kann, vgl. *Stöcker*, 49. DJT, Bd. II (Sitzungsberichte), Teil K, S. 68; *Däubler*, ZRP 1975, S. 136 (140). Zum Gedanken der Versorgung des Ehegatten durch die Erbbeteiligung auch *Dieckmann*, 49. DJT, Bd. II (Sitzungsberichte), Teil K, S. 24; zum Angewiesensein vieler Witwen auf die Erbschaft wegen geringer eigener Rentenansprüche aufgrund geringerer Erwerbstätigkeit *Gerken*, ZRP 1991, S. 426 (430).

[698] Eine reine Nießbrauchsregelung würde der Erbrechtsgarantie des Grundgesetzes deshalb nicht genügen. – Gerade auf dem Aspekt der gemeinsam wirtschaftenden Einheit beruht die Zugewinngemeinschaft des BGB, vgl. BVerfGE 69, 188 (208). So sehr die Erhöhung der dinglichen Quote gemäß § 1371 BGB als Folge der Zugewinngemeinschaft zivilrechtlich auch umstritten ist (zu den Gründen der Regelung s. BGH Z 42, 182 [187]; zu ihren Folgen den Überblick bei *Olzen*, Jura 1998, S. 135 [139]), aus verfassungsrechtlicher Sicht stützt sie die Erkenntnis, daß jedenfalls heute das Miterwirtschaftete zur Nachlaßbeteiligung des Ehegatten gehört und insofern auch die Verfassungsgarantie geprägt hat.

[699] S. dazu etwa *Walter*, FPR 2005, S. 279 ff.

ge Einstehens- und Verantwortungsgemeinschaft[700], was der Gesetzgeber mit § 2 LPartG deutlich zum Ausdruck gebracht hat[701]. Insofern könnte es angehen, auf der gleichen Basis wie bei Ehegatten einen grundrechtlichen Schutz der Erbbeteiligung zu bejahen. Andererseits aber treten bei der Lebenspartnerschaft an verschiedenen Stellen schon auf den ersten Blick Schwachpunkte auf, die in eine andere Richtung weisen: Gerade die steuerlichen Vergünstigungen etwa, die der Ehegatte in erbrechtlicher Hinsicht genießt, kommen dem Lebenspartner nicht zugute[702]. Auch steht in Frage, ob im Hinblick auf die grundsätzliche Kinderlosigkeit der Lebenspartnerschaft tatsächlich im gleichen Maße wie bei der Ehe vom Muster gemeinsamen Wirtschaftens ausgegangen werden kann[703].

Eine vertiefte Untersuchung dieser Differenzen gegenüber der Ehe vermag aber getrost zu unterbleiben, denn es kommt im Ergebnis auf sie nicht an. Eindeutig ist nämlich schon, daß die Erbbeteiligung von Lebenspartnern gleichen Geschlechts bei Inkrafttreten der Erbrechtsgarantie des Grundgesetzes kein Bestandteil des bürgerlichen Erbrechts war, damals also auch nicht als dessen substraler Gehalt Eingang in die Erbrechtsgarantie finden konnte. Damit stellt sich die Frage, ob die nunmehr bestehende Regelung des bürgerlichen Erbrechts von Lebenspartnern, auf den – stets im langsamen Fluß befindlichen und sich mit den gesellschaftlichen Anschauungen bewegenden[704] – Inhalt der Erbrechtsgarantie dergestalt Einfluß zu nehmen vermochte, daß auch die Erbbeteiligung dieser Personen in den erlesenen Zirkel verfassungsrechtlich geschützter Bestandteile aufgestiegen ist.

Doch ist dies unzweifelhaft nicht der Fall: Es ist zum einen schon sehr fraglich, ob die Änderung des bürgerlichen Rechts überhaupt eine gefestigte

---

[700] Vgl. *Burhoff*, ZAP 2001, S. 943 (945).

[701] Ob damit allerdings auch eine Pflicht zur *Lebens*gemeinschaft zum Ausdruck gebracht werden sollte, ist streitig, bejahend etwa *Burhoff*, ZAP 2001, S. 943 (950), unter Hinweis auf die Überschrift des § 2 LPartG „Pflicht zur Lebensgemeinschaft" m. w. N.

[702] Jedenfalls bislang, und zwar wegen des Scheiterns des Lebenspartnerschaftsergänzungsgesetzes im Bundesrat, vgl. *Palandt-Brudermüller*, Einl. LPartG Rn. 2; *Tipke/Lang*, Steuerrecht, S. 239 (Fn. 123); *Kaiser*, FPR 2005, S. 286 (289). Die insbesondere kritisch beobachtete Aufsplittung des an sich einheitlichen Gesetzes in einen zustimmungsbedürftigen und einen zustimmungsfreien Teil (dazu *Leipold*, ZEV 2001, S. 218) wurde inzwischen vom 1. Senat des Bundesverfassungsgerichts als rechtmäßig betrachtet (BVerfGE 105, S. 313 ff. [Ls. 2]). – Interessant in diesem Zusammenhang ist außerdem die Regelung des IPR, die dem Lebenspartner zwar ein gesetzliches Erbrecht, nicht aber eine Teilhabesicherung in Form eines Pflichtteilsrechtes verschafft, s. dazu *Leipold*, Erbrecht, Rn. 227.

[703] Dieser Zweifel spiegelt sich im einfachen Recht insofern wider, als das LPartG anders als das Familienrecht die sogenannte Ausgleichsgemeinschaft, die technisch das Pendant zur Zugewinngemeinschaft ist, gerade wegen der „Vielgestaltigkeit der Lebensverhältnisse gleichgeschlechtlicher Lebenspartner" (*Rieger*, FamRZ 2001, S. 1497[1498]) nicht als gesetzlichen Vermögensstand regelt, also nicht als „Normalfall" betrachtet, vgl. §§ 6-8 Abs. 1 LPartG; *Burhoff*, ZAP 2001, S. 943 (948).

[704] *Seith*, Urheber S. 110; ausgeführt bereits oben § 2 I 2 b.

„gesellschaftliche Anschauung“ widerspiegelt[705]. Abgesehen von den fortbestehenden verfassungsrechtlichen Meinungsverschiedenheiten[706] wird allein mangels eines gesellschaftlichen Konsenses eine entsprechende Prägung des (Verfassungs-)erbrechts kaum als gegeben erachtet werden können. Darüberhinaus aber gebricht es der noch jungen Erbbeteiligung von Lebenspartnern gleichgeschlechtlicher Lebensgemeinschaften – ihre gesetzliche Anerkennung wurde hierzulande überhaupt erst seit Mitte der neunziger Jahre ernsthaft angeregt[707] – an jeglicher Geschichte, jeglicher Tradition. Von einer *Formung* oder *Prägung* des Verfassungserbrechts durch das bürgerliche Recht kann deshalb, jedenfalls: noch, keine Rede sein. Denn diese bedürfen als sich langsam vollziehende Vorgänge einer Zeit der Bewußt- und Gestaltwerdung, einer Zeit des Sich-Setzens und Selbstverständlichwerdens, einer Zeit der Bewährung und Verwurzelung. In Relation zu den sonstigen Inhalten der Erbrechtsgarantie – die Überlieferungszeit der Beteiligung von Kindern wurde als eine von Jahrtausenden, die von Ehegatten jedenfalls Jahrhunderten festgestellt – kann bei der Erbbeteilung von Partnern gleichen Geschlechts auf

---

[705] Die gesellschaftliche Gespaltenheit zeigt sich in aller Deutlichkeit allein schon in der Tatsache, daß die Bundesratsmehrheit den steuerrechtlichen Teil des LPartG abgelehnt hat. Neben den bekannten verfassungsrechtlichen Fragen stehen auch hier vielfältige weitere inhaltliche Streitpunkte im Raum, so daß „der endgültige gesetzliche Standpunkt des deutschen Rechts zu einem umstrittenen Anliegen wie der gesetzlichen Anerkennung gleichgeschlechtlicher Partnerschaften noch nicht vorhanden“ ist (*Hohloch*, Familienrecht, Rn. 1166). Auch die Tatsache, daß von den im Ausland teilweise schon seit längerem bestehenden Regelungen nur sehr selten Gebrauch gemacht wird (*Michalski*, Erbrecht, Rn. 75; *Hohloch*, Familienrecht, Rn. 1171), läßt daran zweifeln, ob die eheähnliche Bindung mit ihren Folgen wie einer gesetzlichen Erbbeteiligung gesellschaftlichen Anschauungen überhaupt entspricht.

[706] Im Streit stand die hier nicht weiter zu vertiefende Frage, ob der „besondere“ Schutz der Ehe eine stetige Privilegierung dieser vor anderen Lebensformen gebietet (sog. „Abstandsgebot“). Das Bundesverfassungsgericht hat diese Frage mehrheitlich in negierendem Sinne entschieden (E 105, S. 313 ff.) und damit die Verfassungsmäßigkeit des LPartG festgestellt. Ebenso schon vor der Entscheidung des Bundesverfassungsgerichts *Robbers,* JZ 2001, S. 779; a. A. dagegen *Braun*, JZ 2002, S. 23 (26 f.); *Kaiser*, JZ 2001, S. 617 (624); *Krings* ZRP 2000, S. 409. Der Streit ist gleichwohl nicht restlos beigelegt, vgl. nur das Sondervotum der Richterin *Haas*, BVerfGE 105, a.a.O. Hält man im Ergebnis die einfachgesetzliche Gleichstellung der gleichgeschlechtlichen Lebenspartnerschaften mit der Ehe zwischen Mann und Frau mit der Mehrheit des Bundesverfassungsgerichts für verfassungsrechtlich *zulässig*, so heißt dies im übrigen keineswegs, daß es verfassungsrechtlich auch *geboten* wäre. Letzteres wird – soweit ersichtlich – bislang nicht ernsthaft vertreten. – Eine Zusammenstellung der weiteren durch das LPartG aufgeworfenen verfassungsrechtlichen Fragen findet sich bei *Sachs*, JR 2001, S. 45 ff.

[707] Zur sukzessiven Entwicklung dieser s. *Hohloch*, Familienrecht Rn. 1165. In rechtsvergleichender Hinsicht ergibt sich, daß auch dort die gesetzliche Umrahmung solcher Lebensgemeinschaften vergleichsweise jung ist und sich darüberhinaus ein Bild vielfältigster Ausgestaltungen bietet, s. hierzu *Basedow* u. a. (Hrsg.), Die Rechtsstellung gleichgeschlechtlicher Lebensgemeinschaften, insbes. den Überblick von *Dopffel*, *Kötz* und *Scherpe*, S. 393 ff.

keinen Fall eine unmittelbar den Garantiegehalt der Erbrechtsgarantie erfassende Veränderung des Erbrechts festgestellt werden. Darüberhinaus läßt sich eine entsprechende Wertung des Grundgesetzes im Vergleich mit der Ehe schließlich auch negativ Art. 6 Abs. 1 GG entnehmen: Ungeachtet aller Fragen, ob dieser eine einfachrechtliche Aufwertung der Lebenspartnerschaften *ver*bietet, ist jedenfalls eindeutig, daß er ihren besonderen Schutz auch nicht *ge*bietet, denn der Begriff der Ehe ist exklusiv[708] und von einem Bedeutungswandel des Eheverständnisses kann bislang nicht ausgegangen werden[709].
Dies bedeutet indes keinen kategorischen Ausschluß der Erbbeteiligung von Lebenspartnern aus der Erbrechtsgarantie für alle Zeiten: Auch wenn die Erbrechtsgarantie bei ihrem Inkrafttreten einen Schutz gleichgeschlechtlicher Lebenspartner sicher nicht vorsah und diesen auch heute noch nicht gewährt, vermag der stets „im Fluß befindliche" Inhalt der Garantie des Art. 14 Abs. 1 S. 1 GG ihn in Zukunft möglicherweise durchaus einmal aufzunehmen[710]. Die Zeit ist heute aber noch nicht reif, um von einer entsprechenden Prägung durch „das bürgerliche Recht und die gesellschaftlichen Anschauungen" zu sprechen.

c. Am Nachlaß des nichtehelichen Lebensgefährten?

Auch hier stellt sich wie soeben bei den Partner des Lebenspartnerschaftsgesetzes die interessante Frage, ob sich der Inhalt der Erbrechtsgarantie seit ihrem Inkrafttreten erweitert hat: Daß im Frühjahr des Jahres 1949 an eine grundrechtlich geschützte Erbbeteiligung einer mit dem Erblasser in der gesellschaftlich geächteten Form der „wilden Ehe" zusammenlebenden Person nicht im entferntesten gedacht wurde, wird man ohne weiteres annehmen dürfen[711]. Heute hingegen, da etwa zwei Millionen Paare[712] in dieser mittlerweile fraglos anerkannten Daseinsform[713] ein gemeinsames Leben führen, erscheint ein gegen den Staat gerichtetes Freiheitsrecht, am Nachlaß des Lebensgefährten beteiligt zu werden, nicht mehr von vorneherein ausgeschlossen. Die Beteiligung von nichtehelichen Lebensgefährten könnte also möglicherweise in die Erbrechtsgarantie

---

[708] Und meint nur die Verbindung eines Mannes und einer Frau zur grundsätzlich unauflöslichen Lebensgemeinschaft; vgl. BVerfGE 10, 59 (66); 62, 323 (330); sowie *Robbers*, in: v.Mangoldt/Klein/Starck, GG, Art. 6 Rn. 38 m. w. N.

[709] *Coester-Waltjen*, in: v.Münch/Kunig, GG I, Art. 6 Rn. 9.

[710] Und zwar, wenn auch nicht um des Schutzes der von Art. 6 GG postulierten Werte, so doch im Hinblick auf den Aspekt der der Erbbeteiligung innewohnenden Persönlichkeitsentfaltung.

[711] Zur Entwicklung der nichtehelichen Lebensgemeinschaft vom Verdikt der Sittenwidrigkeit bis zur gesellschaftlichen Akzeptanz s. den Überblick bei *Hohloch*, Familienrecht, Rn. 1111 ff.

[712] Näher mit statistischer Erhebung seit 1972 *Nave-Herz*, FPR 2001, S. 3 ff.

[713] Statt vieler *Strätz*, DNotZ 2001, S. 452 (457); *Zawar*, DNotZ 1989, Sonderheft S. 116 (129).

„hineingewachsen“ sein. Dafür spräche etwa, daß die Mehrzahl der nichtehelichen Lebensgemeinschaften faktisch wohl ein ähnliches Zusammenspiel erleben wie Ehen – man hat eine, wenn auch meist nicht ausdrückliche[714], Entscheidung zum Leben mit einem bestimmten Menschen getroffen, steht füreinander ein und wirtschaftet gemeinsam[715], zumal wenn Kinder vorhanden sind[716].

Anlaß zur Differenzierung gegenüber der Ehe bieten aber im Hinblick auf die dort erarbeiteten Säulen grundrechtlich geschützter Nachlaßteilhabe schon zweierlei Gesichtspunkte, zum einen nämlich das explizit und bewußt zum Ausdruck gebrachte Versprechen der Ehe, dem anderen ein Leben lang zur Seite zu stehen[717], zum anderen aber auch die Tatsache, daß nichteheliche Lebensgemeinschaften nach wie vor deutlich mehr den Charakter von Lebensabschnittsgemeinschaften tragen als Ehen[718]. Jenseits dessen stellt sich außerdem die entscheidende Frage: Wie sieht es hier aus mit „dem bürgerlichen Recht und den gesellschaftlichen Anschauungen“, die die Garantien des Art. 14 Abs. 1 S.1 GG prägen?

Daß eine bürgerlichrechtlich geregelte Erbbeteiligung nichtehelicher Lebensgefährten bislang nicht existiert, ist zunächst und für sich gesehen ein gleichermaßen schwaches wie problematisches Argument gegen die grundrechtliche Verankerung – genau hier offenbart sich schließlich die gefährliche Zirkularität einer sich allein auf gesetztes Recht stützenden Verfassungsauslegung. Denn wäre grundrechtlicher Schutz nur bei Regelung einfachgesetzlichen Erbrechts gegeben, würde der Gesetzgeber von Verfassungs wegen niemals verpflichtet sein, ein gesetzliches Erbrecht nichtehelicher Lebensgefährten als Ausfluß und zum Schutz ihres Grundrechts zu erben zu regeln. Umso gewichtiger aber ist, warum eine gesetzliche Erbbeteiligung bislang nicht in Sicht ist: Die nichteheliche Lebensgemeinschaft ist gekennzeichnet von einem Minus an Verpflichtungs- und Bindungswillen, einem Minus an Willen zur Unterwerfung unter gesetzliche Regelungen, unter ein rechtlich gebundenes und zukunftsgerichtetes Füreinandereinstehen[719]. Häufig als „Ehe auf Probe“ verstanden[720], nimmt sie gerade

---

[714] Vgl. *Nave-Herz*, FPR 2001, S. 3 (5).

[715] *Hohloch*, Familienrecht, Rn. 1117.

[716] Vgl. *Strätz*, DNotZ 2001, S. 452 (457).

[717] Vgl. *Hohloch*, Familienrecht, Rn. 1117 a. E.; nach *Nave-Herz*, FPR 2001, S. 3 (5) m. w. N., werden tatsächlich „Absprachen über zukünftige Gestaltung der Partnerschaften ... nur selten getroffen“. Zur Formalität der Ehebindung als Unterscheidungskriterium auch *Dieckmann*, 49. DJT, Bd. II (Sitzungsberichte), Teil K, S. 27.

[718] Zum einen, weil die Trennungsraten deutlich höher sind als bei der Ehe, zum anderen, weil etliche nichteheliche Lebensgemeinschaften nur eine „eigenständige Lebensphase“ vor der mit der Familiengründung einhergehenden Eheschließung darstellen, vgl. *Nave-Herz*, FPR, S. 3 (6).

[719] Vgl. *Schlüter*, Familienrecht, Rn. 493; *Nave-Herz*, FPR, S. 3 (5 f.); *Hohloch*, Familienrecht, Rn. 1112.

Bindungslosigkeit für sich in Anspruch, zumal für den Fall ihrer Auflösung. Auch das Familienrecht verzichtet dementsprechend auf Einbindung der nichtehelichen Lebensgefährten in Unterhaltspflichten, in die Verantwortungs- und Einstandsgemeinschaft[721]. Wie die Nichtregelung solcher den Ehegatten zugestandener Rechte und Pflichten, so ist auch die Nichtregelung einer von selbst eintretenden Erbbeteiligung nichtehelicher Lebensgefährten nach wie vor weitgehend Konsens[722]. Statistisches Material für die testamentarische Beteiligung in nichtehelichen Lebengemeinschaften fehlt leider. Aufgrund der relativen Kürze zum einen und ihres Vorkommens in eher jüngeren Gesellschaftsschichten[723] zum anderen dürften Testamente allerdings sehr selten sein. Die Erbbeteiligung des nichtehelichen Lebensgefährten ist also bei weitem nicht von dem gesellschaftlichen Selbstverständnis getragen, das dem der Beteiligung von Eheleuten vergleichbar wäre[724] – im Gegenteil: Eine gesellschaftliche Anschauung, die die Erbrechtsgarantie in Richtung Erbbeteiligung nichtehelicher Lebensgefährten geformt haben würde, ist nicht auszumachen. Die Verneinung eines Grundrechts zu erben für nichtehehliche Lebensgefährten findet sich schließlich auch bestätigt in einem einfachen strukturellen Argument: Wo schon die einfachgesetzliche Intestatsbeteiligung nicht nur als nicht notwendig, sondern als möglicherweise nicht einmal zulässig betrachtet wird[725], kann von einem staatsgerichteten

---

720 Weiterführend *Lauterbach*, Die Dauer nichtehelicher Lebensgemeinschaften: Alternative oder Vorphase zur Ehe?, in: Klein/Lauterbach (Hrsg.), Nichteheliche Lebensgemeinschaften, S. 269 ff.; *Fuchs*, JZ 2002, S. 785 (789): „affektive Beziehung auf Zeit".

721 Eine analoge Anwendung der eherechtlichen Vorschriften wird abgelehnt, da eine planwidrige Regelungslücke fehlt und gerade keine Vergleichbarkeit gegeben ist. Hierzu statt vieler *Hohloch*, Familienrecht, Rn. 1120, 1134, mit Hinweis auf die Anwendung einzelner Normen, die ausnahmsweise keinen „Exklusivcharakter" für die Ehe beanspruchen wollen; BGH NJW 1988, S. 1091 (1092 f.).

722 Etwa *Zawar*, DNotZ 1989, Sonderheft S. 116 (129); *Hohloch*, Familienrecht, Rn. 1120, 1162; *Frank*, Erbrecht, § 2 Rn. 2, 26; *Olzen*, Erbrecht, Rn. 178; *Lange/Kuchinke*, Erbrecht, S. 256 mit Rechtsprechungsnachweisen; *Grziwotz*, ZEV 1994, S. 267 m. w. N.; *Schmidt-Aßmann*, 57. DJT 1988, Bd. II (Sitzungsberichte), Teil I, S. 28 f.; Beschluß des 57. DJT 1988, Bd. II (Sitzungsberichte), Teil I, S. 235. A. A. dagegen *Strätz*, DNotZ 2001, S. 452 (457), der aber die Quote deutlich geringer halten will als bei Ehegatten und einem noch vorhandenen Ehegatten den absoluten Vorrang einräumt, was die Blässe der Position des nichtehelichen Lebensgefährten sogar noch verdeutlicht.

723 Vgl. *Nave-Herz*, FPR, S. 3 (6): „... relativ sehr wenige ältere über 45 Jahre alte Personen ..."; *Klein*, Th., Partnerwahl und Entwicklung Nichtehelicher Lebensgemeinschaften im Kontext des Wandels partnerschaftlicher Lebensformen, in: Klein/Lauterbach (Hrsg.), S. 63 (82 et passim).

724 Dementsprechend tritt auch das Erbschaftssteuerrecht der Erbbeteiligung nichtehelicher Lebensgefährten nicht mit der gleichen Zurückhaltung gegenüber wie bei Ehegatten: Nichteheliche Lebensgefährten fallen unter Steuerklasse III und haben auch nur einen geringen Freibetrag, vgl. *Meincke*, ErbStG, § 15 Rn. 5; zur Verfassungsmäßigkeit dieser Regelung BVerfG HFR 83, S. 379; BVerfG BStBl II 90, 103; BFH BStBl II 83, S. 114.

725 Statt vieler *Schlüter*, Familienrecht, Rn. 493: „ keine ‚Zwangsehe durch Richterspruch'".

Grundrecht auf Nachlaßteilhabe, das den Gesetzgeber just auf eine solche Regelung verpflichten würde, keine Rede sein[726]. Auch hier ist Art. 6 Abs. 1 GG keine andere Wertung zu entnehmen, denn die nichteheliche Lebensgemeinschaft ist eben gerade keine Ehe in seinem Sinne[727].

III. Zusammenfassung

Art. 14 Abs. 1 S. 1 GG garantiert also ein staatsgerichtetes Freiheitsrecht des einzelnen, den Nachlaß der Eltern, der Kinder und des Ehegatten ungehindert übernehmen zu können. Jeder Eingriff des Staates in diese Freiheit muß sich deshalb daran messen lassen, daß er ein Eingriff in ein Grundrecht ist. Dies gilt namentlich hinsichtlich der Erbschaftssteuer, die dem Erben Teile des ihm zustehenden Vermögens vorenthält, weil der Staat sie für sich abzweigt.

Daß das Grundgesetz ein individuelles Recht der Aussicht auf den Nachlaß schützt, ist anhand verschiedener Untersuchungen gezeigt worden: Erste Anhaltspunkte waren der Erkenntnis zu entnehmen, daß das Erbrecht gerade zum Schutz des Erben gegen Staatsbeteiligung Eingang in die verfassungsrechtliche Garantie gefunden hat. Auch wurde in diesem Zusammenhang gesehen: Gerade das Erbschaftssteuerrecht geht von einer besonders schützenswerten Position der angehörigen Erben, gestaffelt nach Nähe zum Erblasser, aus. Mitentscheidend war dann weiter die Rolle des Erben neben dem Erblasser als konstitutiver Pol des überkommenen, vom Grundgesetz vorgefundenen Erbrechts. Gründe dafür hingegen, daß mit der Garantie des „Erbrechts" als vorkonstitutionellem Begriffskonglomerat nur einseitig der Schutz des Erblassers Eingang in die Verfassungsgarantie gefunden haben sollen, sind nicht ersichtlich. Schließlich fanden diese Untersuchungen Bestätigung in der expliziten Garantie eines Rechtes zu erben in einem internationalen Übereinkommen.

Der erbrechtliche Grundrechtsschutz von Kindern, Eltern und Ehegatten im einzelnen wurde sodann erarbeitet: Er basiert einerseits auf ihrer überkommenen,

---

[726] Es darf aber durchaus angedacht werden, daß eines – sicherlich noch entfernten – Tages auch die Erbrechtsgarantie des Grundgesetzes möglicherweise eine entsprechende neue Prägung durch bürgerliches Recht und gesellschaftliche Anschauungen erfahren wird. Dies kommt nicht zuletzt in zarten Anflügen veränderter Anschauungen zum Ausdruck, so etwa in der bisweilen doch geäußerten Forderung eines gesetzlichen Erbrechts (bei *Strätz*, FamRZ 1998, S. 1553 [1564]) sowie der Vorstellung eines höheren Freibetrages etwa bei *Schlüter*, Familienrecht, Rn. 494. Zu Ansätzen einiger anderer Rechtsordnungen, Partner nichtehelicher Lebensgemeinschaften erbrechtlich besser abzusichern s. beispielsweise die Ausführungen von *Meixner*, Deutsches und Europäisches Familienrecht 1999, S. 162 (164).

[727] Statt vieler *Robbers*, in: v.Mangoldt/Klein/Starck, GG, Art. 6 Rn. 43 und *Coester-Waltjen*, in: v.Münch/Kunig, GG, Art. 6 Rn. 7 m. w. N. Daß auch Art. 3 Abs. 1 GG keine Gleichstellung fordert, hat das Bundesverfassungsgericht ausdrücklich gerade für die Erbschaftssteuer klargestellt, s. BVerfGE FamRZ 1990, S. 364.

für das einfache Recht substantiellen und darüber rezipierten Nachlaßbeteiligung. Als entscheidend erkannt wurde aber darüberhinaus eine jeweils gesondert begründbare Nachlaßnähe, die die Genannten aus dem Kreis anderer Angehöriger eindeutig und scharf abgrenzbar heraushebt, und im Gesamtkontext des Grundgesetzes – insbesondere mit den im Familien- und Eheschutz sowie dem Recht auf Persönlichkeitsentfaltung zum Ausdruck kommenden Wertungen – als schützenswert anzuerkennen ist.
Bei Kindern ist dies die einmalige Fortsetzung des Erblasserlebens in biologischer wie die Persönlichkeit betreffender Hinsicht sowie ihr familiär-solidarisches Verhalten dem Erblasser zu Lebzeiten gegenüber. Nicht dagegen kann die Nachlaßnähe auf Unterhaltsaspekte gestützt werden: Jedenfalls heute hat die Beteiligung am Erblasservermögen keine Rolle oder Aufgabe der Bedarfsdeckung. Die Nachlaßnähe der Eltern sodann gründet auf einem anderen Teilaspekt familiärer Solidarität, nämlich der von ihnen erbrachten Grundlegung zum Vermögenserwerb ihrer Kinder. Ihr Beteiligungsrecht stößt aber von vorneherein an immanente Grenzen, wenn das Kind selbst Kinder hinterläßt – diese besitzen im Erbrecht unmittelbar angelegten Geltungsvorrang. Der Schutz des Ehegatten schließlich beruht zum einen auf der Einmaligkeit und Einzigartigkeit seiner Beziehung zum Erblasser, zum anderen aber ebenfalls auf solidarischem, verantwortlichem Verhalten ihm gegenüber. Als Sonderaspekt letzteren wurde gesehen, daß Ehegatten gemeinsam wirtschaften, gemeinsam ein Vermögen aufbauen und der Hinterbliebene ein besonders schutzwürdiges Interesse an der Aufrechterhaltung des erworbenen Lebensstandards hat.

Damit ist der Weg geebnet für die Frage nach der grundrechtlichen Schutzpflicht des Staates, ein gesetzliches Erb- und Pflichtteilsrecht einzurichten. Gleichzeitig ist dabei in personeller Hinsicht die Richtung eindeutig vorgegeben: Ob der Gesetzgeber gehalten ist, im Intestatfall sowie bei abweichenden Erblasserverfügungen bestimmten Angehörigen doch eine Nachlaßbeteiligung zu verschaffen, kann sich als Frage der grundrechtlichen Schutzpflicht gegenüber einem Grundrecht zu erben nur noch auf Eltern, Kinder und Ehegatten erstrecken.

§ 9 Der Staat in der (Schutz-)pflicht – Flankierung des Grundrechts zu erben durch gesetzliches Erbrecht und Pflichtteilsrecht

Damit ist es nun also an der Zeit, einen weiten Bogen zurück zur staatlichen Schutzpflicht zu schlagen und sich in aller Kürze die im ersten Teil aufgezeigten Zusammenhänge von Institutsgarantie und Individualrecht ins Gedächtnis zu rufen: Dem Staat obliegt ein sorgfältiger, wachsamer Umgang mit grundgesetzlich garantierten Rechten des einzelnen, eine Pflicht, die sich zu einer echten Handlungspflicht auch des Gesetzgebers verdichten kann. Dies deshalb, weil ein Grundrecht um seiner Verwirklichung willen gerade auf Schaffung von umhegenden und flankierenden Normen durch den gesetzgebenden Staat angewiesen sein kann. Die Forderung des Grundrechts, einen bestimmten Normenkomplex zur Verfügung zu stellen, mündet wiederum in die Institutsgarantie – diese ist somit eine Unterordnung oder Ausfluß der staatlichen Schutzpflicht.

Wie jedes Grundrecht kann also auch das Grundrecht auf Nachlaßteilhabe aus Art. 14 Abs. 1 S. 1 GG prinzipiell diesen Schutz durch den Gesetzgeber verlangen. Welche Anforderungen im einzelnen an die gesetzgeberische Aktivität zu stellen sind, hängt dabei „von den jeweils in Rede stehenden Grundrechtsnormen und der Verletzungskonstellation ab“[728], pauschale Antworten verbieten sich[729]. Vorliegend stehen wie bekannt nun zweierlei Regelungskomplexe auf dem Prüfstand, zum einen: Ist der Gesetzgeber verpflichtet, ein gesetzliches Erbrecht von Kindern, Eltern und Ehegatten im Intestatfall zu regeln, damit deren grundrechtlich garantierte Nachlaßteilhabe auch in diesem Fall zur Entfaltung gelangen kann (bipolares Verhältnis, dazu im folgenden I.)? Und zum zweiten, sicherlich von größerer Brisanz: Ist er gehalten, für den Fall eines das Nachlaßteilhabe(grund)recht des Kindes, Elternteils oder Ehegatten mißachtenden Testaments eine Regelung zu treffen, die den Genannten einen Mindestanteil am Nachlaß gegen den Willen des Erblassers sichert (tripolares Verhältnis, dazu im folgenden II.)? Die Dinge werden sich, nicht zuletzt aufgrund der vorangegangenen intensiven Aufarbeitung mit Hintergrundanalyse, nunmehr ohne weiteres klären lassen. Stellung zu nehmen sein wird dabei auch zur – auf einfachgesetzlicher Ebene vieldiskutierten – Annexfrage, wie es um die Regelungsmöglichkeit der Mindestteilhabesicherung in Abhängigkeit von einem Bedarf des Grundrechtsinhabers steht.

I. Schutz im bipolaren Verhältnis Erbe–Staat: Das gesetzliche Erbrecht

1. Garantie eines gesetzlichen Erbrechts am Nachlass von Eltern, Kindern und Ehegatten im Intestatfall

Bekennt man sich wie hier zu einem staatsgerichteten Grundrecht auf Beteiligung am Nachlaß, so bleibt für die Frage nach dem Intestaterbrecht nur eine Antwort: Natürlich muß der Gesetzgeber für den Fall, daß der Erblasser schweigt, Normen schaffen, die die Inhaber des Grundrechts von Gesetzes wegen zu Erben erklären. Dies ist einer der maßgeblichen Inhalte des Grundrechts zu erben:

---

[728] *Stern*, Staatsrecht III/1, S. 1576.

[729] Vgl. statt vieler *Isensee*, in: HStR V, § 111 Rn. 138 f., 141.

Den Gesetzgeber trifft hier wie beim Eigentum die Pflicht, eine „rechtliche Infrastruktur"[730] bereitzustellen. Wie der Eigentümer für die Existenz seines Status auf das Bestehen von Normen angewiesen ist, die eine Zuordnung von Sachen zu Personen im Sinne der Eigentumsgarantie schaffen[731], so setzt – jedenfalls im Intestatfall[732] – „Erbesein" als rechtlicher Begriff denknotwendig eine Regelung voraus, die die Figur des Erben erst erschafft, indem sie zwischen einer Person und dem Nachlaß eine bestimmte rechtliche Beziehung herstellt, die „Herrschafts- und Aktionsmöglichkeiten"[733] über den Nachlaß festlegt. Bei beiden, Eigentümer wie Erben, geht es also um ein vom Gesetzgeber nach dem Maßstab des Art. 14 Abs. 1 S. 1 GG bereitzustellendes Zuordnungsverhältnis, ohne welches Eigentümer und Erbe lediglich Besitzer und Erbschaftsbesitzer wären[734]. Kinder, Eltern und Ehegatten, die – bildlich gesprochen – vor dem Nachlaß ihres testamentslos verstorbenen Angehörigen sitzen, sind so lange keine Erben mit den entsprechenden Rechten und Pflichten, wie sie das Gesetz nicht als solche kreiert, denn der rein tatsächliche Zugriff auf den Nachlaß macht sie noch nicht zu solchen. Ihr Grundrecht fordert deshalb zu seinem Flankenschutz unabdingbar, daß der Gesetzgeber den Verfassungsbegriff des Erbrechts, und damit auch des Erben, ausfüllt und dem Erben so die Möglichkeit gibt, mit dem Nachlaß in verschiedenster Hinsicht zu verfahren[735]. Welche Regelungen das Grundrecht inhaltlich nun im einzelnen verlangt, mag hier getrost dahinstehen. In personeller Hinsicht jedenfalls ist sicher, daß der Gesetzgeber für den Fall ausbleibender Bestimmung durch den Erblasser dafür zu sorgen hat, daß der Nachlaß in die Hände der Kinder, Eltern und Ehegatten als Grundrechtsinhaber gelangt[736]: Sie sind als Grundrechtsinhaber immer im Sinne einer Vermögensübernahme an

---

[730] Begriff: *Böhmer*, in: Baur (Hrsg.), Eigentum, S. 39 (62).

[731] Dazu schon im ersten Teil § 2 II 1 Fn. 31 („rechtliche Infrastruktur").

[732] Beim Testamentserben stellt sich dieses Problem durchaus auch, wenn auch versteckter. Soweit der Gesetzgeber eigentumsrechtliche Regelungen getroffen hat und diese auch die Disponibilität für den Todesfall erfassen, ist der den Nachlaß Erhaltende insofern nicht auf erbrechtliche Regelungen angewiesen, als dann die eigentumsrechtlichen Normen in Verbindung mit der Verfügung des Erblassers die Zuordnung des Nachlasses bestimmen und er jedenfalls Eigentümer werden kann. Zum Erben im eigentlichen Sinne allerdings – mit der Folge, daß das durch Testament erworbene Eigentum möglicherweise anderen, gerade das Erbgrundrecht besonders schützenden Regelungen unterliegt – kann ihn auch das Testament nur machen, weil der Gesetzgeber die Infrastruktur für diesen Begriff überhaupt geschaffen hat.

[733] *Weber*, in: Neumann/Nipperdey/Scheuner, Die Grundrechte II, S. 331 (347).

[734] Vgl. für das Eigentum *Seith*, Urheber, S. 107 (Anm. 464 a. E.).

[735] Die Erbrechtsgarantie kann sich wegen der speziellen Situation, die gerade die Nachfolge in das Eigentum eines anderen mit sich bringt, nicht mit den eigentumsrechtlichen Vorschriften begnügen, sondern verlangt speziell auf das Kriterium der Nachfolge zugeschnittene Regelungen, man denke etwa an Fragen um die Haftung des Erben.

[736] Auch in personeller Hinsicht erweist sich die Erbrechtsgarantie also als sehr eingeschränkt normprägungsoffen, vgl. oben Teil 1 § 2 II 2 a.

einem vorhandenen Nachlaß zu beteiligen[737]. Wen der Gesetzgeber nach oder auch mit ihnen am Nachlaß teilhaben läßt, bleibt ihm überlassen. Zu bedenken hat er aber, daß jedes Teilen des Nachlasses mit Kindern, Eltern oder Ehegatten deren grundrechtlich geschützte Freiheit schmälert und deshalb entsprechender Rechtfertigung bedarf[738].

Dies ist, um den Blick auf die Erbrechtsgarantie aus institutioneller Sicht nicht zu vergessen, die Institutsgarantie eines gesetzlichen Erbrechts dieser Angehörigen, mithin der Verwandtenerbfolge[739], soweit sie sich auf Kinder und Eltern erstreckt[740].

2. Vorgaben für den Gesetzgeber zum Verhältnis der Grundrechtsträger untereinander

Das Grundrecht, am Nachlaß beteiligt zu sein, besagt für sich gesehen noch nichts über die Höhe der garantierten Beteiligung. Sicher ist indes, daß das Recht auf Nachlaßteilhabe neben anderen Grundrechtsinhabern zu einem Recht auf *anteilige* Nachlaßteilhabe wird, denn es geht immer um die Verteilung eines Ganzen. Der Gesetzgeber hat hier die Erbgrundrechte der jeweiligen Beteiligten abzuwägen und in Ausübung seiner Schutzpflicht festzulegen, wer im Intestatfall welchen Anteil bekommen soll. Die Spielräume[741] und Grenzen einer die

---

737 Zur hier nicht zu vertiefenden Frage, ob das Grundrecht zu erben (oder möglicherweise auch das der Testierfreiheit) aus Gründen des Flankenschutzes eine *Gesamt*rechtsnachfolge fordert, sei verwiesen auf die Nachweise oben in § 3 I 3. Nicht zulässig wäre jedenfalls der von *Stöcker*, FamRZ 1970, S. 444 ff. vorgebrachte Vorschlag, den Ehegatten zum Alleinerben zu benennen und den Abkömmlingen lediglich einen schuldrechtlichen Erbersatzanspruch zu gewähren; ebenso *Rauscher*, Reformfragen I, S. 78 f.

738 Für die aktuelle Rechtslage gewinnt dies insbesondere hinsichtlich der Nachlaßteilung zwischen den Partnern des LPartG und Kindern eines der Partner an Bedeutung. Daß die momentan geltende Regelung Rechte der Kinder am Nachlaß nicht verletzt, hat das Bundesverfassungsgericht in E 105, S. 313 (355 f.) derweil klargestellt. – Für das Verhältnis von Eltern und Enkeln des Erblassers bei vorverstorbenem Kind s. schon oben Fn. 625.

739 In einem das Pflichtteilsrecht ausschließenden und nur das gesetzliche Erbrecht erfassenden Sinne.

740 Der Vollständigkeit halber sei nochmals ins Gedächtnis gerufen, daß die Institutsgarantie dieses gesetzlichen Erbrechts *auch* als notwendiger Flankenschutz der Testierfreiheit denkbar ist und als *deren* Flankenschutz auch noch weitere Angehörige einschließen kann, sowie der Grundsatz der Privaterbfolge schon für sich die Einsetzung Verwandter, da Privater, so weit wie möglich fordert (oben § 4 II 3). So gesehen, steht das gesetzliche Erbrecht von Eltern, Kindern und Ehegatten auf dreifachem Boden, das der von der Testierfreiheit erfaßten Verwandten noch auf doppeltem und das der übrigen auf einfachem.

741 Vgl. etwa *Brox*, Erbrecht, Rn. 27: Keine Garantie der Nichtabänderung der Quote – weswegen die Änderung der bestehenden Rechtslage durch den mit dem Nichtehelichengesetz 1969 einfügten § 1931 Abs. 4 BGB, der für bestimmte Fälle den Erbanteil des überlebenden

Anteile festlegenden gesetzlichen Regelung hier im einzelnen aufzuzeigen, würde den Rahmen der vorliegenden Abhandlung sprengen[742]. Auch ist dies für die noch folgende Erörterung der Nachlaßbeteiligung gegen den Erblasserwillen erläßlich, da auch dort nur die grundsätzliche Frage des „Ob" und nicht des „Wieviel" aufzuwerfen sein wird. Hingewiesen sei deshalb lediglich auf die wichtigsten Direktiven für den Gesetzgeber: Beim Ehegatten steht fest, daß er im Sinne echter Vermögensübernahme teilhaben muß, ein nur finanzieller Ausgleich ist unter der Herrschaft der Erbrechtsgarantie nicht denkbar[743]. Der Höhe nach darf dieser Anteil neben Kindern sicher nicht unter dem liegen, was das BGB seit Anbeginn als Ehegattenerbteil – ein Viertel – vorsah[744]. Vielmehr ist davon auszugehen, daß eine Beteiligung des Ehegatten neben Kindern von insgesamt *unter* ein Halb – also eine Reduzierung der heutigen faktischen Erbbeteiligung – heute möglicherweise verfassungsrechtlichen Maßstäben nicht mehr genügen würde[745]. Möglich erscheint dagegen wegen der gestiegenen Bedeutung der

---

Ehegatten auf Kosten der Quote der Kinder erhöhte, keine verfassungsrechtlichen Bedenken aufwarf.

[742] Ausführungen zu den verfassungsrechtlichen Anteilsgrenzen finden sich bei *Rauscher*, Reformfragen I, S. 76 ff., 81 ff., und *Haas*, ZEV 2000, S. 249 (255 ff.), wenn auch unter anderer Prämisse hinsichtlich der verfassungsrechtlichen Grundlagen.

[743] In diesem Sinne zu verstehen auch *Boehmer*, in: Neumann/Nipperdey/Scheuner, Die Grundrechte II, S. 401 (414 f.). Die insofern a. A. von *Rauscher*, Reformfragen I, S. 76 f., beruht auf einem grundsätzlich anderen Ansatz hinsichtlich des Ehegattenerbrechts.

[744] § 1931 Abs. 1 S. 1 BGB.

[745] A. A. offenbar *Rauscher*, Reformfragen I, S. 79. – Der Erbrechtsgarantie selbst sind keine Aussagen darüber zu entnehmen, ob die Beteiligung in den einfach-gesetzlichen Vorschriften des Familienrechts oder des Erbrechts umgesetzt wird, entscheidend ist die am Ende tatsächlich bestehende Beteiligung am Nachlaß. Die Erbrechtsgarantie garantiert auch nicht etwa einen güterrechtlichen Ausgleich am Ende der Ehe. Dies ist allein Frage des Eheschutzes aus Art. 6 Abs. 1 GG. Dies steht nicht in Widerspruch dazu, daß für die Begründung eines Rechtes auf Erbbeteiligung des Ehegatten *unter anderem* herangezogen wurde, daß Ehegatten gemeinsam wirtschaften und deshalb besonders nah am Nachlaß des anderen sind.
Allerdings muß vor diesem Hintergrund und sofern man von der Garantie eines güterrechtlichen Ausgleichs aus Art. 6 Abs. 1 GG ausgeht (Vgl. *Badura*, in: Maunz/Dürig, GG, Art. 6 Rn. 70 f. m. w. N.), hinterfragt werden, ob die momentan geltende Regelung, nach der der Ehegatte neben Kindern pauschal zwei Viertel, also die Hälfte, des Erblasservermögens erhält, nicht gegen Art. 6 Abs. 1 GG oder die Erbrechtsgarantie oder gar beide verstößt. Dies sei an folgendem Beispiel verdeutlicht: Hat keiner der Ehegatten zu Beginn der Ehe Vermögen, und einer der beiden infolge Hausarbeit im Verlauf der Ehe auch keinen Zugewinn, so beläuft sich dessen Erbteil, das zwei Viertel des Gesamten beträgt, geradewegs auf die Höhe seines Zugewinnausgleichs: Mithin bekommt er nicht mehr als das, was am Erblasservermögen ohnehin sein miterwirtschafteter Anteil ist und wird im Gegensatz zu den Kindern am „eigentlichen" Vermögen des Erblasser überhaupt nicht beteiligt. Hätte er dagegen infolge Verdienstmöglichkeit gleichviel Vermögenszuwachs gehabt wie der Erblasser, so wäre sein Zugewinnausgleich zwar gleich null gewesen, dafür hätte er den entsprechenden Betrag aber auch selbst erworben und wäre zusätzlich noch zur Hälfte am Zugewinn des Erblassers beteiligt gewesen

Paarbeziehung durchaus eine Ausweitung des Ehegattenerbteils über ein Halb hinaus[746]. Letzteres mag heute sogar geboten sein, wenn Ehegatten und Eltern als Intestatserben zusammentreffen. Ein strikter „erbrechtlicher Halbteilungsgrundsatz" zwischen dem Ehegatten einerseits und den Kindern und Eltern als Verwandten andererseits ist jedenfalls nicht begründbar[747]. Innerhalb der Verwandtschaft schließlich ergeben sich für den Gesetzgeber eindeutige Vorgaben: Eltern haben, dies ist ihrer Grundrechtsberechtigung immanent[748], hinter Kindern immer zurückzustehen, weswegen ein gesetzliches Elternerbrecht neben Kindern verfassungswidrig wäre. Unter Kindern wiederum ist der Nachlaß zu gleichen Teilen zu vergeben[749]. Diese Vorgabe für den Gesetzgeber resultiert aus dem Grundrecht auf Beteiligung am Elternnachlaß als speziellem Gleichheitssatz unmittelbar, und nicht erst aus Art. 3 Abs. 1 GG[750].

Auf die Bedeutung dieser grundsätzlich anteiligen Garantie wird später beim Pflichtteilsrecht insofern noch einmal zurückzukommen sein, als den vom Grundrecht gesetzten Ober- und Untergrenzen der Anteile für die dortige Abwägung mit der Testierfreiheit eine maßstabssetzende Funktion zukommt.

– er hätte also einen echten Anteil an dessen Vermögen übernommen. Geht man davon aus, daß die momentan bestehende hälftige Beteiligung zwar die Vorgaben der Erbrechtsgarantie erfüllt und in dieser aufgeht, stellt sich die Frage, ob dann Maßgaben des Art. 6 Abs. 1 GG hinsichtlich des Zugewinnausgleichs ausreichend berücksichtigt sind.

[746] Daß der Ehegatte wegen des Voraus, § 1932 BGB, faktisch heute schon mehr als die Hälfte erbt, entspricht daher sicherlich verfassungsrechtlichen Vorgaben.

[747] Ähnlich *Rauscher*, Reformfragen I, S. 79; einen solchen Maßstab aus einfachrechtlicher Sicht aber befürwortend *Strätz*, FamRZ 1998, S. 1553 (1558).

[748] Oben § 8 II 1 c bb.

[749] Es läßt sich darüber nachdenken, ob die Pflicht, das Erbe unter – auch weggefallenen – Kindern gleich zu verteilen kumuliert mit dem in jeder Generation bestehenden Grundrecht auf Beteiligung am Elternnachlaß in der Deszendentenabfolge zwangsläufig die Verfassungsgarantie der Erbfolge nach Stämmen mit Eintritts- und Repräsentationsprinzip nach sich zieht: Denn der Gesetzgeber muß einerseits den Nachlaß (einer gedachten ersten Generation) unter Kindern (also der zweiten wie sodann auch dritten Generation) stets gleich verteilen. Und andererseits fordern sowohl das Grundrecht zu erben des Kindes eines Vorverstorbenen der zweiten Generation sowie möglicherweise auch die Testierfreiheit dieses Vorverstorbenen die Beteiligung der dritten Generation am Nachlaß der zweiten Generation – und damit wiederum am grundrechtlich gesicherten gleichen Anteil des vorverstorbenen Angehörigen der zweiten Generation am Nachlaß der ersten. Es ist deshalb fraglich, ob andere Verteilungen des Nachlasses als die Erbfolge nach Stämmen unter der Gesichtspunkt der Verfassungsmäßigkeit überhaupt in Betracht kommen.

[750] Vgl. die Ausführungen zum Grundrecht oben § 8 II 1 a dd. – Analog ergibt sich das Recht der nichtehelichen Kinder auf gleiche Beteiligung am Nachlaß ebenfalls aus dem Grundrecht des Art. 14 Abs. 1 S. 1 GG direkt und nicht erst aus Art. 6 Abs. 5 GG.

II. Schutz im tripolaren Verhältnis Erbe–Staat–Erblasser: Erbgrundrecht vs. Testierfreiheit oder: Das Pflichtteilsrecht als Rückzugsstellung[751] *des Erbgrundrechts*

Auf dem nunmehr letzten Schauplatz der Erbrechtsgarantie tritt der bisherigen Bipolarität von Erbgrundrechtsinhaber und Staat ein Dritter hinzu, der sein Handeln ebenfalls grundrechtlich geschützt weiß: Der Erblasser, der in Ausübung seiner Testierfreiheit eben jene Erben von seinem Nachlaß ausschließen will und so über Kreuz gerät mit dem neminem-laedere-Gebot. Kann der Erbe vom Gesetzgeber nun Flankenschutz für sein Grundrecht beanspruchen, kann er die Regelung eines unentziehbaren Anteils am Nachlaß verlangen? In dogmatischer Hinsicht ist im Grundlagenteil[752] alles Wichtige gesagt worden – was dort noch abstrakt skizziert wurde, nimmt hier nun konkrete Gestalt an. Nur Stichworte seien deshalb wiederholt: Der Gesetzgeber hat die betroffenen Grundrechtssphären in entsprechender Ausgestaltung der Rechtsordnung so gegeneinander abzugrenzen, daß jedes Grundrecht zu größtmöglicher Geltung gelangt[753]; dies ist die Aktualisierung der Schutzpflicht im Dreiecksverhältnis. Kann es nun vor jenem Dogma „größtmöglicher Geltung“, bestmöglicher Entfaltung *beider* Grundrechte überhaupt Zweifel daran geben, daß der Gesetzgeber eine Nachlaßteilhabesicherung jedenfalls grundsätzlich zu regeln hat, weil sonst nämlich vom Grundrecht zu erben gar nichts bliebe? Es kann – und kann doch wiederum nicht: Sehen wir, was eine Gegenüberstellung der beiden Grundrechte ergibt.

Um Wiederholungen zu vermeiden, sollen nun zunächst diejenigen Erwägungen, die das Recht am Nachlaß von Eltern, Kindern und Ehegatten gleichermaßen betreffen, gemeinsam in Betracht – gewissermaßen „vor die Klammer“ – gezogen werden (im folgenden 1.). Sodann wird den jeweiligen personellen Spezifika Rechnung getragen und dementsprechend nach den drei in Rede stehenden Nachlässen bzw. Grundrechtsinhabern getrennt (2.). Schließlich wird die Frage nach der Möglichkeit bedarfsabhängiger Regelung beantwortet (3.) und zum Abschluß im Rahmen der Zusammenfassung des Erarbeiteten ein Bogen zur Institutsgarantie zu spannen sein (4.).

1. Personenunabhängige Gewichtung im Widerstreit von Testierfreiheit und Grundrecht zu erben

Wirft man nun, bildlich gesprochen, im folgenden die Position des Erblassers einerseits und die des Erben andererseits in die Waagschale, so scheint sich zu-

---

[751] Begriff: *Lange/Kuchinke*, Erbrecht S. 865.

[752] Insbesondere § 5 II 2.

[753] Vgl. speziell für den Ausgleich von Erblasser und Erbe unter Rückgriff auf eine Formulierung von *K. Hesse Depenheuer*, in: v.Mangoldt/Klein/Starck, GG, Art. 14 Rn. 528: „Praktische Konkordanz“.

nächst ein eindeutiges Ungleichgewicht zugunsten der Testierfreiheit abzuzeichnen, das die Schutzwürdigkeit des Erben dahinschwinden läßt. Bei näherem Besehen wird aber bereits eine personenunabhängige Gegenüberstellung von Erblasser- und Erbenseite andeuten, daß sich aus einer Gewichtung der beiden konträren Grundrechte möglicherweise doch eine Schutzbedürftigkeit des Erben seitens des Gesetzgebers ergibt, die gegenüber der Testierfreiheit nicht vollständig zurücktreten muß.

a. Die Testierfreiheit – starke Erblasserposition mit Hypothek

aa. Ihre Bedeutung: Vollendung der Eigentumsgarantie und Mittelpunkt des überkommenen Erbrechts

Die Testierfreiheit ist in ihrer Rolle als verlängertes Eigentumsgrundrecht unzweifelhaft ein außerordentlich starkes Recht: Sie sichert die Disponibilität des Eigentums – selbst konstitutives Element der Eigentumsgarantie – in der Zeit, schafft Raum für die Freiheit der letzten Entscheidung des Eigentümers über seine Habe und setzt damit entscheidenden Anreiz für den gesamtgesellschaftlich bedeutsamen Erwerbswillen. Auf die Relevanz dieser Perpetuierung der Eigentumsgarantie, die ihrerseits „elementares Grundrecht [ist], das in einem inneren Zusammenhang mit der Garantie der persönlichen Freiheit steht“[754], wurde ebenfalls bereits ausführlich im Grundlagenteil eingegangen, es sei deshalb wiederum auf diesen verwiesen[755]. Die Testierfreiheit als inhaltlich mit der Eigentumsgarantie verschmelzende Gewährleistung vervollständigt jedenfalls erst über den Tod hinaus den von der Eigentumsgarantie verbürgten Schutz eigenverantwortlicher Lebensgestaltung im vermögensrechtlichen Bereich[756] – sie ist nichts weniger das i-Tüpfelchen des Eigentumsgrundrechts.

Dieser „überragenden Bedeutung“[757] der Verfügungsfreiheit des Erblassers trägt auch schon vor dem Grundgesetz das Erbrecht des BGB Rechnung. Denn es stellt sie, die in Rom geboren wird[758] und „dem Individualismus der gesamten Privatrechtsordnung, also der bestimmenden Kraft von Privateigentum und Vertragsfreiheit, unmittelbar entspricht“, in den Mittelpunkt des Erbrechts[759]. Be-

---

[754] BVerfGE 24, 367 (389); ähnlich E 30, 292 (334); 31, 229 (239); 50, 290 (339); *Papier*, VVDStRL 35 (1977), S. 55 (81 ff.).

[755] § 2 I 1; § 3 I 1.

[756] St. Rspr., siehe zuletzt BVerfGE 83, 201 (208; in BVerfG JZ 1991, S. 774 m. Anm. *Schwabe*); 79, S. 292 (303 f.).

[757] *Leipold*, AcP 180 (1980), S. 160 (191).

[758] Statt vieler *Schröder* mit kurzem Überblick über die Entstehung der Testierfreiheit m. w. N., in: DNotZ 2001, S. 465 (468).

[759] *Schiemann*, ZEV 1995, S. 197 (199), der die Testierfreiheit unter dem Aspekt verlorengegangener Unterhaltsfunktion und allgemein reduzierter familiärer Bindung heute „noch in viel stärkerem Maße“ als zur Zeit der Entstehung des BGB in dessen Mittelpunkt sieht. Zur Unbe-

reits äußerlich gewährt es der gewillkürten Erbfolge strikten Vorrang vor der gesetzlichen als Auffangtatbestand[760], insoweit ganz den Vorstellungen des Redaktors *v.Schmitt* entsprechend, der das Erbrecht auf die Willensherrschaft des Individuums zurückführte[761]. Inhaltlich hat die Erbbeteiligung der nicht bedachten Angehörigen gewaltige Abstriche hinzunehmen: In auffälligem Gegensatz zur Unbegrenztheit der gesetzlichen Erbfolge steht schon die auf Abkömmlinge, Eltern und Ehegatten beschränkte Pflichtteilsberechtigung[762], die überdies auf rein finanzielle Beteiligung, nicht etwa auf ein materielles Noterbrecht gerichtet ist. Eine klare Aussage trifft das 5. Buch des BGB auch insofern, als es die Möglichkeiten des Erblassers, zu Lebzeiten sein Vermögen für sich selbst auszugeben, in keiner Weise zugunsten der potentiellen Erben beschränkt[763]. Schließlich finden sich Hinweise auf die Vorrangstellung der Verfügungsfreiheit auch in den Regelungen der Testamentsvollstreckung, der Vor- und Nacherbfolge[764] sowie der eingeräumten Möglichkeiten von Rechtsgeschäften unter Lebenden auf den Todesfall[765]. Das BGB verschafft der Testierfreiheit also in verschiedener Hinsicht ein Ausmaß an Raum, das trotz Berücksichtigung auch von Erbenbelangen eindeutig erkennen läßt, für wessen Interessen das Herz des

---

strittenheit der Existenzberechtigung der Testierfreiheit bei den Verhandlungen zum BGB s. *Mertens*, Entstehung, S. 40. Vgl. auch *Schröder*, DNotZ 2001, S. 465 (468): Einerseits Erscheinung des Kapitalismus, andererseits Folge des Persönlichkeitsrechts.

760 Vgl. *Leipold*, AcP 180 (1980), S. 160 (191).

761 Und daher auch die gewillkürte Erbfolge an den Beginn des Erbrechts stellen wollte, s. Schubert (Hrsg.), Vorentwürfe Erbrecht Bd. 1, Begründung TE S. 52; ausführlich *Mertens*, Entstehung, S. 34 ff. mit dem Hinweis (S. 39 f.), daß an dieser Einschätzung auch die letzliche Voranstellung der gesetzlichen vor die gewillkürte Erbfolge nichts ändert, da hierdurch keine veränderte Grundsatzentscheidung zum Ausdruck gebracht werden sollte. Ebenso *Leipold*, AcP 180 (1980), S. 160 (191); *Kick*, in: Jahrbuch junger Zivilrechtswissenschaftler 1996, S. 167 (172).

762 § 2303 BGB.

763 Nach *Lange/Kuchinke*, Erbrecht, S. 931, zeigt sich die „Freiheit des Erblassers" auch darin, daß im Falle der den Pflichtteilsergänzungsanspruch auslösenden Drittzuwendungen der Anspruch des Erben gemäß § 2325 Abs. 1 BGB „erst mit dem Erbfall" entsteht, mithin der Erblasser selbst sich mit dem Erben nicht mehr auseinandersetzen muß.

764 Dies hat *Hetmeier*, Grundlagen der Privaterbfolge, S. 53 ff. anschaulich herausgearbeitet: Die Regeln der Testamentsvollstreckung, §§ 2197 ff., ermöglichen dem Erblasser, bis zu einer Dauer von 30 Jahren nach seinem Tod das Schicksal seines Nachlasses zu bestimmen und den Erben in seiner Verfügungsfreiheit entsprechend zu beschränken; mit der Einsetzung eines Nacherben, §§ 2100 ff., kann der Erblasser die Weitergabe seines Nachlasses über mehrere Personen bestimmen.

765 Daß hierdurch beschränkende Vorschriften des Erbrechts umgangen werden können, ist – so auch *Hetmeier*, Grundlagen der Privaterbfolge, S. 57 – als bewußte Entscheidung des Gesetzgebers zwar nicht nachweisbar. Es ist aber in der Rechtsprechung anerkannt, daß insbesondere der echte Vertrag zugunsten Dritter (§§ 328, 331 BGB) ein zulässiges Mittel zur Weitergabe von Vermögenswerten außerhalb des Erbrechts ist, vgl. *Palandt-Edenhofer*, § 2301 Rn. 17.

überkommenen Erbrechts letztlich schlägt[766]. Als durch das Grundgesetz verfassungsrechtlich überhöhtes Freiheitsrecht ist die Testierfreiheit daher unschwer als „bestimmendes Element ... der Erbrechtsgarantie“[767] zu erkennen.

bb. Ihre Schwachstelle: Überkommene Einschränkung durch die Teilhabesicherung Angehöriger

Diese solchermaßen starke Verfügungsfreiheit des Erblassers hat aber seit jeher, sozusagen von ihrer Stunde Null an, eine entscheidende Schwächung erfahren: Die Beschränkung des Erblassers durch eine wie auch immer geartete Nachlaßteilhabesicherung Angehöriger „ist fast allen Zeiten und Völkern gemeinsam“[768]. Schon das römische Recht, an sich „Hort der Testierfreiheit“[769], kannte in verschiedenen Formen die Unvergebbarkeit eines Teiles des Erbgutes[770], und so erst recht das deutsche Recht[771], das Aufweichungen der strengen Familiengebundenheit überhaupt zaghaft und zunächst nur im Interesse der Kirche zuließ[772]. *Daß* das BGB-Erbrecht der Testierfreiheit eine Teilhabesicherung aufzuerlegen habe, stand jedenfalls bei seinem Entwurf, mithin „selbst im liberalen

---

[766] *Kick*, in: Jahrbuch junger Zivilrechtswissenschaftler 1996, S. 167 (181); *Schiemann*, ZEV 1995, S. 197 (199). Eine Testierfreiheitsfreundlichkeit der Rechtsprechung ablesen läßt sich in der Entscheidung des Ersten Senats des Bundesverfassungsgerichts BVerfGE 91, S. 346 ff., die die Testierfreiheit stark in den Vordergrund stellt. Kritisch zur Argumentationslinie des „Interesses“ des Erblassers und die Diskrepanz zur Erbschaftssteuerentscheidung des Zweiten Senats (BVerfGE 93, 165) aufzeigend *Leipold*, JZ 1996, S. 287 (288).

[767] BVerfG ZEV 2000, S. 447.

[768] *v.Schmitt*, in: Schubert (Hrsg.), Vorentwürfe Erbrecht Bd. 1, Begründung TE, S. 55; *Strätz*, FamRZ 1998, S. 1553 (1565).

[769] *Schröder*, DNotZ 2001, S. 465 (468).

[770] Das zunächst bestehende formelle Noterbrecht forderte die ausdrückliche Einsetzung oder Enterbung der nächsten Angehörigen (zur Unterscheidung von Söhnen einerseits und Töchtern und Enkeln andererseits s. *Lange/Kuchinke*, Erbrecht, S. 865 Rn. 2), sonst war das Testament nichtig. Den Schritt zum echten Eingriff in die Testierfreiheit vollzog das römische Recht unter Einfluß des Zentumviralgerichts mit der Entwicklung des materiellen Noterbrechts: Der Erblasser, der seinen Angehörigen nichts hinterließ, wurde als „non sanae mentis“, nicht ganz bei Verstand, betrachtet und dem Übergangenen mit der „querella inofficiosi testamenti“ die Anfechtung des Testaments gestattet. Mit der Zeit wurde das Recht zur Anfechtung beschränkt auf die Fälle, in denen dem Beschwerdeführer nicht mindestens ein Viertel der Erbschaft hinterlassen war, dieser Teil wurde portio legitima, Pflichtteil, genannt. Einzelheiten bei *v.Lübtow*, Erbrecht, 1. Halbband, S. 12 f., 554 f., sowie *Lange/Kuchinke*, Erbrecht, S. 865 f.

[771] Zum Beispiel das Freiburger Stadtrecht von 1520; vgl. *Breßler*, Gesetzliche Erbfolge, Testament und Pflichtteil im Freiburger Stadtrecht, in: FHI (forum historiae iuris), Rn. 159 ff. Einzelheiten bei *v.Lübtow*, Erbrecht 1. Halbband, S. 13 ff.

[772] Überblick etwa bei *Strätz*, FamRZ 1998, S. 1553 (1565) und *Schröder*, DNotZ 2001, S. 465 (469); eingehend die Entwicklung nachvollziehend *Hetmeier*, Grundlagen der Privaterbfolge, S. 18 ff.

19. Jahrhundert"[773], nur vereinzelt in Frage[774]. Der Erblasser mußte sich also, und das noch lange bevor es die Testierfreiheit und das Erbgrundrecht als verbriefte Grundrechte gab, seit jeher mit dem Beteiligungsrecht der Angehörigen auseinandersetzen[775]. Die Testierfreiheit ist nie ohne diese Hypothek gewesen, das Grundgesetz hat sie mit ihr vorgefunden und rezipiert[776]. Und auch wenn das Pflichtteilsrecht heute vielfach in die Kritik geraten ist und mannigfach Änderungsvorschläge gemacht werden[777], so ist es dem Grunde nach doch ganz überwiegend akzeptiert und seine völlige Abschaffung wird nicht befürwortet[778]

---

[773] *Kick*, in: Jahrbuch junger Zivilrechtswissenschaftler 1996, S. 167 (173).

[774] Die erste Kommission beschloß bereits 1875 einstimmig ein Pflichtteilsrecht und in den Beratungen der zweiten Kommission stand die grundsätzliche Beibehaltung nicht in Frage, s. *Mertens*, Entstehung, S. 84, 87. Zu den vereinzelt zu Beginn vorgebrachten Einwendungen *ders.*, a. a. O. S. 81 ff.; zu den drei großen Kodifikationen vor dem BGB – Preußisches ALR, französischer code civil und österreichisches ABGB – s. *Hetmeier*, Grundlagen der Privaterbfolge, S. 24 (Anm. 50 m. w. N.).

[775] Ähnlich *Stöcker*, WM 1979; S. 214 (221).

[776] Wenn das Bundesverfassungsgericht in E 58, 377 (398) formuliert, die Testierfreiheit umfasse die Befugnis des Erblassers, „... insbesondere einen gesetzlichen Erben von der Nachlaßbeteiligung auszuschließen und wertmäßig auf den gesetzlichen Pflichtteil zu beschränken", so kommt darin genau diese schon immer dagewesene Beschränkung der Testierfreiheit zum Ausdruck. Allerdings gilt es hier einem Mißverständnis vorzubeugen: Die Testierfreiheit *als Grundrecht* ist zunächst unbeschränkt und nicht etwa immanent von vorneherein um das Pflichtteilsrecht verkürzt, sie findet vielmehr ihre Grenze erst am Grundrecht zu erben. Es handelt sich beim Pflichtteilsrecht aus der Sicht des hier in den Vordergrund gestellten subjektiven Rechts um eine echte Begrenzung von außen als Ausfluß eines nebengeordneten eigenständigen Grundrechts; a. A. allerdings *Lange/Kuchinke*, Erbrecht, S. 25.– Daß es sich bei der Testierfreiheit „nicht um eine Freiheit nach Belieben", sondern um eine „Freiheit zur pflichtgemäßen, gerechten Ausübung" handele – so *Leipold*, AcP 180 (1980), S. 160 (195) – führt andererseits aber auf ein gefährliches Gleis: Die Testierfreiheit per se ist nicht um der Ausübung zu fremden – der Angehörigen – Nutzen verliehen. Warnend vor den Gefahren einer Kategorisierung von Freiheitsgrundrechten als „fremdnützig" *O. Klein*, Fremdnützige Freiheitsgrundrechte, insbes. S. 179 ff.

[777] Als wichtigste seien zu nennen die Reduktion der Quote (so etwa *Schröder*, DNotZ 2001, S. 465 [471]), die Erleichterung der Pflichtteilsentziehung (etwa *Otte*, ZEV 1994, S. 193 [197]; *Schröder*, a. a. O.), die Gestaltung nach Bedarf (etwa *Reichert Facilides*, 49. DJT , Bd. I [Gutachten], Teil A, Anhang I, S. 67 ff.; schon *Kühne*, JR 1972, S. 221 [225 f.]). Zu weiteren Änderungsvorschlägen, die hier im einzelnen nicht von Interesse sind, s. außer den Genannten etwa *Strätz*, FamRZ 1998, S. 1553 (1566 f.).

[778] Etwa *Otte*, ZEV 1994, S. 193 (195); *Schröder*, DNotZ 2001, S. 465 (470); *Keim*, DNotZ 2001, S. 434 (439), auch im Hinblick auf Umfragen in anderen Ländern; *Schlüter*, in: FS 50 Jahre BGH 2000, S. 1047 (1064). Auch auf sämtlichen Deutschen Juristentagen, auf denen das Pflichtteilsrecht Tagungsgegenstand war (14. DJT 1878 in Jena, 49. DJT 1972 in Düsseldorf, 59. DJT 1992 in Hannover; 64. DJT 2002 in Berlin), wurde das Pflichtteilsrecht dem Grunde nach stets für erhaltenswürdig betrachtet, vgl. *Martiny*, 64. DJT, Bd. I (Gutachten), Teil A, S. 61 sowie *Lipp*, NJW 2002, S. 2201 (2205). A. A. (gegen Beibehaltung, da angeb-

– eine Einschätzung, die ein rechtsvergleichender Blick bestätigt: Nur wenige Länder kennen eine unbegrenzte Testierfreiheit des Erblassers[779], insbesondere der romanische Rechtskreis dagegen sogar eine echte Erbenstellung des Übergangenen[780]. Im Hinblick auf die Behauptung des Grundrechts zu erben gegenüber der Testierfreiheit bedeutet dies: Die überkommene, von der Verfassung vorgefundene Einschränkung des an sich durchsetzungsstarken Verfügungsrechts des Erblassers läßt seine Schutzbedürftigkeit auf Grundrechtsebene nicht unerheblich erblassen und nimmt damit auf den Ausgleich mit der Schutzbedürftigkeit des Erben einen möglicherweise nicht unerheblichen Einfluß.

b. Das Erbgrundrecht – schwache Erbenposition ohne Durchsetzungsberechtigung?

aa. Befund eines inneren Behauptungsdefizits oder: Keine Erbschaft ohne Erblasservermögen – von der Nachlaßübernahme zur Nachlaßwertteilhabe

So gewichtig die Ausgangsposition des Erblassers ist, so schwach zeigt sich diejenige des Erben. Denn die Verwirklichung des Grundrechts auf Nachlaßteilhabe steht in einer absoluten Abhängigkeit von gerade demjenigen, gegen den es sich behaupten will: Ohne das tatsächliche Vorhandensein eines vermögenswerten Nachlasses löst sich das Beteiligungsrecht des Erben geradezu in nichts auf – nemo plus iuris transferre potest, quam ipse habet[781]. Daß das Grundrecht zu erben einerseits ein Recht auf Beteiligung an der noch vorhandenen „Lebensleistung“[782] des Erblassers ist, auf deren Erhaltung andererseits der Erbe aber keinerlei Anspruch gegen den Erblasser hat[783], stellt im Widerstreit dieses Erb-

---

lich verfassungswidrig) *Petri*, ZRP 1993, S. 205 ff; einen „Akzeptanzverlust“ will auch *Dauner-Lieb*, DNotZ 2001, S. 460 (461) konstatieren.

779 Als bekanntestes Beispiel gilt sicherlich Großbritannien (Einzelheiten bei *Huber*, Das Pflichtteilsrecht, S. 65 ff.), außerdem wird das Erbrecht auch in Israel und Mexiko vom Grundsatz der Testierfreiheit beherrscht (weiterführend *ders*., a. a. O., S. 77 ff., 85 ff.). Nachlaßbeteiligung gegen den Erblasserwillen kann dennoch stattfinden, sie ist aber in einem weiten Sinne bedarfsabhängig.

780 In Frankreich etwa kann der Erblasser von vorneherein nur über einen bestimmten Teil seines Gutes verfügen, der Rest bleibt als reale Erbquotenreservierung den Angehörigen vorbehalten, vgl. *Kroiß*, Internationales Erbrecht, Rn. 264. Ähnliches gilt für die Schweiz (s. Strätz, FamRZ 1998, S. 1553 [1565]), für Italien und Spanien (näher *Kroiß*, a. a. O., Rn. 233, 290).

781 Dieser aus den Digesten überlieferte Grundsatz (zitiert bei *Baur/Stürner*, Sachenrecht, § 52 Rn. 1) findet sich eigentlich im Widerstreit mit den sachenrechtlichen Gutglaubensregelungen wieder, beschreibt aber treffend auch die Situation des Erben in Erwartung des Erbes.

782 *Schlüter*, in: FS 50 Jahre BGH, S. 1047 (1052).

783 Jede einfachgesetzliche Regelung in diese Richtung wäre – vorbehaltlich etwaiger aus Art. 6 Abs. 1 oder 2 GG resultierenden Unterhaltspflichten (hierzu etwa *Lipp*, NJW 2002, S. 2201

grundrechts mit der Verfügungsfreiheit des Erblassers natürlich einen ganz erheblichen Schwachpunkt dar. Anders gewendet: Wenn der Erblasser überhaupt nichts hinterlassen muß, wieso sollen im Fall eines vorhandenen Nachlasses dann *bestimmte* Personen zwingend hieran zu beteiligen sein?

Diesem ungleichen Machtverhältnis, in dem sich Erbe und Erblasser wie David und Goliath gegenüberstehen, trägt auch das überkommene Erbrecht erkennbar Rechnung und unterwirft die Beteiligung des verstoßenen Angehörigen gleich zweierlei Repressalien[784]. Zum einen deckelt es seinen Anteil der Höhe nach: Nur die Hälfte dessen, was ihm eigentlich zusteht, wird ihm bei entgegenstehendem Erblasserwillen zugesprochen[785]. Während in dieser Regelung tatsächlich noch ein echter Ausgleich zwischen Erblasser und Erbe gesehen werden könnte – jede Seite hat mit der Hälfte ihrer Interessen zurückzustehen – wendet sich zugleich als Kehrseite gegen den Erben, was die Position des Erblassers wie gesehen in den Vordergrund rückt: Lediglich ein schuldrechtlicher Geldanspruch des Übergangenen ist tradiert, das deutsche Recht kennt kein materielles Noterbrecht[786]. Gegen den Willen des Erblassers gibt es also keine echte Vermögensübernahme. Dies bedeutet jedenfalls für die Zeit der Entstehung des BGB einen ganz deutlichen Abstrich gegenüber der Stellung als Testats- oder gesetzlicher Erbe und damit für das tradierte und rezipierte Machtgefüge von Erblasser und Erbe eine deutliche Zurücksetzung der Position letzteren[787].

Dies zieht in der Konsequenz zwei Erkenntnisse nach sich: Es können zum einen durchaus Zweifel aufkommen, ob das Grundrecht zu erben vor dem bis hier aufgezeigten tatsächlichen und überkommenen Kräfte- und Bedeutungsverhältnis überhaupt Schutz gegen die Testierfreiheit beanspruchen kann. Gerade daß die Verwirklichung des einen Grundrechts – hier des Erben – in direkter Abhängigkeit steht von einem diesem Grundrecht günstigen Verhalten ausgerechnet des Widersachers, ist zweifelsohne eine vom Normalfall der Grundrechtskol-

---

[2203]) – ein Verstoß gegen die durch die Eigentumsgarantie geschützte Verfügungsfreiheit des Erblassers.

784 Diese übersieht *Schlüter*, FS 50 Jahre BGH, S. 1047 (1052), wenn er von einer „Bevorzugung der Interessen des Pflichtteilsberechtigten vor denen des Erblassers" spricht – um mehr als eine „Berücksichtigung" handelt es sich sicherlich nicht!

785 § 2303 Abs. 1 S. 2 BGB.

786 Zur bewußten Entscheidung der Väter des BGB gegen ein solches s. *Mertens*, Entstehung, S. 92, 94 f. Diese ist Ergebnis des sich durchsetzenden naturrechtlichen Einflusses auf das BGB-Erbrecht, wohingegen andere Rechtsordnungen teilweise der römisch-rechtlichen Tradition eines Noterbrechts folgten, s. *Lange/Kuchinke*, Erbrecht, S. 866.

787 Dies gilt auch vor dem Hintergrund, daß zur Zeit des Inkrafttretens des BGB die reine Geldbeteiligung im Verhältnis zur dinglichen ein Minus war, wohingegen heute das solchermaßen gestaltete Pflichtteilsrecht durch die gesteigerte Bedeutung des Barvermögens faktisch eine Aufwertung erfahren haben dürfte, s. *Hetmeier*, Grundlagen der Privaterbfolge, S. 53 (Anm. 89); ähnlich hierzu *Papantoniou*, 49. DJT, Bd. II (Sitzungsberichte), Teil K, S. 99.

lision abweichende Besonderheit. Es muß deshalb durchaus darüber nachgedacht werden, ob die „Abgrenzung der Grundrechtssphären" gegeneinander möglicherweise vorgegeben ist und den Erblasser begrenzende Vorschriften von vorneherein nicht gefordert sind[788]. *Wenn* sich aber je – aus noch auszuführenden Gesichtspunkten – doch die Verpflichtung des Gesetzgebers zur teilweisen Durchsetzung des Erbengrundrechts ergeben sollte, so von vornherein jedenfalls nur unter Hinnahme einer qualitativen Minderung: Ein Mehr an Sicherung als aus dem schon traditionell ungleichen Verhältnis von Erbe und Erblasser überkommen kann von vorneherein keinen Eingang in die Erbrechtsgarantie des Grundgesetzes gefunden haben. Als Folge dieser Testierfreiheitslastigkeit der Erbrechtsgarantie würde durch die Konfrontation mit dem Erblasserwillen das staatsgerichtetete Recht zu *erben* – im Sinne einer in die Fußstapfen des Erblassers tretenden Vermögensübernahme – jedenfalls heruntergestuft zu einem – den wirtschaftlichen Beteiligungswert schützenden – Grundrecht auf *allgemeine Nachlaßteilhabe*[789]. Anders gewendet: Die das Eigentum fortsetzende *Nachlaßübernahmegarantie* ist im Widerstreit mit der Testierfreiheit des Erblassers allenfalls bloße *Nachlaßwertstellungsgarantie*[790].

bb. Feststellung eines indizierten Ausgleichsbedarfs

Trotz des aufgezeigten Gewichts der Testierfreiheit schleichen sich aber doch Zweifel an einer vollständigen Verdrängung des Erbengrundrechts in die Überlegungen ein. Können die beiden aufgezeigten Gesichtspunkte, die innere Abhängigkeit der Grundrechtsrealisierung auf Erbenseite und die überkommene Schwäche der Erbenposition also, tatsächlich Grund genug sein, dem Erben *jeglichen* verfassungsrechtlichen Schutz gegen den Erblasser abzusprechen und dem Gesetzgeber damit die Regelung eines Pflichtteilsrechtes freizustellen? Immerhin hat die Verfügungsfreiheit des Erblassers wie gesehen einen überkommenen Schönheitsfehler – und was des einen Leid, des andern Freud: Gerade jene tradierte, wenn auch mindere Durchsetzung des subjektiven Erbrechts streitet bei der Abwägung der antagonistischen Grundrechte in der Waagschale des Erben durchaus für diesen. Dies gilt umso mehr, als die Testierfreiheit als Grundrecht nicht nur im Zeitpunkt ihrer Entstehung mit dieser Einschränkung zu

---

[788] Inwiefern überhaupt Spielraum bliebe, bei Ablehnung des gesetzgeberischen *Muß* zur Regelung einer Nachlaßteilhabesicherung das *Dürfen* zu bejahen, ist durchaus fraglich, wenn auch hier nicht zu klären.

[789] Dementsprechend sieht das BVerfG in E 91, 346 (360) hinsichtlich der Art der Beteiligung keine Verpflichtung des Gesetzgebers, Nachlaßteilhabesicherung über die bestehenden Vorschriften hinaus zu gewähren; ebenso *Wendt*, in: Sachs, GG, Art. 14 Rn. 200; ausführlich *Haas*, ZEV 2000, S. 249 (254 f.) m. w. N.

[790] Dies erinnert entfernt an die Terminologie bei der Eigentumsgarantie, vgl. nur *Pieroth/Schlink*, Grundrechte, Rn. 897 f.

leben hatte, sondern sich auch heute noch mit ihr konfrontiert sieht und diese Belastung von der Rechtsgemeinschaft fortgesetzt befürwortet wird[791]. Schon dies ist also Nährboden eines gewissen Durchsetzungspotentials der Stellung des Erben, wenn es für sich gesehen auch über eine Indizwirkung zunächst nicht hinausreicht. Hinzu kommt: Die aufgezeigte immanente Abhängigkeit der Erbrechtsrealisierung vom Erblasserverhalten ist bei näherem Besehen ein nur eingeschränkt taugliches Kriterium für die Abwägung. Denn das Grundrecht zu erben ist ja gerade von vorneherein, von seiner Grundanlage her, nichts mehr als ein Recht auf Teilhabe an einem *vorhandenen* Nachlaß. Nur *insofern* stellt sich auch die Frage nach seinem Schutz gegenüber den Erblasserinteressen. Die dem Grundrecht zu erben immanente Schwäche, Wirkung überhaupt nur im Hinblick auf das tatsächliche Vorhandensein eines Nachlasses entfalten zu können, kann also für sich kaum als Grundlage einer Ablehnung jeglichen Schutzes ins Feld geführt werden – damit würde eine Prämisse zirkulär zur Begründung gewendet. Wer das Grundrecht zu erben richtigerweise erkennt als das staatsgerichtete Recht, an einem *vorhandenen* Nachlaß bevorzugt als Erbe teilzuhaben, muß die Frage nach der Durchsetzbarkeit des Rechtes gegenüber dem Erblasser auch mit eben diesem Inhalt stellen. Immerhin sind die in § 8 erarbeiteten Säulen, auf denen dieses Recht ruht, noch gar nicht zur Sprache gekommen – und gerade sie sind natürlich entscheidend auch für die Frage der Behauptung gegenüber dem Erblasser. Es kann jedenfalls, wenn und soweit er einen Nachlaß zur Verteilung hinterläßt, anhand der bisher in die Waagschale geworfenen Kriterien nicht pauschal verneint werden, daß die besondere Stellung des Grundrechtsinhabers auch gegenüber dem frei testierenden Erblasser Schutz beanspruchen kann. Daß in der Dreieckskonstellation vor diesem Hintergrund der Abhängigkeit das Übergewicht der Testierfreiheit unterstrichen wird und dem Erbgrundrecht gegebenenfalls engere Grenzen zu ziehen sind als im bipolaren Verhältnis[792], steht auf einem anderen, nachgebundenen Blatt.

Die verfassungsrechtliche Durchsetzbarkeit der Erbenposition gegenüber der Verfügungsfreiheit des Erblassers kann dagegen endgültig nur in den oben erarbeiteten Tatbeständen zu finden sein, die die Aussicht auf den Nachlaß in den Stand eines grundrechtlich geschützten Rechtes erheben. Jetzt, da nicht mehr der staatliche Eingriff, sondern der Entzug der Erbbeteiligung durch den Erblasser selbst Gefahrenquelle für die Nachlassteilhabe ist, zeigt sich also einmal mehr, warum es entscheidend war, die Urgründe der Erbbeteiligung herauszufiltern:

---

[791] Sofern *Schlüter*, FS 50 Jahre BGH, S. 1047 (1052) vorbringt, der Schutz von Belangen des Erben sei heute in dem bisher praktizierten Maße überholt, weil die Nachlaßteilhabesicherung im Gegensatz zu heute Unterhaltsansprüche geschützt habe, beruht dies auf der von *Otte*, AcP 202 (2002), S. 317 (335 ff.) zu Recht bestrittenen Auffassung über den Wandel der Funktion der Erbbeteiligung, s. oben § 8 II 1 a bb (Fn. 534). Gegen Überbetonung der Testierfreiheit auch *Stöcker*, WM 1979, S. 214 (222).

[792] Dazu schon oben § 5 II 2 b bb.

Sind es solche, die die Grundrechtsinhaber nicht nur als privilegiert gegenüber anderen ausweisen, sondern die auch der Erblasser zu respektieren hat, so muß er zu ihren Gunsten Einschränkungen seiner Testierfreiheit hinnehmen. Erst sie werden also schlußendlich erweisen, ob es sich bei der Nachlaßteilhabe um ein gegen die Testierfreiheit durchsetzungsfähiges, weil für den Erblasser nicht disponibles und für den Gesetzgeber damit schutzwürdiges wie schutzbedürftiges Recht handelt. Nur in den jeweils erarbeiteten Säulen erbrechtlicher Beteiligung kann auch die Notwendigkeit einer Einschränkung der Testierfreiheit zu finden sein, nur sie können das vom Gesetzgeber gegen den Erblasser zu schützende Gut sein. Es ist also eine Spezifizierung nach der jeweiligen Nachlaßbezogenheit geboten und zu untersuchen, ob die Teilhabe aus diesen Gründen heraus der vollständigen Disposition durch den Erblasser entzogen sein kann. Die aus der Gewichtung von Erblasser- und Erbeninteressen bisher erkannte grundsätzliche und generelle Positionierung – starke Stellung des Erblassers, vergleichsweise schwache des Erben[793] – muß dabei im Auge behalten werden. Sie gibt eine Grundtendenz vor, insbesondere soweit Direktiven für den Gesetzgeber zur Debatte stehen. Auch sie bedarf aber zunächst noch einer spezifizierten Betrachtung, weil sich für die unterschiedlichen Personenverhältnisse nochmals Verschiebungen in die eine oder andere Richtung ergeben können[794].

---

[793] In diesem Sinne zur Gewichtung auch *Leisner*, in: HStR VI, § 150 Rn. 7, 20.

[794] Der Klarheit halber sei nochmals ins Gedächtnis gerufen: Es geht vorliegend einzig und allein um die Frage, ob eine Nachlaßteilhabesicherung als subjektives Recht verfassungsrechtlich *garantiert* ist, ob also der Gesetzgeber gezwungen ist, entsprechende Vorkehrungen gegen den anderweitig testierenden Erblasser zu treffen. Es geht dagegen nicht um die in der Regel im Zusammenhang mit dem Pflichtteilsrecht angesprochene Problematik, ob sich eine Einschränkung der Testierfreiheit verfassungsrechtlich *rechtfertigen* läßt. Natürlich bestehen zwischen diesen Fragenkreisen Zusammenhänge: Ist der Gesetzgeber zum Schutz des Erbgrundrechts gehalten, ein Pflichtteilsrecht zu regeln, hat er die Pflicht und damit a majore ad minus auch das Recht zur Einschränkung der Testierfreiheit. Läßt sich ein verfassungsrechtlich geforderter Schutz des Erbgrundrechts hingegen nicht nachweisen, kann weitergehend gefragt werden, ob der Gesetzgeber aus sonstigen, nicht in der Sphäre des Erben liegenden Gründen ein solches regeln dürfte oder gar müßte. Anders als möglicherweise beim gesetzlichen Erbrecht wird hierfür eine Schutzpflicht gegenüber der Testierfreiheit gerade nicht herangezogen werden können. In Betracht kommen aber Belange der Allgemeinheit wie etwa das Interesse an einer breiten Vermögensverteilung statt -konzentration (vgl. etwa *Kick*, in: Jahrbuch junger Zivilrechtswissenschaftler 1996, S. 167 (175) oder *Otte*, ZEV 1994, S. 193 (196 f.). Als – wie die Eigentumsgarantie – der Sozialbindungsklausel des Art. 14 Abs. 2 GG wohl ebenfalls unterworfenes Grundrecht müßte sich die Testierfreiheit einen Eingriff auf dieser Basis gegebenenfalls durchaus gefallen lassen. Diese Überlegungen stehen aber ebenso jenseits der vorliegenden Fragestellung, die auf eine subjektiv-rechtliche Begründung des Pflichtteilsrechtes abzielt, wie die damit zusammenhängende Problematik, ob die Sozialbindungsklausel entgegen ihrem Wortlaut auch für die Erbrechtsgarantie gilt: Dann könnte sich, wenn man die Errichtung eines Pflichtteilsrechts auf Belange der Allgemeinheit zurückführt, nämlich auch derjenige Eingriff rechtfertigen, den ein Pflichtteilsrecht stets auch in das

2. Personenspezifizierte Begründung der Teilhabesicherung von Kindern, Eltern und Ehegatten

Von Interesse wird bei der folgenden Untersuchung der grundrechtlich abgesicherten Nachlaßteilhabe von Kindern (a.), Eltern (b.) und Ehegatten (c.) also zunächst sein, wie stark, wie verwurzelt, mithin wie prägend für den substantiellen Inhalt des Erbrechts die überkommene Belastung speziell im jeweiligen Personenverhältnis ist, die das Grundgesetz als Einschränkung der Testierfreiheit vorgefunden und die diese heute noch hinzunehmen hat (jeweils aa.). Dies kann aber wie gesehen nur ein erster Gradmesser im Widerstreit von Testierfreiheit und Erbgrundrecht sein. Viel wichtiger dagegen ist die soeben besprochene Heranziehung der oben erarbeiteten Säulen der Erbbeteiligung (jeweils bb.). Sie werden zu erkennen geben, ob sich die Erbenposition hier in einer den Gesetzgeber verpflichtenden Art und Weise gegen die Testierfreiheit behaupten kann. In diesem Zusammenhang wird auch jeweils anzureißen sein, welche Maßgaben sich aus den gewonnenen Erkenntnissen für den Gesetzgeber herauskristallisieren, wobei Fragen bedarfsabhängiger Regelungsmöglichkeiten – zusammengefaßt für alle drei Grundrechtsträger – dem sich anschließenden Abschnitt 3. vorbehalten sind.

a. Kindesgrundrecht vs. Elterntestierfreiheit

aa. Überkommene und akzeptierte Einschränkung der Testierfreiheit mit dem Kindespflichtteil

Es versteht sich von selbst, daß die mit der Testierfreiheit entstandenen Teilhabesicherungen welcher Art und in welcher Rechtsordnung auch immer jedenfalls Kinder miteinschlossen[795]. Auch für die Verfasser des BGB war es keine Frage, bei der grundsätzlichen Entscheidung für ein Pflichtteilsrecht Kindern ein solches zu gewähren[796]. Die von *Schmitt* vorgeschlagene Quote von ein Halb des gesetzlichen Erbteils pauschal für alle Pflichtteilsberechtigten[797] setzte sich mit großer Mehrheit durch[798], Kinder erhielten keine Sonderbehandlung im Verhältnis zu anderen Pflichtteilsberechtigten. Die gewählte Quote wurde als ausreichend verstanden, geschlossene Einheiten zu vererben, ohne „die Befugnisse des

---

Grundrecht zu erben der dadurch betroffenen Angehörigen – nicht nur in die Testierfreiheit des Erblassers – bedeutet.

[795] Vgl. etwa *Lange/Kuchinke*, Erbrecht, S. 865 f.

[796] *Mertens*, Enstehung, S. 100 (bzgl. der ersten Kommission), und 102 (bzgl. der zweiten Kommission); entsprechend die Vorstellungen *v.Schmitts*, in: Schubert (Hrsg.), Vorentwürfe Erbrecht Bd. 1, Begründung TE, S. 637.

[797] Dies entsprach der Mehrheit der überkommenen Rechte, die fixe Pflichtteilsquoten vorsahen, vgl. *Mertens*, Entstehung, S. 105.

[798] Vgl. *Mertens*, Entstehung, S. 105 f.

Erblassers auf Kosten der Pflichtteilsberechtigten noch stärker zu erweitern“[799]. Die gesellschaftliche Akzeptanz der zwangsweisen Nachlaßteilhabe von Kindern ist – trotz aller Vorbehalte gegen das Pflichtteilsrecht im allgemeinen – groß: Zwar sind auch hier schon viele Änderungsvorschläge gemacht worden[800], dem Grunde nach aber wird gerade beim Kindespflichtteil eine vollständige Abschaffung nicht angestrebt[801]. Diesen Konsens spiegeln auch andere Rechtsordnungen wider. Während die einen anders als das deutsche Recht Eltern vom Pflichtteilsrecht ausschließen, andere dagegen den Ehegatten[802], wird Kindern übereinstimmend von allen, die sich grundsätzlich für ein Pflichtteilsrecht entschieden haben, eine – unterschiedlich ausgestaltete – gesetzliche Mindestteilhabe gewährt[803]. Das Erbrecht der Kinder zeigt also traditionell eine bedeutende Standhaftigkeit gegenüber der Testierfreiheit. Im Sinne der oben genannten Indizwirkung zeitigt dies Einfluß auf das verfassungsrechtliche Verhältnis von Erbe und Erblasser.

bb. Nachlaßnähe auf den Säulen von Perpetuierung und familiärer Solidarität: Akzeptanzzwang für den Erblasser – Schutzzwang für den Gesetzgeber

Welches die Grundlagen sind, auf denen die Nachlaßteilhabe des Kindes als Grundrecht Schutz gegen staatliche Ingerenz genießt, ist oben gewonnen worden: Fortsetzung des Erblasserlebens in zweifacher Hinsicht – genetisch wie persönlichkeitsbezogen – sowie familiär-solidarisches Verhalten den Eltern gegenüber. Sie sind die tragenden Säulen, die dem Kind zunächst staatsgerichtet das Recht geben, am hinterlassenen Hab und Gut des Verstorbenen bevorzugt beteiligt zu sein. Genau sie aber sind es nun auch, die dem Grundrecht zu erben schließlich zum notwendigen Durchsetzungsvermögen gegenüber der Verfügungsfreiheit des Erblassers verhelfen: Sowohl die Fortsetzung des Erblasserlebens durch den Erben als auch die ihm zu Lebzeiten erwiesene Solidarität sind Fakten, die sich der Verfügungsmacht des Erblassers entziehen, die gerade un-

---

799 *Mertens*, Entstehung, S. 105; vgl. *v.Schmitt*, in: Schubert (Hrsg.), Vorentwürfe Erbrecht Bd. 1, Begründung TE, S. 672.

800 Am meisten kritisiert wird die fehlende Möglichkeit des Erblassers, auf eine zerrüttete Eltern-Kind-Beziehung angemessen zu reagieren durch Entzug des Pflichtteils, statt vieler *Otte*, ZEV 1994, S. 193 [195]; *Martiny*, 64. DJT, Bd. I (Gutachten), Teil A, S. 105 m. w. N. in Anm. 610.

801 Vgl. dazu die Nachweise in diesem Abschnitt oben Fn. 778.

802 S. dazu die Hinweise oben § 8 II 1 c aa sowie 2 a aa.

803 *Schlüter*, in: FS 50 Jahre BGH 2000, S. 1047 (1067). Siehe darüberhinaus – auch zur sehr unterschiedlichen Höhe der Teilhabesicherung – den Überblick bei *Strätz*, FamRZ 1998, S. 1553 (1565) oder *Huber*, Das Pflichtteilsrecht, S. 65 ff.; auch *Martiny*, 64. DJT, Bd. I (Gutachten), Teil A, S. 81. In Italien etwa kann der Pflichtteil eines Kindes sogar die Hälfte des Nachlasses betragen (näher *Ferid/Firsching/Dörner/Hausmann* [Hrsg.], Internationales Erbrecht, Loseblattsammlung, Bd. IV, Grundzüge Rn. 186).

abhängig von seinem Willen Bestand haben[804]. Daß das Kind dem Erblasser familiär-solidarisches Verhalten in dem von ihm erwartbaren Maße entgegengebracht und damit auch vom Grundgesetz anerkannte Werte geschaffen hat, steht nicht allein in der Macht des Erblassers; daß es die – ohnehin für niemanden änderbare – biologische Fortsetzung auch zu einer Fortsetzung der Erblasserpersönlichkeit ergänzen und damit seiner eigenen Persönlichkeitsentfaltung nachkommen will, ist dem Willen der Eltern entzogen[805]. Wenn aber die Erbbeteiligung – zumindest auch – auf einer Grundlage beruht, die losgelöst vom Erblasserwillen besteht, so kann dieser sie, auch wenn er selbst grundrechtlichen Schutz genießt, konsequenterweise auch nicht vollständig in die Knie zwingen. Die grundrechtlich garantierten Dispositionsmöglichkeiten des Erblassers stoßen hier also an grundrechtlich gesetzte Grenzen – Grenzen, die sich spiegelbildlich in einer Einschränkung seiner Verfügungsfreiheit über seinen Nachlaß wiederfinden. Der Erblasser kann und darf sich grundsätzlich über das Privilegierungsrecht seiner Kinder nicht vollständig hinwegsetzen, eine gewisse Nachlaßteilhabe ist Kindern auch gegen seinen Willen verfassungsrechtlich garantiert.

Dies aktiviert für den Gesetzgeber folglich die (Schutz-)Pflicht, für Kinder ein Pflichtteilsrecht oder eine wie auch immer zu benennende Teilhabesicherung am Nachlaß zu regeln. Hinsichtlich der Ausgestaltung im einzelnen läßt das Grundgesetz erhebliche Spielräume, die hier im einzelnen nicht aufgezeigt werden können. Prinzipiell aber gilt: Wenn es Fortsetzungsgedanke und Solidarität sind, die ein Beteiligungsrecht des Kindes auch gegen den Erblasserwillen begründen, so kann der Gesetzgeber natürlich jenen Fällen Rechnung tragen, in denen Kinder diesen Kriterien nicht gerecht werden. Insbesondere im Hinblick auf die familiäre Solidarität eröffnet dies die bedeutende Möglichkeit, auf verweigerte

---

[804] Im Ansatz, aber auch nur insoweit, liegt hier ein ähnlicher Gedanke zugrunde wie das von *v.Schmitt* als Rechtfertigung des Pflichtteilsrechts fruchtbar gemachte Argument der Selbstbindung: Dieser ging davon aus, der Erblasser gehe mit der Zeugung von Kindern bewußt eine rechtliche Bindung ein, die er später nicht leugnen und nicht ungeschehen machen könne, dies rechtfertige die Einschränkung seiner Willensfreiheit (in: Schubert [Hrsg.], Vorentwürfe Erbrecht Bd. 1, Begründung TE, S. 54). Diese Annahme eines echten Rechtsbindungswillen des Erblassers erscheint zwar recht zweifelhaft. Denn erstens gerät die Argumentation ins Straucheln bei nicht willentlich gezeugten Kindern. Zweitens aber ist ausgesprochen fraglich, ob bei der Entscheidung von Eltern für ein Kind finanzielle Folgen des eigenen, in aller Regel noch sehr entfernten Todes, überhaupt vergegenwärtigt werden. Übereinstimmung mit der hier vertretenen Auffassung läßt sich aber insoweit konstatieren, als davon ausgegangen wird, der Erblasser setze mit der Zeugung eines Kindes bestimmte Ursachen, und die Konsequenzen – hier: daß ein Kind sein Leben fortsetzt sowie ihm familiäre Solidarität erweist – habe er hieraus auch zu tragen, egal ob es seinem späteren Willen entspricht oder nicht. *v.Schmitt* insofern nur teilweise folgend auch *Oechsler*, AcP 200 (2000), S. 603 (606 ff); kritisch außerdem *Sturm*, Pflichtteil und Unterhalt, S. 122 ff.

[805] Eine solche Konsequenz der lebzeitigen Verbindung „im Guten wie im Bösen" sieht auch *Leipold*, in: MünchKomm, Einl. vor § 1922 Rn. 17.

Unterstützung durch eine Erweiterung der Pflichtteilsentziehungsgründe entsprechend zu reagieren[806]. Ähnliches könnte hinsichtlich des Fortsetzungsgedankens in den Fällen in Betracht gezogen werden, in denen es um die Vererbung geschlossener wirtschaftlicher Einheiten geht und ein Kind im Gegensatz zu einem anderen von vorneherein nicht willens ist, das Lebenswerk des Erblassers fortzuführen[807] – dann bedarf es unter dem Gesichtspunkt der Persönlichkeitsentfaltung durch Nachlaßteilhabe auch keines Schutzes. Gerade in dieser Hinsicht sollte der grundsätzliche Beachtungsvorrang der Testierfreiheit nicht übersehen werden[808].

Auch zur Höhe der verlangten Sicherung seien kurz einige Vorgaben angesprochen. Die dem Grundrecht immanent entspringende Forderung nach gleicher Verteilung des Nachlasses unter Kindern, die „Erbrechtsgleichheit", setzt natürlich elementare Maßstäbe für die Aufteilung des Erbgutes[809]. Nicht ist sie eigentlicher *Grund* der Teilhabesicherung[810]: Dieser liegt wie gesehen in den handfesten Kriterien von Nachfolge und Solidarität. Die gleiche Verteilung ist nicht mehr und nicht weniger als das entscheidende Kriterium für die *Bemessung* der Teilhabesicherung, denn sie gewährleistet im tripolaren Verhältnis über die Schutzpflicht ein bestimmtes Maß an Erbbeteiligung, das der Gesetzgeber zu gewährleisten und der Erblasser hinzunehmen hat. Weil aber die Testierfreiheit

---

806 Ähnlich *Lange*, AcP 204 (2004), S. 804 (814 f.). – Die Gewährung des Pflichtteilsrecht bei gleichzeitiger Ausdehnung der Pflichtteilsentziehungsgründe entspricht durchaus auch den Vorstellungen der Praxis, vgl. etwa *Merz*, 49. DJT, Bd. II [Sitzungsberichte], Teil K, S. 101; *Kick*, in: Jahrbuch junger Zivilrechtswissenschaftler, S. 167 (177). In Betracht kommt insbesondere eine Regelung nach österreichischem Vorbild, vgl. oben § 8 II 1 a bb.

807 Vgl. hierzu die Beispiele aus der Praxis bei *Dauner-Lieb*, DNotZ 2001, S. 460 (461). – Dem Gesetzgeber steht es sicherlich auch offen, schon bei Ausbleiben eines der Kriterien entsprechende Minderungen der Erbbeteiligung zuzulassen.

808 Gerade letzteres führt in Anbetracht des „Schwergewichts" der Testierfreiheit, die als Grundrecht – dreht man den Spieß einmal um – ebenfalls den Schutz des Staates durch entsprechende Regelungen beanspruchen kann, zu einer brisanten Frage: Wenn es unter Verfassungsaspekten zulässig ist, in diesen Fällen das Grundrecht zu erben zugunsten der Testierfreiheit „auf Null" zu beschränken, ist es dann nicht umgekehrt sogar *Pflicht* des Gesetzgebers? *Unter*schreiten also die heutigen Pflichtteilsentziehungsgründe nicht sogar ein aus dem Blickwinkel der Testierfreiheit zulässiges Maß, sind sie möglicherweise also sogar verfassungswidrig? Die Überlegungen gehen hier in die gleiche Richtung wie die oben § 5 II 2 a bb schon angedeutete Problematik um das Stichwort „Übermaß gleich Untermaß" und müssen vorliegend ebenso offen bleiben wie dort.

809 Für Einzelkinder kann mit dem Aspekt der Gleichteilung unter Gleichen nicht gearbeitet werden. Daß sie hinsichtlich ihrer Erbanteile im Vergleich zu Kindern mit Geschwistern nicht schlechter stehen dürfen ergibt sich aber aus Art. 3 Abs. 1 GG.

810 In diese Richtung aber *Stöcker*, WM 1979, S. 214 (218). Daß sich *allein* aus der Gleichheit die Verfassungsgarantie des Pflichtteilsrechtes keinesfalls ergeben kann, zeigt sich eben schon an ihrem Versagen als fruchtbar zu machendes Kriterium bei Einzelkindern wie Ehegatten.

hier ins Spiel kommt, die als Grundrecht ebenfalls breiteste Entfaltungsmöglichkeiten beansprucht und obendrein erhebliches Gewicht hat, ist hier umzusetzen, was abstrakt bereits angedeutet wurde: Die Grenzen des Grundrechts zu erben sind auf jeden Fall enger zu ziehen als im bipolaren Verhältnis, das Recht auf Gleichstellung wird in der Tat zu einem Recht auf nur „relative Gleichstellung“[811]. Dies bedeutet jedenfalls, daß der dem Kind eigentlich zustehende Anteil bei abweichendem letzten Willen des Erblassers – zusätzlich zu der schon oben erwähnten Reduktion auf eine bloße finanzielle Beteiligung – erheblich nach unten korrigiert werden kann, ja muß. Die Erbrechtsgarantie verlangt jedenfalls nicht, daß das Pflichtteilsrecht wie im geltenden einfachen Recht die Hälfte des gesetzlichen Anteils[812] zu betragen hat[813].

b. Elterngrundrecht vs. Kindestestierfreiheit

aa. Überkommener Elternpflichtteil: eingeschränkte, aber vorhandene Zustimmung

In bürgerlich-rechtlicher Hinsicht zeichnet sich beim Pflichtteilsrecht der Eltern eine nicht ganz so deutliche Übereinstimmung ab wie beim Kindespflichtteil.

---

811 Begriff von *Stöcker*, WM 1979, S. 214 (221).

812 Dabei ist dem Gesetzgeber *nicht* vorgegeben, das Pflichtteilsrecht an die Quote des gesetzlichen Erbrechts zu koppeln, es also stets als *Anteil vom gesetzlichen Erbrecht* zu regeln, auch wenn das deutsche Erbrecht dies traditionell so vornimmt. Es steht dem Gesetzgeber aus verfassungsrechtlicher Sicht frei, die Höhe des Pflichtteilsrechts *am Ganzen*, nicht an der von ihm gewährten Intestatsbeteiligung zu bemessen. Andererseits verlangt aber die Erbrechtsgarantie gerade unter dem Aspekt der Gleichheit der Verteilung, daß bei der Bestimmung der Pflichtteilsquote stets abstrakt in die Abwägung mit der Testierfreiheit miteingestellt wird, was ein Kind „eigentlich“ als Anteil am Gesamtkuchen zu erhalten gehabt hätte. Denn es geht immer um bestimmte *anteilsmäßige* Teilhabe und beim Pflichtteilsrecht um den Schutz des vom Ganzen zu erhaltenden Anteils – nur so kann überhaupt ins Verhältnis gesetzt und ermessen werden, um wieviel ein Kind gegenüber seinen Geschwistern zugunsten der Testierfreiheit kürzer treten muß. Insofern spielt das gesetzliche Erbrecht, für das sich der Gesetzgeber entschieden hat, eben doch eine Rolle.

813 Gerade unter dem Aspekt der starken Testierfreiheit erscheint eine Minderung unter die Hälfte des eigentlichen Anteils durchaus möglich. Daß der Pflichtteil auch in deutlich geringerem Maße noch verfassungsgemäß wäre, sei an folgendem Beispiel verdeutlicht: Geht man etwa davon aus, daß im Verhältnis von Ehegatte und Kindern unter Berücksichtigung deren jeweiliger Grundrechte auf Nachlaßteilhabe eine Teilhabe des Ehegatten zu zwei Drittel und der Verwandtenseite insgesamt zu ein Drittel verfassungsgemäß wäre, so wäre im Ergebnis der Pflichtteil eines Kindes von nur einem Achtzehntel denkbar: Denn läßt man es der Einfachheit halber bei der Koppelung des Pflichtteils an das gesetzliche Erbrecht, das bei – hier angenommenen – zwei Kindern einen Anteil von je ein Sechstel am Nachlaß betrüge, und erachtet man im Verhältnis von Erbgrundrecht und Testierfreiheit wiederum eine Gewichtung von ein Drittel zu zwei Drittel für zulässig, so ergäbe sich für Kinder ein Pflichtteil in Höhe von einem Drittel des Sechstels, mithin ein Achtzehntel. Dies dürfte allerdings dann auch an der Untergrenze des Zulässigen liegen.

Während das klassische römische Recht auch Eltern eine gesicherte Teilhabe am Nachlaß gewährte[814] und auch alle vor dem BGB geltenden deutschen Rechte ein solches vorsahen[815], war es bei der Einführung des BGB nicht unumstritten[816]. Auch heute ist es immer wieder – mehr oder weniger ambitioniert – Gegenstand von Reformüberlegungen[817]. Dabei wird deutlich mehr aber seine Gestaltung, insbesondere sein Verhältnis zum Erbrecht des Ehegatten, ins Visier genommen als seine Existenz als solche[818]. Es stößt also durchaus auf Zustimmung[819], seltener dagegen– soweit ein Pflichtteilsrecht von Angehörigen grundsätzlich bejaht wird – auf echte Ablehnung[820]. Andere Rechtsordnungen kennen vielfach ein Pflichtteilsrecht der Eltern, verschieben es aber ebenfalls wie das deutsche Recht in die Subsidiarität gegenüber Abkömmlingen oder gestalten es schwächer aus[821]. Insgesamt läßt sich also feststellen, daß die traditionelle und tradierte Belastung der Testierfreiheit mit einer Nachlaßteilhabesicherung der Eltern weniger schwer wiegt als beim Kindespflichtteil.

---

814 *Lange/Kuchinke*, Erbrecht, S. 865.

815 Vgl. *Mertens*, Entstehung, S. 101.

816 *v.Schmitt* selbst etwa, stets an systemimmanenter Stringenz orientiert, befand an sich, es sei gegen das Prinzip des Parentelsystems, wenn zwar Eltern, nicht aber den an ihre Stelle tretenden Geschwistern ein Pflichtteilsrecht gewährt würde, in: Schubert (Hrsg.), Vorentwürfe Erbrecht Bd. 1, Begründung TE, S. 640. Wenn er es in seinem Entwurf doch vorsehe, so aus Gründen der „Pietät" und um der Einheit mit den bestehenden Rechtsordnungen willen (a. a. O).

817 Statt vieler s. *Martiny*, 64. DJT, Bd. I (Gutachten), Teil A, S. 101 f. m. w. N.

818 Reformbedarf im Sinne einer stärkeren Berücksichtigung des Ehegatten gegenüber den Eltern sehen etwa *Gerken*, Rpfleger 1989, 45 (52) sowie *Schlüter*, in: Festschrift 50 Jahre BGH 2000, S. 1047 (1068).

819 Etwa *Martiny*, 64. DJT, Bd. I (Gutachten), Teil A, S. 101; *Werkmüller*, Rechtspolitische und rechtsvergleichende Aspekte des geltenden Pflichtteilsrechts, S. 100; *Huber*, Das Pflichtteilsrecht, S. 58 f. m. w. N.

820 Überlegungen in diese Richtung zum Beispiel bei *Dauner-Lieb*, DNotZ 2001, S. 460 (464). – Daß die zivilrechtliche Auseinandersetzung insgesamt aber verhalten geführt wird, dürfte auf die geringe rechtspolitische Brisanz des Elternpflichtteils zurückzuführen sein, da Eltern ihre Kinder eher selten überleben.

821 In Österreich beispielsweise erhalten Vorfahren als Pflichtteil nur ein Drittel des gesetzlichen Erbteils im Gegensatz zu den Abkömmlingen und dem Ehegatten, denen jeweils die Hälfte zusteht (*Ferid/Firsching/Dörner/Hausmann* [Hrsg.], Internationales Erbrecht, Loseblattsammlung, Bd. V, Grundzüge Rn. 101); in der Schweiz beträgt die Pflichtteilsquote für Nachkommen drei Viertel, für Eltern dagegen nur ein Halb des gesetzlichen Erbteils, (*Ferid/Firsching/Dörner/Hausmann* [Hrsg.], Internationales Erbrecht, Loseblattsammlung, Bd. VI, Grundzüge Rn. 83 f.). Hierzu auch *Martiny*, 64. DJT, Bd. I (Gutachten), Teil A, S. 99.

bb. Vermögensrückfluß als schützenswerte Nachlaßnähe

Verliert das Grundrecht der Eltern auf Nachlaßteilhabe vor diesem Hintergrund also in einem Maße an Boden, daß es dem Gesetzgeber zur Gänze offensteht, Schutzmechanismen gegenüber der Testierfreiheit vorzuhalten oder nicht?

Festzuhalten ist zunächst, daß jedenfalls der vom einfachen Recht systemimmanent aufgenommene „Abwärtsfluß" des Vermögens entlang der Deszendenten keine vorschnellen Schlüsse auf eine mangelnde Schutzwürdigkeit des Grundrechts auf Nachlaßteilhabe der Eltern zuläßt: Zwar kommt ihm insofern Aussagekraft zu, als sich ihm entnehmen läßt, welchen Stellenwert das überkommene und rezipierte Erbrecht dem Vermögensfluß an die Eltern beimißt. Nicht aber ist dem Gesetzgeber schon deswegen keine Schutzpflicht aufgegeben[822]. Denn die überkommene Bevorzugung der jüngeren Generation ist bereits insofern berücksichtigt, als sie sich wie gesehen in einem a priori bestehenden Vorrang der Kinder des Erblassers vor seinen Eltern äußert und hieraus schon entsprechende Vorgaben für den Gesetzgeber abzuleiten sind[823] – weder als gesetzliche Erben noch als Pflichtteilsberechtigte dürfen Eltern zum Zuge kommen, solange Abkömmlinge des Erblassers vorhanden sind[824]. Nicht gesagt ist damit aber, ob das Erbgrundrecht der Eltern für den Fall nichtvorhandener Abkömmlinge Schutz gegen abweichendes Testierverhalten verlangt. Andererseits aber wird ein verfassungsrechtlich gebotener Schutz gegenüber dem vorverstorbenen Kind auch nicht auf die bloße Behauptung notwendiger Reziprozität gestützt werden können. Denn auch diese Argumentation ist – im übrigen auch für das einfache Recht[825] – inhaltsleer: Daß im Verhältnis „Eltern an Kind" relevante Gründe bestehen, Nachlaßbeteiligung von Verfassungs wegen geschützt zu sehen, bedeutet keineswegs, daß dies im Verhältnis „Kind an Eltern" genauso sein müßte[826]. Ein

---

[822] Insofern gegen *Rauscher*, Reformfragen I, S. 94.

[823] Ebensowenig kann das angebliche Ausbleiben einer „gesteigerten Sozialbindung" des Erblassers gegenüber seinen Eltern als Argument herangezogen werden (so aber *Rauscher*, Reformfragen I, S. 93): Was genau *Rauscher* unter „gesteigerter Sozialbindung" versteht, bleibt ebenso diffus wie eine Begründung des Ausbleibens dieser gesteigerten Sozialbindung fehlt. Wenn aber, wie zu vermuten steht, ein auf gegenseitige Unterstützung und Verantwortung abzielender Gedanke gemeint ist, so kann keine Andersbehandlung der Eltern als der Kinder in Betracht kommen, weil nach hiesiger Auffassung zwischen Eltern und Kindern in jede Richtung diese „gesteigerte Sozialgebundenheit" besteht. Obendrein erscheint die Berufung auf die Sozialbindung im Sinne des Art. 14 Abs. 2 GG für die Begründung des rein individuellen Schutzes des Erbgrundrechts zu hoch gegriffen, vgl. in diesem Abschnitt oben Fn. 794.

[824] Oben § 8 II 1 c bb; § 9 I.

[825] So aber *Huber*, Das Pflichtteilsrecht, S. 58 f.

[826] Kritisch zum Gedanken einer unmittelbaren Gegenseitigkeit auch *Otte*, AcP 202 (2002), S. 317 (354). – Dies ist nicht zu verwechseln mit der als für das Erbrecht ausgesprochen relevant erkannten familiären Solidarität: Dieser wohnt zweifelsohne ein Gegenseitigkeitselement inne, das aber nicht auf konkrete Gegenleistungen zur erbmäßigen Beteiligung bezogen ist,

grundrechtlich bedeutsamer Zusammenhang läßt sich dabei auch über den schillernden Begriff der „Pietät“[827] kaum herstellen.

Entscheidend allein ist dagegen auch hier, worauf sich das staatsgerichtete Recht der Eltern, am Nachlaß ihrer Kinder teilzuhaben, stützt: Deren Beteiligung gründet sich wie gesehen darauf, daß sie durch Leistungen an ihr Kind eine privilegierte Nähe zu dessen Nachlaß geschaffen haben, die den Staat verpflichtet, ihnen im Intestatfall von Gesetzes wegen eine Beteiligung am Kindesnachlaß einzuräumen[828]. Hält man diesen Teilhabegrund nun auch der Testierfreiheit des Kindes entgegen, so kann an einer grundsätzlichen Beteiligungsgarantie der Eltern auch gegen den Willen dieses Kindes kein Zweifel bestehen. Denn es ist überhaupt nicht einzusehen, warum ein Kind die Tatsache jahrelanger Zuwendungen einfach ignorieren und sein Vermögen, für das die Eltern den Grund gelegt haben und in dessen Besitz das Kind ohne diese – finanzielle wie sonstige – Grundlegung in aller Regel gar nicht gelangt wäre, gesamt an diesen Eltern vorbei anderen Personen überlassen können soll. Auch hier gilt: Wer familiäre Solidarität genossen hat, kann dies nicht ohne weiteres übergehen. Anderes ergibt sich auch hier mitnichten daraus, daß Eltern von Rechts wegen zu gewissen Leistungen an ihre Kinder verpflichtet sind. Denn abgesehen davon, daß die erbrachten Leistungen schon häufig über das vom Gesetz geforderte weit hinausgehen, haben sie eine nicht mehr rückgängig zu machende Nachlaßnähe der Eltern geschaffen, die das Kind hinzunehmen und zu respektieren hat, auch wenn ihm später der Kopf anders steht[829]. Eltern sind dem Nachlaß nun einmal näher als Familienfremde und entferntere Verwandte und haben deshalb prinzipiell ein privilegiertes Mitbeteiligungsrecht daran – es sein denn, es sind Kinder des Erblassers vorhanden, hinter denen sie ohnehin zurückzustehen haben.

Für den Gesetzgeber bedeutet dies, daß er zunächst und grundsätzlich ein Pflichtteilsrecht der Eltern zu regeln hat. Es bedeutet indes nicht, daß die heutige undifferenzierte und starre Regelung fortzubestehen hätte: Es ist dem Gesetzgeber durchaus überlassen, die konkrete Ausgestaltung der elterlichen Teilhabesicherung anders und flexibler vorzunehmen, sie insbesondere größeren Einschränkungen zu unterwerfen[830] und in der Abwägung mit der Testierfreiheit

---

sondern ein viel globaleres, das Familienleben in seiner Gesamtheit betreffendes, gewissermaßen also mittelbares, meint.

827 Vgl. insofern aber die Überlegungen bei Entstehung des BGB *v. Schmitt*, in: Schubert (Hrsg.), Vorentwürfe Erbrecht Bd. 1, Begründung TE, S. 640.

828 Ähnlich *Martiny*, 64. DJT, Bd. I (Gutachten), Teil A, S. 101.

829 Dieser solchermaßen konkretisierte Grund zwingender Nachlaßteilhabe der Eltern mag in der Tat etwas mit der bei den Beratungen des BGB ins Feld geführten „Pietät“ zu tun haben, nämlich sofern er sich teilweise definiert als „Rücksichtnahme“ oder „Achtung“, s. die Erklärung bei *Duden*, Fremdwörterbuch.

830 Die Verfassungsgarantie des Elternpflichtteils würde den Gesetzgeber so zum Beispiel nicht hindern, die Höhe im Verhältnis zu der des Pflichtteils der Abkömmlinge zu reduzieren

verschiedene Lebenssituationen des Erblassers mit unterschiedlicher Akzentsetzung zu berücksichtigen. Dabei kann zum Nachteil der Eltern vor allem ins Gewicht fallen, wenn der Erblasser sein Hab und Gut einem Lebensgefährten überlassen will, wobei auch die Dauer der Verbindung eine sachgerechte Abwägungskomponente zwischen Testierfreiheit und Elternerbgrundrecht sein kann[831]. Ist er mit dem testamentarisch Bedachten verheiratet gewesen, so wird der Gesetzgeber außerdem beachten müssen, daß neben der Testierfreiheit zusätzlich das Erbgrundrecht des Ehegatten mit ins Spiel kommt[832]. Auch ein vollständiges Zurücktreten der Eltern erscheint vor dem Aufgezeigten jedenfalls bei längerer Ehedauer verfassungsrechtlich nicht ausgeschlossen, denn je länger die Ehegatten gemeinsam wirtschaften, desto blasser wird der Anteil, den die Eltern mit ihrer Grundlegung am Erblasservermögen haben im Verhältnis zur Beteiligung des Ehegatten daran. Der Gesetzgeber wird hier zwischen den verschiedenen grundrechtlich geschützten Positionen vor dem Hintergrund der jeweiligen Teilhabegründe gut abzuwägen haben und keine von ihnen, auch das Erbgrundrecht der Eltern nicht, leichtfertig aufs Spiel setzen dürfen. Keinesfalls aber sind ihm die Hände dahingehend gebunden, daß er den Elternpflichtteil neben dem Ehegatten nicht minimieren dürfe. Daneben gilt hinsichtlich der Pflichtteilsentziehungsgründe aber natürlich wie oben: Wer familiäre Solidarität nicht erfahren hat, ist auch nicht gehalten, eine – dann nicht entstandene – Privilegierung als Einschränkung seiner Testierfreiheit anzuerkennen[833]. Der Gesetzgeber muß in diesen Fällen der Testierfreiheit des Kindes Geltungsvorrang einräumen.

– nach österreichischem Vorbild etwa oder wie dies *Rauscher*, Reformfragen II, S. 114, 124, vorschlägt.

831 *Gerken*, Rpfleger 1989, S. 45 (52) plädiert sogar dafür, Eltern bei bestehender Ehe unabhängig von deren Dauer gänzlich vom Nachlaß auszuschließen. Ob dies der Erbrechtsgarantie gerecht würde, ist fraglich: Denn sicherlich ist die Nachlaßnähe der Eltern eine andere je nachdem, ob ein 30-jähriger Jungunternehmer, dessen Eltern bis 27 sein Studium finanziert haben und der soeben erst geheiratet hat, ein schnell erworbenes Vermögen hinterläßt oder der 50-Jährige, der seit über 20 Jahren nicht mehr auf Kosten seiner Eltern gelebt und sein Vermögen gerade überwiegend mit Hilfe seiner Ehefrau erarbeitet hat.

832 Anders dagegen bei nichtehelichen Lebensgemeinschaften und Lebenspartnerschaften: Wendet der Erblasser einem solchen Lebensgefährten sein Vermögen testamentarisch zu, so tangiert das Pflichtteilsrecht der Eltern keinen Träger eines Grundrechts zu erben. Jedenfalls unter dem Blickwinkel der Erbrechtsgarantie – Fragen von Art. 3 Abs. 1 GG seien hier offengelassen – ist deshalb in diesen Fällen durchaus eine von Gesetzes wegen höhere Erbbeteiligung der Eltern denkbar ist als beim Zusammentreffen mit Ehegatten.

833 Der geltende Pflichtteilsentziehungsgrund der Unterhaltspflichtverletzung, §§ 2334, 2333 Nr. 4 BGB, entspricht daher auch hier den verfassungsrechtlichen Anforderungen von Testierfreiheit einerseits und Erbgrundrecht der Eltern andererseits. Ob die Pflichtteilsentziehungsgründe allerdings im Hinblick auf die Testierfreiheit ausreichen oder nicht gerade im nichtfinanziellen Bereich auf weitere Entziehungsgründe ausgedehnt gehören, muß auch und gerade hier zu Recht hinterfragt werden. Vertiefend, wenn auch von anderem verfassungsrechtlichen Hintergrund ausgehend, *Herzog*, Die Pflichtteilsentziehung, S. 318 ff. et passim.

c. Ehegattengrundrecht vs. Ehegattentestierfreiheit

aa. Ehegattenpflichtteil im Aufwind

Sahen schon etliche deutsche Rechte vor 1900 einen Pflichtteil des Ehegatten vor[834] so bestanden an der Regelung eines solchen bei der Ausarbeitung des BGB-Erbrechts so gut wie keine Zweifel – ein gesetzlicher Schutz des Ehegatten gegen allzu freies Testierverhalten wurde als „selbstverständlich und konsequent"[835] erachtet. An dieser einhelligen Überzeugung hat sich bis heute nichts geändert, sie dürfte vielmehr, da die Beteiligung des Ehegatten am Nachlaß allgemein an Zuspruch gewonnen hat, sogar noch erstarkt sein[836]. Das gleiche Bild zeigt auch ein rechtsvergleichender Blick: Rechtsordnungen, die dem Ehegatten ein gesetzliches Erbrecht zuerkennen, schützen dieses auch gegen übergehende Erblasserverfügungen[837]. Aus dem überkommenen Erbrecht ist also auch beim Ehegatten eine nicht unerhebliche vorkonstitutionelle Belastung der Testierfreiheit überliefert, deren Gewichtigkeit wie gesehen mit dem Fluß der gesellschaftlichen Anschauungen seit Entstehung des Grundgesetzes sogar noch gewachsen sein dürfte[838]. Auch sie indiziert bereits, daß der Ehegatte als Grundrechtsinhaber in Ansehung des Nachlasses eine vom Gesetzgeber gegen den Erblasser zu schützende Stellung innehat.

bb. Freiwillig lebenslang – Wer (J)A sagt, muß B akzeptieren

Ein Blick auf die Säulen ehelicher Nachlaßteilhabe zeigt nun ohne weiteres: Haben Kinder aus den vorgenannten Gründen ein Beteiligungsrecht am Nachlaß auch bei entgegenstehendem Erblasserwillen, so muß dies für den Ehegatten erst

---

834 So etwa das preußische, hessische, sächsische, lübische und bayerische Recht, anders allerdings das damalige österreichische Recht, s. im einzelnen *Mertens*, Entstehung, S. 101 (Anm. 11). - Auch das römische Recht kannte einen Pflichtteil (dort ausgestaltet als zunächst formelles, später dann materielles Noterbrecht) des Ehegatten, s. etwa *Honsell*, Römisches Recht, S. 200 ff.

835 *Mertens*, Entstehung, S. 101.

836 Statt vieler *Huber*, Das Pflichtteilsrecht, S. 57 f.

837 So etwa die Regelungen der Schweiz (ein Halb des gesetzlichen Erbteils, näher *Ferid/Firsching/Dörner/Hausmann* (Hrsg.), Internationales Erbrecht, Loseblattsammlung, Bd. VI, Grundzüge Rn. 84), Österreichs (ebenfalls ein Halb des gesetzlichen Erbteils), s. *dies.*, a.a.O., Bd. V, Rn. 101) und Italiens (ein Viertel bis ein Halb des Nachlasses, s. *dies.*, a.a.O., Bd IV, Rn. 186 f.). Siehe auch schon die rechtsvergleichenden Hinweise oben § 8 II 2 a aa.

838 Zur gestiegenen Bedeutung der Ehegattenstellung oben § 8 II 2 a aa.

recht gelten. Sein staatsgerichtetes Zugriffsrecht auf die hinterlassene Habe, das ihn auch für den Intestatfall privilegiert, beruht darauf, daß einerseits die Nachlaßteilhabe für ihn aufgrund der lebenslangen Verbundenheit mit dem Erblasser ein Stück Persönlichkeitsentfaltung bedeutet und andererseits er dem Erblasser gegenüber familiär-solidarische Einstandspflichten erfüllt hat, auch und gerade durch Miterwirtschaftung dessen Vermögens[839]. Beide Aspekte begründen eine besondere, ihn von Dritten absetzende Nachlaßnähe und damit eine schutzwürdige Position des Ehegatten. Der Erblasser, der diese Bindung erstens freiwillig selbst geschaffen hat und zweitens – und dies verstärkt seine Rücksichtnahmepflicht im Verhältnis zu verwandtschaftlichen Beziehungen noch – bis zu seinem Tode auch aus freien Stücken nicht gelöst, sondern daran festgehalten hat, muß die privilegierte Stellung seines Ehegatten grundsätzlich auch respektieren und kann sich nicht einseitig aus der zu Lebzeiten angenommenen besonderen Beziehung lösen wollen. Gerade hier steht es dem Erblasser in keiner Weise zu, die herausragende Verbindung zu seinem Angehörigen einseitig auf den Todesfall zu ignorieren und dessen Privileg durch Weitergabe des Vermögens an andere zu untergraben. Einschränkungen seiner Testierfreiheit in diesem Sinne hat er also hinzunehmen.

Der Gesetzgeber hat also tätig zu werden und den Ehegatten vor einer zu großen Beeinträchtigung seines verfassungsrechtlich gewährleisteten Teilhaberechtes zu schützen. Gewiß ist, daß der Ehegatte im Hinblick auf die Teilhabesicherung nicht schlechter stehen darf als die Kinder, und vor dem aufgezeigten Hintergrund der zunehmenden Bedeutung der Paarbeziehung erst recht nicht schlechter als die Eltern. Es liegt also nahe, die zulässige Untergrenze höher anzusetzen als bei Kindern und Eltern. Im Zusammenhang mit güterrechtlichen Ausgleichslösungen muß außerdem sichergestellt sein, daß der dem Erben im Zuge seiner Nachlaßsicherung zukommende Anteil – der auch hier nur wertmäßiger Ausgleich ist – nicht von güterrechtlichem Ausgleich geschluckt wird. Dem übergangenen Ehegatten muß ein Anteil am Vermögen verbleiben, der die Spur seines verlorengegangenen Übernahmeteiles voll und ganz nachzeichnet und nicht in sonstigen Abfindungen aufgeht. Zuguterletzt besteht auch hier ausreichend Spielraum, dem Erblasser Möglichkeiten einzuräumen, mangelnde Solidarität entsprechend zu sanktionieren und so der Testierfreiheit ausreichend Raum zu verschaffen.

3. Möglichkeit bedarfsberücksichtigender Regelung?

Vor dem Hintergrund der bislang gewonnenen Erkenntnisse kann dann schließlich auch die Antwort auf die zivilrechtlich vieldiskutierte Frage, ob ein Pflichtteilsrecht in Abhängigkeit von der Bedürftigkeit des Berechtigten gewährt wer-

[839] § 8 II 2 a bb.

den könne, so kurz wie eindeutig ausfallen: Nein, denn jedwede Überlegungen in diese Richtung stehen außerhalb des Erbgrundrechts des Art. 14 Abs. 1 S. 1 GG und vermögen eine verfassungsgemäße Einschränkung desselben nicht zu begründen.

Hinsichtlich der Teilhabegarantie von Kindern und Eltern ergibt sich dies schon daraus, daß ihre Erbbeteiligung wie gesehen nicht im geringsten auf Bedürftigkeitserwägungen basiert. Wenn Nachlaßteilhabe aber schon im Ansatz gar nichts mit Bedürftigkeit zu tun hat, wenn sie schon von vorneherein in keiner Weise auf Unterhalt, Versorgung oder dergleichen abzielt, sondern um anderer Aspekte willen geschieht und deshalb auch um anderer Aspekte willen gegen den Erblasser zu schützen ist, dann kann sie konsequenterweise auch nicht mit der Begründung mangelnder Bedürftigkeit beschränkt oder ausgeschlossen werden. Ein Pflichtteilsrecht nun doch nur bei Bedarf zu gewähren, hieße vielmehr, mit Hilfe einer sachfremden Erwägung hinterrücks zum Dolchstoß auf das Nachlaßteilhaberecht aus Art. 14 Abs. 1 S. 1 GG anzusetzen: Die eigentlichen Gründe der Erbbeteiligung, die sie zu einem durch das Grundgesetz schutzwürdigen Anliegen machen, würden damit geradewegs ausgehebelt[840]. Speziell im Hinblick auf Kinder steht die Notwendigkeit bedarfsunabhängiger Regelung darüberhinaus auf doppeltem Boden. Denn als strikter Maßstab für die Höhe verbietet auch schon die Garantie gleicher Verteilung im Rahmen des Art. 14 Abs. 1 S. 1 GG einzelfallabhängige Abweichungen in jede Richtung – die Erbrechtsgleichheit ist reißfester Fangriemen der gleichen Beteiligungsquote von Kindern[841].

Beim Ehegatten scheidet eine Regelung, die sich an einem Bedarf im Sinne des rein Lebensnotwendigen orientiert, aus den genannten Gründen ebenfalls aus. Allenfalls könnte überlegt werden, Bedürftigkeit im Sinne der Erhaltung des in der Ehe gelebten Standards zur Voraussetzung für ein Pflichtteilsrecht zu machen, da die Nachlaßteilhabe für den Ehegatten wie gesehen unter anderem gerade diese Funktion hat. Mit anderen Worten: Für den Fall, daß der Ehegatte zur Aufrechterhaltung des mit dem Erblasser gelebten Lebensstandards der Teilhabe am Nachlaß nicht bedarf, könnte es es zulässig sein, ihm von Gesetzes wegen kein Pflichtteilsrecht zu gewähren, denn einer der Aspekte ehelicher Erbbeteiligung griffe dann ins Leere. Auch hier aber ist jedem Bestreben in diese Richtung entgegenzutreten. Denn erstens beruht die Nachlaßteilhabe hier wiederum nicht *allein* auf dem Gedanken der Aufrechterhaltung des Lebensstandards, so

---

840 Zutreffend *Papier*, in: Maunz/Dürig, GG, Art. 14 Rn. 301: „Das Verwandtenerbrecht ist mehr als eine Alimentierung bedürftiger Familienangehöriger"; ebenso *Leisner*, Verfassungsrechtliche Grenzen, S. 49.

841 Eindeutig *Stöcker*, WM 1979, S. 214 (220 f.), der aber anders als hier in der Gleichheit den alleinigen Beteiligungsgrund erkennt. Ebenso *Rauscher*, Reformfragen I, S. 91 f.; gegen Bedarfsberücksichtigung im Ergebnis auch *Boehmer*, in: Neumann/Nipperdey/Scheuner, Die Grundrechte II, S. 401 (410).

daß sich bei bedarfsabhängiger Regelung – parallel zu den Erwägungen bei Eltern und Kindern – die auch auf sonstigen Aspekten beruhende Nachlaßnähe ausgehebelt fände. Und zweitens würde die Andersbehandlung des Ehegatten bedeuten, daß er im Verhältnis zu Kindern und Eltern schlechter gestellt würde, weil er in bestimmten Fällen am Nachlaß nicht beteiligt werden müßte. Dies aber ist gerade vor dem aufgezeigten überkommenen Erbrecht und den sich immer mehr durchsetzenden Anschauungen neuerer Zeit, die auf Stärkung des Ehegatten abzielen, nicht im Sinne der Erbrechtsgarantie des Art. 14 Abs. 1 S. 1 GG[842].

Das somit erkannte Verbot bedarfsabhängiger Regelung heißt also folgendes: Die Regelung eines Pflichtteilsrechts darf zum einen nicht als Ganzes vom Bedarf des Berechtigten abhängig gemacht werden. Erst recht darf sie nicht einem individuellen Bedarf entsprechend in der Höhe variiert und unter den aus der Abwägung von Erbgrundrecht und Testierfreiheit ermittelten Anteil gesetzt werden. Gerade letzteres erhellt hier schließlich, was Nachlaßteilhabe und Schutz dieser Nachlaßteilhabe im Kern tatsächlich bedeuten. Es geht immer um eine Teilhabe in Höhe eines bestimmten Anteils im Verhältnis zum Gesamten wie im Verhältnis zu anderen. Ein Grundrecht zu erben bedeutet also ein Recht auf Vermögensübernahme *in Höhe eines bestimmten Bruchteils des Nachlasses*, der Schutz dieses Grundrechts bedeutet deshalb *Anteilsschutz*[843]. Genau dies wurde oben stillschweigend als selbstverständlich vorausgesetzt, wenn verlangt wurde, daß der Überlegung zur Höhe des Pflichtteils immer die Erkenntnis vorauszugehen hat, welcher grundsätzliche Erbanteil des jeweiligen Berechtigten als Ausgangspunkt zugrundezulegen ist[844]. Nur wer entgegen der hier vertretenen Auffassung die Pflicht des Gesetzgebers zum Schutz des Grundrechts aus Art. 14 Abs. 1 S. 1 GG, mithin zum Schutz der quotalen Beteiligung von vorneherein verneint, kann deshalb überhaupt zur Zulässigkeit einer Regelung jenseits fixer und bedarfsunabhängiger Quoten kommen[845]. – Eine ganz andere Frage ist hingegen, ob Art. 6 Abs. 1 S. 1 GG möglicherweise *weitergehende* Vorgaben

---

842 Gegen Bedarfsabhängigkeit beim Ehegatten wohl auch schon *Boehmer*, in: Neumann/Nipperdey/Scheuner, Die Grundrechte II, S. 401 (410).

843 In diesem Sinne offenbar auch *Wendt*, in: Sachs, GG, Art. 14 Rn. 200; *Depenheuer*, in: v.Mangoldt/Klein/Starck, GG, Art. 14 Rn. 528. Es entspräche deshalb auch im Pflichtteilsfalle nicht der Erbrechtsgarantie, den Ehegatten ausschließlich güterrechtlich abzufinden. Auch in seiner Teilhabe am Nachlaß hat – neben seiner wirtschaftlichen Beteiligung daran – anteilige Beteiligung zum Ausdruck zu kommen, in seiner pflichtteilsmäßigen Berücksichtigung muß sich eine Rückkoppelung an diesen Anteil wiederfinden. Aus denselben Gründen wäre auch hinsichtlich der Teilhabesicherung – nicht nur des gesetzlichen Erbrechts – eine reine Nießbrauchsregelung ein Verstoß gegen das Grundrecht zu erben des Ehegatten, vgl. zur Institutsgarantie *Boehmer*, in: Neumann/Nipperdey/Scheuner, Die Grundrechte II, S. 401 (418).

844 In diesem Abschnitt oben Fn. 812.

845 So die Konsequenz bei *Rauscher*, Reformfragen I, S. 77 für den Ehegatten; entsprechend auch bei *Kick*, Jahrbuch junger Zivilrechtswissenschaftler, S. 167 (181).

macht, die gegebenenfalls eine Beteiligung aus dem Nachlaß unter Unterhaltsgesichtpunkten fordern und so zu denen der Erbrechtsgarantie querliegen; dies wird noch zu untersuchen sein. Art. 14 Abs. 1 S. 1 GG für sich jedenfalls verbietet eine Pflichtteilsregelung nach Bedarf, sie wäre eine „erbrechtsfremde Anleihe beim Familienrecht“[846].

4. Zusammenfassung und Bezug zur Institutsgarantie

Das Grundrecht zu erben, das sich auf Teilhabe am Nachlaß von Eltern, Kindern und Ehegatten erstreckt, fordert also tatsächlich gesetzgeberischen Schutz gegen beeinträchtigendes Testierverhalten des Erblassers. Mit anderen Worten: Wer sich staatsgerichtet auf ein Grundrecht zu erben berufen kann, ist vom Gesetzgeber als Pflichtteilsberechtigter anzuerkennen; dies sind Kinder, Eltern und der Ehegatte[847]. Daß sich die Position der Grundrechtsinhaber gegen die des testierenden Erblassers behauptet und daher vom Staat flankierenden gesetzgeberischen Schutz verlangt, beruht jeweils auf ein- und demselben Grundgedanken: Die verfassungsrechtlich gesicherte Stellung der betreffenden Erben gründet in Tatbeständen und einer daraus resultierenden privilegierten Nachlaßnähe, die der Disposition des Erblassers entzogen sind. Der Erblasser hat deshalb zu akzeptieren und der Staat umhegend zu schützen, daß sie diejenigen Personen sind, die zwingend einen Teil des Nachlasses zu erhalten haben.

Wie im einzelnen der gesetzgeberische Schutz umzusetzen ist, gibt Art. 14 Abs. 1 S. 1 GG nicht vor. Fest steht nur, daß die Testierfreiheit im Widerstreit der beiden Grundrechte miteinander letztlich das stärkere Recht ist und deshalb die Oberhand behalten muß. Dies kommt insbesondere darin zum Ausdruck, daß sich das Grundrecht zu erben als ein Recht auf substanzielle Vermögensübernahme gegen die Testierfreiheit nur als Recht auf wertmäßige Beteiligung durchsetzen kann. Die grundsätzliche Vorrangstellung der Testierfreiheit hat der Gesetzgeber aber auch zu beachten, wenn er die Höhe der Teilhabesicherung festlegt – was der Pflichtteilsberechtigte zu erhalten hat, kann durchaus weniger sein als die ihm derzeit gewährte Hälfte des gesetzlichen Erbteils. Der Gesetz-

---

[846] *Stöcker*, WM 1979, S. 214 (220). Erst recht verbietet sich natürlich eine Einschränkung des Intestaterbteils unter dem Aspekt der Bedürftigkeit. Wird in diesem Zusammenhang über die Ersetzbarkeit des gesetzlichen Erbrechts durch einen Unterhaltsanspruch gegen den Staat diskutiert, handelt es sich über die hier aufgezeigte Problematik hinaus auch und in erster Linie um ein Problem des Privaterbfolgegrundsatzes, zutreffend deshalb *Johannsen*, 49. DJT, Bd. II (Sitzungsberichte), Teil K, S. 41.

[847] Entgegen der im ersten Teil aufgeworfenen Option deckt sich damit der Kreis der Grundrechtsinhaber mit dem der Pflichtteilsberechtigten. Deckungsgleichheit konstatiert zumindest abstrakt auch *Stöcker*, WM 1979, S. 214 (222); denselben Personenkreis verfassungsrechtlich abgesichert sieht auch *Papier*, in: Maunz/Dürig, GG, Art. 14 Rn. 302; ebenso *Depenheuer*, in: v.Mangoldt/Klein/Starck, GG, Art. 14 Rn. 526, 528.

geber kann und muß außerdem auf diejenigen Fälle reagieren, in denen die typischen Grundlagen der Nachlaßnähe von Kindern, Eltern und Ehegatten nicht bestehen, indem er entsprechende Möglichkeiten zum Entzug jeglicher Nachlaßbeteiligung schafft, dies schuldet er der Testierfreiheit.

Hat nunmehr der lange Weg vom Grundrecht zu erben über die Schutzpflicht des Gesetzgebers zum Pflichtteilsrecht geführt, so schließt sich hier ein Kreis: Obliegt es dem Gesetzgeber, zum Schutz des Grundrechts zu erben einen Normenkomplex „Pflichtteilsrecht“ zu schaffen, so ist genau dies die Institutsgarantie einer Teilhabesicherung. Und eben hier zeigt sich auch ganz deutlich die Berechtigung, dem Weg über das Individualgrundrecht Vorrang eingeräumt zu haben. Denn *was* letztlich institutsrechtlich von Testierfreiheit und Pflichtteilsrecht garantiert ist, hat sich nur aus der vorangehenden Gegenüberstellung der beiden eigenständigen Grundrechte –Testierfreiheit und Grundrecht zu erben – ergeben können. Dies deshalb, weil die Institutsgarantien von Testierfreiheit und Pflichtteilsrecht gerade Ergebnis dieser Gegenüberstellung sind – institutionell garantiert ist die Testierfreiheit nur so weit, wie das Pflichtteilsrecht nicht Raum beansprucht und umgekehrt. Die Grenzziehung zwischen beiden aber, die wie gesehen eine Abwägung von Testierfreiheit als Grundrecht einerseits und Erbgrundrecht andererseits erfordert, kann ausschließlich anhand von individuellen Grundrechten stattfinden; die beiden Institute als Garantien von Normkomplexen dagegen sind einer Abwägung nicht zugänglich, sondern nicht mehr und nicht weniger als das Ergebnis dieser. Regelt der Gesetzgeber also ein Pflichtteilsrecht, das sich an den aus der Abwägung gewonnenen Rahmen hält, dann agiert er somit auch niemals im Kernbereich der Testierfreiheit, weil diese als Institut von vorneherein nur soweit garantiert ist, wie sie als individuelles Grundrecht keine Einschränkungen zum Schutz des Grundrechts zu erben hinzunehmen hat.

Kurz gefaßt ist damit jedenfalls ein klares Ergebnis gewonnen: Die Erbrechtsgarantie des Art. 14 Abs. 1 S. 1 GG gewährleistet ein Grundrecht auf Teilhabe am Nachlaß der Eltern, Kinder und Ehegatten. Zum Schutz dieses Grundrechts gegen staatliche Ingerenz einerseits hat der Gesetzgeber ein gesetzliches Erbrecht von Kindern, Eltern und Ehegatten sowie zum Schutz gegen beeinträchtigendes Erblasserverhalten andererseits ein Pflichtteilsrecht der genannten Angehörigen zu regeln[848].

---

[848] Das „Anrecht“ genau dieses Personenkreises rechnet auch *Boehmer*, in: Neumann/Nipperdey/Scheuner, Die Grundrechte II, S. 401 (417), zum „Wesensgehalt“ unserer Erbrechtsordnung und damit zu demjenigen Bereich, der gesetzgeberischer Gestaltung entzogen ist.

§ 10 Direktiven aus Art. 6 Abs. 1 GG

I. Art. 6 Abs. 1 GG als möglicher Gewährleistungsträger von gesetzlichem Erbrecht und Pflichtteilsrecht – Problemstellung

1. Bekannte Gesichter: Abwehrrecht, Schutzpflicht und Institutsgarantie

Art. 6 Abs. 1 S. 1 GG gewährleistet zunächst[849] natürlichen Personen[850] in ihrer Rolle als Ehepartnern und Familienmitgliedern[851] ein Grundrecht im klassischen Sinne, ein Abwehrrecht gegen staatliche Eingriffe[852]. Er will die Privatsphäre von Ehe und Familie als „geschlossenen, gegen den Staat abgeschirmten ... Autonomie- und Lebensbereich"[853] schützen und gebietet dem Staat daher Zurückhaltung sowohl hinsichtlich der persönlichen wie der materiellen Sphäre von Ehe und Familie[854]. Darüberhinaus enthält Art. 6 Abs. 1 S. 1 GG auch eine Institutsgarantie[855]: Gewährleistet ist der Bestand der privatrechtlichen Rechtseinrichtungen Ehe und Familie, und zwar auch hier im Sinne der Strukturprinzipien, des überkommenen Kernbestandes der das familiäre und eheliche Leben regelnden Normkomplexe[856]. Wie bei allen Institutsgarantien hat der Gesetzgeber auch diesen „Ordnungskern" zu beachten und entsprechend auszugestalten sowie ihm außerhalb dessen Raum für gesetzgeberische Zweckerwägungen gegeben ist[857]. Auch diese Institutsgarantie besteht aber nicht um ihrer selbst willen. Auch sie flankiert, umhegt, schützt das individuelle Abwehrrecht[858], das ungeachtet der Fassung des Art. 6 Abs. 1 GG als objektiv-rechtliches Schutzgebot nicht „lediglich sekundär"[859] ist. Was bei Art. 14 Abs. 1 S. 1 GG als allgemeinverfassungsrechtliche Erscheinung erarbeitet und als Verknüpfung von subjekti-

---

[849] Vgl. *Robbers*, in: v.Mangoldt/Klein/Starck, GG, Art. 6 Rn. 8 und 12.

[850] BVerfGE 13, 290 (297 f.).

[851] S. zu diesem überindividuellen Bezug, der aber nicht den Charakter des Grundrechts aus Art. 6 Abs. 1 als individuelles Recht des einzelnen in Frage stellt, BVerfGE 78, 38 (49); *Robbers*, in: v.Mangoldt/Klein/Starck, GG, Art. 6 Rn. 13 ff.

[852] Statt vieler *Coester-Waltjen*, in: v.Münch/Kunig, GG, Art. 6 Rn. 19; *Schmitt-Kammler*, in: Sachs, GG, Art. 6 Rn. 20.

[853] *Schmitt-Kammler*, in: Sachs, GG, Art. 6 Rn. 20; ähnlich BVerfGE 21, 329 (353); 80, 81 (92).

[854] *Schmitt-Kammler*, in: Sachs, GG, Art. 6 Rn. 20; *Badura*, in: Maunz/Dürig, GG, Art. 6 Rn. 62 („Erziehungs- und Wirtschaftsgemeinschaft").

[855] Statt vieler etwa *Robbers*, in: v.Mangoldt/Klein/Starck, GG, Art. 6 Rn. 8. – Zu seiner (dritten) Funktion als Grundsatznorm schon oben § 7 III. Einen Kurzüberblick über die drei Dimensionen des Schutzes von Ehe und Familie gibt *Papier*, NJW 2002, S. 2129 ff.

[856] Vgl. *Badura*, in: Maunz/Dürig, GG, Art. 6 Rn. 9; *Schmitt-Kammler*, in: Sachs, GG, Art. 6 Rn. 27; *Robbers*, in: v.Mangoldt/Klein/Starck, GG, Art. 6 Rn. 10.

[857] *Schmitt-Kammler*, in: Sachs, GG, Art. 6 Rn. 27.

[858] Zum Schutz von durch elterliches Verhalten bedrohter Rechtspositionen des Kindes in diesem Sinne etwa *Schmitt-Kammler*, in: Sachs, GG, Art. 6 Rn. 59.

[859] *Robbers*, in: v.Mangoldt/Klein/Starck, GG, Art. 6 Rn. 12.

vem Recht und Institutsgarantie erkannt wurde, normiert Art. 6 Abs. 1 GG ausdrücklich: Eine grundrechtliche Schutzpflicht des Staates, die dem Grundrechtsträger zur Verwirklichung seiner individuellen Rechte zur Seite steht[860]. Die aufgrund dieser Schutzpflicht auferlegte Normierung der Institute von Ehe und Familie ist auch hier (nur) Flankenschutz des individuellen Rechts auf ungestörte Ausübung ehelichen und familiären Lebens[861].

2. Nachlaßteilhabe als Ehe- und Familienschutzgegenstand – Denkbare Divergenzen von Art. 14 Abs. 1 S. 1 und Art. 6 Abs. 1 GG

Dementsprechend ließe sich außer aus Art. 14 Abs. 1 S. 1 GG auch aus Art. 6 Abs. 1 GG die Verfassungsgarantie eines gesetzlichen Erb- und Pflichtteilsrechts herleiten, wenn das subjektive Recht auf Schutz von Ehe und Familie solche Regelungskomplexe forderte. Dabei muß im Geiste ganz klar getrennt werden zwischen den jeweiligen subjektiv-rechtlichen Garantiegehalten und damit Schutzobjekten der beiden Grundrechtsgewährleistungen: Art. 14 Abs. 1 S. 1 GG garantiert ausdrücklich speziell das Erbrecht und wie gesehen damit ein Grundrecht auf Nachlaßteilhabe, das eindeutig von gesetzlicher Erbbeteiligung und Pflichtteilsrecht zu umhegen ist. Art. 6 Abs. 1 GG hingegen gewährleistet ein – schon im Ansatz viel allgemeiner gefaßtes – Recht darauf, eheliches und familiäres Leben frei von staatlicher Ingerenz zu gestalten. Nun wird man zwar ohne weiteres davon auszugehen haben, daß eheliche und familiäre Beziehungen in vermögensrechtlicher Hinsicht durchaus auch über den Tod hinaus grundrechtlichen Schutz genießen: Die ungehinderte Nachlaßteilhabe gehört zweifelsohne zum Bereich ungestörten Familien- und Ehelebens, denn Erben und Vererben ist eine nicht wegzudenkende wesentliche Komponente familiären und

---

[860] Die ausdrückliche Normierung bringt lediglich das herausragende Anliegen des Grundgesetzes hinsichtlich Ehe und Familie – „wertentscheidende Grundsatznorm" – zum Ausdruck und damit auch die Aufgabe für den Staat, Ehe und Familie durch geeignete Maßnahmen zu fördern, birgt aber konstruktiv für das Verhältnis von Institutsgarantie, Schutzpflicht und Individualrecht keine Abweichungen von der allgemeinen grundrechtlichen Schutzpflicht; vgl. etwa *Gröschner*, in: Dreier, GG, Art. 6 Rn. 33 f.; auch *Robbers*, in: v.Mangoldt/Klein/Starck, GG, Art. 6 Rn. 10: „der Gewährleistung innewohnende Schutzpflicht"; *Tünnemann*, Der verfassungsrechtliche Schutz der Familie und die Förderung der Kindererziehung im Rahmen des staatlichen Ausgleichs, S. 118 f. Darüberhinaus läßt sich ihr auch nicht entnehmen, daß in der Abwägung verfassungsrechtlicher Schutzgüter Ehe und Familie stets erhöhter Rang zukäme. So aber *Robbers*, in: v.Mangoldt/Klein/Starck, GG, Art. 6 Rn. 20; wie hier dagegen *Pirson*, in: BK, Art. 6 Rn. 2; *Maunz*, in: Maunz/Dürig, GG, Art. 6 Rn. 7.

[861] Zu diesem Zusammenhang von Individualrecht, Schutzpflicht und Institutsgarantie speziell bei Art. 6 Abs. 1 GG *Robbers*, in: v.Mangoldt/Klein/Starck, GG, Art. 6 Rn. 10; ähnlich wohl *Pirson*, in: BK, Art. 6 Rn. 70. Bei *Gröschner*, in: Dreier, GG, Art. 6 Rn. 81, hingegen findet sich eine mehr institutionell geprägte Sichtweise („institutionelle Bindung der Freiheit").

ehelichen Daseins[862]. Dies bedeutet, daß staatliche Ingerenz – etwa eine hohe Erbschaftssteuer – insofern das Abwehrrecht des Art. 6 Abs. 1 GG auf den Plan rufen kann, als jene geschützte Nachwirkung lebzeitiger ehelicher und familiärer Beziehungen betroffen ist[863]. Es bedeutet indes zunächst nicht, daß das Grundrecht aus Art. 6 Abs. 1 S. 1 GG per se die gleichen Anforderungen an Intestaterbfolge und Teilhabesicherung stellte wie das Grundrecht zu erben aus Art. 14 Abs. 1 S. 1 GG.

Zumindest auf den ersten Blick könnte es durchaus sein, daß es dem Gesetzgeber im Hinblick auf Art. 6 Abs. 1 GG offenstünde, Ehe- und Familienschutz im Nachlaßbereich anders, nach weniger engen Vorgaben zu gewährleisten. Andererseits aber ist es durchaus denkbar, daß sich aus der Garantie von Ehe und Familie auch weitergehende Verpflichtungen des Gesetzgebers ergeben. Zum einen nämlich erfaßt der Begriff der Familie und der damit Begünstigten ein Plus an personellen Beziehungen im Verhältnis zum Grundrecht zu erben: Geschützt ist zwar primär die sogenannte Kleinfamilie, also Eltern und ihre Kinder[864]. Die Eltern-Kind-Beziehung geht dabei auch mitnichten dieses Schutzes verlustig, wenn Kinder erwachsen sind und nicht mehr im Haushalt der Eltern leben, denn die familienrechtliche Beziehung erschöpft sich nicht in der „Erziehungsfunktion" der Eltern, sondern ist eine „lebenslange Verpflichtung ... , einander Beistand zu leisten"[865]. Auf den ersten Blick deckt sich dies also mit dem von der Erbrechtsgarantie geschützten Personenkreis, denn anerkannt wurde

---

[862] Wie die Ehe über die Scheidung hinaus verfassungsrechtliche Nachwirkungen zeitigt (allg. M., s. etwa *Pirson*, in: BK, Art. 6 Rn. 117; *Badura*, in: Maunz/Dürig, GG, Art. 6 Rn. 72), so sind diese auch für Ehe und Familie im Falle des Versterbens eines an der ehelichen/familiären Beziehung Beteiligten auszumachen, vgl. hierzu die Entscheidung des EGMR im Verfahren Marckx gegen Belgien, EuGRZ 1979, S. 454 (Ls. 5 und Nr. 51 ff.): „Das Erbrecht zwischen nahen Verwandten ...ist Teil des durch Art. 8 EMRK geschützten Familienlebens." Ebenso zu Art. 8 EMRK *Meyer-Ladewig*, Hk-EMRK, Art. 8 Rn. 32.

[863] Auch im Rahmen des Art. 6 Abs. 1 GG bleibt es dabei, daß es unter dem Aspekt grundrechtlich geschützter Nachlaßbeteiligung nicht um den Schutz „der Familie" als Gesamtes, als Kollektiv, als Inhaberin eines „Familienvermögens"geht (so aber gerade auch im Zusammenhang mit Art. 6 Abs. 1 GG etwa *Jarass*, in: Jarass/Pieroth, GG, Art. 6 Rn. 10), weil Nachlaßteilhabe wie in § 8 erarbeitet eben nicht (mehr) „die" Familie als solche, sondern nur den einzelnen Angehörigen im Auge hat: Schon das gesetzliche Erbrecht ist auf Verteilung des Nachlasses angelegt und erst recht das Pflichtteilsrecht. Natürlich scheitert hieran aber nicht der Schutz des Art. 6 Abs. 1 GG, denn er erfaßt auch den Schutz – einzelner – „familiärer Beziehungen" (vgl. *Badura*, in: Maunz/Dürig, GG, Art. 6 Rn. 60; *Robbers*, in: v.Mangoldt/Klein/Starck, GG, Art. 6 Rn. 28), etwa zwischen Vater und nichtehelichem Kind (statt vieler: *Jarass*, in: Jarass/Pieroth, GG, Art. 6 Rn. 4 m. w. N.), erst recht also zwischen Vater oder Mutter und ehelichem Kind.

[864] BVerfGE 10, 59 (66); *Schmitt-Kammler*, in: Sachs, GG, Art. 6 Rn. 16; *Coester-Waltjen*, in: v.Münch/Kunig, GG, Art. 6 Rn. 11.

[865] BVerfGE 57, 170 (178); ähnlich E 80, 81 (90 f.); *Coester-Waltjen*, in: v.Münch/Kunig, GG, Art. 6 Rn. 11; auch *Robbers*, in: v.Mangoldt/Klein/Starck, GG, Art. 6 Rn. 83.

dort neben dem Ehegattenverhältnis der Schutz der Nachlaßbeziehungen von Erblasser und Eltern sowie Erblasser und Kindern. Entsprechend seinem Zweck, individuelle Entwicklung und Entfaltung zu schützen sowie die soziale Funktion der Familie zu erhalten[866], ist der Schutzbereich des Art. 6 Abs. 1 GG aber sodann offen für Weiterungen – die biologische Verbindung ist nicht unabdingbares Kriterium[867], maßgebend sind auch „personale Verantwortungszusammenhänge"[868] im Sinne rechtlicher und sozialer Verbindungen[869]. So wird neben dem nichtehelichen[870] und dem Adoptivkind jedenfalls auch das Pflege- und Stiefkind in das geschützte Eltern-Kind-Verhältnis miteinbezogen[871]. Wenn Art. 6 Abs. 1 GG also ebenfalls bestimmte institutionelle Vorgaben macht für Intestaterbfolge und Pflichtteilsrecht, so wird geklärt werden müssen, ob sich diese Garantie auf mehr Familienmitglieder erstreckt als die des Art. 14 Abs. 1 S. 1 GG.

Darüberhinaus stellt sich die Frage, ob Art. 6 Abs. 1 GG auch inhaltlich möglicherweise ein Plus an Nachlaßteilhabe gewährleistet im Verhältnis zur Erbrechtsgarantie selbst. Soweit er nämlich eine institutionelle Verbürgung von Familienunterhalt vorsieht[872], sind hieraus auch Vorgaben für gesetzliche Erbbe-

---

866 Vgl. *Robbers*, in: v.Mangoldt/Klein/Starck, GG, Art. 6 Rn. 85.

867 Wenn auch in erster Linie die „auf Abstammung beruhende Lebensgemeinschaft von Eltern und Kindern" gemeint ist: *Badura*, in: Maunz/Dürig, GG, Art. 6 Rn. 60. Die *nur* biologische Elternschaft gehört nach einer Ansicht dagegen nicht einmal zum Begriffskern, vgl. *Coester-Waltjen*, in: v.Münch/Kunig, GG, Art. 6 Rn. 11; offengelassen in BVerfGE 92, 158; bejahend für den Familienbegriff der EMRK dagegen wohl der EGMR in den Verfahren Keegan/Irland, EGMR v. 26.5.1994, FamRZ 1995, 110 (110 f.).

868 *Robbers*, in: v.Mangoldt/Klein/Starck, GG, Art. 6 Rn. 88.

869 Statt vieler *Coester-Waltjen*, in: v.Münch/Kunig, GG, Art. 6 Rn. 11; *Badura*, in: Maunz/Dürig, GG, Art. 6 Rn. 60.

870 A. A. *Zacher*, in: HStR VI, § 134 Rn. 42: Geschützt sei nur die auf Ehe beruhende Lebensgemeinschaft von Eltern und Kindern.

871 Statt vieler BVerfGE 68, 176 (187); *Gröschner*, in: Dreier, GG, Art. 6 Rn. 77; eingehend *Windel*, FamRZ 1997, 713 (714 f.). Daneben wird zum Teil auch für die Einbeziehung weiterer tatsächlich gelebter Beziehungen plädiert, insbesondere von Geschwistern (so etwa *Coester-Waltjen*, in: v.Münch/Kunig, GG, Art. 6 Rn. 11; auch *Gröschner*, in: Dreier, GG, Art. 6 Rn. 79; *Pirson*, in: BK, Art. 6 Rn. 22; a. A. *Jarass*, in: Jarass/Pieroth, GG, Art. 6 Rn. 4; BVerwG NVwZ 1994, S. 381 [385]) wie Enkeln und Großeltern (vgl. *Zuleeg*, NVwZ 1986, S. 800 (804), wenn auch mit „geringerer Schutzwirkung"; wohl auch *Jarass*, in: Jarass/Pieroth, GG, Art. 6 Rn. 4). Das Bundesverfassungsgericht sieht dagegen bisher nur die Kleinfamilie als Familie an und lehnt die Einbeziehung der Generationen-Großfamilie ab, BVerfGE 48, 327 (339); 59, 52 (63). Kritik an dieser Auslegung üben *Gröschner*, in: Dreier, GG, Art. 6 Rn. 77; *Richter*, in: AK-GG Art. 6 Rn. 15 a; *Lecheler*, in: HStR VI, § 133 Rn. 29 (Anm. 45); *Robbers*, in: v.Mangoldt/Klein/Starck, GG, Art. 6 Rn. 86 ff. m. w. N.

872 Streitig, bejahend etwa *Pirson*, in: BK, Art. 6 Rn. 143; *Schmitt-Kammler*, in: Sachs, GG, Art. 6 Rn. 29; *Tünnemann*, Der verfassungsrechtliche Schutz der Familie und die Förderung der Kindererziehung im Rahmen des staatlichen Kinderleistungsausgleichs, S. 118 m. w. N.;

teiligung und Pflichtteilsrecht denkbar: Der Gesetzgeber könnte verpflichtet sein, diese beiden Institute so auszugestalten, daß einem im Todeszeitpunkt unterhaltsberechtigten Erben eine Nachlaßbeteiligung zur Befriedigung seines Unterhaltsbedarfs zukäme, die so die Gesamtbeteiligung am Nachlaß über den aus Art. 14 Abs. 1 S. 1 GG garantierten Erbteil hinaus erweitern könnte – zu Lasten der anderen Erben und im Pflichtteilsfalle auch zu Lasten der Testierfreiheit des Erblassers.

II. Intestatbeteiligung und Teilhabesicherung aus Art. 6 Abs. 1 GG? – Deckungsgleiche Vorgaben von Art. 6 Abs. 1 und 14 Abs. 1 S. 1 GG

Was also genau fordert das Grundrecht des Art. 6 Abs. 1 GG zu seinem Flankenschutz speziell im Hinblick auf die Vermögensverteilung anläßlich familiärer Todesfälle – was für den Fall ausgebliebener Erblasserverfügung, was für jenen den Begünstigtenkreis des Art. 6 Abs. 1 GG nicht berücksichtigender Erblasserverfügung?

Daß die Überlassung des Erblasservermögens an Angehörige aus dem Ehe- und Familienleben in unserer Rechtsgemeinschaft nicht wegzudenken ist, ist unter abwehrrechtlichem Blickwinkel bereits zur Sprache gekommen. Wie fest verankert sie seit jeher ist, haben überdies die Ausführungen zum Grundrecht zu erben ergeben: Die im gesellschaftlichen Bewußtsein präsente Nachlaßteilhabe von Familienangehörigen hat es in verschiedenen Formen nicht nur auf deutschem Rechtsboden zu allen Zeiten gegeben, die des Ehegatten ist längst in diese Selbstverständlichkeit hineingewachsen[873]. Weniges, darüber muß kein weiteres Wort verloren werden, dürfte demnach überhaupt eine so essentielle und tief verwurzelte Zutat ehelichen und familiären Lebens sein wie die Beteiligung familiär und ehelich verbundener Angehöriger an einem vom Erblasser hinterlassenen Vermögen. Bleibt zu untersuchen, welche Konsequenzen aus dieser Erkenntnis für den Gesetzgeber zu ziehen sind.

1. Vorgaben für ein gesetzliches Erbrecht

Bei den abstrakten Vorüberlegungen zu Art. 6 Abs. 1 GG ist zunächst erarbeitet worden, daß die Vorgaben, die der Schutz von Ehe und Familie macht, nicht unbedingt deckungsgleich sein müssen mit jenen, die der Erbrechtsgarantie entnommen wurden – im Sinne eines Weniger einerseits und eines Mehr, vor allem in personeller Hinsicht, andererseits. Aber differieren die Schutzgehalte im Ergebnis wirklich? Kann es tatsächlich sein, daß Art. 6 Abs. 1 GG einem größeren

---

a. A. *Coester-Waltjen*, in: v.Münch/Kunig, GG, Art. 6 Rn. 15; *Lipp*, NJW 2002, S. 2201 (2202).

[873] S. dazu die Ausführungen zu Art. 14 Abs. 1 S. 1 GG, § 8 II 2 a.

Kreis von Personen ein Intestaterbrecht, gar kein Intestaterbrecht oder nur eine irgendwie finanzielle Intestatbeteiligung gewährleistet? Oder besteht auf den zweiten Blick zwischen der Garantie des Ehe- und Familienschutzes einerseits und der Erbrechtsgarantie andererseits nicht vielleicht eine verborgene Verbindungslinie, die den Schutzgehalt des einen als einen Schutzgehalt besonderer, spezieller Ausprägung des anderen erkennen läßt, so daß damit bereits abschließend geklärt ist, welche Vorgaben hinsichtlich der Nachlaßverteilung an den Gesetzgeber adressiert sind? – Eine solche Verbindungslinie besteht in der Tat. Sie muß nur freigelegt werden, damit sie sichtbar wird.

a. Erbrechtsgarantie und Schutz von Ehe und Familie als zwei sich überschneidende Kreise

Entscheidend ist dabei ein Blick zurück auf Art. 14 Abs. 1 S. 1 GG, wobei das Augenmerk auf den dort analysierten Hintergrund der Erbbeteiligung zu richten ist. Die grundrechtlich abgesicherte Nachlaßteilhabe, so wurde dort erschlossen, nimmt ihren Ausgang gerade in der Besonderheit und damit auch der besonderen Schutzwürdigkeit bestimmter familiärer Einstandsgemeinschaften, genauer: der Eltern-Kind-, Kind-Eltern-, und der Ehegattenbeziehung. Sie alle sind gerade aufgrund ihrer besonderen Bedeutung im familiären Beziehungsgeflecht für den Todesfall in verschiedener Hinsicht als herausragend schutzwürdig erkannt worden. Wenn nun Art. 6 Abs. 1 GG Ehe und Familie wegen ihrer Bedeutung als „Beistands- und Begegnungsgemeinschaft“[874] schützt, und zwar just um der „Ermöglichung und Anerkennung familiärer Solidarität“[875] willen, so ist das Grundrecht zu erben also Ausdruck eines postmortalen, eines ganz konkret auf das familiäre Ereignis des Todesfalles bezogenen Ehe- und Familienschutzes. Es ist somit eine besondere Ausprägung des weit gefaßten Grundrechts auf Schutz von Ehe und Familie des Art. 6 Abs. 1 GG; eine Art „kleine Familienschutzgarantie“. Die Schutzgehalte von Erbrechtsgarantie und Art. 6 Abs. 1 GG stellen sich so gesehen dar als zwei sich teilweise überschneidende Kreise: Beide gewährleisten in ihrem Deckungsbereich den genannten drei Beziehungen Ehe- und Familienschutz im Todesfall.

b. Deckungsgleiche Gewährleistungsgehalte im Überschneidungsbereich

Um dieser Beziehungen willen gewährleistet die Erbrechtsgarantie wie erschlossen auch ein gesetzliches Erbrecht, jenes umhegt den erbfallsspezifischen Beziehungsschutz von Ehegatten, Eltern und Kindern. Wenn aber Art. 14 Abs. 1

---

[874] *Robbers*, in: v.Mangoldt/Klein/Starck, GG, Art. 6 Rn. 81; ebenso *Gröschner*, in: Dreier, GG, Art. 6 Rn. 77 („Beistandsfunktion“); *ders.*, in: Dreier, GG, Art. 6 Rn. 46: „Beistandsgemeinschaft“.

[875] *Coster-Waltjen*, in: v.Münch/Kunig, GG, Art. 6 Rn. 11.

S. 1 GG gerade um des Schutzes und der Anerkennung dieser bestimmten familiären Beziehungen willen ein gesetzliches Erbrecht garantiert, so kann der Schutzgehalt des Art. 6 Abs. 1 GG einerseits nicht dahinter zurückbleiben, andererseits aber auch nicht darüber hinausgehen: Denn das dort gewonnene Ergebnis fließt just aus einer Untersuchung und Abgrenzung dieser familiären Beziehungen – in spezifisch erbrechtlicher Hinsicht – von anderen. Aus Art. 6 Abs. 1 GG kann sich hinsichtlich der Garantie eines gesetzlichen Erbrechts nichts anderes als bei Art. 14 Abs. 1 S. 1 GG ergeben, da genau dieselben Aspekte Platz greifen: Auch er hat die Nachlaßteilhabe Angehöriger so vorgefunden[876], wie sie sich in langer Tradition gebildet hatte, auch er schützt die überkommenen Strukturen dieser Teilhabe, weil sie Bestandteil der überkommenen und gesellschaftlich anerkannten Strukturen von Familie und Ehe sind[877]. In bezug auf das gesetzliche Erbrecht bedeutet dies, daß auch Art. 6 Abs. 1 GG es für Kinder, Eltern und Ehegatten als Kerngehalt institutionell gewährleistet – nicht weniger, weil ihre Nachlaßteilhabe maßgeblicher Teil überkommener Familienstrukturen ist, nicht mehr, weil der Schutz dieser Strukturen nichts über das Essentielle hinaus fordert. Dies heißt insbesondere, daß Art. 6 Abs. 1 S. 1 GG für den Ehe- und Familienschutz im Nachlaßfall nicht über eine fehlende biologische Verbundenheit hinweghelfen kann: In jenem die Nachlaßteilhabe von Eltern und Kindern betreffenden Teil des Familienlebens lebt die Bedeutung der biologischen Verwandtschaft bis heute fort und ist überkommene Grundbedingung für ein gesetzliches Erbrecht[878]. Ein gesetzliches Erbrecht weiterer Personen kann also auch durch Art. 6 Abs. 1 GG nicht begründet werden[879], wie auch hinsichtlich der Art der Teilhabe identische Maßstäbe gesetzt sind[880].

---

[876] Zur unergiebigen Durchsicht der Grundgesetzmaterialien sowie der historischen Kommentierungen und Literatur im Hinblick auf einen erbrechtlichen Bezug des Art. 6 Abs. 1 GG sei verwiesen auf *Hetmeier*, Grundlagen der Privaterbfolge, S. 81.

[877] Anders gewendet: Zum Kerngehalt von Ehe und Familie gehört eben auch der Kerngehalt des *die Familie betreffenden* Erbrechts, vgl. auch *Badura*, in: Maunz/Dürig, GG, Art. 6 Rn. 50, 70; ähnlich *Hetmeier*, Grundlagen der Privaterbfolge, S. 85.

[878] Zur – auch hier geltenden – Ausnahme der Adoption oben § 8 II 1 cc.

[879] Die Problematik des erweiterten Personenkreises – daß also bei einer Garantie des gesetzlichen Erb- und auch Pflichtteilsrechts *allein* aus Art. 6 Abs. 1 GG konsequenterweise alle von diesem geschützten Personen, somit auch Nichtblutsverwandte, am Nachlaß beteiligt werden müßten – wird soweit ersichtlich von den Vertretern der rein „familienrechtlichen Lösung" nicht thematisiert (vgl. z. B. *Hetmeier*, Grundlagen der Privaterbfolge, S. 82 ff.): Bester Beleg dafür, daß auch dort stillschweigend vom Einfließen der überkommenen Strukturen der Intestats- und Pflichtteilsbeteiligung ausgegangen und somit in der Tat dieselben Überlegungen die Ermittlung bestimmen wie hier im Rahmen der Erbrechtsgarantie.

[880] Dabei ist strikte Trennung geboten zwischen den institutionellen Gewährleistungen des Art. 6 Abs. 1 GG und denen als Abwehrrecht: Natürlich kann etwa das nicht biologisch verwandte Pflegekind eine zu hohe Erbschaftssteuer unter dem Gesichtspunkt des Eingriffs in sein subjektives Recht auf den Schutz seiner familiären Beziehung zum Erblasser *abwehren*, aber der Gesetzgeber ist aus Art. 6 Abs. 1 genausowenig wie aus Art. 14 Abs. 1 S. 1 GG *ge-*

Da die Erbrechtsgarantie aus dem Ehe- und Familienleben einen bestimmten Ausschnitt regelt, der grundsätzlich auch Art. 6 Abs. 1 GG unterfällt, und der Schlüssel zum Garantiegehalt bei beiden Vorschriften gleichermaßen im Substrat der überkommenen, sich im Leben der Rechtsgemeinschaft spiegelnden Ehe- und Familienstrukturen liegt, kann sich für ein gesetzliches Erbrecht aus Art. 6 Abs. 1 GG also kein anderer als der für die Erbrechtsgarantie erschlossene erbrechtlich-institutionelle Gehalt ergeben. Die Garantie des Art. 6 Abs. 1 S. 1 GG ist diesbezüglich eine ganz und gar deckungsgleiche mit derjenigen der Erbrechtsgarantie als insofern „ausgelagerter" Familienschutzvorschrift[881]. Die Institutsgarantie eines gesetzlichen Erbrechts von Eltern, Kindern und Ehegatten fußt damit als Umhegung deren familiärer und ehelicher Einstandsgemeinschaft wie in der Erbrechtsgarantie so auch in Art. 6 Abs. 1 GG[882]; seine Abschaffung verstieße gegen beide Verfassungsvorschriften.

---

zwungen, ihm zum Schutz dieses Abwehrrechtes ein gesetzliches Erbrecht zur Seite zu stellen – ein solches gehört nicht zum Kerngehalt. Dies widerspricht auch nicht dem Entweder-Oder-Programm von Institutsgarantien (s. dazu oben § 2 I 2 c; speziell zu Art. 6 Abs. 1 GG s. *Schmitt-Kammler*, in: Sachs, GG, Art. 6 Rn. 27): Eine unverhältnismäßige Erbschaftssteuer für das Pflegekind greift möglicherweise durchaus in das Institut der *Familie* ein und kann deswegen dann auch als – nicht zu rechtfertigende – Verletzung abwehrrechtlich geltend gemacht werden; das viel engere Institut des *gesetzlichen Erbrechts* aber – das man sich vorstellen kann als einen vom Institut der Familie umschlossenen Kreis – bleibt davon unberührt.

881 In diesem Sinne sieht *Coester-Waltjen*, in: v.Münch/Kunig, GG, Art. 6 Rn. 40, das gesetzliche Erbrecht auch als Konsequenz „der über den Tod des Einzelnen hinausbestehenden ehelichen oder familiären Solidarität ...".

882 Nicht korrekt wäre es deshalb, Art. 14 Abs. 1 S. 1 GG etwa als das speziellere Grundrecht zu bezeichnen: Die Vorgaben zum Schutz von Ehe und Familie macht im nachlaßrechtlichen Vermögensbereich nicht etwa Art. 14 Abs. 1 S. 1 GG allein. Denn Art. 6 Abs. 1 GG schützt zum einen nicht nur den immateriell-persönlichen, sondern auch den materiell-wirtschaftlichen Bereich der Familie (vgl. etwa BVerfGE 40, 121 [132]; 60, 68 [74]; 62, 323 [332]). Zum anderen schützt er eheliche und familiäre Gemeinschaft gerade nicht nur unter Lebenden, s. oben I 2. Art. 14 Abs. 1 S. 1 GG ist also weder für den Bereich „Familienvermögen" noch für den Bereich „postmortaler Familienschutz" alleinige Verankerung über den von Art. 6 Abs. 1 GG geschützen Bereich hinaus. Auch deckt er nicht den gesamten Garantiebereich des Art. 6 Abs. 1 GG ab und „noch andere Fälle" dazu (vgl. *Sachs*, Verfassungsrecht II, A 11 Rn. 5 f.): Art. 6 Abs. 1 GG beinhaltet keine Garantie etwa der Privaterbfolge oder der Testierfreiheit als solcher – es handelt sich wie bereits erwähnt bei den beiden Gewährleistungen nur um zwei Kreise, die in ihrem Überschneidungsbereich eine Intestatsbeteiligung bestimmter Angehöriger garantieren, wobei die Deckungsgleichheit auf dem Vorfinden und der Rezeption derselben Bausteine familiären Lebens – und Sterbens – beruht. Nur in diesem Ausschnitt menschlichen Daseins machen Art. 6 Abs. 1 und Art. 14 Abs. 1 S. 1 GG identische Vorgaben. Ein Auffangtatbestand ist Art. 6 Abs. 1 GG lediglich insofern, als Eingriffe im Raum stehen, die – man denke an das bereits eingeführte Beispiel der Erbschaftssteuer für das Pflegekind – thematisch zwar dem Erbbereich zuzuordnen sind, nicht aber in das Grundrecht zu erben, sondern nur in den breiteren Schutz familiären Daseins allgemein eingreifen.

2. Vorgaben für eine Teilhabesicherung

Nichts anderes als für das gesetzliche Erbrecht ergibt sich auch für eine gesetzliche Teilhabesicherung im Hinblick auf Erblasserverfügungen, die nächste Angehörige übergehen. Eine unmittelbare Drittwirkung des Grundrechts auf Schutz von Ehe und Familie scheidet hier selbstverständlich ebenso aus[883] wie bei der Erbrechtsgarantie: Die Lösung kann wiederum nur in der den Staat als Gewährleistungsgaranten einbeziehenden Dreiecksfigur liegen. Gegenüber stehen sich dabei auf der Hypothenuse der familienangehörige Inhaber des Grundrechts aus Art. 6 Abs. 1 GG und der von seiner Testierfreiheit Gebrauch machende Erblasser, der das Recht des ersteren auf – eben auch aus der Familienschutzgarantie gewährleistete – ungehinderte Nachlaßteilhabe trübt. Auch hier nun erzwingt die „Schutzwirkung ... des Art. 6 Abs. 1 GG" die „Beschränkung der Testierfreiheit durch ein Pflichtteilsrecht des Ehegatten und der Kinder"[884]. Und da das Grundrecht zu erben einen Ausschnitt familiären Zusammenlebens schützt, da es ein Recht auf gerade aus der familiären Beziehung fließende Beteiligung ist[885], kann die Gegenüberstellung des Grundrechts des Art. 6 Abs. 1 GG mit der Testierfreiheit für den speziellen Familienschutzfall „Nachlaßbeteiligung" nicht anders ausgehen als bei Art. 14 Abs. 1 S. 1 GG selbst: Ehe- und Familienschutz ist für diesen Ausschnitt vom Gesetzgeber in genau gleichem Maße zu gewährleisten wie im Rahmen der Erbrechtsgarantie, der Erblasser hat genau dieselben Einschränkungen hinzunehmen[886]. Im Rahmen des Art. 6 Abs. 1 GG als eigenständiger Familienschutzvorschrift muß diese Gewichtung der Interessen auf jeden Fall gleich ausfallen, alles andere wäre vor der aufgezeigten Verbindungslinie von Art. 14 Abs. 1 S. 1 GG und Art. 6 Abs. 1 GG widersprüchlich. Gegenteiliges ergibt sich auch nicht etwa daraus, daß der Erblasser ebenfalls in den grundrechtlichen Schutz von Ehe und Familie eingebunden ist und selbst „am anderen Ende der familiären Beziehung sitzt". Denn die Entfaltungsfreiheit des einen darf wie bei allen Grundrechten nicht über Gebühr zu Lasten des anderen gehen[887]; jeder einzelne genießt innerhalb der familiären Einstandsgemeinschaft Schutz und, soweit es um die Verwirklichung oder Anerkennung einer familiären Beziehung geht, kann sich dieser Schutz selbstverständlich auch und gerade

---

883 *Robbers*, in: v.Mangoldt/Klein/Starck, GG, Art. 6 Rn. 25; *Badura*, in: Maunz/Dürig, GG, Art. 6 Rn. 14 m. w. N.

884 *Badura*, in: Maunz/Dürig, GG, Art. 6 Rn. 62 (Fn. 1).

885 Ausführungen oben § 8 II 1 a bb (für Kinder), 1 c bb (für Eltern), 2 a bb (für Ehegatten).

886 Gegen eine Verfassungsgarantie des Pflichtteilsrechts aus Art. 6 Abs. 1 aber *Pirson*, in: BK, Art. 6 Rn. 162, mit der Begründung, es gebe andere Möglichkeiten, grundloser familienfeindlicher Ausübung der Testierfreiheit entgegenzuwirken. – Die sodann genannten Alternativen wie etwa die steuerliche Benachteiligung der gewillkürten Erbfolge dürften allerdings unter Effizienzgesichtspunkten einer Verfassungsgarantie nicht das Wasser reichen können.

887 Ausführlich zu den der Freiheit der persönlichen Entfaltung in der Familie gesetzten Grenzen *Richter*, in: AK, Art. 6 Rn. 32 ff.

gegen denjenigen wenden, der mit ihm in dieser Beziehung lebt bzw. gelebt hat[888].

In personeller Hinsicht ergibt sich aus dieser strengen Deckungsgleichheit wie beim gesetzlichen Erbrecht, daß nur ein kleiner Kreis – Kinder, Eltern, Ehegatten – den Schutz familiärer und ehelicher Nachlaßbeziehungen gegen den Erblasser genießt, denn nur dieser Kreis nimmt an der Qualifizierung „im Erbfall besonders schutzwürdige Familienbeziehung" teil. Gleichermaßen ergibt sich natürlich aber auch hier, daß eine Teilhabesicherung dann nicht verlangt ist, wenn diejenigen Tatbestände, die den Grundrechtsschutz der Teilhabe begründen, im Einzelfall nicht bestehen.

3. Konsequenz der Deckungsgleichheit: Kein gesteigertes Teilhaberecht aus Gesichtspunkten der Bedürftigkeit

Geklärt ist damit schließlich auch, daß Art. 6 Abs. 1 GG, weil er im Hinblick auf Intestaterbrecht und Pflichtteilsrecht nichts anderes gewährleistet als die Erbrechtsgarantie, niemals den Gesetzgeber verpflichtet, die Ausgestaltung des Pflichtteilsrechts oder gar des gesetzlichen Erbrechts am Bedarf eines im Erbfall Unterhaltsberechtigten zu orientieren, ja, ihn nicht einmal dazu berechtigt. Abgesehen davon, daß ohnehin fraglich ist, ob Unterhalt überhaupt zu dem vom Ordnungskern des Art. 6 Abs. 1 GG Geforderten gehört[889], hat wie gesehen auch Art. 6 Abs. 1 GG die traditionsgeprägten Institutionen Ehe und Familie mit ihren überkommenen Strukturen vorgefunden, zu denen gesetzliches Erbrecht und Pflichtteilsrecht auch heute noch gehören. Selbst wenn Art. 6 Abs. 1 GG den Gesetzgeber zur Bereitstellung von unterhaltsrechtlichen Regelungen verpflichten würde, garantierte er deshalb unter keinen Umständen Normen, die es dem *Erben* ermöglichen würden, Unterhaltsleistung auch über den Tod des Verpflichteten hinaus – aus dessen Nachlaß – verlangen zu können. Denn das überkommene Erb- und Familienrecht zieht mit dem Tod eines familienangehörigen Unterhaltspflichtigen einen klaren Schnitt: Sämtliche Pflichten zur gegenseitigen Förderung und Hilfe unter Lebenden werden nach dem Tod abgelöst durch einen Anteil am Vermögen des Erblassers[890]. Es findet also mit dem Tod eine Überlagerung durch feststehende quotale Erbanteile statt; die auch von Art. 6 Abs. 1 GG vorgefundene Vermögensverteilung unter Angehörigen im Todesfall bestimmt auch seinen Garantiegehalt hinsichtlich der Nachlaßteilhabe. Art. 6 Abs. 1 GG kann deshalb das Kriterium des Bedarfs über den Tod hinaus nicht in seinen Schutzgehalt aufgenommen haben und insofern dem Gesetzgeber keine

---

[888] Vgl. *Badura*, in: Maunz/Dürig, GG, Art. 6 Rn. 74: Schutz im Interesse der „individuellen Freiheit" und der Freiheit des Einzelnen „ in der gelebten Gemeinschaft".

[889] Nachweise oben Fn. 872.

[890] Vgl. *Leipold*, in: MünchKomm, Einl. vor § 1922 Rn. 11 f.

Vorgaben machen[891]. Im Gegenteil verbietet auch er vielmehr – eben weil sein Schutzgehalt für Intestat- und Pflichtteilsrecht dem der Erbrechtsgarantie vollkommen entspricht – eine bedarfsabhängige Regelung, die die garantierte Quote des Angehörigen schmälern könnte[892].

III. Zusammenfassung zu Art. 6 Abs. 1 GG

Die Garantien der Art. 14 Abs. 1 S. 1 und Art. 6 Abs. 1 GG stellen insofern zwei sich überschneidende Kreise dar, als sie beide die Beziehungen von Eltern und Kindern sowie von Ehegatten im Hinblick auf den (Familien-)Lebensausschnitt „Nachlaßteilhabe" schützen. In diesem Ausschnitt haben sie beide dieselben überkommenen Familienstrukturen vorgefunden und in ihren Ordnungskern aufgenommen. Sie beinhalten deshalb beide eine Institutsgarantie des gesetzlichen Erbrechts und des Pflichtteilsrechts von Kindern, Eltern und Ehegatten – der eine zur Flankierung des Grundrechts zu erben, der andere um des grundrechtlich gewährleisteten Ehe- und Familienschutzes willen. Eine vollständige Abschaffung dieser überkommenen Institute oder auch eine kernbestandsrelevante Inhaltsänderung, insbesondere die Minderung der garantierten Quoten durch bedarfsabhängige Gewährleistungen, wäre deshalb ein unzulässiger Eingriff sowohl in Art. 14 Abs. 1 S. 1 wie in Art. 6 Abs. 1 GG.

---

[891] Aus demselben Grund ergeben sich auch nicht etwa andere Direktiven für den Gesetzgeber aus Art. 6 Abs. 2 GG. Dieser gewährleistet dem minderjährigen Kind zwar als Ausfluß des staatlichen Wächteramtes gesetzliche Regelungen, die die Pflichterfüllung der Eltern zu Pflege und Erziehung des Kindes einfordern. Es handelt sich dabei aber nur um eine objektive Pflicht zur Schaffung entsprechender Normen, die sich für das Kind dann als Rechtsreflex auswirken, ohne daß es selbst ein entsprechendes subjektives Recht hätte. Vgl. hierzu BVerfGE 61, 18 (27): „Die Verletzung von Grundrechten aus Art. 6 Abs. 2 ... GG könnten allenfalls seine Eltern geltend machen"; ebenso *Robbers*, in: v.Mangoldt/Klein/Starck, GG, Art. 6 Rn. 182 m. w. N. Eingehend zur Dogmatik *Jestaedt*, in: BK, Art. 6 Abs. 2 und 3, Rn. 91.

[892] Eine bedarfsabhängige Regelung des Pflichtteilsrechts, die stets die Gefahr des *Absinkens* der tatsächlichen Teilhabe unter den an sich garantierten Anteil nach sich zieht, kommt also nur in Betracht, wenn man entgegen der hier vertretenen Ansicht die Verfassungsgarantie des Pflichtteilsrechts insgesamt verneint. Ob dagegen ein *Aufstocken* des quotenmäßig garantierten Pflichtteils oder gar gesetzlichen Erbrechts infolge (Mehr-)bedarfs möglich ist – etwa nach dem Vorbild des finninschen support money (Näheres bei *Huber*, Das Pflichtteilsrecht, S. 89 f.), mag angedacht werden. Dabei darf aber nicht übersehen werden, daß es zwangsläufig zu Schmälerungen der Beteiligung anderer Erben kommt – sind diese Träger des Grundrechts zu erben, greift ein entsprechendes Gesetz in deren Grundrechte ein und bedarf deshalb verfassungsrechtlicher Rechtfertigung.

§ 11 Rückblick und Ergebnis in Thesen

Es liegt nun also ein eindeutiges Ergebnis vor: Art. 14 Abs. 1 S. 1 GG gewährleistet ein Grundrecht zu erben, und zwar bezogen auf den Nachlaß von Eltern, Ehegatten und Kindern.

Der Weg zu dieser Erkenntnis hat im ersten Teil seinen Ausgang zunächst in einer Annäherung an die Erbrechtsgarantie als Ganzes genommen. Sie wurde der Eigentumsgarantie als „Zwilling" gegenübergestellt, dabei wurden inhaltlicher und struktureller Gleichlauf[893] einerseits sowie eine defizitäre Aufarbeitung der Erbrechtsgarantie[894] andererseits ausgemacht. Im Zentrum stand die Erkenntnis, daß die große Bedeutung des Erbrechts in der Perpetuierung des Eigentums Privater liegt. Sodann wurden die bekannten Bestandteile der Erbrechtsgarantie erläutert. Nach Voranstellung der herkömmlichen institutsrechtlichen Sichtweise[895] – mit Schwerpunktsetzung auf der Familiengebundenheit des Erblasservermögens als dem hier vornehmlich interessierenden Inhalt – wurden die bestehenden Ansätze zum individualrechtlichen Blickwinkel[896] zusammengetragen. Dabei wurde die Testierfreiheit als Individualrecht des Erblassers nur kurz gestreift und der Fokus alsbald auf das bis dato kaum beachtete Individualgrundrecht des Erben gerichtet; bestehende Erkenntnisse hierzu – gerade auch hinsichtlich einer zum Grund der Erbbeteiligung erklärten Erbrechtsgleichheit – wurden beschrieben.

Der ersten Bestandsaufnahme folgte sodann eine Analyse der verschiedenen Argumentationslinien, die das entscheidende Fundament für den zweiten Teil legte. Zunächst waren verschiedene Fäden zu entwirren: Es wurde erkannt, daß die Frage nach der institutionellen Absicherung von gesetzlichem Erbrecht und Pflichtteilsrecht nur dann erfolgversprechend ist, wenn erstens nach diesen beiden getrennt und nicht nur unter der zusammenfassenden Überschrift der „Familiengebundenheit" diskutiert wird[897]. Zweitens wurde festgestellt, daß auch die Verquickung der Garantiegehalte von Art. 14 Abs. 1 S. 1 GG und Art. 6 Abs. 1 GG wenig zur Klärung beiträgt, also auch insofern eine klare Trennung angezeigt ist[898]. Schließlich konnte ein Modus entwickelt werden, Privat- und

893 § 2 I.
894 § 2 II.
895 § 3 I.
896 § 3 II.
897 § 4 I 1.
898 § 4 I 2.

Verwandtenerbfolgegarantie voneinander zu trennen[899]. Damit war der Weg frei, letztere sowie ihre Ursprungsquelle, das Grundrecht Angehöriger zu erben, auf einen kleinen Personenkreis begrenzen zu können, ohne damit in der Konsequenz dem Staatserbrecht Tür und Tor zu öffnen.
Nach einer kritischen Auseinandersetzung mit den bisherigen individualrechtlichen Konzeptionen, die in erster Linie eine gefährliche Koppelung an zivilrechtliche Vorstellungen zutage brachte[900], wurde dann die Entscheidung getroffen, die Frage nach der Verfassungsgarantie von gesetzlichem Erbrecht und Pflichtteilsrecht aus dem bislang kaum beleuchteten Blickwinkel eines individuellen Grundrechts des Erben zu lösen – des Grundrechts *zu* erben[901]. Daß ein solches überhaupt denkbar ist, konnte anhand eines kurz angerissenen Bauplanes des gesamten individuellen Freiheitsrechts des Erben, dessen es ein Teil sein kann, belegt werden. Die Voraussetzungen hierfür wurden skizziert[902]. Sodann folgte die entscheidende dogmatische Grundlegung, in deren Zentrum die staatliche Schutzpflicht gesetzt wurde[903]: Individuelle Grundrechte fordern in verschiedener Hinsicht Schutz durch den Staat, so unter anderem durch die Bereitstellung bestimmter Normkomplexe. Was vom Gesetzgeber solchermaßen als Minimum verlangt werden kann und seiner Dispositionsbefugnis entzogen ist, stellt aus institutionellem Blickwinkel die Garantie einer Einrichtung dar. Damit war zum einen geklärt, daß der Auseinandersetzung mit dem Individualrecht der Vorrang gebührt, sowie im Sinne eines noch abstrakten Modelles errichtet, was im zweiten Teil konkret unter die Lupe genommen werden sollte: Die Frage danach, ob sich gesetzliches Erbrecht und Pflichtteilsrecht tatsächlich ermitteln und erklären lassen als vom individuellen Grundrecht geforderte Umsetzung staatlicher Schutzpflicht, also als Ergebnis staatlicher Umhegung eines Grundrechts zu erben[904].

Daraus ergab sich für den zweiten Teil ein klarer Ermittlungsauftrag, formuliert in vier Fragen folgenden Inhaltes: Erstens nach Existenz und Nachlaßbezogenheit bzw. Inhaberschaft des Grundrechts zu erben, zweitens nach seinem Schutzbedürfnis im bipolaren Verhältnis (gesetzliches Erbrecht), drittens nach seinem Schutzbedürfnis im tripolaren Verhältnis (Pflichtteilsrecht) – hier wurde auch die Frage nach bedarfsabhängiger Ausgestaltungsmöglichkeit aufgeworfen – und viertens nach der Bedeutung des Gleichheitsaspektes[905].

---

899 § 4 II.
900 § 4 III.
901 § 5 I.
902 § 5 II 1.
903 § 5 II 2.
904 § 5 II 3.
905 § 5 II 4.

Diesem Fragenkatalog entsprechend läßt sich das Ermittlungsergebnis thesenartig nunmehr wie folgt zusammenfassen:

Zu erstens:

(1) Art. 14 Abs. 1 S. 1 GG beinhaltet ein Grundrecht zu erben im Sinne eines Schutzes der Aussicht auf bestimmte Nachlässe. Dieses ist das Freiheitsrecht, den Nachlaß von Eltern, Kindern und Ehegatten frei von staatlicher Ingerenz zu übernehmen[906]. Es ist damit – umgekehrt gewendet – Teil einer umfassenden Erbrechtsfreiheit von Kindern, Eltern und Ehegatten. Es bedeutet in erster Linie, daß sich jeder erbschaftssteuerliche Zugriff des Staates nicht nur am Erblassergrundrecht der Testierfreiheit, sondern auch an einer bereits vor dem Erbfall grundrechtlich geschützten Position des Erben messen lassen muß.

(2) Daß der subjektiv-rechtliche Schutz der Aussicht auf den Nachlaß grundsätzlich Art. 14 Abs. 1 S. 1 GG zuzuordnen ist, ergibt sich aus verschiedenen Anhaltspunkten, deren wichtigster die Rolle des Erben als Garant fortgesetzter Privatheit des Erblasservermögens ist[907]. Tatsächlich beruht der auf den Nachlaß von Eltern, Kindern und Ehegatten begrenzte Schutz darauf, daß diese neben einer überkommenen und nach wie vor anerkannten Erbbeteiligung aus unterschiedlichen, von der grundgesetzlichen Wertordnung anerkannten Tatbeständen heraus besondere Nachlaßnähe aufweisen, die sie von anderen Angehörigen unterscheidet[908]. In erster Linie wurzelt diese Nachlaßnähe jeweils in einer besonderen Beziehung zum Erblasser, die gekennzeichnet ist durch familiäre Solidarität in unterschiedlicher Ausprägung. Insbesondere bei Kindern hingegen läßt sich dieser Schutz der Aussicht auf den Nachlaß nicht mit Versorgungsaspekten begründen. Die Nachlaßnähe setzt sie von anderen ab und macht sie zu privilegierten Nachlaßteilhabern, was mit Wertungen von Art. 6 Abs. 1 GG in Einklang steht.

Zu zweitens:

(1) Im bipolaren Verhältnis Angehöriger-Staat zieht es die grundrechtliche Schutzpflicht nach sich, dem Staat für den Fall ausbleibender letztwilliger Verfügung des Erblassers die Regelung eines gesetzlichen Erbrechts von Kindern, Eltern und Ehegatten aufzugeben: Zur Erlangung des ihnen zustehenden Nachlasses als Erben sind die Grundrechtsinhaber zwingend auf eine entsprechende Normschaffung durch den Gesetzgeber angewiesen[909]. Objektiv-rechtlich gesehen ist dieses Recht auf die Einrichtung eines gesetzlichen Erbrechts die Institutsgarantie der Verwandtenerbfolge hinsichtlich Kindern, Eltern und Ehegatten.

(2) Weil die Gründe für diese Umhegungsverpflichtung gerade in der Besonderheit der betreffenden familiären Beziehungsgeflechte wurzeln und das Grund-

---

906 § 8 II 1 a, 1 c, 2 a.

907 § 8 I.

908 § 8 II 1 a bb, 1 c bb, 2 a bb.

909 § 9 I 1.

recht zu erben sich insofern als „kleine Familienschutzgarantie" – zwei sich überschneidende Kreise – darstellt, ergibt sich ein diesbezüglich deckungsgleicher Schutz in Form einer Institutsgarantie des gesetzlichen Erbrechts von Kindern, Eltern und Ehegatten auch aus Art. 6 Abs. 1 GG[910]. Dogmatisch ist dies die Umhegung des Grundrechts auf Schutz von Ehe und Familie.

Zu drittens:

(1) Im tripolaren Verhältnis Erbe-Staat-Erblasser fordert das Grundrecht zu erben Schutz gegen solche Erblasserverfügungen, bei denen die Grundrechtsinhaber leer ausgehen. Es bietet insofern der Testierfreiheit als dem ebenfalls Raum beanspruchenden Grundrecht des privaten Beeinträchtigers, des Erblassers, die Stirn[911]. Zwar ist die Testierfreiheit wegen ihrer engen Verbindung zur Eigentumsgarantie – die ihrerseits einen auch gesamtgesellschaftlich hoch bedeutsamen Freiheitsraum eigenverantwortlicher Lebensgestaltung sichert – das in der Abwägung dominierende Grundrecht[912]. Ein harter Kern des Grundrechts zu erben hält ihr aber stand, denn die auf unterschiedlichen Säulen stehende Nachlaßnähe der betreffenden Angehörigen kann der Erblasser nicht einseitig aufkündigen[913]. Von ihm kann deshalb im Regelfall bis zu einem gewissen Maß die Hinnahme der Freiheitsbeschränkung bei der Verteilung des Erbgutes verlangt werden. Infolge des hohen Stellenwertes der Testierfreiheit reduziert sich das Grundrecht zu erben aber im Dreiecksverhältnis von einer Nachlaßübernahmegarantie auf eine bloße Nachlaßwertgarantie[914]. Objektiv-rechtlich gewendet liegt auch in dieser Pflicht zur Umhegung des Grundrechts zu erben eine Institutsgarantie: Die Sicherung der Teilhabe von Kindern, Eltern und Ehegatten unterliegt als Einrichtung des privaten Rechts verfassungsrechtlichem Schutz.

(2) Eine Regelung des Pflichtteilsrechts oder einer sonstwie gelagerten Teilhabesicherung in Abhängigkeit von Bedürftigkeitsgesichtspunkten wäre ein Verstoß gegen Art. 14 Abs. 1 S. 1 GG[915]. Das Grundrecht zu erben selbst hat schon nichts mit einem echten Versorgungsgedanken zu tun, so daß ein solcher auch unter Schutzgesichtspunkten nicht zu berücksichtigen sein kann. Vielmehr dürfen die Gründe, auf denen es tatsächlich basiert und um deretwillen es schutzwürdig ist, nicht durch eine bedarfsabhängige Regelung ausgehebelt werden. Hinsichtlich Kindern ergibt sich das Verbot einer solchen Teilhabevoraussetzung zusätzlich aus dem Gedanken der Gleichheit, dazu noch sogleich.

(3) Wie im bipolaren Schutzverhältnis, so ergeben sich auch hier aus Art. 6 Abs. 1 GG deckungsgleiche Anforderungen[916]. Die Institutsgarantie einer Teil-

---

[910] § 10 I, II.
[911] § 9 II.
[912] § 9 II 1 a.
[913] § 9 II 2 (jeweils bb).
[914] § 9 II 1 b aa.
[915] § 9 II 3.
[916] § 10 II 2.

habesicherung beruht hier wie dort auf der Erkenntnis, daß es um den Schutz gerade eines besonderen Ausschnittes familiären Lebens geht. Die vom Grundrecht der Angehörigen auf Schutz von Ehe und Familie geforderte Umhegung hat der Erblasser deshalb als gegen ihn gewendeten Schutz hinzunehmen – die Testierfreiheit dominiert auch und gerade im Kontext des Art. 6 Abs. 1 GG nicht zur Gänze. Eine Minderung der garantierten Erbteile unter Bedarfsgesichtspunkten verbietet auch Art. 6 Abs. 1 GG.

Zu viertens:
(1) Hinsichtlich des elterlichen Nachlasses wohnt dem Grundrecht zu erben ein spezielles Gleichheitsrecht inne[917]. Als gesetzliche Erben sind Kinder deshalb zu gleichen Teilen zu berücksichtigen. Ausnahmen hiervon stellen verfassungsrechtlich zu rechtfertigende Eingriffe in das Grundrecht zu erben der Betroffenen dar[918].
(2) Im Blick auf die Teilhabesicherung erweist sich die Gleichheit als zusätzlicher Rettungsanker des Grundrechts zu erben: Eine bedarfsabhängige Regelung kommt auch unter diesem Aspekt nicht in Betracht[919].

Basierend auf diesen Erkenntnissen konnten dem künftigen inhalts- und schrankenbestimmenden Erbrechtsgesetzgeber dann einige Grundlinien vorgegeben werden: Dazu gehören jenseits der soeben benannten Gesichtspunkte zusammengefaßt insbesondere

- hinsichtlich des gesetzlichen Erbrechts[920]:

Das gesetzliche Erbrecht der Kinder, Eltern und Ehegatten ist zwingend beizubehalten. Der Ausschluß der Eltern beim Vorhandensein von Kindern ist eine der dem elterlichen Erbgrundrecht innewohnenden Beschränkung entsprechende verfassungsgemäße Regelung. Über eine Erweiterung des Ehegattenerbrechts ist nachzudenken. Sie dürfte sowohl gegenüber Kindern als auch – erst recht – gegenüber Eltern zu rechtfertigen sein, unterliegt aber als Eingriff einer Abwägung mit deren Grundrecht zu erben. Darüberhinaus bedarf jede kollidierende gesetzliche Erbbeteiligung von Personen, die außerhalb des Inhaberkreises eines Erbgrundrechtes stehen – dies meint zur Zeit insbesondere Partner gleichgeschlechtlicher Lebensgemeinschaften – einer verfassungsrechtlichen Rechtfertigung, sofern dadurch die Beteiligung der Grundrechtsinhaber geschmälert wird. Bereits im ersten Teil[921] hat sich ergeben, daß eine Begrenzung der Verwandtenerbfolge des BGB zugunsten eines Staatserbrechts als Verstoß gegen den Privaterbfolgegrundsatz nicht zulässig wäre, es sei denn, es finden sich andere typisierbare, indefinite private Erbketten.

---

[917] § 8 II 1 a dd.
[918] § 9 I 2.
[919] § 9 II 3.
[920] § 9 I 2.
[921] § 4 II 2 b.

-hinsichtlich des Pflichtteilsrechts[922]:
Eine vollständige Abschaffung des Pflichtteilsrechts von Kindern, Eltern und Ehegatten ist nicht möglich. Die Beschränkung auf einen bloßen finanziellen Ausgleich entspricht verfassungsrechtlichen Vorgaben; hinsichtlich der Höhe besteht Gestaltungsspielraum. Eine Korrektur nach unten ist denkbar. Dabei kann auch an eine unterschiedliche Behandlung der drei Grundrechtsinhaber gedacht werden. Stets ist hinsichtlich des Pflichtteilsrechts daran zu denken, daß es einen Ausgleich darstellt zwischen dem Grundrecht zu erben und der ebenfalls grundrechtlich gesicherten Testierfreiheit. Angesichts deren Bedeutung ist wiederum sehr zweifelhaft, ob eine höhere Pflichtteilsquote verfassungsrechtlich Bestand hätte. Eine Ausdehung der Pflichtteilsentziehungsgründe erscheint vor dem aufgezeigten verfassungsrechtlichen Hintergrund nicht nur möglich, sondern geboten.

Einzelheiten des Garantiegehaltes und der sich ergebenden Direktiven für den Gesetzgeber waren vorliegend nicht vertieft zu erörtern – sie hätten den Rahmen der Arbeit gesprengt. Weiteres möge also künftigen Beiträgen zur Erbrechtsgarantie überlassen bleiben. Abschließend festgehalten werden kann indes: Bei jeder Diskussion um die Neugestaltung der gesetzlichen Erbfolge und des Pflichtteilsrecht hat das Grundrecht zu erben fortan mit am Tisch zu sitzen.

---

[922] § 9 II 2 (jeweils bb).

Abel, Gunther
Die Bedeutung der Lehre von den Einrichtungsgarantien für die Auslegung des Bonner Grundgesetzes, Berlin 1964.

Alexy, Robert
Theorie der Grundrechte, Baden-Baden 1985.

Anschütz, Gerhard
Die Verfassung des Deutschen Reichs vom 11. August 1919, Ein Kommentar für Wissenschaft und Praxis, 14. Auflage (1. Teil), Berlin 1932.

Anschütz, Gerhard/Thoma, Richard (Hrsg.)
Handbuch des Deutschen Staatsrechts, Band 2, München 1932.

Apelt, Willibalt
Geschichte der Weimarer Verfassung, 2. Auflage, München u.a. 1964.

Armborst, Christian
Bundessozialhilfegesetz, Lehr- und Praxiskommentar, 6. Auflage, Baden-Baden 2003.

Bähr, O.
Zum Erbrecht des Bürgerlichen Gesetzbuchs, in: Archiv für das Bürgerliche Recht, Bd. 3 (1890), S. 141 ff.

Badura, Peter
Der Eigentumsschutz des eingerichteten und ausgeübten Gewerbebetriebes, AöR 98 (1973), S. 153 ff.

Eigentum, in: Benda, Ernst/Maihofer, Werner/Vogel, Hans-Jochen (Hrsg.): Handbuch des Verfassungsrechts der Bundesrepublik Deutschland, 2. Auflage, Berlin u. a. 1994.

Staatsrecht. Systematische Erläuterung des Grundgesetzes für die Bundesrepublik Deutschland, 3. Auflage München 2003.

Bamberger, Georg
Vom Recht der lachenden Erben, DJZ 1907, S. 632 ff.

Barnstedt, Fritz
Das Höferecht und die Erbrechsgarantie des Art. 14 des Grundgesetzes, DNotZ 1969, S. 14 ff.

Baron, I.
Das Erbrecht in dem Entwurf eines bürgerlichen Gesetzbuchs für das deutsche Reich, AcP 75 (1889), S. 177 ff.

Barth, Thomas/Wagenitz, Thomas
Der Entwurf eines Gesetzes zur erbrechtlichen Gleichstellung nichtehelicher Kinder, ZEV 1994, S. 79 ff.

Bartholomeyczik, Horst/Schlüter, Wilfried
Erbrecht, 10. Aufl., München 1975.

Basedow, Jürgen u.a. (Hrsg.)
Die Rechtsstellung gleichgeschlechtlicher Lebensgemeinschaften, Tübingen 2000.

Baur, Jürgen F./Stürner, Rolf
Sachenrecht, 17. Auflage, München 1999.

Benda, Ernst/Klein, Eckart
Verfassungsprozeßrecht. Ein Lehr- und Handbuch, 2. Auflage Heidelberg 2001.

Bendel, Bernold
Das Problem der weichenden Erben im Anerbenrecht, Berlin 1959.

Berg, Wilfried
Der Rechtsstaat und die Aufarbeitung der vor-rechtsstaatlichen Vergangenheit, VVDStRL 51 (1992), S. 46 ff.

Bernhardt, Rudolf
Verfassungsrecht und völkerrechtliche Veträge, in: Isensee/Kirchhof (Hrsg.), Handbuch des Staatsrechts, Band VII, Heidelberg 1992, § 174.

Bethge, Herbert
Zur Problematik von Grundrechskollisionen, München 1977.

Beyer, Jürgen
Grundprobleme des Erbschaftssteuerrechts in der Bundesrepublik Deutschland. Ein Beitrag zu verfassungsrechtlichen und wirtschaftswis-

senschaftlichen Fragen des neuen Erbschaftsteuergesetzes und der Reformvorschläge, Diss., Regensburg 1976.

Bingner
Bemerkungen zu dem Entwurfe eines Bürgerlichen Gesetzbuchs für das Deutsche Reich, in: Sächsisches Archiv für Bürgerliches Recht und Prozeß, Bd. 1 (1891), S. 6 ff.

Bleckmann, Albert
Staatsrecht II – Die Grundrechte, 4. neu bearbeitete Auflage, Köln u.a. 1997.

Grundgesetz und Völkerrecht, Berlin 1975.

Die Völkerrechtsfreundlichkeit der deutschen Rechtsordnung, DÖV 1979, S. 309 ff.

Böckenförde, Ernst-Wolfgang
Grundrechtstheorie und Grundrechtsinterpretation, NJW 1974, S. 1529 ff.

Zur Lage der Grundrechtsdogmatik nach 40 Jahren Grundgesetz, München 1990.

Grundrechte als Grundsatznormen. Zur gegenwärtigen Lage der Grundrechtsdogmatik, Der Staat 1990, S. 1 ff.

Wie werden in Deutschland die Grundrechte im Verfassungsrecht interpretiert?, EuGRZ 2004, S. 598 ff.

Boehm, I.
Das Erbrecht des Bürgerlichen Gesetzbuchs, Hannover 1896.

Boehmer, Gustav
Art. 154 Erbrecht, in: Nipperdey, Hans Carl (Hrsg.): Die Grundrechte und Grundpflichten der Reichsverfassung, Kommentar zum zweiten Teil der Reichsverfassung, Bd. 3. Berlin 1930.

Vorschläge zur Neuordnung der gesetzlichen Erbfolge (§§ 1924 – 1936), Schriften der ADR, hrsg. vom Präsidenten der ADR Reichsminister Dr. Hans Frank, Gruppe Personen-, Familien- und Erbrecht Nr. 5, Berlin 1938.

Erbrecht, in: Neumann, Franz L./Nipperdey, Hans Carl/Scheuner, Ulrich (Hrsg.): Die Grundrechte. Handbuch der Theorie und Praxis der Grundrechte, Bd. 2, Berlin 1954, S. 401 ff.

Welche Anforderungen sind an eine Reform des Rechts des unehelichen Kindes zu stellen?, in: Verhandlungen des 44. Deutschen Juristentag, Bd. I Teil 1 Heft A (Gutachten), Tübingen 1962.

Böhmer, Werner,
Eigentum aus verfassungsrechtlicher Sicht, in: Jürgen F. Baur (Hrsg.), Das Eigentum, 1989,S. 39 ff.

Bosch, Wilhelm
Welche Anforderungen sind an eine Reform des Rechts des unehelichen Kindes zu stellen?, in: Verhandlungen des 44. Deutschen Juristentag, Bd. I Teil 1 Heft A (Gutachten), Tübingen 1962.

Bowitz, Hans Hermann
Zur Verfassungsmäßigkeit des Bestimmungen über die Pflichtteilsentziehung, JZ 1980, S. 304 ff.

Braun, Johann
„Ein neues familienrechtliches Institut". Zum Inkrafttreten des Lebenspartnerschaftsgesetzes, JZ 2002, S. 23 ff.

Breßler, Steffen
Gesetzliche Erbfolge, Testament und Pflichtteil im Freiburger Stadtrecht, FHI (forum historiae iuris) = Internetforum, http://www.forhistiur.de/index_de.htm (Links: Didaktika, Seminar), Erstveröffentlichung 3. Januar 2000.

Breuer, Rüdiger
Grundrechte als Anspruchsnormen, in: Verwaltungsrecht zwischen Freiheit, Teilhabe und Bindung, Festgabe aus Anlaß des 25jährigen Bestehens des Bundesverwaltungsgerichts, München 1978, S. 89 ff.

Brox, Hans
Erbrecht, 21. Auflage, Köln u.a. 2004.

Bucher, Peter (Bearb.)
Der Parlamentarische Rat 1948-1949, Akten und Protokolle, herausgegeben vom Deutschen Bundestag und vom Bundesarchiv unter Leitung von Kurt G. Wernicke und Hans Booms, Boppard am Rhein 1981.

- Bd. 2: Der Verfassungskonvent auf Herrenchiemsee

Buchholz, Stephan
Berliner Testament (§ 2269) und Pflichtteilsrecht der Abkömmlinge. Überlegungen zum Ehegattenerbrecht, FamRZ 1985, S. 872 ff.

Bumke, Christian
Der Grundrechtsvorbehalt, Baden-Baden 1998

Burhoff, Detlef
Das Lebenspartnerschaftsgesetz, ZAP 2001, S. 943 ff.

Calliess, Christian
Sicherheit im freiheitlichen Rechtsstaat, ZRP 2002, S. 1 ff.

Canaris, Claus-Wilhelm
Grundrechte und Privatrecht – eine Zwischenbilanz, Berlin u. a. 1999.

Grundrechte und Privatrecht, AcP 184 (1984), S. 201 ff.

Coester-Waltjen, Dagmar
Liebe – Freiheit – gute Sitten, in: 50 Jahre Bundesgerichtshof, Festgabe aus der Wissenschaft, Bd. 1 (hrsg. von Claus-Wilhelm Canaris und Andreas Heldrich), München 2000, S. 985 ff.

Coing, Helmut
Gutachten für den 49. Deutschen Juristentag, in: Verhandlungen des 49. Deutschen Juristentages, Bd. 1 (Gutachten), Abteilung Zivilrecht: Empfiehlt es sich, das gesetzliche Erb- und Pflichtteilsrecht neu zu regeln?, S. A 1 ff.

Diskussionsbeitrag zum 49. Deutschen Juristentag, in: Verhandlungen des 49. Deutschen Juristentages, Bd. 2 (Sitzungsberichte), Abteilung Zivilrecht: Empfiehlt es sich, das gesetzliche Erb- und Pflichtteilsrecht neu zu regeln?, S. K 92 ff.

Cremer, Wolfram
Der sog. objektiv-rechtliche Gehalt der Grundrechte in der Rechtsprechung des Bundesverfassungsgerichtes, in: Rechtstheorie und Rechtsdogmatik im Austausch, Gedächtnisschrift für Bernd Jeand'Heur, hrsg. von Wilfried Erbguth u.a., Berlin 1999, S. 59 ff.

Freiheitsgrundrechte. Funktionen und Strukturen, Tübingen 2003

Däubler, Wolfgang
Entwicklungstendenzen im Erbrecht, ZRP 1975, S. 136 ff.

Zur aktuellen Bedeutung des Fideikommißverbots, JZ 1969, S. 499 ff.

Dauner-Lieb, Barbara
Bedarf es einer Reform des Pflichtteilrechts?, DNotZ 2001, S. 460 ff.

Pflichtteilsrecht und Pflichtteilsentziehung auf dem Prüfstand, FF 2001, S. 78 ff.

Denninger, Erhard/Hoffmann-Riem, Wolfgang/Schneider, Hans-Peter/Stein, Ekkehart (Hrsg.)
Kommentar zum Grundgesetz für die Bundesrepublik Deutschland (Reihe Alternativkommentare), 3. Auflage Loseblattsammlung, Stand August 2002, Neuwied.

Deutscher Juristentag, Ständige Deputation (Hrsg.)
Verhandlungen des 14. Deutschen Juristentages, Bd. 1 (Gutachten), Berlin 1878.

Verhandlungen des 44. Deutschen Juristentages, Bd. 1 (Gutachten), Heft A: Welche Anforderungen sind an eine Reform des Rechts des unehelichen Kindes zu stellen?, Tübingen 1962.

Verhandlungen des 49. Deutschen Juristentages, Bd. 1 (Gutachten) und 2 (Sitzungsberichte), Zivilrechtliche Abteilung: Empfiehlt es sich, das gesetzliche Erb- und Pflichtteilsrecht neu zu regeln?, München 1927.

Verhandlungen des 57. Deutschen Juristentages, Bd. 2 (Sitzungsberichte), Abteilung nichteheliche Lebensgemeinschaft: Empfiehlt es sich, die Fragen nichtehelicher Lebensgemeinschaft gesetzlich zu regeln?, München 1988.

Verhandlungen des 59. Deutschen Juristentages, Bd. 1 (Gutachten) und 2 (Sitzungsberichte), Abteilung Familienrecht: Empfiehlt es sich, das Kindschaftsrecht neu zu regeln?, München 1992.

Verhandlungen des 64. Deutschen Juristentages, Bd. 1 (Gutachten), Abteilung Zivilrecht: Empfiehlt es sich, die rechtliche Ordnung finanzieller Solidarität zwischen Verwandten in den Bereichen des Unterhaltsrechts, des Pflichtteilsrechts, des Sozialhilferechts und des Sozialversicherungsrechts neu zu gestalten?, München 2002.

Dieckmann, Albrecht
Referat zum 49. Deutschen Juristentag, in: Verhandlungen des 49. Deutschen Juristentages, Bd. 2 (Sitzungsberichte), Abteilung Zivilrecht: Empfiehlt es sich, das gesetzliche Erb- und Pflichtteilsrecht neu zu regeln?, S. K 8 ff.

Diederichsen, Uwe
Das Bundesverfassungsgericht als oberstes Zivilgericht – ein Lehrstück der juristischen Methodenlehre, AcP 198 (1998), S. 171 ff.

Gesetzestreue und Rechtsfortbildung im Rahmen der Vermögensauseinandersetzung bei der Ehescheidung, in: 50 Jahre Bundesgerichtshof, Festgabe aus der Wissenschaft, Bd. 1 (hrsg. von Claus-Wilhelm Canaris und Andreas Heldrich), München 2000, S. 945 ff.

Dietlein, Johannes
Die Lehre von den Grundrechtlichen Schutzpflichten, Berlin 1992.

Doehring, Karl
Das Staatsrecht der Bundesrepublik Deutschland, 3. Aufl., Frankfurt am Main 1984.

v.Doemming, Klaus-Berto/Füßlein, Rudolf Werner/Matz, Werner
Entstehungsgeschichte der Artikel des Grundgesetzes im Auftrage der Abwicklungsstelle des Parlamentarischen Rates und des Bundesministerium des Innern auf Grund der Verhandlungen des Parlamentarischen Rates, JÖR 1 (n. F.), 1951.

Dolzer, Rudolf/Vogel, Klaus/Graßhof, Karin (Hrsg.)
Bonner Kommentar zum Bonner Grundgesetz, Loseblattsammlung, Stand Juli 2004, Heidelberg

Dreier, Horst (Hrsg.)
Grundgesetz, Kommentar, Bd. 1: Art. 1-19, 2. Auflage, Tübingen 2004

Dürig, Günter
Freizügigkeit, in: Neumann, Franz L./Nipperdey, Hans Carl/Scheuner, Ulrich (Hrsg.): Die Grundrechte. Handbuch der Theorie und Praxis der Grundrechte, Bd. 2, Berlin 1954, S. 507 ff.

Das Eigentum als Menschenrecht, in: Zeitschrift für die gesamte Staatswissenschaft, 109. Band (1953), S. 326 ff.

Grundrechte und Zivilrechtsprechung, in: Vom Bonner Grundgesetz zur gesamtdeutschen Verfassung, Festschrift für Hans Nawiasky, hrsg. von Theodor Maunz, München 1956, S. 157 ff.

Ehlers, Dirk
Eigentumsschutz, Sozialbindung und Enteignung bei der Nutzung von Boden und Umwelt; VVDStRL 51 (1992), S. 211 ff.

Ent, Herbert
Diskussionsbeitrag zum 49. Deutschen Juristentag, in: Verhandlungen des 49. Deutschen Juristentages, Bd. 2 (Sitzungsberichte), Abteilung Zivilrecht: Empfiehlt es sich, das gesetzliche Erb- und Pflichtteilsrecht neu zu regeln?, S. K 114 ff.

Erman
Bürgerliches Gesetzbuch Bd. 2, hrsg. von Harm-Peter Westermann, 11. Auflage, Münster u.a. 2004

Feldkamp,Michael F.
Der Parlamentarische Rat 1948-1949 – Die Entstehung des Grundgesetzes, Göttingen 1998

Ferid, Murad/Firsching, Karl/Dörner, Heinrich/Hausmann, Rainer (Hrsg.)
Internationales Erbrecht, Quellensammlung mit systematischer Darstellung des materiellen Erbrechts sowie des Kollisionsrechts der wichtigsten Staaten, Loseblattsammlung, Stand Juni 2004, München

Firsching, Karl
Zur Reform des deutschen Erbrechts, JZ 1972, S. 449 ff.

Fischer, Kai
Die Zulässigkeit aufgedrängten staatlichen Schutzes vor Selbstschädigung, Frankfurt am Main u. a. 1997.

Floren, Dieter
Grundrechtsdogmatik im Vertragsrecht. Spezifische Mechanismen des Grundrechtsschutzes gegenüber der gerichtlichen Anwendung von Zivilvertragsrecht, Berlin 1999.

Forsthoff, Ernst
Die Umbildung des Verfassungsgesetzes, in: Festschrift für Carl Schmitt, hrsg. von Hans Barion, Berlin 1959, S. 35 ff.

Frank, Rainer
Erbrecht, 3. Aufl., München 2005.

Frenz, Norbert
Anmerkung zu BGH ZEV 2001, S. 113, ZEV 2001, S. 115.

Freytag, Alexander
Das (neue) gesetzliche Erbrecht der DDR, in: ZRP 1984, S. 66 ff.

Freytagh-Loringhoven, Axel Freiherr v.
Die Weimarer Verfassung in Lehre und Wirklichkeit, München 1924.

Friauf, Karl Heinrich
Eigentumsgarantie und Steuerrecht, DÖV 1980, S. 480 ff.

Friauf, Karl Heinrich/Höfling, Wolfram (Hrsg.)
Berliner Kommentar zum Grundgesetz, Loseblattsammlung Stand Dezember 2003, Berlin.

Fromme, Friedrich Karl
Von der Weimarer Verfassung zum Bonner Grundgesetz. Die verfassungspolitischen Folgerungen des Parlamentarischen Rates aus Weimarer Republik und nationalsozialistischer Diktatur, 3. Aufl., Berlin 1999.

Frowein, Jochen/Peukert, Wolfgang
Europäische Menschenrechtskonvention, EMRK-Kommentar, 2. Aufl., Kehl u. a. 1996.

Fuchs, Maximilian
Zivilrecht und Sozialrecht. Recht und Dogmatik materieller Existenzsicherung in der modernen Gesellschaft, München 1992.

Empfiehlt es sich, die rechtliche Ordnung finanzieller Solidarität zwischen Verwandten im Unterhalts-, Pflichtteils-, Sozialhilfe- und Sozialversicherungsrecht neu zu gestalten? – Begleitaufsatz zum 64. Deutschen Juristentag 2002, JZ 2002, S. 785 ff.

Gassner, Erich
Die Situationsgebundenheit des Grundeigentums und das Gesetz, NVwZ 1982, S. 165 ff.

Gebhard, Ludwig
Handkommentar zur Verfassung des Deutschen Reichs vom 11. August 1919, München u. a. 1932.

Gerken, Ulrich
Pflichtteilsrecht zwischen Testierfreiheit und Familienerbfolge, Rechtspfleger 1989, S. 45 ff.

Zur Familien- und Lebenssituation alter Menschen – Wandel in den Grundlagen des Erbrechts, ZRP 1991, S. 426 ff.

Gierke, Otto
Der Entwurf eines bürgerlichen Gesetzbuchs und das deutsche Recht, Leipzig 1889.

Die soziale Aufgabe des Privatrechts. Vortrag gehalten am 5. April 1889 in der juristischen Gesellschaft zu Wien, Berlin 1889.

Giese, Friedrich
Die Verfassung des Deutschen Reiches, 8. Aufl., Berlin 1931.

Godin, Hans Freiherr v.
Diskussionsbeitrag zum 49. Deutschen Juristentag, in: Verhandlungen des 49. Deutschen Juristentages, Bd. 2 (Sitzungsberichte), Abteilung Zivilrecht: Empfiehlt es sich, das gesetzliche Erb- und Pflichtteilsrecht neu zu regeln?, S. K 85 ff.

Grabenwarter, Christoph
Europäisches und nationales Verfassungsrecht, VVDStRL 60 (2001), S. 292 ff.

Grabitz, Eberhard
Freiheit und Verfassungsrecht. Kritische Untersuchungen zur Dogmatik und Theorie der Freiheitsrechte, Tübingen 1976.

Grimm, Dieter
Die Zukunft der Verfassung, Frankfurt am Main 1991.

Grziwotz, Herbert
Erbrechtliche und erbschaftsteuerrechtliche Probleme des nichtehelichen Zusammenlebens, ZEV 1994, S. 267 ff.

Gutmann, Thomas
Der Erbe und seine Freiheit, NJW 2004, S. 2347 ff.

Haas, Ulrich
Ist das Pflichtteilsrecht verfassungswidrig?, ZEV 2000, S. 249 ff.

Ausgleich für die enttäuschte Erberwartung, ZEV 2002, S. 169 ff.

Häberle, Peter
Die Wesensgehaltgarantie des Art. 19 Abs. 2 Grundgesetz. Zugleich ein Beitrag zum institutionellen Verständnis der Grundrechte und zur Lehre vom Gesetzesvorbehalt, 3. Aufl., Heidelberg 1983.

Hager, Johannes
Grundrechte im Privatrecht, JZ 1994, S. 373 ff.

Hain, Karl-Eberhard
Der Gesetzgeber in der Klemme zwischen Übermaß- und Untermaßverbot?, DVBl. 1993, S. 982 ff.

Ockham's Razor – ein Instrument zur Rationalisierung der Grundrechtsdogmatik?, JZ 2002, S. 1036 ff.

Halbe, Christoph
Diskussionsbeitrag zum 49. Deutschen Juristentag, in: Verhandlungen des 49. Deutschen Juristentages, Bd. 2 (Sitzungsberichte), Abteilung Zivilrecht: Empfiehlt es sich, das gesetzliche Erb- und Pflichtteilsrecht neu zu regeln?, S. K 134 ff.

Hattenhauer, Hans
Grundbegriffe des bürgerlichen Rechts, 2. Aufl., München 2000.

Hauptvogel, Franz Ehregott
Das Erbrecht des Staates, ZBlFG 1921/22, S. 161 ff.

Hauriou, Maurice
La Théorie de l'Institution et de la Fondation. Essai de Vitalisme social. Erschienen bei Schnur, Die Theorie der Institution und zwei andere Aufsätze von Maurice Hauriou, 1965.

Helms, Wilhelm
Diskussionsbeitrag zum 49. Deutschen Juristentag, in: Verhandlungen des 49. Deutschen Juristentages, Bd. 2 (Sitzungsberichte), Abteilung Zivilrecht: Empfiehlt es sich, das gesetzliche Erb- und Pflichtteilsrecht neu zu regeln?, S. K 79 ff.

Henrich, Dieter
Familienerbrecht und Testierfreiheit im europäischen Vergleich, DNotZ 2001, S. 441 ff.

Familienerbrecht und Testierfreiheit im europäischen Vergleich, in: Henrich, Dieter/Schwab, Dieter (Hrsg.), Familienerbrecht und Testierfreiheit im europäischen Vergleich, Bielefeld 2001, S. 371 ff.

Hermes, Georg
Das Grundrecht auf Schutz von Leben und Gesundheit, Schutzpflicht und Schutzanspruch aus Art. 2 Abs 2 Satz 1 GG, Diss. 1985.

Herzog, Roman
Grundrechte aus der Hand des Gesetzgebers, in: Festschrift für Wolfgang Zeidler, Bd. II, hrsg. von Walther Fürst/Roman Herzog/Dieter C. Umbach, Berlin u. a. 1987, S. 1415 ff.

Herzog, Stephanie
Die Pflichtteilsentziehung – ein vernachlässigtes Institut, Bielefeld 2003.

Hesse, Konrad
Grundzüge des Verfassungsrechts der Bundesrepublik Deutschland, 20. Aufl., Heidelberg 1995.

Hetmeier, Heinz
Grundlagen der Privaterbfolge in der Bundesrepublik Deutschland und in der DDR, Berlin 1990.

Hohloch, Gerhard
Familienrecht, Stuttgart u. a. 2002.

Honsell, Heinrich
Römisches Recht, 5. Aufl., Berlin 2002.

Huber, Ernst-Rudolf
Verfassungsrecht des Großdeutschen Reiches, 2. Auflage, Hamburg 1939.

Huber, Hans Christian
Das Pflichtteilsrecht aus positivrechtlicher, rechtsvergleichender und rechtspolitischer Sicht, Aachen 1999.

Ipsen, Hans Peter
Gleichheit, in: Neumann, Franz L./Nipperdey, Hans Carl/Scheuner, Ulrich (Hrsg.): Die Grundrechte. Handbuch der Theorie und Praxis der Grundrechte, Bd. 2, Berlin 1954, S. 111 ff.

Isensee, Josef
Das Grundrecht auf Sicherheit. Zu den Schutzpflichten des freiheitlichen Verfassungsstaates, Berlin u. a. 1983.

Grundrecht auf Ehre, in: Festschrift für Martin Kriele, hrsg. von Burkhardt Ziemske, München 1997, S. 5 ff.

Vertragsfreiheit im Griff der Grundrechte. Inhaltskontrolle von Verträgen am Maßstab der Verfassung, in: Festschrift für Bernhard Großfeld, hrsg. von Ulrich Hübner, Heidelberg 1999, S. 485 ff.

Das Grundrecht als Abwehrrecht und als staatliche Schutzpflicht, in: Isensee/Kirchhof (Hrsg.), Handbuch des Staatsrechts, Band V, 2. Aufl. Heidelberg 2000, § 111.

Isensee, Josef/Kichhof, Paul (Hrsg.)
Handbuch des Staatsrechts der Bundesrepublik Deutschland

-Band V: Allgemeine Grundrechtslehren, 2. Aufl., Heidelberg 2000
-Band VI: Freiheitsrechte, 2. Aufl., Heidelberg 2001
-Band VII: Normativität und Schutz der Verfassung – Internationale Beziehungen, Heidelberg 1992

Jarrass, Hans D.
Die Grundrechte: Abwehrrechte und objektive Grundsatznormen. Objektive Grundrechtsgehalte, insbes. Schutzpflichten und privatrechtsgestaltende Wirkung, in: Festschrift 50 Jahre Bundesverfassungsgericht II, hrsg. von Peter Badura, Tübingen 2001, S. 35 ff.

Jarrass, Hans D./Pieroth, Bodo
Kommentar zum Grundgesetz, 7. Auflage, München 2004

Jestaedt, Matthias
Grundrechtsentfaltung im Gesetz – Studien zur Interdependenz von Grundrechtsdogmatik und Rechtsgewinnungstheorie, Tübingen 1999

Jochum, Heike/Durner, Wolfgang
Grundfälle zu Art. 14 GG, JuS 2005, S. 220 ff.

Johannsen, Kurt
Diskussionsbeitrag zum 49. Deutschen Juristentag, in: Verhandlungen des 49. Deutschen Juristentages, Bd. 2 (Sitzungsberichte), Abteilung Zivilrecht: Empfiehlt es sich, das gesetzliche Erb- und Pflichtteilsrecht neu zu regeln?, S. K 41 ff.

Kaiser, Dagmar
Das Lebenspartnerschaftsgesetz. Zur Gleichstellung homosexueller Partnerschaften aus familienrechtlicher Sicht, JZ 2001, S. 617 ff.

Pflichtteilsrecht der eingetragenen Lebenspartner, FPR 2005, S. 286 ff.

Kegel, Gerhard
Nemo minus iuris transferre potest, quam ipse habet, oder warum Erbteilungsverbote so kraftlos sind, Festschrift für Richard Lange zum 70. Geburtstag, hrsg. von Günter Warda, Heribert Waider, Reinhard von Hippel, Dieter Meurer. Berlin u.a. 1976, S. 927 ff.

Keim, Christopher
Tagungsbericht: Rechtspolitisches Forum Erbrecht der Bundesnotarkammer am 9.11.2000 in Berlin, DNotZ 2001, S. 434 ff.

Kerscher, Helmut
Teure Eltern – Juristen streiten, ob Sozialämter Kindern Pflegekosten aufbürden dürfen, Süddeutsche Zeitung v. 20.9.2002.

Kipp, Theodor/Coing, Helmut
Erbrecht, 13. Aufl., Tübingen 1978.

Kick, Sabine
Ist das Pflichtteilsrecht noch zeitgemäß?, Jahrbuch Junger Zivilrechtswissenschaftler 1996, S. 167 ff.

Kimminich, Otto/Hobe, Stephan
Einführung in das Völkerrecht, 8. Auflage, Tübingen u. a. 2004.

Kirchhof, Paul
Eigentum und Erbrecht – Fundamente unserer Gesellschaftsordnung, Das Grundeigentum 2001, S. 990 ff.

Kleensang, Michael
Familienerbrecht versus Testierfreiheit – Das Pflichtteilsentziehungsrecht auf dem Prüfstand des Bundesverfassungsgerichts, ZEV 2005, S. 277 ff.

Klein, Eckart
Grundrechtliche Schutzpflicht des Staates, NJW 1989, S. 1633 ff.

Preferred Freedoms-Doktrin und deutsches Verfassungsrecht, in: Grundrechte, soziale Ordnung und Verfassungsgerichtsbarkeit, Festschrift für Ernst Benda zum 70. Geburtstag, hrsg. von Eckart Klein, Heidelberg 1995, S. 135 ff.

Klein, Friedrich
Institutionelle Garantien und Rechtsinstitutsgarantien. Ein Beitrag zum Grundrechtsproblem und zur systematischen, dogmatisch-konstruktiven Erfassung der in der Weimarer Reichsverfassung enthaltenen Gewährleistungen, Breslau 1934.

Klein, Hans Hugo
Die grundrechtliche Schutzpflicht, DVBl. 1994, S. 489 ff.

Grundrechte am Beginn des 21. Jahrhunderts, in: Merten/Papier (Hrsg.), Handbuch der Grundrechte, Bd. I, Heidelberg 2004, § 6.

Klein, Oliver
Fremdnützige Freiheitsgrundrechte. Analyse eines vermeintlich besonderen Grundrechtstypus, Baden-Baden 2003.

Klein, Thomas
Partnerwahl und Entwicklung Nichtehelicher Lebensgemeinschaften im Kontext des Wandels partnerschaftlicher Lebensformen, in: Klein, Thomas/Lauterbach, Wolfgang (Hrsg.), Nichteheliche Lebensgemeinschaften. Analysen zum Wandel partnerschaftlicher Lebensformen, Opladen 1999, S. 63 ff.

Klippel, Diethelm
Familie versus Eigentum, Zeitschrift der Savigny-Stiftung für Rechtsgeschichte, 101. Bd. 1984, S. 117 ff.

Kloepfer, Michael
Grundrechte als Entstehungssicherung und Bestandsschutz, München 1970.

Klumpp, Hans-Hermann
Der Pflichtteilsanspruch als Gegenstand des Rechtsverkehrs und als Vollstreckungsobjekt, ZEV 1998, S. 123 ff.

Kralik, Winfried
Das Erbrecht, in: Ehrenzweig, System des österreichischen allgemeinen Privatrechts, 3. Aufl., Wien 1983.

Krebber, Sebastian
Die Sicherung erbrechtlicher Erwerbsaussichten im Lichte erbrechtlicher Prinzipien, AcP 204 (2004), S. 149 ff.

Kriele, Martin
Theorie der Rechtsgewinnung, entwickelt am Problem der Verfassungsinterpretation, 2. Aufl., Berlin 1976.

Kroiß, Ludwig
Internationales Erbrecht: Einführung und Länderüberblick, Bonn 1999.

Krüger, Herbert
Grundgesetz und Kartellgesetzgebung, Göttingen 1950.

Kühne, Gunther
Zur Reform des gesetzlichen Erb- und Pflichtteilrechts, JR 1972, S. 221 ff.

Kuhla, Wolfgang
Testierfreiheit und Pflichtteil. Verfassungsrechtliche und prozessuale Überlegungen. Festschrift für Wolfgang Bezzenberger zum 70. Geburtstag, hrsg. von Harm Peter Westermann und Klaus Mock. Berlin u. a. 2000, S. 497 ff.

Kunig, Philip
Völkerrecht und staatliches Recht, in: Graf Vitzthum (Hrsg.), Völkerrecht, 2. Auflage, Berlin u.a. 2001.

Lange, Heinrich/Kuchinke, Kurt
Erbrecht, 2. Auflage, München 1978

Erbrecht, 5. Auflage, München 2001

Lange, Heinrich
Die Neugestaltung des Deutschen Erbrechts, DR 1942, S. 1713 ff.

Die Ordnung der gesetzlichen Erbfolge (2. Denkschrift des Erbrechtsausschusses der Akademie für Deutsches Recht), Arbeitsberichte der ADR, hrsg. vom Präsidenten der ADR Reichsminister Dr. Hans Frank, Tübingen 1938.

Lange, Knut Werner
Die Pflichtteilsentziehung gegenüber Abkömmlingen de lege lata und de lege ferenda, AcP 204 (2004), S. 804 ff.

Lauterbach, Wolfgang
Die Dauer nichtehelicher Lebensgemeinschaften: Alternative oder Vorphase zur Ehe?, in: Klein, Thomas/Lauterbach, Wolfgang (Hrsg.), Nichteheliche Lebensgemeinschaften. Analysen zum Wandel partnerschaftlicher Lebensformen, Opladen 1999, S. 269 ff.

Lecheler, Helmut
Schutz von Ehe und Familie, in: Isensee/Kirchhof (Hrsg.), Handbuch des Staatsrechts, Band VI, 2. Aufl. Heidelberg 2001, § 133.

Leipold, Dieter
Wandlungen in den Grundlagen des Erbrechts?, AcP 180 (1980), S. 160 ff.

Anmerkung zu BGH JZ 1990, S. 697 ff., JZ 1990, S. 700 ff.

Erbrecht 1995, JZ 1996, S. 287 ff.

Die neue Lebenspartnerschaft aus erbrechtlicher Sicht, insbesondere bei zusätzlicher Eheschließung, in: ZEV 2001, S. 218 ff.

Erbrecht, 15. Aufl., Tübingen 2004.

Leisner, Walter
Grundrechte und Privatrecht, München 1960.

Von der Verfassungsmäßigkeit der Gesetze zur Gesetzmäßigkeit der Verfassung, Tübingen 1964.

Die Gesetzmäßigkeit der Verfassung, JZ 1964, S. 201 ff.

Sozialbindung des Eigentums, Berlin 1972.

Verfassungsrechtliche Grenzen der Erbschaftsbesteuerung, Berlin 1970.

Eigentumswende? Liegt der Grundwasserentscheidung des Bundesverfassungsgerichts ein neues Eigentumsverständnis zugrunde?, DVBl 1984, S. 61 ff.

Eigentum, in: Isensee/Kirchhof (Hrsg.), Handbuch des Staatsrechts, Band VI, 2. Aufl. Heidelberg 2001, § 149.

Erbrecht, in: Isensee/Kirchhof (Hrsg.), Handbuch des Staatsrechts, Band VI, 2. Aufl. Heidelberg 2001, § 150.

Pflichtteilsentziehungsgründe nach §§ 2333 ff. BGB verfassungswidrig? BVerfG läßt eine wichtige Frage offen, NJW 2001, S. 126 f.

Lerche, Peter
Übermass und Verfassungsrecht. Zur Bindung des Gesetzgebers an die Grundsätze der Verhältnismäßigkeit und der Erforderlichkeit, Köln u. a. 1961.

Grundrechtswirkungen im Privatrecht, Einheit der Rechtsordnung und materielle Verfassung, in: Festschrift Walter Odersky, hrsg. von Reinhard Böttcher, Berlin u.a. 1996, S. 215 ff.

Liebs, Detlef
Römisches Recht, 5. Aufl., Göttingen 1999.

Lipp, Volker
Finanzielle Solidarität zwischen Verwandten im Privat- und Sozialrecht, NJW 2002, S. 2201 ff.

Löhnig, Martin
Dokumentation zum 5. Regensburger Symposium für Europäisches Familienrecht – Familienrecht und Testierfreiheit im europäischen Vergleich, FamRZ 2001, S. 273 f.

v. Lübtow, Ulrich
Erbrecht, 1. und 2. Halbband, Berlin 1971.

Lutter, Marcus
Das Erbrecht des nichtehelichen Kindes, FamRZ 1967, S. 65 ff.

Majewski, Otto
Auslegung der Grundrechte durch einfaches Gesetzesrecht? Zur Problematik der sogenannten Gesetzmäßigkeit der Verfassung, Berlin 1971.

Maletzky, Martin
Das Erbrecht des Fiskus, München 2001.

v. Mangoldt, Hermann
Schriftlicher Bericht über den Abschnitt I. Die Grundrechte, in: Parlamentarischer Rat, Bonn 1948/49, Schriftlicher Bericht zum Entwurf des Grundgesetzes für die Bundesrepublik Deutschland (Anlage zum stenographischen Bericht der 9. Sitzung des Parlamentarischen Rates am 6. Mai 1949), S. 1 ff.

Grundrechte und Grundsatzfragen des Bonner Grundgesetzes, in AöR 75 (1949), S. 273 ff.

v.Mangoldt, Hermann/Klein, Friedrich/Starck, Christian (Hrsg.)
Das Bonner Grundgesetz, Kommentar, Bd. 1: Artikel 1-19, 4. Aufl. München 1999.

Martiny, Dieter
Unterhalts- und erbrechtliches Teilgutachten – Gutachten A – für den 64. Deutschen Juristentag, in: Verhandlungen des 64. Deutschen Juristentages, Bd. 1 (Gutachten), Abteilung Zivilrecht: Empfiehlt es sich, die rechtliche Ordnung finanzieller Solidarität zwischen Verwandten in den Bereichen des Unterhaltsrechts, des Pflichtteilsrechts, des Sozialhilferechts und des Sozialversicherungsrechts neu zu gestalten?, S. A 7 ff., München 2002.

Marx, Karl/Engels, Friedrich
Manifest der Kommunistischen Partei, in: Das Kommunistische Manifest von Karl Marx und Friedrich Engels, Faksimiledruck der Erstausgabe von 1848, neu eingeleitet von Hermann Weber, Hannover 1966.

Maunz, Theodor/Dürig, Günter (Hrsg.)
Kommentar zum Grundgesetz, Loseblattsammlung Stand Februar 2004, München.

Maurach, Reinhart
Handbuch der Sowjetverfassung, München 1955.

Mayer-Maly, Theo
Römisches Privatrecht, 2. Aufl., Wien u.a. 1999.

Mayer, Jörg
Zur Pflichtteilsentziehung und zur Verfassungsmäßigkeit des Pflichtteilsrechts, ZEV 2000, S. 447 f.

Medicus, Dieter
Bürgerliches Recht, 19. Auflage München 2002.

Meincke, Jens Peter
Erbschaftsteuer- und Schenkungsteuergesetz, Kommentar, 14. Aufl., München 2004.

Meixner, Frank
Entwicklungstendenzen im in- und ausländischen Familienrecht, Deutsches und Europäisches Familienrecht 1999, S. 162 ff.

Menger, Anton
Das Bürgerliche Recht und die besitzlosen Volksklassen, Tübingen 1904.

Menzel, Eberhard
Das Ende der institutionellen Garantien, AöR 67 NF 28 (1937), S. 32 ff.

Merten, Detlef
Rechtsstaat und Gewaltmonopol, Tübingen 1975.

Handlungsgrundrechte als Verhaltensgarantien – zugleich ein Beitrag zur Funktion der Grundrechte –, VerwArchiv 73 (1982), S. 103 ff.

Grundrechtliche Schutzpflichten und Untermaßverbot, in: Gedächtnisschrift für Joachim Burmeister, hrsg. von Klaus Stern, Heidelberg 2005

Merten, Detlef/Papier, Hans-Jürgen (Hrsg.)
Handbuch der Grundrechte in Deutschland und Europa, Bd. I: Entwicklung und Grundlagen, Heidelberg 2004.

Merz, Hans
Diskussionsbeitrag zum 49. Deutschen Juristentag, in: Verhandlungen des 49. Deutschen Juristentages, Bd. 2 (Sitzungsberichte), Abteilung Zivil-

recht: Empfiehlt es sich, das gesetzliche Erb- und Pflichtteilsrecht neu zu regeln?, S. K 103 ff.

Meyer-Ladewig, Jens
Konvention zum Schutz der Menschenrechte und Grundfreiheiten, Handkommentar, Baden-Baden 2003.

Meyersburg
Gutachten über die Frage: Ob und in wie weit die Testierfreiheit mit Rücksicht auf eine Pflichtteilsberechtigung eingeschränkt werden soll?, in: Verhandlungen des 14. DJT, Bd. I (Gutachten), Heft 1, S. 50 ff., Berlin 1878.

Michalski, Lutz
BGB-Erbrecht, 2. Aufl., Heidelberg 2001.

Mommsen, Theodor
Die Grundrechte des deutschen Volkes mit Belehrungen und Erläuterungen, Neudruck der Erstausgabe von 1849, Frankfurt u. a. 1969.

von Münch, Ingo
Staatsrecht, Bd. 2., 5. Aufl., Stuttgart u. a. 2002.

v.Münch, Ingo/Kunig, Philip (Hrsg.)
Grundgesetz, Kommentar, Bd. 1: Art. 1-19, 5. Aufl. München 2000.

Münchener Kommentar
Kommentar zum Bürgerlichen Gesetzbuch.

-Bd. 9: Erbrecht §§ 1922-2385, 3. Aufl. München 1997
-Bd. 9: Erbrecht §§ 1922-2385, 4. Aufl., München 2004
-Bd. 11: Internationales Handels- und Gesellschaftsrecht, Art. 50-237 EGBGB, 3. Aufl. München 1999.

Murswiek, Dietrich
Die staatliche Verantwortung für die Risiken der Technik. Verfassungsrechtliche Grundlagen und immissionsschutzrechtliche Ausformung, Berlin 1985.

Nave-Herz, R.
Die nichteheliche Lebensgemeinschaft – eine soziologische Analyse – , in: FPR 2001, S. 3 ff.

Nawiasky, Hans
Allgemeine Rechtslehre als System der rechtlichen Grundbegriffe, 2. Aufl., Einsiedeln u. a. 1948.

Negro, Franco
Das Eigentum, Geschichte und Zukunft. Versuch eines Überblicks, München u. a. 1963.

Nierhaus, Michael
Grundrechte aus der Hand des Gesetzgebers? Ein Beitrag zur Dogmatik des Art. 1 Abs. 3 GG, AöR 116 (1991), S. 72 ff.

Nipperdey, H. C.
Gleicher Lohn der Frau für gleiche Leistung, RdA 1950, S. 121 ff.

Nipperdey, Hans Carl (Hrsg.)
Die Grundrechte und Grundpflichten der Reichsverfassung. Kommentar zum zweiten Teil der Reichsverfassung.
Bd. 1. Berlin 1929
Bd. 3. Berlin 1930

Nohl, Gerd
Vermögensredistribution durch die Besteuerung von Erbschaften und die Erbrechts- und Eigentumsgarantie in Artikel 14 des Grundgesetzes, Diss. Marburg 1979.

Novak, Richard
Zur Drittwirkung der Grundrechte. Die österreichische Lage aus rechtsvergleichender Sicht, EuGRZ 1984, S. 133 ff.

Nowak, Manfred
UNO-Pakt über bürgerliche und politische Rechte und Fakultativprotokoll, CCPR-Kommentar, Kehl am Rhein u. a. 1989.

Oechsler, Jürgen
Pflichtteil und Unternehmensnachfolge von Todes wegen, AcP 200 (2000), S. 603 ff.

Olzen, Dirk
Die gesetzliche Erbfolge, Jura 1998, S. 135 ff.

Erbrecht, Berlin u. a. 2001.

Ossenbühl, Fritz
Grundsätze der Grundrechtsinterpretation, in: Merten/Papier (Hrsg.), Handbuch der Grundrechte, Bd. I, Heidelberg 2004, § 15.

Otte, Gerhard
Um die Zukunft des Pflichtteilsrechts, ZEV 1994, S. 193 ff.

Das Pflichtteilsrecht – Verfassungsrechtsprechung und Rechtspolitik, AcP 202 (2002), S. 317 ff.

10 Jahre ZEV: Die Entwicklung des Erbrechts von 1994 bis 2003, ZEV 2004, S. 9 ff.

Die Bedeutung der „Hohenzollern"-Entscheidung des Bundesverfassungsgerichts für die Testierfreiheit, ZEV 2004, S. 393 ff.

Pabst, Heinz-Joachim
Vererben und Verschenken aus grundrechtlicher Sicht, JuS 2001, S. 1145 ff.

Palandt, Otto
Das deutsche Erbrecht und seine Entwicklungstendenzen, DGWR 1936, S. 33.

Bürgerliches Gesetzbuch (Hrsg.), Kurzkommentar, 64. Aufl., München 2005.

Papantoniou, Nikos
Die soziale Funktion des Erbrechts, in: AcP 173 (1973), S. 385 ff.

Diskussionsbeitrag zum 49. Deutschen Juristentag, in: Verhandlungen des 49. Deutschen Juristentages, Bd. 2 (Sitzungsberichte), Abteilung Zivilrecht: Empfiehlt es sich, das gesetzliche Erb- und Pflichtteilsrecht neu zu regeln?, S. K 97 ff.

Papier, Hans-Jürgen
Die Beeinträchtigungen der Eigentums- und Berufsfreiheit durch Steuern von Einkommen und Vermögen, Der Staat 11 (1972), S. 483 ff.

Unternehmen und Unternehmer in der verfassungsrechtlichen Ordnung der Wirtschaft, in: VVDStRL 35 (1977), S. 55 ff.

Ehe und Familie in der neueren Rechtsprechung des BVerfG, NJW 2002, S. 2129 ff.

Pentz, Adolf
Pflichtteil bei Grundeigentum im Ausland – Ein Fall des ordre public, ZEV 1998, S. 449 ff.

Nachehelicher Unterhalt trotz Pflichtteilsverzichts, FamRZ 1998, S. 1344 ff.

Petersen, Julius
Die Berufung zur Erbschaft und die letztwilligen Verfügungen überhaupt nach dem Entwurfe eines Bürgerlichen Gesetzbuches für das Deutsche Reich, in: Beiträge zur Erläuterung und Beurtheilung des Entwurfes eines Bürgerlichen Gesetzbuches für das Deutsche Reich, Heft 16, Berlin 1889.

Pettiti, Louis-Edmond/Decaux, Emmanuel/Imbert, Pierre-Henri
La Convention européenne des droits de l'homme, Commentaire article par article, 2. Aufl., Paris 1999.

Petri, Klaus
Die Pflicht zum Pflichtteil, ZRP 1993, S. 205 f.

Pieroth, Bodo/Schlink, Bernhard
Grundrechte, Staatsrecht II, 20. Auflage, Heidelberg 2004.

Podlech, Adalbert
Eigentum – Entscheidungsstruktur der Gesellschaft, Der Staat 15 (1976), S. 31 ff.

Quebe, Jutta
Die Erbrechtsgarantie, Inhalt und Schranken, Bielefeld 1993.

Rauscher, Thomas
Reformfragen des gesetzlichen Erb- und Pflichtteilsrechts, Bd. 1 und 2, Regensburg 1990.

Reichert-Facilides, Fritz
Rechtsvergleichende Übersicht für den 49. Deutschen Juristentag, in: Verhandlungen des 49. Deutschen Juristentages, Bd. 1 (Gutachten), Abteilung Zivilrecht: Empfiehlt es sich, das gesetzliche Erb- und Pflichtteilsrecht neu zu regeln?, S. A 57 ff., München 1972.

Renner, Karl
Die Rechtsinstitute des Privatrechts und ihre soziale Funktion. Ein Beitrag zur Kritik des bürgerlichen Rechts, Stuttgart 1965.

Ress, Georg
Wirkung und Beachtung der Urteile und Entscheidungen der Straßburger Konventionsorgane, EuGRZ 1996, S. 350 ff.

Rieger, Gregor
Das Vermögensrecht der eingetragenen Lebenspartnerschaft, FamRZ 2001, S. 1497 ff.

RGRK
Kommentar zum Bürgerlichen Gesetzbuch, Bd. V 1. Teil, 12. Auflage, Berlin u. a. 1974.

Rheinstein, Max/Knapp, Viktor u.a.
Das Erbrecht von Familienangehörigen in positivrechtlicher und rechtspolitischer Sicht – Länderberichte zu den Rechten der Vereinigten Staaten, der sozialistischen Länder, Skandinaviens, Englands und Frankreichs mit einem rechtsvergleichenden Generalreferat und einem Bericht über die Diskussion, Schriftenreihe der Gesellschaft für Rechtsvergleichung, Frankfurt a. M. Berlin 1971.

Robbers, Gerhard
Sicherheit als Menschenrecht, Baden-Baden 1987.

Eingetragene Lebenspartnerschaften, JZ 2001, S. 779 ff.

Rötelmann, Wilhelm
Erbrechtsgarantie und Höferecht. Zu dem Aufsatz von Barnstedt, DNotZ 1969, 14, DNotZ 1969, S. 415 ff.

Röthel, Anne
Verfassungsprivatrecht aus Richterhand? – Verfassungsbindung und Gesetzesbindung der Zivilgerichtsbarkeit, JuS 2001, S. 424 ff.

Rohrbeck, Axel
Diskussionsbeitrag zum 49. Deutschen Juristentag, in: Verhandlungen des 49. Deutschen Juristentages, Bd. 2 (Sitzungsberichte), Abteilung Zivilrecht: Empfiehlt es sich, das gesetzliche Erb- und Pflichtteilsrecht neu zu regeln?, S. K 77 ff.

Roxin, Claus
Strafrecht Allgemeiner Teil Bd. 1, 3. Aufl., München 1997.

Rüfner, Wolfgang
Grundrechtsadressaten, in: Isensee/Kirchhof (Hrsg.), Handbuch des Staatsrechts, Band V, 2. Aufl. Heidelberg 2000, § 117.

Ruffert, Matthias
Vorrang der Verfassung und Eigenständigkeit des Privatrechts, Tübingen 2001.

Rummel, Peter (Hrsg.)
Kommentar zum Allgemeinen bürgerlichen Gesetzbuch, 3. Auflage, Wien 2000.

Ruthe, Rangar
Erbrechts-Reform? Bericht über die Beratungen der Zivilrechtlichen Abteilung des 49. Deutschen Juristentags, FamRZ 1972, S. 626 ff.

Sachs, Michael
Rechtsförmliche Lebenspartnerschaftten für Menschen gleichen Geschlechts – Verfassungsgebot oder Verfassungsverstoß?, JR 2001, S. 45 ff.

Verfassungsrecht II Grundrechte, Berlin u. a. 2003.

Sachs, Michael (Hrsg.)
Grundgesetzkommentar, 3. Aufl., München 2003.

Saladin, Peter
Grundrechte im Wandel. Die Rechtsprechung des Schweizerischen Bundesgerichts zu den Grundrechten ein einer sich ändernden Umwelt, Bern 1970.

v.Savigny, Friedrich Carl
System des heutigen Römischen Rechts.

Bd. 1, Berlin 1840
Bd. 8, Berlin 1849

v.Scheel, H.
Volkswirtschaftliche Bemerkungen zur Reform des Erbrechts, in: Annalen des Deutschen Reichs für Gesetzgebung, Verwaltung und Statistik, Jahrgang 1877 (Teilbd. I), S. 97 ff.

Scheer, Hans-Herbert
Die Pflicht zum Pflichtteil, ZRP 1994, S. 40.

Scheuner, Ulrich
Die institutionellen Garantien des Grundgesetzes, Recht-Staat-Wirtschaft Bd. IV (1953), S. 88 ff.

Schiemann, Gottfried
Die Renaissance des Erbrechts, ZEV 1995, S. 197 ff.

Schippel, Helmut
Diskussionsbeitrag zum 49. Deutschen Juristentag, in: Verhandlungen des 49. Deutschen Juristentages, Bd. 2 (Sitzungsberichte), Abteilung Zivilrecht: Empfiehlt es sich, das gesetzliche Erb- und Pflichtteilsrecht neu zu regeln?, S. K 52 ff.

Schlüter, Wilfried
Erbrecht, begr. von Horst Bartholomeyczik, 15. Auflage, München 2004.

Die Änderung der Rolle des Pflichtteilsrechts im sozialen Kontext, in: 50 Jahre Bundesgerichtshof, Festgabe aus der Wissenschaft, Bd. 1, hrsg. von Claus-Wilhelm Canaris und Andreas Heldrich, München 2000, S. 1047 ff.

BGB-Familienrecht, 11. Auflage, Heidelberg 2005.

Schmidt, Walter
Die Freiheit vor dem Gesetz. Zur Auslegung des Art. 2 Abs. 1 des Grundgesetzes, AöR 91 (1966), S. 42 ff.

Schmidt-Aßmann, Ulrike
Referat zum 57. Deutschen Juristentag, in: Verhandlungen des 57. Deutschen Juristentages, Bd. 2 (Sitzungsberichte), Abteilung nichteheliche Lebensgemeinschaft: Empfiehlt es sich, die Fragen der nichtehelichen Lebensgemeinschaft gesetzlich zu regeln?, S. I 9 ff., München 1988.

Schmidthäuser, Eberhardt
Über Aktualität und Potentialität des Unrechtsbewußtseins, in: Beiträge zur gesamten Strafrechtswissenschaft, Festschrift für Hellmuth Mayer

zum 70. Geburtstag am 1. Mai 1965, hrsg. von Friedrich Geerds und Wolfgang Naucke, Berlin 1966.

Schmitt, Carl
Freiheitsrechte und institutionelle Garantien (1931), in: Verfassungsrechtliche Aufsätze aus den Jahren 1924-1954, Berlin 1958, S. 140 ff.

Verfassungslehre, 8. Aufl., Neusatz auf Basis der 1928 erschienenen ersten Auflage, Berlin 1993.

Die Tyrannei der Werte, in: Säkularisation und Utopie, Ebracher Studien, S. 37 ff., Stuttgart, Berlin u. a. 1967.

Inhalt und Bedeutung des Zweiten Hauptteils der Reichsverfassung, in: Anschütz, Gerhard/Thoma, Richard (Hrsg.), Handbuch des Deutschen Staatsrechts, Band 2, München 1932, § 101 (S. 572 ff.).

von Schmitt, Gottfried
Begründung des Entwurfes eines Rechtes der Erbfolge für das Deutsche Reich und des Entwurfes eines Einführungsgesetzes, Berlin 1879, in: Werner Schubert (Hrsg.), Die Vorentwürfe der Redaktoren zum BGB, Erbrecht Teil 1, Berlin u. a. 1984.

Schnur, Roman (Hrsg.)
Die Theorie der Institution und zwei andere Aufsätze von Maurice Hauriou, Berlin 1965.

Scholz, Rupert
Identitätsprobleme der verfassungsrechtlichen Eigentumsgarantie, NVwZ 1982, S. 337 ff.

Die Koalitionsfreiheit als Verfassungsproblem, München 1971.

Rechtsfrieden im Rechtsstaat. Verfassungsrechtliche Grundlagen, aktuelle Gefahren und rechtspolitische Folgerungen, NJW 1983, S. 705 ff.

Schröder, Rainer
Der Funktionsverlust des bürgerlichen Erbrechts, in: Mohnhaupt (Hrsg.), Zur Geschichte des Familien- und Erbrechts, Frankfurt am Main 1987.

Pflichtteilsrecht, DNotZ 2001, S. 465 ff.

Schuppert, Gunnar Folke
Funktionell-rechtliche Grenzen der Verfassungsinterpretation, Königstein 1980.

Schuppert, Gunnar Folke/Bumke, Christian,
Die Konstitutionalisierung der Rechtsordnung, Baden-Baden 2000.

Schwab, Dieter
Familiäre Solidarität, FamRZ 1997, S. 521 ff.

Schwab, Dieter/Henrich, Dieter (Hrsg.)
Familiäre Solidarität – Die Begründung und die Grenzen der Unterhaltpflicht unter Verwandten im europäischen Vergleich, Bielefeld 1997.

Schwabe, Jürgen
Die sogenannte Drittwirkung der Grundrechte, München 1971.

Probleme der Grundrechtsdogmatik, Darmstadt 1977.

Anmerkung zu BVerfG, Beschluss v. 9.1.1991, JZ 1991, S. 774 (777).

Schwenzer, Ingeborg
Gutachten für den 64. Deutschen Juristentag, in: Verhandlungen des 59. Deutschen Juristentages, Bd. 1 (Gutachten), Abteilung Zivilrecht: Empfiehlt es sich, das Kindschaftsrecht neu zu regeln?, S. A 1 ff., München 1992.

Seith, Sebastian
Wie kommt der Urheber zu seinem Recht? Zu den verfassungsrechtlichen Rahmenbedingungen staatlicher Politik zum Schutz des Urheberrechts im digitalen Zeitalter, Heidelberg 2003.

Siebenhaar, Eduard/Siegmann, Georg
Kommentar zu dem Bürgerlichen Gesetzbuche für das Königreich Sachsen, Dritter Band (Das Familien-, Vormundschafts- und Erbschaftsrecht), Leipzig 1865.

Smend, Rudolf
Das Recht der freien Meinungsäußerung, VVDStRL 4 (1927), S. 44 ff.

Soergel
Kommentar zum Bürgerlichen Gesetzbuch, Band 21, Erbrecht 1 §§ 1922-2063, Stand 2002, Stuttgart 2001.

Stahl, Friedrich Julius
Die Philosophie des Rechts nach geschichtlicher Ansicht, Bd. II 1, Heidelberg 1833.

Starck, Christian
Praxis der Verfassungsauslegung, Baden-Baden 1964.

Die Verfassungsauslegung, in: Isensee/Kirchhof (Hrsg.), Handbuch des Staatsrechts, Bd. VII, Heidelberg 1992, § 164.

Staudinger (Hrsg.)
Kommentar zum Bürgerlichen Gesetzbuch mit Einführungsgesetz und Nebengesetzen.

Band V Erbrecht. Einleitung, §§ 1922 – 1966, Neubearbeitung 2000, Berlin
Band V Erbrecht. §§ 2265 – 2338 a, 13. Neubearbeitung 1998, Berlin
Band V Erbrecht. 1. Teil, §§ 1922 – 2196, 11. Aufl. 1954, Berlin

Staudinger, Ansgar
Anmerkung zur Entscheidung des BVerfG 1 BvR 2248/01 – Hohenzollern, FamRZ 2004, S. 768 ff.

Steffen, Erich
Empfiehlt es sich, das gesetzliche Erb- und Pflichtteilsrecht neu zu regeln? DRiZ 1972, S. 263 ff.

Steiger, Heinhard
Institutionalisierung der Freiheit? Zur Rechtsprechung des Bundesverfassungsgerichts im Bereich der Grundrechte, in: H. Schelsky (Hrsg.), Zur Theorie der Institution, Düsseldorf u. a. 1970, S. 91 ff.

Steinbeiß-Winkelmann, Christine
Grundrechtliche Freiheit und staatliche Freiheitsordnung, Funktion und Regelungsgehalt verfassungsrechtlicher Freiheitsgarantien im Licht neuerer Grundrechtstheorien, Frankfurt am Main u. a. 1986.

Steinberger, Helmut
Allgemeine Regeln des Völkerrechts, in: Isensee/Kirchhof (Hrsg.), Handbuch des Staatsrechts, Band VII, Heidelberg 1992, § 173.

Stern, Klaus
Idee der Menschenrechte und Positivität der Grundrechte, in: Isensee/Kirchhof (Hrsg.), Handbuch des Staatsrechts, Band V, 2. Aufl. Heidelberg 2000, § 108.

Idee und Elemente eines Systems der Grundrechte, in: Isensee/Kirchhof (Hrsg.), Handbuch des Staatsrechts Bd. V, 2. Aufl. Heidelberg 2000, § 109.

Das Staatsrecht der Bundesrepublik Deutschland, Bd. III/1: Allgemeine Lehren der Grundrechte, München 1988.

Stier-Somlo, Fritz
Die Verfassung des Deutschen Reichs vom 11. August 1919 – ein systematischer Überblick, 3. Aufl., Bonn 1925.

Stöcker, Hans A.
Der Ausbau des Ehegattenerbrechts, in: FamRZ 1970, S. 444 ff.

Diskussionsbeitrag zum 49. Deutschen Juristentag, in: Verhandlungen des 49. Deutschen Juristentages, Bd. 2 (Sitzungsberichte), Abteilung Zivilrecht: Empfiehlt es sich, das gesetzliche Erb- und Pflichtteilsrecht neu zu regeln?, S. K 62 ff.

Das Grundrecht zu erben, WM 1979, S. 214 ff.

Die Neuordnung der gesetzlichen Erbfolge im Spiegel des mutmaßlichen Erblasserwillens, FamRZ 1971, S. 609 ff.

Bundesverfassungsgericht und Erbrechtsgarantie, AgrarR 1985, S. 42 f.

Stolterfoth, Paul
Beiträge zur Beurtheilung des Entwurfs eines bürgerlichen Gesetzbuches für das Deutsche Reich, Leipzig 1890.

Strätz, Hans-Wolfgang
Rechtspolitische Gesichtspunkte des gesetzlichen Erbrechts und Pflichtteilrechts nach 100 Jahren BGB, FamRZ 1998, S. 1553 ff.

Reform der gesetzlichen Erbfolge, DNotZ 2001, S. 452 ff.

Stüber, Stephan

Zusammenspiel von Erbrechtsgarantie und dem Schutz von Ehe und Familie, JR 2002, S. 359.

BVerfG zum Pflichtteilsrecht: Kein Beitrag zu mehr Klarheit! NJW 2005, S. 2122 ff.

Sturm, Florian

Pflichtteil und Unterhalt. Zur Unwirksamkeit drittbelastender Erbverzichts- und Pflichtteilsverzichtsvereinbarungen aus unterhaltsrechtlicher Sicht, Diss. Berlin 1993.

Thoma, Richard

Grundrechte und Polizeigewalt, in: Verwaltungsrechtliche Abhandlungen. Festgabe zur Feier des fünfzigjährigen Bestehens des Preußischen Oberverwaltungsgerichts, hrsg. von Heinrich Triepel, Berlin 1925, S. 183 ff.

Die juristische Bedeutung der grundrechtlichen Sätze der Deutschen Reichsverfassung im allgemeinen, in: Nipperdey, Hans Carl (Hrsg.): Die Grundrechte und Grundpflichten der Reichsverfassung. Kommentar zum zweiten Teil der Reichsverfassung, Bd. 1. Berlin 1929.

Timm, Charlotte

Eigentumsgarantie und Zeitablauf, Baden-Baden 1977.

Tipke, Klaus/Lang, Joachim

Steuerrecht, 17. Aufl., Köln 2002.

Tomuschat, Christian

Die staatsrechtliche Entscheidung für die internationale Offenheit, in: Isensee/Kirchhof (Hrsg.), Handbuch des Staatsrechts, Band VII, Heidelberg 1992, § 172.

Tünnemann, Margit

Der verfassungsrechtliche Schutz der Familie und die Förderung der Kindererziehung im Rahmen des staatlichen Kinderleistungsausgleichs, Berlin 2002.

Ubbelohde, A.

Kritische Beiträge zum Zivilgesetzentwurf, in: AcP 75 (1889), S. 36 ff.

Unruh, Peter

Zur Dogmatik grundrechtlicher Schutzpflichten, Berlin 1996.

Graf Vitzthum, Wolfgang (Hrsg.)
Völkerrecht, 3. Auflage Berlin u. a. 2004.

Vollert
Das Weimarische Erbgesetz und der Entwurf des bürgerlichen Gesetzbuchs, in: Blätter für die Rechtspflege in Thüringen und Anhhalt, NF Bd. 16 (1889), S. 193 ff.

Voßkuhle, Andreas
Verfassungsstil und Verfassungsfunktion – Ein Beitrag zum Verfassungshandwerk, AöR 119 (1994), S. 35 ff.

Das Kompensationsprinzip, Tübingen 1999.

Theorie und Praxis der verfassungskonformen Auslegung von Gesetzen durch Fachgerichte – Kritische Bestandsaufnahme und Versuch einer Neubestimmung, AöR 125 (2000), S. 177 ff.

Vyas, Sandra
Der Schutzbereich der Erbrechtsgarantie, ZEV 2002, S. 1 ff.

Waldecker, Ludwig
Entwicklungstendenzen im deutschen Beamtenrecht, AöR 46 NF 7 (1924), S. 129 ff.

Walter, Martin
Das gesetzliche Erbrecht der eingetragenen Lebenspartnerschaft, FPR 2005, S. 279 ff.

Wendt, Rolf
Eigentum und Gesetzgebung, Hamburg 1985.

Werkmüller, Sandra
Rechtspolitische und rechtsvergleichende Aspekte des geltenden Pflichtteilrechts, Frankfurt am Main u. a. 2001.

Willutzki, Siegfried
Referat auf dem 59. Deutschen Juristentag, in: Verhandlungen des 59. Deutschen Juristentages, Bd. 2 (Sitzungsberichte), Abteilung Zivilrecht: Empfiehlt es sich, das Kindschaftsrecht neu zu regeln?, S. M 33 ff., München 1992.

Windel, Peter
Zur elterlichen Sorge bei Familienpflege, FamRZ 1997, S. 713 ff.

Wittmayer, Leo
Die Weimarer Reichsverfassung, Tübingen 1925.

Wolff, Martin
Reichsverfassung und Eigentum, in: Berliner Juristische Fakultät (Hrsg.), Festgabe für Wilhelm Kahl, Tübingen 1923.

Wülfing, Thomas
Grundrechtliche Gesetzesvorbehalte und Grundrechtsschranken, Berlin 1981.

Zacher, Hans F.
Elternrecht, in: Isensee/Kirchhof (Hrsg.), Handbuch des Staatsrechts, Band VI, 2. Aufl. Heidelberg 2001, § 134.

Zawar, Rolf Dieter
Notarielle Rechtsgestaltung: Das Erbrecht im sozialen Wandel. Vortrag gehalten auf dem 23. Deutschen Notartag zu Frankfurt 1989, DNotZ 1989, Sonderheft S. 116 ff.

Zoll, Friedrich
Römisches und heutiges Intestaterbrecht. Ein Beitrag zur Reform des letzteren. In: Grünhuts Zeitschrift für das Privat- und Öffentliche Recht der Gegenwart, Bd. 17 (1890), S. 497 ff.

Zopfs, Jannpeter
Die Verfassungswidrigkeit des einseitigen Erbausschlusses in § 1933 BGB; ZEV 1995, S. 309 ff.

Zuleeg, Manfred
Verfassungsgarantie und sozialer Wandel – das Beispiel von Ehe und Familie, NVwZ 1986, S. 800 ff.

Zydra, Markus
Der Frust der Sandwichgeneration, Süddeutsche Zeitung v. 23.08.2003.

Quellenverzeichnis

Zur Paulskirchenverfassung:

Stenographischer Bericht über die Verhandlungen der deutschen constituirenden Nationalversammlung zu Frankfurt am Main, hrsg. von Franz Wigard, 8 Bände, Frankfurt am Main 1848/49.

Zur Weimarer Reichsverfassung:

Verhandlungen der verfassungsgebenden Dt. Nationalversammlung, Bd. 336 Anlagen zu den stenographischen Berichten Nr. 391: Mündlicher Bericht des Achten Ausschusses der Verfassungsgebenden Nationalversammlung über den Entwurf einer Verfassung des Deutschen Reichs, Berlin 1920.

Zum Grundgesetz:

Stenoprotokolle der Debatten im Grundsatzausschuss, zitiert nach v. Doemming/Füßlein/Matz, JöR 1 (n. F.), S. 144 ff.

Verhandlungen des Hauptausschusses, Bonn 1948/49 (stenographische Protokolle des Parlamentarischen Rates).

Stenographischer Bericht des Parlamentarischen Rates, 1948-1949.

Schriftlicher Bericht zum Entwurf des Grundgesetzes für die Bundesrepublik Deutschland (Anlage zum stenographischen Bericht der 9. Sitzung des Parlamentarischen Rates am 6. Mai 1949).

Grundgesetz für die Bundesrepublik Deutschland (Entwürfe). Formulierungen der Fachausschüsse, des Allgemeinen Redaktionsausschusses, des Hauptausschusses und des Plenums, Bonn 1948/49.

Zum BGB:

Motive zu dem Entwurfe eines Bürgerlichen Gesetzbuches für das Deutsche Reich, Amtliche Ausgabe, Band V Erbrecht, Berlin und Leipzig 1888.

Protokolle der Kommission für die zweite Lesung des Entwurfs des Bürgerlichen Gesetzbuchs. Im Auftrage des Reichs- Justizamts bearbeitet von Achilles, Gebhard und Spahn, Band V. Erbrecht, Berlin 1899.

Jakobs, Horst Heinrich/Schubert, Werner (Hrsg.)
Die Beratung des Bürgerlichen Gesetzbuchs in systematischer Zusammenstellung der unveröffentlichten Quellen.

- Materialien zur Entstehungsgeschichte des BGB – Einführung, Biographien, Materialien (Werner Schubert), Berlin New York 1978.

- §§ 1922-2385, Teil 1
- §§ 1922-2385, Teil 2

Schubert, Werner (Hrsg.)
Vorentwürfe der Redaktoren zum BGB, Berlin u. a. 1984. Erbrecht Bd. 1: Testament, Erbeinsetzungsvertrag, Gesetzeserben, Pflichtteilsberechtigte

Verhandlungen des Reichstags
Stenographische Berichte 1908 Bd. 233
Stenographische Berichte 1909 Bd. 237
Anlagen zu den Stenographischen Berichten Bd. 248

Varia:

Heilfron, Ed.
Die Deutsche Nationalversammlung im Jahre 1919 in ihrer Arbeit für den Aufbau des neuen deutschen Volksstaates, 9 Bände, Berlin 1919/20.

Schubert, Werner/Schmid, Werner/Regge, Jürgen
Akademie für Deutsches Recht, 1933-1945, Protokolle der Ausschüsse.

-Band III, 1: Volksgesetzbuch. Teilentwürfe, Arbeitsberichte und sonstige Materialien, herausgegeben von Werner Schubert, Berlin New York 1988.

-Band III, 8: Erbrechtsausschuß und Ausschuß für Schadensersatzrecht (Nachtrag), herausgegeben von Werner Schubert, Berlin New York 1996.

Bundestagsdrucksache 15/3768 – Kleine Anfrage der Abgeordneten Rainer Funke, Sibylle Laurischk, Daniel Bahr (Münster), weiterer Abgeordneter und der Fraktion der FDP.

Bundestagsdrucksache 15/3899 – Antwort der Bundesregierung auf die Kleine Anfrage BT-Drucks. 15/3768.

STUDIEN ZUM ÖFFENTLICHEN RECHT, VÖLKER- UND EUROPARECHT

Herausgegeben von Prof. Dr. Eckart Klein

Band 1 Ulrike Suchsland-Maser: Menschenrechte und die Politik multilateraler Finanzinstitute. Eine Untersuchung unter völkerrechtlichen Gesichtspunkten an den Beispielen der Weltbank, des Währungsfonds und regionaler Entwicklungsbanken. 1999.

Band 2 Jean Angelov: Grundlagen und Grenzen eines staatsbürgerlichen Informationszugangsanspruchs. 2000.

Band 3 Norman Weiß: Objektive Willkür. Zu einem Prüfungskriterium im Verfahren der Urteilsverfassungsbeschwerde. 2000.

Band 4 Eva Tanuschev: Entwicklung, Stand und Perspektiven eines freien Personenverkehrs in Europa. 2001.

Band 5 Heiner Baab: GATT und WTO im Recht der USA. Die Integration des Völkervertragsrechts in die Rechtsordnung der USA am Beispiel der GATT-Abkommen und der WTO-Übereinkommen. 2001.

Band 6 Malte Graßhof: Die Vollstreckung von Normenkontrollentscheidungen des Bundesverfassungsgerichts. Ein Beitrag zum Verhältnis zwischen Bundesverfassungsgericht und Gesetzgeber. 2003.

Band 7 Christof Berthold: Die Europäische Politische Gemeinschaft (EPG) 1953 und die Europäische Union (EU) 2001. Eine rechtsvergleichende Betrachtung. 2003.

Band 8 Felix Bark: Das gemeinschaftsrechtliche Defizitverfahren. Reformansätze und ihre rechtlichen Umsetzungsmöglichkeiten. 2004.

Band 9 Astrid Ihns: Entwicklung und Grundlagen der europäischen Rechtsangleichung. 2005.

Band 10 Stefanie Klein: Recht zu erben - Pflicht zu teilen. Das Grundrecht Angehöriger auf Nachlaßteilhabe. Zugleich ein Beitrag zur Dogmatik des Verfassungserbrechts. 2006.

www.peterlang.de

Peter Lang · Europäischer Verlag der Wissenschaften

Daniel C. Gubitz

Vererben am Nachlass vorbei

Ein Vergleich mit dem Vermögensanfall von Todes wegen

Frankfurt am Main, Berlin, Bern, Bruxelles, New York, Oxford, Wien, 2005.
XV, 298 S.
Europäische Hochschulschriften: Reihe 2, Rechtswissenschaft. Bd. 4232
ISBN 3-631-54240-2 · br. € 51.50*

Nach deutschem Recht ist es möglich, Vermögenswerte auf den Todesfall so weiterzugeben, dass sie nicht in den Nachlass der verstorbenen Person fallen. Diese Rechtsgeschäfte finden eine immer größere Verbreitung in der Rechtspraxis. Zu nennen sind insbesondere Verträge zugunsten Dritter auf den Todesfall und gesellschaftsvertragliche Regelungen. Ziel der Arbeit ist es einerseits, die dogmatischen Grundprobleme dieser „Vererbung am Nachlass vorbei" zu erfassen, und andererseits einen Vergleich mit der Weitergabe durch letztwillige Verfügungen anzustellen. Bei den praktisch besonders wichtigen Bank-, Lebensversicherungs- und Bausparverträgen findet auch eine Untersuchung der in der Praxis verwendeten Vertragsmuster statt.
Der Autor kommt zu dem Ergebnis, dass dem Vererben am Nachlass vorbei bei sachgerechter Auslegung der relevanten Normen weder dogmatische noch rechtspolitische Gründe entgegenstehen.

Aus dem Inhalt: Schenkung auf den Todesfall · Vertrag zugunsten Dritter auf den Todesfall · Gesellschaftsrechtliches Anwachsungsprinzip · Vergleich mit letztwilligen Verfügungen, insbesondere Testament und Erbvertrag

Frankfurt am Main · Berlin · Bern · Bruxelles · New York · Oxford · Wien
Auslieferung: Verlag Peter Lang AG
Moosstr. 1, CH-2542 Pieterlen
Telefax 00 41 (0) 32 / 376 17 27

*inklusive der in Deutschland gültigen Mehrwertsteuer
Preisänderungen vorbehalten

Homepage http://www.peterlang.de

Kolibri 360 GmbH
Ferdinand-Jühlke-Straße 7
99095 Erfurt, Deutschland
produktsicherheit@kolibri360.de

Druck:
CPI Druckdienstleistungen GmbH
im Auftrag der
Kolibri 360 GmbH
Ferdinand-Jühlke-Str. 7
99095 Erfurt